GERHARD SCHREIBER

HITLER

INTERPRETATIONEN 1923–1983

GERHARD SCHREIBER

HITLER INTERPRETATIONEN 1923–1983

Ergebnisse, Methoden und Probleme der Forschung

1984

WISSENSCHAFTLICHE BUCHGESELLSCHAFT

DARMSTADT

CIP-Kurztitelaufnahme der Deutschen Bibliothek

Schreiber, Gerhard:
Hitler – Interpretationen 1923 [neunzehnhundert-dreiundzwanzig] – 1983: Ergebnisse, Methoden u. Probleme d. Forschung / Gerhard Schreiber. – Darmstadt: Wissenschaftliche Buchgesellschaft, 1984.
ISBN 3-534-07081-X

12345

Bestellnummer 7081-X

Satz: Maschinensetzerei Janß, Pfungstadt
Druck und Einband: Wissenschaftliche Buchgesellschaft, Darmstadt
Printed in Germany
Schrift: Linotype Garamond, 9/11

ISBN 3-534-07081-X

Für
INN LING

INHALT

ABKÜRZUNGEN

Verweise auf Fußnoten bzw. Angaben in Fußnoten im
- *Vorwort* (Vorwort-Fußnoten: 1–19);
- *Teil I* 'Aspekte, Resultate und Perspektiven der Hitler-Interpretation vor 1945' (Fußnoten in Teil I: 1–315);
- *Teil II* 'Problemkreise der gegenwärtigen Hitler-Forschung' (Fußnoten in Teil II: 1–483)

erfolgen in Kurzform, z. B.:

'Bracher *(Vw.4)*, S. 83f.'	=	'Bracher, *siehe Vorwort, Fußnote 4*, S. 83f.'
'Neumann *(I, 11)*'	=	'Neumann, *siehe Teil I, Fußnote 11*'
'Nationalsozialistische Diktatur *(II, 86)*, S. 17–36'	=	'Nationalsozialistische Diktatur, *siehe Teil II, Fußnote 86*, S. 17–36'

Abkürzungsverzeichnis der Zeitschriften und Zeitungen

AfS	Archiv für Sozialgeschichte
AJS	American Journal of Sociology
AmHR	American Historical Review
AmM	American Magazine
AmMe	American Mercury
AMo	Atlantic Monthly
APSR	American Political Science Review
ARG	Das Argument
AuZB	Aus Politik und Zeitgeschichte, Beilage zur Wochenzeitung DP
BAZ	Badische Zeitung
BdiP	Blätter für deutsche und internationale Politik
Bu2WK	Bulletin des Arbeitskreises 'Zweiter Weltkrieg' des Zentralinstituts an der Akademie der Wissenschaften der DDR
BZGA	Beiträge zur Geschichte der deutschen Arbeiterbewegung
CanJH	Canadian Journal of History
CEH	Central European History

ChC	Christian Century
CoR	Contemporary Review
DAr	Deutschland-Archiv
DP	Das Parlament
EA	Europa-Archiv
EHR	Economic History Review
FA	Foreign Affairs
FAZ	Frankfurter Allgemeine Zeitung
FrH	Frankfurter Hefte
GG	Geschichte und Gesellschaft
GSR	German Studies Review
GWU	Geschichte in Wissenschaft und Unterricht
HJ	The Historical Journal
HJB	Historisches Jahrbuch (vormals unter dem Titel HJbG)
HJbG	Historisches Jahrbuch der Görres-Gesellschaft
HM	Harper's Magazine
HPB	Das Historisch-politische Buch
HTo	History Today
HZ	Historische Zeitschrift
IHW	Internationale Hefte der Widerstandsbewegung
IJGG	Internationales Jahrbuch für Geschichts- und Geographieunterricht
IntA	International Affairs
JbIDG	Jahrbuch des Instituts für Deutsche Geschichte
JCEA	Journal of Central European Affairs
JCH	Journal of Contemporary History
JEH	The Journal of Economic History
JHI	Journal of the History of Ideas
JMH	The Journal of Modern History
JSoStud	Jewish Social Studies
LiA	Living Age
LiD	Literary Digest
MBl	Marxistische Blätter
MGM	Militärgeschichtliche Mitteilungen
NA	Neues Abendland
NG	Die Neue Gesellschaft
NPL	Neue Politische Literatur
NR	Die Neue Rundschau
NRep	New Republic

ÖGL	Österreich in Geschichte und Literatur
PL	Politische Literatur (ab 1956 NPL)
PolM	Die Politische Meinung
PolStd	Politische Studien
PoQ	Political Quarterly
QdS	Quaderni di Storia
QJSp	Quarterly Journal of Speech
RHDGM	Revue d'Histoire de la Deuxième Guerre Mondiale
RHMC	Revue d'Histoire Moderne et Contemporaine
RIHM	Revue Internationale d'Histoire Militaire
RP	The Review of Politics
SaRL	Saturday Review of Literature
SchwMo	Schweizer Monatshefte
SchwZG	Schweizerische Zeitschrift für Geschichte
SoStud	Social Studies of Science
StiZ	Stimmen der Zeit
SZ	Süddeutsche Zeitung
VfZG	Vierteljahrshefte für Zeitgeschichte
WB	Die Weltbühne
WLB	The Wiener Library Bulletin
ZfG	Zeitschrift für Geschichtswissenschaft
ZfP	Zeitschrift für Politik
ZG	Zeitgeschichte

VORWORT

„Ohne die entsetzlichen Opfer, welche unausgesetzt dem fatalen Seelenleben dieses Menschen fallen, ohne die umfassenden moralischen Verwüstungen, die davon ausgehen, fiele es leichter, zu gestehen, daß man sein Lebensphänomen fesselnd findet. Man kann nicht umhin, das zu tun; niemand ist der Beschäftigung mit seiner trüben Figur überhoben – das liegt in der grob effektvollen und verstärkenden (amplifizierenden) Natur der Politik, des Handwerks also, das er nun einmal gewählt hat –, man weiß, wie sehr nur eben in Ermangelung der Fähigkeit zu irgendeinem anderen. Desto schlimmer für uns, desto beschämender für das hilflose Europa von heute, das er fasziniert, worin er den Mann des Schicksals, den Allbezwinger spielen darf, und dank einer Verkettung phantastisch glücklicher – das heißt unglückseliger – Umstände, da zufällig kein Wasser fließt, das nicht seine Mühlen triebe, von einem Siege über das Nichts, über die vollendete Widerstandslosigkeit zum andern getragen wird[1]."

Diese aus dem Jahr 1938 stammende Charakterisierung Hitlers durch Thomas Mann scheint sich nur zu leicht dem Vorwurf auszusetzen, befangen, emotionalisiert zu sein. Ihr Autor machte auch kein Hehl daraus, daß er Hitler haßte, nichts inniger wünschend als dessen Untergang. Tatsächlich stellt diese Beschreibung jedoch, unbeschadet ihres moralisierenden Tenors, einen ebenso aspektreichen wie angemessenen Versuch dar, das „Rätsel Hitler"[2] objektiv zu erfassen. Unter bestimmten Voraussetzungen gehört dazu nämlich gerade eine „moralische Reaktion". Schließlich ist die historische

[1] Thomas Mann, Bruder Hitler, in: ders., Altes und Neues. Kleine Prosa aus fünf Jahrzehnten. Frankfurt a. M. 1976, S. 586–593, Zit. S. 586f.

[2] Das Rätsel Hitler. Der Biograph und der Augenzeuge. Alan Bullock im Gespräch mit Albert Speer, in: Die Zeit, Nr. 45, 2. 11. 1979, S. 17–20.

Objektivität keine Frage der moralischen Beurteilung, Bewunderung oder Empörung als solcher, sondern der Fähigkeit, sich von „unangemessenen moralischen Beurteilungen oder emotionalen Reaktionen" freizuhalten[3]. Letztere sollte man Thomas Mann ebensowenig unterstellen wie eine Dämonisierung Hitlers, vor der mit Recht immer wieder gewarnt wurde und wird[4]. Denn anders als der in bezug auf seine Relevanz kaum anfechtbare moralische Ansatz innerhalb der Hitler-Forschung[5], wobei sich diese freilich nicht auf ihn allein beschränken darf, steht das dämonisierende Betrachtungsprinzip einer kritischen Analyse des nationalsozialistischen Führers und seines Regimes entgegen[6]. Jeder derartige Zugriff hätte die – hitler-

[3] Günther Patzig, Das Problem der Objektivität und der Tatsachenbegriff, in: Objektivität und Parteilichkeit in der Geschichtswissenschaft, hrsg. von Reinhart Koselleck, Wolfgang J. Mommsen und Jörn Rüsen. München 1977, S. 319–336, Zit. S. 335.

[4] Dazu Karl Dietrich Bracher, Zeitgeschichtliche Kontroversen. Um Faschismus, Totalitarismus, Demokratie. München 1976, S. 79–100: Probleme und Perspektiven der Hitler-Interpretation, S. 83.

[5] Beispielhaft im Rahmen dieser Problematik: Joachim C. Fest, Revision des Hitler-Bildes? In: Was verschweigt Fest? Analysen und Dokumente zum Hitler-Film von J. C. Fest, hrsg. von Jörg Berlin, Dierk Joachim, Bernhard Keller und Volker Ullrich. Köln 1978, S. 86ff. Vgl. auch die kontroverse Diskussion zwischen Iring Fetscher, Eberhard Jäckel und Helm Stierlin, in: Hitler heute. Gespräche über ein deutsches Trauma, hrsg. und bearb. von Guido Knopp. Aschaffenburg 1979, S. 217–221. Grundsätzlich ist in diesem Zusammenhang darauf hinzuweisen, daß es in der fachwissenschaftlichen Diskussion auch gute Argumente gegen die Anwendung moralischer Normen in der Geschichtswissenschaft gibt: siehe u. a. Detlef Junker, Über die Legitimität von Werturteilen in den Sozialwissenschaften und der Geschichtswissenschaft, in: HZ 211 (1970), S. 1–33.

[6] Wolfgang Michalka, Wege der Hitler-Forschung: Problemkreise, Methoden und Ergebnisse. Eine Zwischenbilanz, in: QdS, Nr. 8 (1978), S. 157–190, hier S. 171; und ebd., Nr. 10 (1979), S. 123–151. Vgl. außerdem Paul Tillich, Das Dämonische. Ein Beitrag zur Sinndeutung der Geschichte. Tübingen 1926, S. 38–44, zu den „Dämonien der Gegenwart", deren eine für Tillich der „Nationalismus" ist, den er als den Dämon des „souveränen Volkes" versteht (S. 41). Das Politische gewinne zunehmend die „Tiefe eines

zentrische – Personalisierung einer besonders belasteten Epoche deutscher Geschichte zur Folge. Dadurch geriete er letztendlich zur gleichermaßen simplen wie bequemen Methode gesamtgesellschaftlicher Exkulpation. Aber statt die Strukturen der historischen Entwicklung sichtbar zu machen, würden diese durch die Dominanz personeller Faktoren verdeckt werden. Das Ergebnis wäre eine unzulässige Reduktion historischer Komplexität.

Im übrigen führen die in dem Zitat aus 'Bruder Hitler' enthaltenen Gedanken – cum grano salis – mitten hinein in die grundsätzliche Problematik der Hitler-Interpretation. Das gilt zum Beispiel für die – in diesem Fall extremen – Schwierigkeiten mit der historischen Objektivität. Nicht weniger umstritten ist die – von Thomas Mann angedeutete – Wechselbeziehung zwischen der Einzelperson und den vielen, mit der unter anderen die Frage biographischer oder sozialgeschichtlicher Deutung aufgeworfen wird. Hinzu kommt jene nach der Ermöglichung Hitlers. Und sehr verhalten klingt außerdem das Thema der historischen Größe an.

Ein weites Feld, zu dem hier nur folgendes anzumerken ist: Selbst wenn versucht würde, diesen Begriff von „jedem moralischen Aspekt" freizustellen, Hitler geriete am Ende dennoch einzig zum großen Zerstörer. Doch eben diesem wollte Jacob Burckhardt, auf den sich die meisten Autoren in solchem Kontext abstützen, „historische Größe" nicht zuerkennen[7]. Daraus ist es in erster Linie zu

religiösen Tuns", und: „Die nationalen Dinge erhalten sakrale Unantastbarkeit und kultische Würde. – Eben damit aber beginnt die Dämonisierung" (S. 43), d. h. die Entrückung in die Sphäre des Übermenschlichen. Es ist keine Frage, daß der Nationalsozialismus genau dies mit Erfolg suggerierte. Die „Dämonisierung" Hitlers müßte in letzter Konsequenz darauf hinauslaufen, ihn im nationalsozialistischen Selbstverständnis zu interpretieren.

[7] Zitate nach Joachim C. Fest und Karl-Heinz Janßen, Katastrophen waren das Element seines Lebens. Ein Zeitgespräch, in: Die Zeit, Nr. 42, 12. 10. 1973, S. 26f.; unmittelbar dazu auch Joachim C. Fest, Hitler. Eine Biographie. Frankfurt a. M., Berlin, Wien [2]1973 (inzwischen weitere Neuauflagen), S. 17–25; Jacob Burckhardt, Weltgeschichtliche Betrachtungen. Historisch-kritische Gesamtausgabe. Mit einer Einl. und textkritischem Anh. von Rudolf Stadelmann (o. O. und J.), dort S. 253–299: Das Indivi-

erklären, daß der „Bursche“, den Thomas Mann eine „Katastrophe“ nannte, keine Aufnahme in die Enzyklopädie der 'Großen der Weltgeschichte' fand. Lediglich als das „blutige Menetekel unserer Zeit“ tritt er in jenem Werk – dessen Auswahlkriterien freilich nicht unangefochten sind – „hinter anderen Gestalten“ in Erscheinung[8].

Allerdings vermag ein derartiges – ebenso berechtigtes wie angemessenes – Verdikt die Tatsache nicht aus der Welt zu schaffen, daß Adolf Hitler ein „Schlüsselphänomen“[9] der deutschen Geschichte im zwanzigsten Jahrhundert darstellt. Das ist im Grunde von sämtlichen methodischen Ansätzen der Hitler-Forschung akzeptiert, auch wenn die Gewichtung, die er als historischer Faktor erfährt, recht unterschiedlich ausfällt. Doch davon einmal abgesehen ist es für den Historiker jedenfalls nicht möglich, Hitler als eine Art „überdimensionalen Verbrecher“ abzutun oder als Persona ingrata aus der deutschen Vergangenheit auszuklammern[10]. Entsprechend ließ in der Geschichtswissenschaft – unberührt von den weitgehend kommerziell gelenkten Hitler-Wellen[11] – das „Interesse an der

duum und das Allgemeine (Die historische Größe); jetzt die Ausgabe Jacob Burckhardt, Über das Studium der Geschichte. Der Text der 'Weltgeschichtlichen Betrachtungen' auf Grund der Vorarbeiten von Ernst Ziegler nach den Handschriften hrsg. von Peter Ganz. München 1982; zum Begriff der 'historischen Größe' bei Burckhardt siehe E. Heftrich, in: Historisches Wörterbuch der Philosophie, hrsg. von Joachim Ritter, Bd. 3. Darmstadt 1974, Spalte 886f.; zu den Vorbehalten gegenüber einer Anwendung auf Hitler vgl. Bracher (Vw. 4), S. 83f., und Martin Broszat, Probleme der Hitler-Forschung, in: Ian Kershaw (I, 43), S. 7–15, hier S. 10. Die Untersuchung von Lothar Burchardt, Hitler und die historische Größe. Konstanz 1979, ist eine problemorientierte und gelungene Bilanz wirtschaftsgeschichtlicher Aspekte des Dritten Reiches, gibt allerdings auf die Frage nach der 'historischen Größe' Hitlers so gut wie keine Antworten.

[8] Dazu die Rezension von Gerhard Prause, Groß, größer, am größten. Kindlers Monumentaldenkmal 'Die Großen der Weltgeschichte', in: Die Zeit, Nr. 36, 3. 9. 1971, S. 20.

[9] Wolf-Rüdiger Hartmann, Adolf Hitler: Möglichkeiten seiner Deutung II, in: AfS 16 (1976), S. 586–602, S. 587.

[10] Bracher (Vw. 4), S. 97.

[11] Ein besonders krasses Beispiel für das finanzielle Ausschlachten des

(Forts. v. Anm. 11)
Themas 'Hitler' stellt der Skandal um die gefälschten Tagebücher des nationalsozialistischen Parteiführers dar, der 1983 einige Wochen lang für Schlagzeilen und – u. a. auch bei einigen Historikern – Verwirrung sorgte. Vgl. ansonsten zur 'Hitler-Welle': Hitler heute (Vw. 5), S. 193ff. und S. 200ff.; außerdem Eberhard Jäckel, Rückblick auf die sogenannte Hitler-Welle, in: GWU 28 (1977), S. 695–710 (Literaturbericht); Rudolph Binion, Foam on the Hitler Wave, in: JMH 46 (1974), S. 522–528 (Literaturbericht); Manfred Weißbecker, Zur 'Hitler-Renaissance' in der BRD, in: ZfG 22 (1974), S. 1169–1182; Hitlerwelle und historische Fakten. Mit einer Literaturübersicht und einer Materialsammlung zum Neonazismus, hrsg. von Anneliese Mannzmann. Königstein/Ts. 1979, dort insbes. S. 105–114: Bernd Weber, Zur Aufklärung über Neonazismus und 'Hitlerwelle'. Materialien; ferner: Die Hitler-Welle und der Ruf nach dem starken Mann, Interview mit Reinhard Kühnl, in: Was verschweigt Fest? (Vw. 5), S. 125–128; und ebd., S. 174: 'Werner Nachmann warnt vor Gefahren einer Hitler-Welle'. Anlaß für die kritischen Äußerungen des Vorsitzenden des Direktoriums des Zentralrates der Juden in Deutschland war der Film von Joachim C. Fest und Christian Herrendoerfer, 'Hitler – eine Karriere'. In dem Buch 'Was verschweigt Fest?' sind zahlreiche Stimmen zu diesem sehr umstrittenen filmischen Versuch, „sich den Fragen, die Hitler aufgeworfen hat, in aller Sachlichkeit und Rationalität“ zu stellen (so Fest ebd., S. 88), in einer umfangreichen Dokumentation zusammengefaßt, S. 75–215. Vgl. darüber hinaus Hermann Graml, Ein überflüssiger Film, in: GWU 28 (1977), S. 669–677; und Jochen Teichler, Die neue Lüge heißt Objektivität, in: Vorwärts, Nr. 1, 5. 1. 1978. Zum Film kam auch ein Buch heraus: Joachim C. Fest und Christian Herrendoerfer, Bilddokumentation zu dem Film 'Hitler – eine Karriere', Frankfurt a. M., Berlin, Wien 1977; die Anmerkungen von Karl-Heinz Janßen zu diesem Begleitbuch fielen vernichtend aus, in: Die Zeit, Nr. 41, 30. 9. 1977, S. 12. Extrem einseitig ist auch der Bildband von Joachim C. Fest, Heinrich Hoffmann und Jochen v. Lang, Hitler, Gesichter eines Diktators. München 1980, in dem Hitlers 'Hoffotograf' H. Hoffmann darauf verzichtet, das Gesicht des millionenfachen Mörders in Erinnerung zu rufen. Die Ausführungen von Fest zum verbrecherischen Charakter des NS-Regimes (S. 30–34) vermögen dieses Defizit in keiner Weise auszugleichen. Heinrich Hoffmann, der im Dritten Reich eine ganze Reihe von Bildbänden herausgab oder verfaßte, in denen er seinen 'Führer' propagandistisch aufschminkte (z. B.: Hitler, wie ihn keiner kennt. Berlin 1933; Hitler in seinen Bergen. Berlin 1935; Hitler abseits vom Alltag. Berlin 1937; Hitler

Erforschung der Hitler-Zeit und eben auch an der Person Hitlers seit 1945 niemals" nach[12]. Rudolf Augsteins Diktum[13], daß uns angesichts der beklemmenden Probleme der Gegenwart zu Hitler mit

in seiner Heimat. Berlin 1938; Hitler in Italien. München 1938; Hitler befreit das Sudetenland. Berlin 1938; Das Antlitz des Führers. Berlin 1939; Mit Hitler in Polen. Berlin 1939; oder: Mit Hitler im Westen. Berlin 1940), vermochte an seinem schönfärberischen Porträt Hitlers selbst nach 1945 keine Korrekturen anzubringen, vgl. dazu Heinrich Hoffmann, Hitler, wie ich ihn sah. Aufzeichnungen seines Leibfotografen. München, Berlin 1974; und schon vorher, ders., Hitler Was My Friend. Transl. by R. H. Stevens. London 1955.

[12] Andreas Hillgruber, Tendenzen, Ergebnisse und Perspektiven der gegenwärtigen Hitler-Forschung, in: HZ 226 (1978), S. 600–621, Zit. S. 600; vgl. außerdem Hermann Lübbe, Der Nationalsozialismus im politischen Bewußtsein der Gegenwart, in: Deutschlands Weg in die Diktatur. Internationale Konferenz zur nationalsozialistischen Machtübernahme im Reichstagsgebäude zu Berlin. Referate und Diskussionen. Ein Protokoll. Hrsg. von Martin Broszat, Ulrich Dübber, Walther Hofer, Horst Möller, Heinrich Oberreuter, Jürgen Schmädeke und Wolfgang Treue. Berlin 1983, S. 329–349. Dieser Band konnte für den vorliegenden Forschungsbericht insgesamt nicht mehr wissenschaftlich ausgewertet werden. H. Lübbes Vortrag wurde unwesentlich überarbeitet unter dem Titel 'Der Nationalsozialismus im deutschen Nachkriegsbewußtsein' vor Erscheinen des Sammelbandes abgedruckt in: HZ 236 (1983), S. 579–599. Der Autor versucht insbesondere die Frage zu beantworten: „Wieso beschäftigt uns das Dritte Reich, gemessen an den kulturellen Manifestationen dieser Beschäftigung, heute intensiver als etwa vor dreißig Jahren?" (S. 581). Dabei wendet er sich nachdrücklich gegen die „Verdrängungs-These" (zur Begründung ebd. S. 588f.). Vgl. in diesem thematischen Zusammenhang vor allem Alexander und Margarete Mitscherlich, Die Unfähigkeit zu trauern. Grundlagen kollektiven Verhaltens. München, Zürich [15]1983. Zum anhaltenden Interesse an Hitler siehe darüber hinaus: John P. Fox, Adolf Hitler: The Continuing Debate, in: IntA 55 (1979), S. 252–264; und Klaus Hildebrand, Der 'Fall Hitler'. Bilanz und Wege der Hitler-Forschung, in: NPL 14 (1969), S. 375–386. Weitere Literaturangaben zu diesem Themenkreis finden sich in Anh. 1. (Schon hier sei auf eine Arbeit aufmerksam gemacht, die bei der Beschäftigung mit Hitler sehr hilfreich sein kann: Milan Hauner, Hitler. A Chronology of his Life and Time. London 1983.)

[13] Rudolf Augstein, Zu Hitler fällt uns nichts mehr ein, in: Was ver-

„Recht nichts mehr“ einfalle, besitzt vor diesem Hintergrund für den wissenschaftlichen Bereich keine Gültigkeit[14].

Im Hinblick auf die historiographische Situation ist zunächst festzustellen, daß die Auseinandersetzung mit Hitler stets zur Konfrontation mit dem Nationalsozialismus insgesamt wird. Dies könnte man auch damit erklären, daß in Hitlers Regierungssystem und während seiner Herrschaftszeit Politik weitgehend personalisiert gewesen zu sein scheint[15]. Doch kann das nicht heißen, daß es möglich

schweigt Fest? (Vw. 5), S. 113–118. Augstein spielt damit auf eine bekannte Formulierung des österreichischen Satirikers Karl Kraus an, der seinen im Herbst 1933 abgeschlossenen Essay ‘Die dritte Walpurgisnacht’ mit der Feststellung begann: „Mir fällt zu Hitler nichts ein.“ Dieses ‘Zeitdokument’ sollte ursprünglich in der Zeitschrift ‘Die Fackel’ erscheinen, wurde jedoch, um Anhänger von Kraus in Deutschland nicht zu gefährden, nicht veröffentlicht. Vgl. dazu Wilhelm Alff, Karl Kraus und die Zeitgeschichte (1927–1934), in: Die dritte Walpurgisnacht, hrsg. von Heinrich Fischer. Einmalige Sonderausgabe. München 1967, S. 317–365. Kraus wollte damit zum Ausdruck bringen, daß die Vorgänge im Dritten Reich „jenseits der Sphäre liegen, in der die Literatur zu Hause ist“; zit. nach Joseph Peter Stern, Hitler. Der Führer und das Volk. München 1981, S. 13.

14 Die Notwendigkeit, sich mit Hitler und dem Nationalsozialismus – breitenwirksam – auseinanderzusetzen, erhellt vor allem im pädagogischen Bereich. Vgl. dazu: ‘Was ich über Adolf Hitler gehört habe . . .’ Folgen eines Tabus. Auszüge aus Schüler-Aufsätzen von heute, hrsg. von Dieter Boßmann. Frankfurt a. M. 1977; oder: Hitler kam irgendwie zur Macht und zog Deutschland aus dem Dreck. Alarmzeichen mit Dringlichkeitsstufe 1: Was Schüler heute über Hitler sagen, in: die tat, Nr. 52/53, 23. 12. 1977; und: Alfred Schickel, Was Schüler von Hitler wissen. Mehr zeitgeschichtlicher Unterricht ist notwendig, in: FAZ, 17. 4. 1979. Hinzuweisen ist in diesem Zusammenhang auf das Projekt ‘Nationalsozialismus im Unterricht’ des Deutschen Instituts für Fernstudien an der Universität Tübingen, das in 12 Studieneinheiten (jede ca. 150 S.), die 1983/84 erschienen, alle relevanten Fragen des komplexen Themas zum Selbststudium und für den Unterricht aufbereitet.

15 Joseph Peter Stern, Hitler und die Deutschen, in: Hitler heute (Vw. 5), S. 145–177, hier S. 153f.; unmittelbar dazu Bracher (Vw. 4), S. 80f. Bracher konstatiert, daß Hitlers „Leben fast völlig verschmolzen mit der Geschichte seiner politischen Bewegung und des Dritten Reiches“ erscheint. Diese Entpersönlichung Hitlers, d. h. dessen vollkommene Identifikation mit dem

ist, die gesamte Geschichte des Dritten Reiches kausal auf das Handeln Hitlers und den Einfluß seiner Persönlichkeit auf die historische Entwicklung zu reduzieren. Allerdings ist auch gegenüber dem anderen Extrem der Hitler-Interpretation, d. h. jener Deutung, für die Hitler nur noch Chiffre ist, wenn es um die nationalsozialistische Zeit geht, Skepsis angebracht.

Konkret ist festzustellen, daß zum Thema Hitler inzwischen eine nicht mehr überschaubare Literatur existiert[16], die ständig wächst. Selbst eine – unter qualitativen Auswahlkriterien untaugliche – Beschränkung auf Titel, die den Namen Hitler in der einen oder anderen Verbindung enthalten, ergäbe längst eine Bibliographie von mehreren tausend Untersuchungen. Nun ist zwar das Gros der Arbeiten Einzelproblemen oder der Zusammenstellung von Fakten gewidmet, während die an übergreifenden Fragestellungen zum Phänomen Hitler ausgerichteten Veröffentlichungen prozentual in der Minderheit sind, aber dennoch existiert, absolut gesehen, eine beeindruckend hohe Zahl an anspruchsvollen, eigenständigen und in der Analyse überzeugenden Studien.

Nationalsozialismus oder die Analogie von Öffentlichem und Privatem, die er sich zu leben bemühte, bietet wichtige Ansatzpunkte, um das „'Phänomen' Adolf Hitler" (Karl Dietrich Bracher, in: PL 1 [1952], S. 207–212) zu erfassen. Vgl. zu diesem Problem u. a. das Protokoll der Podiumsdiskussion auf der 33. Vollversammlung der deutschen Historiker in Würzburg über 'Offene Fragen in der Erforschung des Nationalsozialismus', in: Beiheft zur GWU 1982, S. 159–171, insbes. S. 159–164 (Diskutanten: Karl Dietrich Bracher, Andreas Hillgruber, Eberhard Jäckel, Hans Mommsen und Wolfgang Schieder; Leitung der Diskussion Heinrich August Winkler). Darüber hinaus siehe zu den Veränderungen, die Hitlers Leben nach dem gescheiterten Putsch in München während der Haftzeit erfuhr: Werner Maser, Adolf Hitler. Mein Kampf. Der Fahrplan eines Welteroberers. Geschichte, Auszüge, Kommentare. Esslingen 1974, S. 16; und ders. (Hrsg.), Hitlers Briefe und Notizen. Sein Weltbild in handschriftlichen Dokumenten. Düsseldorf 1973, S. 119ff.; sehr kritisch zu den Ungenauigkeiten in 'Briefe und Notizen': August Priesack, Hitlers Handschrift und Masers Lesefehler. Eine notwendige Berichtigung, in: VfZG 21 (1973), S. 334ff., wo nicht weniger als 120 Lesefehler benannt werden.

[16] Vgl. zu entsprechenden Literaturhinweisen Anh. 2.

Im übrigen ist die Forschungssituation nach wie vor durch unterschiedlich beantwortete Methoden- und Deutungsfragen gekennzeichnet. Dabei vermißt man bedauerlicherweise immer wieder die in fachwissenschaftlichen Diskussionen zu fordernde und auch zu erwartende Toleranz gegenüber Auffassungen, die von der eigenen Meinung abweichen. Offensichtlich fällt es schwer, die objektiv nicht zu bestreitende Unentschiedenheit der Debatte über die Interpretation Hitlers anzuerkennen[17].

Wissenschaftlich ging und geht es bei allen diesen Auseinandersetzungen letztendlich um die historische Ortsbestimmung des Dritten Reiches in der deutschen Geschichte, um die terminologisch-analytischen Kategorien zur Deutung des Nationalsozialismus und auch darum, die Erfahrungen mit der nationalsozialistischen Zeit in eine Beziehung zur Gegenwart und Zukunft zu setzen. Stark vereinfacht lassen sich die damit verbundenen – kontroversen – Erörterungen auf fünf Problemkreise eingrenzen: Erstens wird

[17] Beispielhaft dafür ist die Auseinandersetzung zwischen Klaus Hildebrand und Hans Mommsen (K. H., Nationalsozialismus oder Hitlerismus? In: Persönlichkeit und Struktur in der Geschichte. Historische Bestandsaufnahme und didaktische Implikationen, hrsg. von Michael Bosch. Düsseldorf 1977, S. 55–61; H. M., Nationalsozialismus oder Hitlerismus? ebd., S. 62–71). – Einen Überblick zum Forschungsstand vermittelt der Tagungsband: Der 'Führerstaat': Mythos und Realität. Studien zur Struktur und Politik des Dritten Reiches, hrsg. von Gerhard Hirschfeld und Lothar Kettenacker mit einer Einl. von Wolfgang J. Mommsen. Stuttgart 1981. Zu den auf dieser Tagung vorgetragenen Thesen vgl. Klaus Hildebrand, Nationalsozialismus ohne Hitler? Das Dritte Reich als Forschungsgegenstand der Geschichtswissenschaft, in: GWU 31 (1980), S. 289–304. Die zum Teil heftige Diskussion, die dieser Veranstaltung in verschiedenen Zeitschriften folgte, ist – mit entsprechenden Literaturhinweisen – resümiert von Jost Dülffer in seiner Besprechung des Tagungsbandes, in: MGM 31 (1982), S. 156ff. Vgl. im Rahmen der Auseinandersetzung über die Hitler-Forschung auch die kritischen Anmerkungen von Werner Maser, der zumindest einigen deutschen Historikern unterstellt, Thesen über Hitler unkritisch zu tradieren, wobei ganz allgemein die Quellen vernachlässigt würden: ders., Hitler-Forschung im Detail. Der Fall des Jean Loret, in: Hitler heute (Vw. 5), S. 110–124, insbes. S. 110–117.

gefragt, ob der Nationalsozialismus nur eine Variante des Faschismus im Verständnis eines allgemeinen Epochenphänomens ist, oder ob er nicht besser unter dem Aspekt des Totalitarismus eingeordnet werden müsse, wobei sowohl die deutsche als auch die europäische Entwicklung seit dem Ausgang des 18. Jahrhunderts bei der Suche nach seinen Voraussetzungen in den Blick genommen wird[18]. Zweitens geht es um die Analyse der Ursachen, die der Nationalsozialismus besaß. Läßt sich dieser als das politische Ergebnis von Gefährdungen deuten, die für kapitalistische Systeme immer existierten und für die westlichen Industriegesellschaften eo ipso weiterhin gegeben sind, oder lag er – und damit das Regime Hitler – in der Konsequenz einer als einmalig zu bezeichnenden historischen Konstellation? In dieser Frage fallen die Antworten außerordentlich kontrovers aus. Insbesondere zwei Forschungsrichtungen stehen sich hier gegenüber, deren eine sich in erster Linie über innenpolitische Phänomenanalysen dem Problem annähert, während die andere bevorzugt außen- oder machtpolitischen Fragestellungen nachgeht. Grob vereinfachend wird auf die erste Gruppe der Begriff 'Revisionisten' angewendet, während die zweite unter dem der 'Traditionalisten' zusammengefaßt worden ist. Wenn im folgenden diese umstrittenen, unzulässig pauschalisierenden und inhaltlich unscharfen Begriffe gebraucht werden, dann ausschließlich aus pragmatischen Überlegungen im Rahmen der Unterscheidung extremer Forschungspositionen. Nicht übernommen sind damit jedoch die Wertungen, die diese Begriffe – inzwischen geradezu wie Kampfparolen eingesetzt – aus der Sicht der jeweils anderen Interpretationsrichtung implizieren. Die Frontstellung der 'Revisionisten' gegen die 'Traditionalisten' – und umgekehrt – prägte über weite Strecken auch die Auseinandersetzung über den dritten Themenkreis, nämlich die Debatte über den historischen Stellenwert, den Hitler als Person innerhalb der Geschichte des nationalsozialistischen Deutschlands und seiner politischen Aktionen habe. Darauf ist ebenso noch vertieft einzugehen wie auf die sehr unterschiedlich

[18] Vgl. Karl Dietrich Bracher, Die deutsche Diktatur. Entstehung, Struktur, Folgen des Nationalsozialismus. Köln, Berlin ^{3}1970, S. 6–16.

ausfallenden Antworten auf die vierte zentrale Frage, ob Hitler ein Revolutionär gewesen sei, ob man seine Bewegung als Revolution bezeichnen dürfe. Weniger umstritten scheint vorerst noch der fünfte Problemkreis zu sein, der die Rekonstruktion des nationalsozialistischen Alltags aus der Sicht 'von unten' zum Gegenstand hat. Es handelt sich um einen sozialgeschichtlichen Ansatz, der die alltagsgeschichtliche Perspektive besonders auswertet, dabei insbesondere auch mit dem methodischen Instrumentarium der Oral History. Im großen und ganzen ist diese Forschungsrichtung den 'Revisionisten' zuzurechnen.

Was nun die folgenden Ausführungen anbetrifft, so können diese, da zahlreiche Probleme der Deutung Hitlers noch nicht mit dem Anspruch auf allgemeine Verbindlichkeit gelöst sind, lediglich Zwischenerträge der Forschung präsentieren. Die Untersuchung versteht sich daher als eine fortzuschreibende Zusammenschau bisheriger Erörterungen und sich verfestigender Tendenzen innerhalb der Hitler-Forschung. Es sollen in erster Linie die unterschiedlichen Positionen – darunter auch als eine von vielen die eigene Auffassung – möglichst ausgewogen zur Geltung gelangen. Das bedeutet in der Regel, daß der zusammenfassenden Präsentation von Forschungsergebnissen – wenn auch oft bei besonderer Berücksichtigung eines in diesem Rahmen repräsentativen Autors – der Vorzug vor der intensiven Beschäftigung mit Einzelwerken gegeben wird.

Die Verpflichtung zur Ausgewogenheit ergab sich außerdem für das Verhältnis der Hitler-Interpretationen vor und nach 1945. Vor allem die Tatsache, daß in den zwanziger und dreißiger Jahren eine große Zahl scharfsinniger Arbeiten unterschiedlichster Couleur publiziert wurde, wobei die meisten der im Rahmen der Hitler-Forschung gegenwärtig diskutierten Fragen bereits thematisiert worden sind, legte den Verzicht auf eine Schwerpunktbildung in der Forschung nach dem Zweiten Weltkrieg nahe. Es kommt hinzu, daß die Ergebnisse der Veröffentlichungen aus der Zeit vor 1945 von der Geschichtswissenschaft bisher lediglich ansatzweise berücksichtigt wurden. Nun sind die damals erarbeiteten Thesen ohne Zweifel in vielen Fällen von der aktuellen politischen Perspektive beeinflußt, das gilt nicht zuletzt für den Journalismus, und die Resultate sind in mancher Hinsicht zu korrigieren oder fast immer durch neuere Erkenntnisse zu ergänzen. Überholt ist diese Literatur – parteilich oder nicht – allerdings mitnichten. Unübersehbar ist außerdem, daß die Forschungen der Nachkriegszeit in zahlreichen Fällen auf die zeitgenössischen Darstellungen zurückgriffen, in anderen – auch dies ist leicht zu erkennen – hinsichtlich der Problemanalyse deutlich hinter diesen zurückblieben.

Aus allen diesen Gründen schien es unverzichtbar zu sein, die Interpretation des 'Phänomens Hitler' bis in das Jahr 1923 zurückzuverfolgen. Für die historische Beurteilung oder Rekonstruktion der geschichtlichen Entwicklung ist es schließlich von größter Wichtigkeit, zu erkennen, was Zeitgenossen über Hitler, seine Bewegung und das nationalsozialistische Regime – theoretisch – wissen konnten, welches Informationsangebot bestand. Um jedoch Mißverständnissen vorzubeugen, sei hinzugefügt, daß dieses Anliegen nicht den unhistorischen Anspruch impliziert, zu zeigen, daß sich die Zeitgenossen an sich anders hätten verhalten müssen, als sie sich verhalten haben. Auch soll damit nicht angedeutet sein, daß der historische Prozeß, der schließlich stattfand, bei besserer Einsicht hätte abgewendet werden können. Denn das würde schlicht auf die Unterschätzung der Macht der Interessen hinauslaufen. Einsichten, nur das sei angemerkt, wurden und werden diesen allemal nachgeordnet.

An die Bestimmung der Ausgangslage bis 1945, die rebus sic stantibus nicht im Detail geleistet werden kann, schließen sich Erörterungen über geschichtswissenschaftliche Fragen der Hitler-Forschung seit dem Zweiten Weltkrieg an. Dabei wurde darauf verzichtet, auf die verschiedenen Faschismustheorien und die einzelnen faschistischen Bewegungen inhaltlich vertieft einzugehen, denn zu beiden Themen liegen in der Reihe 'Erträge der Forschung' seit langem spezielle Bände vor[19], zu denen diese Untersuchung von An-

[19] Wolfgang Wippermann, Faschismustheorien. Zum Stand der gegenwärtigen Diskussion. 2. verb. und um ein Nachw. erw. Aufl. Darmstadt 1975; und Hans-Ulrich Thamer und Wolfgang Wippermann, Faschistische und neofaschistische Bewegungen. Probleme empirischer Faschismusforschung. Darmstadt 1977. Wippermanns Forschungsbericht über die 'Faschismustheorien' erschien 1980 in 4. Aufl.; zum Thema vgl. ders., Zur

fang an in einer direkten – auf gegenseitige Ergänzung angelegten – Wechselbeziehung stehen sollte.

Für den formalen Aufbau der Arbeit schuf die Tatsache, daß zum Thema Hitler – verstanden im weitesten Sinne – eine nicht mehr überschaubare Fülle von Untersuchungen vorliegt, besondere Probleme. Denn es galt ja, der für einen Forschungsbericht zentralen Forderung zu entsprechen, den Forschungsstand angemessen darzustellen, d. h. hier für den Zeitraum 1923 bis 1983 unter der vorhandenen Literatur eine – für die chronologische Entwicklung der Hitler-Interpretation, die von dieser gestellten Fragen, die dazu erarbeiteten Thesen, die gesicherten Ergebnisse, die methodischen Zugänge und die im Rahmen der Forschung ausgetragenen Kontroversen – repräsentative Auswahl zu treffen. Mit der Berücksichtigung von über 1500 Titeln wurde versucht, dieses Ziel zu erreichen.

Die Zusammenstellung wird zweifellos für die einen dennoch manchen Wunsch unerfüllt lassen, bei anderen hingegen den Vorwurf provozieren, daß die Vielzahl der Übersichtlichkeit im Wege

Analyse des Faschismus. Die sozialistischen und kommunistischen Faschismustheorien 1921–1945. Frankfurt a. M., Berlin, München 1981; als zeitgenössische Auseinandersetzung: Michael Florinski, Fascism and National Socialism. New York 1935; aber auch – u. a. – Franz Neumann oder Wilhelm Reich (I, 11 u. 12); für die Interpretation der sogenannten Neuen Linken vgl. die vorzügliche – zahlreiche weiterführende Literatur enthaltende – Analyse von Heinrich August Winkler, Die 'neue Linke' und der Faschismus. Zur Kritik neomarxistischer Theorien über den Nationalsozialismus, in: ders., Revolution, Staat, Faschismus. Zur Revision des Historischen Materialismus. Göttingen 1978, S. 65–117. Zu den von Winkler angesprochenen Autoren siehe u. a.: Reinhard Kühnl, Tendenzen der Faschismusforschung, in: FrH 25 (1970), S. 441–447; ders., Der deutsche Faschismus in der neueren Forschung, in: ARG 15 (1973), S. 152–182; und ders., Der deutsche Faschismus in der neueren Forschung. Beiträge zur Kausalfrage und zum Herrschaftssystem, in: NPL 28 (1983), S. 57–84. Hervorzuheben ist im Hinblick auf die Faschismusforschung darüber hinaus der – speziell für die Interpretation Hitlers wichtige – Beitrag von Richard Saage, Faschismustheorien. Eine Einführung. München 1976. Vgl. insgesamt auch die in Vw. 12 aufgeführten Literatur- und Forschungsberichte zum Thema Faschismus–Nationalsozialismus.

stehe. Wie dem auch immer sei, eine allseits befriedigende Lösung des Repräsentanzproblems dürfte es nicht geben, denn die Quantität der schriftlichen Produktion zwingt jeden Verfasser eines derartigen Forschungsberichts zum Kompromiß.

Bei der Auswertung der berücksichtigten Untersuchungen ist – wie oben bereits angedeutet – beabsichtigt, im Text besonders prägnante Aussagen zu erörtern, wobei zumindest für den ersten Teil davon auszugehen ist, daß dies zu einer dichotomischen Struktur der Darstellung führt. Die bis 1945 über Hitler veröffentlichte Literatur ist ja inhaltlich noch keineswegs systematisch aufgearbeitet, und dies bringt es eben mit sich, daß hier lediglich die Fundamentalkritik aufgezeigt werden kann, ohne diese nach den – durchaus nicht einheitlichen – Standorten der einzelnen Autoren zu differenzieren. Dennoch wird dieses Vorgehen im Rahmen einer Groborientierung über die Hitler-Interpretation vor dem Ende des Zweiten Weltkrieges für vertretbar gehalten.

Die thematische Auswahl orientiert sich im ersten Teil zum einen am Gesichtspunkt der möglichen Breitenwirkung von Kommentaren zu Hitler, was z. B. das Eingehen auf die journalistischen Publikationen unverzichtbar macht, und zum anderen an jenen Fragen, die von den Zeitgenossen offensichtlich als zentral angesehen wurden: an der Haltung des 'Hitlerismus' gegenüber dem Christentum, am Rassismus und Antisemitismus, den die Nationalsozialisten propagierten und praktizierten, sowie an den machtpolitischen Zielsetzungen Hitlers. Methodisch wird es gerade bei den beiden letzten Themen – wie jedoch im ersten Teil generell – für sinnvoll gehalten, relativ häufig längere Passagen aus der zeitgenössischen Literatur zu zitieren. Auf diese Weise scheint es am besten möglich zu sein, die interpretatorische Schärfe der Autoren zu demonstrieren und gleichzeitig die Basis für einen Vergleich ihrer Ergebnisse mit denjenigen der zeitgeschichtlichen Forschung zu schaffen. Die Entscheidung für die ausführlich darzustellenden Positionen orientiert sich an der Frage, wie repräsentativ die Deutung eines Verfassers für das Gesamtspektrum der Literatur zu dem jeweiligen Thema ist, d. h., es handelt sich um ein exemplarisches Verfahren, das den Anspruch auf eine allgemeine Verbindlichkeit hinsichtlich der Resultate stellt –

soweit dies angesichts des Forschungsstandes über die Hitler-Interpretation vor 1945 überhaupt möglich ist.

Im zweiten Teil, der den gegenwärtigen Stand der Hitler-Interpretation beschreibt, kann dem referierenden Charakter eines Forschungsberichtes konsequenter entsprochen werden, da die Forschungssituation – die Ergebnisse sind hinreichend strukturiert – es gestattet, Einzelprobleme unter übergeordneten Fragestellungen integral zu betrachten. Das dürfte nicht zuletzt im Kapitel 'Aspekte einer Herrschaft' zum Ausdruck kommen.

Die Anmerkungen enthalten in erster Linie weiterführende Literatur, die es erlauben soll, die im Text überblickartig erörterten Thesen vertieft zu studieren. So entsteht zwar einerseits eine thematische Blockbildung, aber andererseits wird dadurch ein von Fall zu Fall für zweckmäßig erachteter assoziativer Aufbau der Anmerkungen – nicht im Verständnis willkürlicher Erweiterung, sondern im Sinne relevanter inhaltlicher Assoziationen – nicht ausgeschlossen. Insbesondere die Fußnoten des ersten Teils werden immer wieder Hinweise auf erst nach 1945 publizierte Arbeiten enthalten. Damit soll eine Verklammerung der Hitler-Interpretation vor und nach dem Ende des Dritten Reiches erreicht werden. Einkalkuliert ist dabei, daß es als Folge eines derartigen Vorgehens zu einer Verteilung der für eine spezifische Problematik heranzuziehenden Literatur auf mehrere Anmerkungen kommen muß. So gesehen steht das Verfahren der an sich angestrebten Blockbildung zwar mitunter entgegen, aber der Nachteil kann durch das Personen- und Sachregister, das es möglich macht, die für eine bestimmte Thematik insgesamt berücksichtigte Literatur schnell aufzufinden, behoben werden.

Eine Entlastung der Anmerkungen sollen die in den Anhängen abgedruckten bibliographischen Exkurse erreichen, in denen vor allem Forschungs- und Literaturberichte, bibliographische Hilfsmittel oder Zusammenstellungen an die Hand gegeben werden, die u. a. einen Eindruck von der quantitativen Dimension der Hitler-Interpretation vor 1945 zu vermitteln vermögen. Bei der Fülle der Veröffentlichungen ließ es sich nicht vermeiden, die bibliographischen Angaben möglichst knapp zu halten, daher wurde z. B. auf die Nennung der Reihentitel verzichtet.

Nicht versäumen möchte ich, an dieser Stelle Herrn Prof. Dr. Jost Dülffer, Herrn Dr. Wolfgang Michalka, Herrn Prof. Dr. Hans Mommsen und Herrn Prof. Dr. Klaus-Jürgen Müller sehr aufrichtig dafür zu danken, daß sie das Manuskript kritisch gelesen haben. Ihre zahlreichen Verbesserungsvorschläge und Anregungen waren mir bei der Abfassung des vorliegenden Textes eine außerordentlich wertvolle Hilfe. Mein Dank gilt darüber hinaus dem Verlag und insbesondere dem Lektorat für eine stets angenehme Zusammenarbeit und die sorgfältige Betreuung des Manuskriptes. Bleibt zu hoffen, daß die Arbeit insgesamt dazu beiträgt, den gegenwärtigen Stand der Hitler-Interpretation erkennbar zu machen und die Einarbeitung in die Hitler-Forschung zu erleichtern. Mehr sollte, mehr konnte nicht versucht werden.

I. ASPEKTE, RESULTATE UND PERSPEKTIVEN DER HITLER-INTERPRETATION VOR 1945

1. Zur Ausgangslage – Problemstellungen

Bevor im folgenden verschiedene Bereiche der Hitler-Interpretation vor 1945 exemplarisch betrachtet werden, scheint es angebracht zu sein (als eine Art Bestimmung der Ausgangslage für den gesamten Forschungsbericht), einige Problemstellungen anzusprechen, welche die weiteren Ausführungen fast immer begleiten werden, sei es auf direkte, sei es auf indirekte Weise.

Es geht zum einen um die Perzeption der zeitgenössischen Sicht Hitlers – d. h. seiner Deutung in der Literatur vor dem Ende des Dritten Reiches – in der gegenwärtigen Hitler-Forschung, denn der diesbezügliche Forschungsstand beeinflußte nicht nur die Komposition der vorliegenden Arbeit, sondern auch die Fragestellungen; und zum anderen geht es um die sozusagen 'zeitlose Frage', ob sich Hitlers Aufstieg in erster Linie mit seiner Unterschätzung oder im Rahmen der Korrespondenzthese – also der ideologischen und politischen Entsprechung mit vielen Deutschen, sei es auch nur in einem vordergründigen Verständnis – erklären lasse. Darüber gingen die Auffassungen vor 1945 auseinander, und sie sind noch heute sehr kontrovers.

Bereits an dieser Stelle sei außerdem darauf hingewiesen, daß in diesem Forschungsbericht – in aller Regel – darauf verzichtet wird, biographische Kommentare zu den zitierten zeitgenössischen Autoren abzugeben. Deren Bekanntheitsgrad war zwar recht unterschiedlich, aber da dieser kein Auswahlkriterium im Rahmen der vorliegenden Arbeit darstellte, sind Erörterungen über ihn im Grunde belanglos. Es ging vielmehr ausschließlich darum, Verfasser von Büchern und Aufsätzen heranzuziehen, die sich zu den im jeweiligen Kapitel behandelten Aspekten der zeitgenössischen Deutungen Hitlers repräsentativ äußerten. Unter solchem Gesichtspunkt wäre es – bei rigorosem Vorgehen – durchaus statthaft gewesen, die Namen im Text ganz wegzulassen. In der Tat dürfte es selbst in der konkreten Situation verhältnismäßig unwichtig gewesen sein, z. B. Heinrich Mann als Urheber einer bestimmten Hitler-Kritik benannt zu haben. Wichtig war – und ist – doch wohl in erster Linie, daß eine Deutung der Art, wie er sie vornahm, veröffentlicht worden ist und – vor allem dies – allgemein zugänglich war. Von einer derartigen Sicht der Dinge ausgehend, wurde es für vertretbar angesehen, u. a. die Brüder Mann relativ ausführlich zu zitieren, Bertolt Brecht aber auszuklammern, oder Carl v. Ossietzky an zahlreichen Stellen zu Wort kommen zu lassen, wohingegen Ernst Niekisch an sich nur am Rande in Erscheinung tritt. Hier zeigt sich der Nachteil der Namensnennung, wenn der Zwang zur Auswahl existiert. Es hätte sich jedenfalls auch ganz anders entscheiden lassen. Und das gilt ebenfalls für die Auswahl der linksintellektuellen Zeitschrift 'Die Weltbühne' als Paradigma journalistischer Kritik bis 1933. Warum nicht die Monatszeitschrift 'Neue Blätter für den Sozialismus', die 'Sozialistischen Monatshefte' oder die 'Deutsche Republik' heranziehen? Weshalb nicht die 'Vossische Zeitung' oder die 'Frankfurter Zeitung' umfassend berücksichtigen, denn an Kritik an Hitler fehlte es in diesen Blättern nicht? Nun, es ging darum, Beispiele zu finden, um die kritische Hitler-Interpretation auf exemplarische Weise und gleichzeitig repräsentativ vorzustellen. Diesem Anspruch schienen die hier ausgewählten Autoren ebenso wie die Zeitschriften und Zeitungen zu genügen.

a) Die Perzeption zeitgenössischer Literatur in der zeitgeschichtlichen Hitler-Forschung

Als Hans Herzfeld 1960 im Seminar für Zeitgeschichte in Berlin einen Vortrag über 'Hitler in der zeitgenössischen Beurteilung des Auslandes' hielt, wies er einleitend darauf hin, daß erstaunlicherweise eine fundierte Auseinandersetzung mit dem von ihm gewählten Thema noch immer fehle[1]. Mehr als zwanzig Jahre danach hat sich daran verhältnismäßig wenig geändert. Weiterhin gehört eine erschöpfende und systematische Aufarbeitung der zeitnahen Hitler-Interpretation, wie sie in Deutschland und im Ausland vorgenommen worden ist, zu den Desideraten der Forschung. Daran wird auch dieser Forschungsbericht nichts ändern. Er vermag für die Zeit vor 1945 allenfalls Schneisen zu schlagen, eventuell sind Perspektiven zu erweitern, doch ausgeschlossen bleibt die Gesamtdarstellung der damals in der Literatur und Publizistik existenten Hitler-Deutungen. Auf die spezielle Problematik des – stets Willkürlichkeit einschließenden – Auswahlverfahrens wurde oben aufmerksam gemacht. Zu ergänzen ist, daß bei dem hier praktizierten exemplarischen Vorgehen, das besonders profilierten Positionen den Vorzug gibt, das breite Mittelfeld weitgehend unberücksichtigt bleiben mußte. Dies wurde jedoch als akzeptabel betrachtet, weil die in diesem anzutreffenden Auffassungen im allgemeinen nur Modifizierungen oder Ableitungen der hier in den Vordergrund gestellten Sehweisen entsprechen.

Was nun den Forschungsstand anbelangt, so existieren mittlerweile zumindest einige wichtige Vorarbeiten zur Hitler-Interpretation vor 1945. Es liegen seit der zweiten Hälfte der sechziger Jahre die Untersuchungen von Karl Lange und Werner Maser über Hitlers 'Mein Kampf' vor. Beide Autoren bemühen sich – mit unterschiedlicher Intensität –, das zeitnahe Hitler-Bild zu bestimmen. Lange stellt dazu fest, seine Studie habe sich – obwohl eigentlich dem Phänomen der Nichtbeachtung des Hitlerschen Buches in der Öffentlichkeit gewidmet – „sozusagen unter den Händen zu dem Thema 'Das Hitler-Bild vor 1933'" erweitert. Die Forschungslücke ist mit den hilfreichen Arbeiten von Lange und Maser allerdings nicht geschlossen worden. An diesem Zustand vermochten auch einige weitere – die Zeit vor 1945 besonders berücksichtigende – Untersuchungen grundsätzlich nichts zu ändern, obwohl sie natürlich Beiträge zur Verbesserung der Forschungssituation leisten. Dies gilt ganz allge-

[1] Nach O. E. H. Becker, Tragische Verwirrung, Professor Herzfeld über die Vorkriegsbeurteilung Hitlers im Ausland, in: GWU 11 (1960), S. 423f.

mein für jene Werke, die wie Klaus Hildebrands Darstellung über das 'Dritte Reich' zeitgenössische Deutungen bei der Auseinandersetzung mit dem gegenwärtigen Forschungsstand einbeziehen und dabei wesentliche Interpretationsansätze erhellen. Es trifft darüber hinaus jedoch vor allem auf einige Spezialuntersuchungen zu. In betont essayistischer Weise arbeitete zum Beispiel Pierre Ayçoberry die zwischen 1922 und 1975 vorgenommenen Deutungen des Nationalsozialismus auf. Rigoros exemplarisch vorgehend, verzichtet er selbst in den Anmerkungen auf bibliographische Exkurse. Die Auswahl orientiert sich an vom Autor festgelegten und begründeten Kriterien, für die Zeit vor dem Ende des Dritten Reiches werden rund zwei Dutzend Titel genannt, die unterschiedlich intensiv ausgewertet wurden. Vor- und Nachteile eines derartigen Verfahrens liegen auf der Hand, die begrüßenswerte Vertiefung wird zu Lasten der Vielfalt – die größer ist als Ayçoberry behauptet – erreicht. Trotzdem ist die Methode dem Anliegen des Autors, dem es nicht darum ging, einen Forschungsbericht zu schreiben, sondern zentrale Analysen des Nationalsozialismus sichtbar zu machen, angemessen. Als Gliederungsprinzip dient bis 1945 der ideologische Standort der Verfasser, für die Veröffentlichungen danach dominiert die Ausrichtung an der chronologisch verfolgten Entwicklung von Deutungen der nationalsozialistischen Zeit. Eine weitere, die zeitgenössische Sicht umfassend berücksichtigende Abhandlung stellt das Buch von Gerhard Schulz zu den zwischen 1922 und 1972 diskutierten Theorien über Faschismus und Nationalsozialismus dar. Schulz geht es um Versionen und Kontroversen, um eine Bestandsaufnahme, in der für die Zeit nach 1945 insbesondere die Antiposition zur These vom monolithischen Staat Hitlers gewürdigt ist. Wichtig ist diese Studie aber nicht zuletzt deshalb, weil sie deutlich macht, daß die Debatte über den Faschismus und Nationalsozialismus vor 1945 erheblich aspektreicher gewesen ist, als bis 1974 gemeinhin angenommen wurde. Schließlich veröffentlichte Nicos Poulantzas eine profunde Analyse der Faschismusdiskussion der Komintern, mit der er zeigen konnte, daß diese weitaus differenzierter strukturiert war als generell unterstellt. Zu nennen wären aber im Hinblick auf die Berücksichtigung von vor 1945 erschienenen Arbeiten über den Nationalsozialismus auch Wolfram Ender und Joachim Petzold[2].

Dennoch mag es für das Verhältnis zwischen zeitgenössischer und gegenwärtiger Hitlerinterpretation als bezeichnend angesehen werden, daß die bislang nicht übertroffene Biographie Hitlers von

[2] Karl Lange, Hitlers unbeachtete Maximen. 'Mein Kampf' und die Öffentlichkeit. Stuttgart, Berlin, Köln, Mainz 1968, Zit. S. 10. (Zu Hitlers Buch vgl. auch Hermann Hammer, Die deutschen Ausgaben von Hitlers 'Mein Kampf', in: VfZG 4 (1956), S. 161–178, der – was für die Quellenkritik wichtig ist – die im Laufe der Zeit vorgenommenen Textänderungen untersucht und feststellt, daß nur stilistische Korrekturen bemerkenswert seien, während inhaltliche Änderungen selten und im Hinblick auf die außenpolitischen Aussagen unerheblich gewesen seien. Erwähnt werden sollen hier außerdem: Adolf Hitlers 'Mein Kampf'. Eine kommentierte Auswahl von Christian Zentner. München 1974; und Peter Beyersdorf, Hitlers 'Mein Kampf'. Anspruch und Wirklichkeit. Hollfeld 1974). – Lange führt in seiner Bibliographie über 50 vor 1945 erschienene Titel auf, berücksichtigt jedoch wie Werner Maser, Adolf Hitler. Mein Kampf. Geschichte, Auszüge, Kommentare. München, Rastatt [2]1983, der rund 140 zeitgenössische Publikationen im Literaturverzeichnis nennt, im Text weitere zeitnahe Veröffentlichungen. Zu der – mit dieser TB-Ausgabe identischen – Originalausgabe (Esslingen 1981) von Masers 'Mein Kampf' vgl. Rainer Zitelmann, Hitlers Erfolge – Erklärungsversuche in der Hitler-Forschung, in: NPL 27 (1982), S. 47–69, hier S. 54.

Zu Hildebrand, Das Dritte Reich (I, 290); Pierre Ayçoberry, La question nazie. Essai sur les interprétations du national-socialisme (1922–1975). Paris 1979; Gerhard Schulz, Faschismus – Nationalsozialismus. Versionen und theoretische Kontroversen 1922–1972. Frankfurt a. M., Berlin, Wien 1974; und Nicos Poulantzas, Faschismus und Diktatur. Die kommunistische Internationale und der Faschismus. München 1973 (franz. Paris 1970 – direkt dazu: Komintern und Faschismus. Dokumente zur Geschichte und Theorie des Faschismus, hrsg. und kommentiert von Theo Pirker. Stuttgart 1965, dort S. 57–70 und S. 141–203 zum Nationalsozialismus); vgl. auch die Untersuchung von W. Wippermann, Zur Analyse des Faschismus (Vw. 19); zu Ender (I, 13) und zu Petzold, Wegbereiter (II, 361).

Für die vor 1945 vorgenommenen Deutungen Hitlers sei bereits an dieser Stelle auf einige wichtige Untersuchungen über die Berichterstattung in Zeitungen und Zeitschriften hingewiesen: Brigitte Granzow, A Mirror of

Joachim C. Fest[3] oder das ambitionierte Buch von John Toland[4] wenig mehr als je vierzig – nicht nur auf Hitler bezogene – Titel aus der Zeit vor 1945 nennen.

Allerdings ist es problematisch, zu verallgemeinern, denn in anderen Bereichen – so bei verhältnismäßig speziellen Themen aus dem Gesamtkomplex des Dritten Reiches und seiner Vorgeschichte – stellt sich die Lage deutlich besser dar. Als beispielhaft sei auf die Werke von Karl Dietrich Bracher – 'Die Auflösung der Weimarer Republik' – und Klaus Scholder – 'Die Kirchen und das Dritte Reich' – hingewiesen. Bracher führt fast 600 und Scholder über 200 zeitgenössische Publikationen an[5].

Nazism. British Opinion and the Emergence of Hitler, 1929–1933. With an Introduction by Bernard Crick. London 1964; Hans Hörling, Das Deutschlandbild der Pariser Tagespresse vom Münchener Abkommen bis zum Ausbruch des II. Weltkrieges: Quantitative Analyse, in: Deutschland und Frankreich 1936–1939, hrsg. von Klaus Hildebrand und Karl Ferdinand Werner in Zsarb. mit Klaus Manfrass. München, Zürich 1981, S. 71–102, zu Hitler S. 95f.; Helmut Illert, Die deutsche Rechte der Weimarer Republik im Urteil der englischen Presse 1928–1932. (Phil. Diss.) Köln 1966; Adolf Kimmel, Der Aufstieg des Nationalsozialismus im Spiegel der französischen Presse 1930–1933. Bonn 1969; Eva Pfeifer, Das Hitlerbild im Spiegel einiger konservativer Zeitungen in den Jahren 1929–1933. 2., verb. Aufl. München 1968; nicht nur auf die Presseberichterstattung stützt sich der Aufsatz von René Rémond, L'Image de l'Allemagne dans l'opinion publique française de mars 1936 à septembre 1939, in: Deutschland und Frankreich (s. o.), S. 3–16; außerdem Haim Shamir, French Press Reaction in 1933 to Hitler's Anti-Jewish Policies, in WLB 25 (1971/72), Nos. 1 & 2, New Series Nos. 22 & 23, S. 23–32; und William F. Sheldon, Das Hitler-Bild in der 'Time' 1923–1933, in: Tradition und Neubeginn. Internationale Forschungen zur deutschen Geschichte im 20. Jahrhundert, hrsg. von Joachim Hütter, Reinhard Meyers und Dietrich Papenfuß. Köln, Berlin, Bonn, München 1975, S. 67–81.

[3] Fest, Hitler (Vw. 7), S. 1157–1169.

[4] John Toland, Adolf Hitler. Bergisch Gladbach 1977, S. 1125–1134.

[5] Klaus Scholder, Die Kirchen und das Dritte Reich. Bd. 1: Vorgeschichte und Zeit der Illusionen 1918–1934. Frankfurt a. M., Berlin, Wien 1977, S. 864–887; Karl Dietrich Bracher, Die Auflösung der Weimarer Republik.

Generell beschränken sich freilich die nach dem Ende des Zweiten Weltkrieges erschienenen Veröffentlichungen zum 'Phänomen Hitler' darauf, eine recht kleine Gruppe zeitgenössischer Autoren zu zitieren. Vor allem Konrad Heiden[6] zählt zu diesen. Seine Biographie über Hitler übt immer noch prägenden Einfluß auf die zeitgeschichtliche Forschung aus[7]. Dennoch dürfte Werner Masers sarkastische Anmerkung[8], die meisten Biographien Hitlers wichen von derjenigen Heidens in sachlicher Hinsicht lediglich insofern ab, „als sie – im Prisma Heidens – über den Teil der Karriere Hitlers berichten" würden, den dieser nicht mehr darstellen konnte oder wollte, so nicht aufrechtzuerhalten sein. Als weitere – nicht nur biographisch arbeitende – Autoren werden bevorzugt Rudolf Olden[9], Theodor

Eine Studie zum Problem des Machtverfalls in der Demokratie. Königstein i. Ts., Düsseldorf 1978 (¹1955). Zu diesem Standardwerk vgl. die kritische Würdigung von Arnold Brecht, Die Auflösung der Weimarer Republik und die politische Wissenschaft, in: ZfP 2 (1955), S. 291–308; und Dieter Gessner, Das Ende der Weimarer Republik. Fragen, Methoden und Ergebnisse interdisziplinärer Forschung. Darmstadt 1978, S. 10f.; sehr einseitige Kritik – aus der Sicht der marxistisch-leninistischen Geschichtsschreibung – übt Kurt Gossweiler, Karl Dietrich Brachers 'Auflösung der Weimarer Republik', in: ZfG 6 (1958), S. 508–557.

[6] Konrad Heiden, Adolf Hitler. Eine Biographie. Bd. 1: Das Zeitalter der Verantwortungslosigkeit. Zürich 1936; Bd. 2: Ein Mann gegen Europa. Zürich 1937 (Reprint München 1980).

[7] Zur Bedeutung Heidens vgl. z. B. Boesch (Anh. 1), hier S. 212; Bracher, 'Phänomen' (Vw. 15), S. 207; Milan Hauner, Did Hitler Want a World Dominion? In: JCH 13 (1978), S. 15–31, hier S. 16; Meir Michaelis, World Power Status or World Dominion? In: HJ 15 (1972), S. 331–360, hier S. 331f.; Michalka, Wege (Vw. 6), S. 126f.; Zitelmann (I, 2), S. 47f.; Stern (Vw. 13), S. 12.

[8] Maser (Vw. 17), S. 116f.

[9] Rudolf Olden, Hitler. Mit 14 Abb. und einem Vorw. von Werner Berthold. Hildesheim 1981 (Nachdr. der Ausg. Amsterdam 1935). Olden wird überwiegend nach der englischsprachigen Übersetzung zitiert: Hitler the Pawn. London 1936. Dieser Titel entspricht fast dem ursprünglich für das deutsche Original vorgesehenen: 'Hitler, Agent der Macht'. In ihm war die Grundthese Oldens bereits angedeutet.

Heuss[10], Franz Neumann[11], Wilhelm Reich[12], Hermann Rauschning[13] oder Otto Straßer[14] herangezogen.

Wesentlich seltener wird unter Hitlers zeitnahen Kritikern – allein diese sollen hier betrachtet werden – Andreas Andernach zitiert[15], der noch vor dem Machtantritt 1933 sowohl auf die inhumane Destruktivität des nationalsozialistischen Führers als auch auf dessen Neigung zur Diktatur hinwies. Gleiches läßt sich über die Berücksichtigung von Martin Arbüster[16] sagen. Recht selten werden Otto Braun[17], dessen Erinnerungen – in bezug auf Hitler – enttäuschen, Ernst Fraenkel[18], der mit seinem Werk die heutige Polykratie-

[10] Theodor Heuß, Hitlers Weg. Eine Schrift aus dem Jahre 1932. Neu hrsg. und mit einer Einl. versehen von Eberhard Jäckel. Tübingen 1968; ders., Die Machtergreifung und das Ermächtigungsgesetz. Zwei nachgelassene Kapitel der 'Erinnerungen 1905–1933'. Hrsg. von Eberhard Pikart. Tübingen 1967.

[11] Franz Neumann, Behemoth. Struktur und Praxis des Nationalsozialismus 1933–1944. Hrsg. und mit einem Nachw. [Franz Neumanns 'Behemoth' und die heutige Faschismusdiskussion] von Gert Schäfer. Frankfurt a. M. 1984; das Buch erschien erstmals 1942 in New York unter dem Titel: Behemoth. The Structure and Practice of National Socialism.

[12] Wilhelm Reich, Die Massenpsychologie des Faschismus. Vorw. von Mary Higgins. Köln, Berlin 1971 (Zürich ^{1}1933).

[13] Von den verschiedenen zeitgenössischen Veröffentlichungen seien hier nur die beiden bekanntesten genannt: Hermann Rauschning, Gespräche mit Hitler. Wien 1973 (Zürich ^{1}1940); direkt dazu Theodor Schieder, Hermann Rauschnings 'Gespräche mit Hitler' als Geschichtsquelle. Opladen 1972; und Hermann Rauschning, Die Revolution des Nihilismus. Neu hrsg. und mit einer Einl. von Golo Mann. Zürich 1964 (^{1}1938). Ausführlich zu diesen beiden Hauptschriften Rauschnings: Wolfram Ender, Konservative und rechtsliberale Deuter des Nationalsozialismus 1930–1945. Eine historisch-politische Kritik. Frankfurt a. M., Bern, New York 1984, S. 92–119.

[14] Otto Straßer, Hitler and I. Boston 1940; dt.: Hitler und ich. Buenos Aires 1940 (Konstanz 1948).

[15] Andreas Andernach, Hitler ohne Maske. München 1932.

[16] Martin Arbüster, Adolf Hitler. Blut oder Geist. Zürich 1936.

[17] Otto Braun, Von Weimar zu Hitler. (Zürich 1943, Hamburg 1949, Hildesheim ^{3}1979.) New York 1940.

[18] Ernst Fraenkel, The Dual State. A Contribution to the Theory of

diskussion beeinflußte, Irene Harand[19], die sich ebenso scharfsinnig wie scharfzüngig mit Hitlers 'Mein Kampf' auseinandersetzte, und Manuel Humbert[20] gewürdigt, der Mitte der dreißiger Jahre eine schonungslose Deutung der Politik Hitlers vorlegte. Beiläufig sei angemerkt, daß die analytische Qualität solcher Veröffentlichungen und ihr Stellenwert für die Geschichtswissenschaft nicht dadurch relativiert werden, daß sie von politischen Gegnern Hitlers geschrieben worden sind. Zu nennen wären hier außerdem das zur Unterschätzung Hitlers tendierende Buch von Curzio Malaparte[21], Fritz Novas[22] anregende Studie über die gedanklichen Ursprünge des nationalsozialistischen Führerprinzips im Feudalwesen, Guenter Reimann[23], der das Rivalitätssyndrom in der nationalsozialistischen Führungsschicht thematisierte, Willi Oscar Somin[24], in dessen Schriften nachdrücklich davor gewarnt wird, Hitlers Friedensbeteuerungen zu glauben, die kämpferischen Betrachtungen von Edgar Alexander[25], denen die Publikationen von Jakob Nöt-

Dictatorship. London, New York, Toronto 1941; dt.: Der Doppelstaat. Recht und Justiz im 'Dritten Reich'. Frankfurt a. M. 1984 (danach zitiert).

19 Irene Harand, 'Sein Kampf'. Antwort an Hitler. Wien 1936 ([1]1935); engl. Chicago 1937; franz. Brüssel 1936; dies., So oder so? Die Wahrheit über den Antisemitismus. Wien 1933.

20 Manuel Humbert (d. i. Kurt Caro), Adolf Hitlers 'Mein Kampf'. Dichtung und Wahrheit. Mit einem Vorw. von Heinrich Mann. Paris 1936.

21 Curzio Malaparte, Der Staatsstreich. Leipzig, Wien 1932. Zur Unterschätzung neigte insbesondere der amerikanische Journalist Hubert Renfro Knickerbocker, Deutschland so oder so? Berlin 1932. K. machte zwar Interviews mit Hitler und anderen NS-Größen, wertete aber 'Mein Kampf' nicht aus (engl. Ausg.: Germany-Fascist or Soviet? London 1932).

22 Fritz Nova, The National Socialist Fuehrerprinzip and its Background in German Thought. A dissertation. Philadelphia 1943.

23 Guenter Reimann, The Myth of the Total State. New York 1941.

24 Willi Oscar Somin, Die braune Kultur. Zürich 1934; ders., Deutschland mobilisiert. Zürich 1936. Das erste Buch enthält zwar ein Vorwort von Somin, ist aber ansonsten lediglich eine mit Zitaten aus 'Mein Kampf' versehene Fotosammlung verschiedener NS-Größen.

25 Edgar Alexander, Der Mythus Hitler. Zürich 1937 (Reprint München 1980). Direkt zu Alexander vgl. Ender (I, 13), S. 145–151.

ges[26] nicht nachstehen, das Tagebuch von William L. Shirer[27] und die kenntnisreichen Untersuchungen von Tete Harens Tetens[28] in welchen das nationalsozialistische Regime auf der Grundlage einer eingehenden Auseinandersetzung mit den Schriften Hitlers demaskiert wird.

Es sei erneut darauf hingewiesen, daß es im folgenden nicht möglich ist, alle Ergebnisse der Hitler-Literatur vor 1945 – zu der wissenschaftliche Deutungsversuche, politische Publizistik, Kampfschriften und Memoiren zu zählen wären – vorzustellen oder herauszuarbeiten. Dies würde eine andere und auf jeden Fall sehr voluminöse Untersuchung erforderlich machen. Einzig und allein Hinweise auf das im zeitgenössischen Schrifttum angebotene – kritisch gesehene – Hitler-Bild scheinen möglich zu sein. Dabei zeigen die ausgewählten Arbeiten und die erörterten Themen, daß die Interpretation der nationalsozialistischen Politik durchaus widerspruchsvoll ausfiel. Dies muß – grundsätzlich festgestellt – nicht bei jedem zitierten eindeutigen Urteil relativierend wiederholt werden.

Nicht zur Diskussion stehen soll jedoch die prinzipielle Frage, warum dieses Angebot – nach dem Eindruck der Zeitgenossen – letztendlich nicht angenommen worden ist. Ansonsten aber ist in solchem Zusammenhang freilich daran zu erinnern, daß die Regierung Hitler bei den letzten freien Wahlen im März 1933 lediglich eine knappe Mehrheit erhalten hat, die der NSDAP alleine vor und bei diesen Wahlen stets verwehrt blieb. Daß die kritischen Stimmen zu Hitler dazu beitrugen, daß fast die Hälfte der Deutschen gegen eine Regierung der 'nationalen Konzentration' votierte, dürfte sicher sein, doch der exakte Beitrag ist nicht eingrenzbar. Zu fragen ist ansonsten, was bei jenen dominierte, die das Angebot der Kriti-

[26] Jakob Nötges, Nationalsozialismus und Katholizismus. Köln 1931.

[27] William L. Shirer, Berlin Diary, The journal of a foreign correspondent 1934–1941. London 1941 (New York 1942).

[28] Tete Harens Tetens, Was will Hitler? Außenpolitik und 'letzte Schlußziele' nach Hitlers eigenen Worten. 10 in der Basler National-Zeitung veröffentlichte Aufsätze, hrsg. von J. B. Rusch, A. Kundert und C. A. Loosli. Basel 1935.

ker Hitlers nicht annahmen, denn in diesem Rahmen gibt es Interpretationsmuster.

b) 'Unterschätzung oder Entsprechung' als zeitgenössische und zeitgeschichtliche Frage

In seinem schon erwähnten Vortrag merkte H. Herzfeld zu einer derartigen Fragestellung an, man habe sich bei allen Erörterungen über die Verhältnisse in der Zeit von 1933 bis 1939 immer der Tatsache bewußt zu sein, daß die „Irrationalität bei Adolf Hitler und dem Nationalsozialismus dem Ausland ebenso wie vielen Deutschen entgangen" sei[29]. Und Karl Dietrich Bracher sieht den „Kern des Hitler-Phänomens" in der fundamentalen Unterschätzung des Nationalsozialismus[30]: „Zuerst ist es die Unterschätzung seitens der politischen Gruppierungen und Parteien sowohl der Rechten wie auch der Linken in Deutschland, die Hitler den Weg an die Macht ermöglicht; dann wiederholt es sich auf der internationalen Ebene – von den Westmächten bis zur Sowjetunion – mit jener Bündnis- und Beschwichtigungspolitik, die den Marsch in den Krieg und in die Weltmachtpolitik begleitet."

Vergleichbar ist einer solchen Sicht der Tenor in Fritz Thyssens zeitgenössischer – freilich in mancherlei Hinsicht fragwürdiger – Abrechnung mit dem Nationalsozialismus. Der Industrielle, der

[29] Becker (I, 1), S. 424.

[30] Bracher (Vw. 4), S. 81; direkt dazu auch Hauner (I, 7), S. 16. Als bezeichnend für die Irrungen bei der Beurteilung Hitlers im Rahmen der Machtübernahme könnte das – quellenkritisch allerdings mit einem Fragezeichen zu versehende – Buch von Georg Schreiber angesehen werden: Brüning – Hitler – Schleicher. Das Zentrum in der Opposition. Köln 1932; für die Unterschätzung Hitlers im Ausland ist u. a. auf das die Vorgänge in Deutschland bis 1938 berücksichtigende Werk des deutschen Autors Fritz Max Cahén, Men Against Hitler. New York 1939 hinzuweisen. C. erklärt Hitler primär – wenn auch eher indirekt – mit Versailles, meint aber, der Widerstand gegen ihn hätte nach 1933 Erfolg gehabt, wenn das Ausland diesen unterstützt hätte.

nach eigenem Zeugnis „Hitler bezahlte", war bei Kriegsbeginn zunächst in die Schweiz geflohen. 1941 erschien dann sein Buch, in dem er die ungeheuerlichen Zustände im Dritten Reich anprangert: „Diebstahl, Brandstiftung, ja sogar Mord in den Konzentrationslagern" seien vom Regime nicht nur toleriert, sondern organisiert worden. Im übrigen habe die Welt spätestens 1938, nach der sogenannten Kristallnacht, erkennen können, daß in Deutschland eine „Regierung von Gangstern" herrsche[31]. Eben diese Charakterisierung wählte Harold L. Laski im Hinblick auf die von den Nationalsozialisten betriebene Innen- und Außenpolitik bereits im Vorwort des 1933 publizierten Buches von Johannes Steel[32]: 'Hitler as Frankenstein'. Was nun Thyssen anbelangt, so meinte dieser, daß der Krieg von Hitler bewußt vom Zaun gebrochen worden sei, und darüber hinaus stellt er fest, Hitler habe in seinem Buch die bekannten „krankhaften Bestrebungen der Alldeutschen" wieder zum Leben erweckt. Auf die Verkennung oder Unterschätzung des 'Führers' Bezug nehmend, fügt er dem freilich hinzu, daß „nicht einmal die extremsten rechten Kreise in Deutschland derartige hysterische Ideen" ernst zu nehmen vermochten[33]. Es ist dies nicht die einzige Ungereimtheit in Thyssens Ausführungen, die man im Rahmen der Hitler-Interpretation im Grunde ebenso vergessen kann wie die Erinne-

[31] Fritz Thyssen, I Paid Hitler. New York, London 1941, insbes. S. 184–196, Zit. S. 196. Th. wurde 1941 in Frankreich verhaftet und erlebte das Kriegsende – wie seine Frau – im Konzentrationslager. Zum fragwürdigen Quellenwert des Buches vgl. Henry Ashby Turner, Jr., Fritz Thyssen und 'I Paid Hitler', in: VfZG 19 (1971), S. 225–244. Turner stellt darin zum einen die Authentizität des Textes in Frage, da keineswegs sicher zu sein scheint, was tatsächlich von Th. verfaßt worden ist, und zum anderen zweifelt er an, daß die gemachten Aussagen zutreffen.

[32] Johannes [d. i Herbert] Steel, Hitler as Frankenstein. With a Preface by Harold J. Laski. London 1933, S. XI. Zur persönlichen Auseinandersetzung des britischen Staatswissenschaftlers und sozialistischen Politikers Laski mit dem Faschismusproblem vgl. dessen Untersuchung: Reflections on the Revolution of our Time. London 1943 (dt.: Revolutionäre Wandlungen in unserer Zeit. Zürich 1945, S. 98–146, danach zitiert).

[33] Thyssen (I, 31), S. 249f., Zit. S. 250.

rungen des Franz v. Papen[34], deren Titel von einem Rezensenten treffend als die „Wahrheit in der Sackgasse" persifliert wurde[35].

Insgesamt stellt die Unterschätzungstheorie unter anderem die Frage nach der Bedeutung, die Hitlers programmatische Schrift 'Mein Kampf', die Manuel Humbert 1936 als die „Hexenbibel des

[34] Franz v. Papen, Der Wahrheit eine Gasse. München 1952; wohl unbewußt übernahm Papen damit den Titel eines Machwerks, das zur historischen Wahrheitsfindung so wenig beiträgt wie seine eigenen schiefen Erinnerungen: Ferdinand Werner, Der Wahrheit eine Gasse. Eine Abrechnung mit dem Judentum und seinen Helfern. München 1919. Zu Papen vgl. auch sein Buch 'Vom Scheitern einer Demokratie 1930–1933.' Mainz 1968, das nichts Neues mitteilt. Zum darin angesprochenen Problemkreis siehe u. a. Hagen Schulze, Weimar. Deutschland 1917–1933. Berlin 1982. Ansonsten wollen die Anmerkungen zu Papen und Thyssen als Hinweis auf die besondere Problematik der Memoirenliteratur, nicht aber als undifferenziertes Urteil über diese insgesamt verstanden werden. So gibt es Erinnerungen, an denen die Forschung, trotz aller Vorbehalte gegenüber dieser Art von Quellen, nicht vorbeikam, vgl. als sehr frühe Publikation: Paul Schmidt, Statist auf diplomatischer Bühne 1923–45. Erlebnisse des Chefdolmetschers im Auswärtigen Amt mit den Staatsmännern Europas. Wiesbaden [12]1983 ([1]1949).

[35] So Rudolf Pechel – von 1919 bis 1942, als die Zeitschrift verboten wurde, Herausgeber und Chefredakteur der 'Deutschen Rundschau', danach bis 1945 im Konzentrationslager – in: Deutsche Rundschau 78 (1952), S. 1231–1234 (Pechel gab die Zeitschrift ab 1949 erneut heraus); vgl. zu Papens Memoiren, die zu den ersten überhaupt gehörten, auch die Rezensionen von Werner Conze, in: HZ 175 (1953), S. 307–317; Theodor Eschenburg, in: VfZG 1 (1953), S. 153–169; und Richard Sexau, in: NA 7 (1952), 671–675. Im Rahmen jener Zeugnisse, die unter quellenkritischen Gesichtspunkten außerordentlich fragwürdig erscheinen, aber dennoch verhältnismäßig häufig zitiert werden, wäre noch zu nennen: Kurt Georg W. Ludecke, I Knew Hitler. The Story of a Nazi Who Escaped the Blood Purge. New York 1937. Diese Schilderung Lüdeckes, der aufgrund einer Namensveränderung in den Vereinigten Staaten meist als Ludecke zitiert wird, kann nur nach sorgfältiger Prüfung fallweise herangezogen werden, da der Autor eine kaum zu entwirrende Mischung von Zutreffendem und Übertreibungen an die Hand gibt. Zu Lüdecke vgl. insgesamt die kenntnisreiche Untersuchung von Roland V. Layton, Jr., Kurt Ludecke and I Knew Hitler: An Evaluation, in: CEH 12 (1979), S. 372–386.

Reichsführers und Reichskanzlers" bezeichnete[36], für das Urteil der Zeitgenossen besaß.

Karl Lange, einer der intimsten Kenner der Genese und der Wirkung dieses Machwerks, ist der Ansicht, daß – bezogen auf die Jahre vor 1933 – dessen „geringe Beachtung und propagandistische Auswertung durch Hitlers Gegner zu den vielen Glücksfällen gehört, die Hitler persönlich von seinem Aufstieg bis zum Mißlingen des Attentats am 20. Juli 1944 für sich buchen konnte". Dies gilt jedoch nur – so Lange einschränkend – bei der – unbeweisbaren – Annahme, eine geschicktere propagandistische Ausnutzung der Schrift hätte Hitlers Berufung zum Regierungschef verhindern können[37]. Für die Zeit nach der 'Machtergreifung' kommt Werner Maser zu dem Ergebnis, daß die kritischen Rezensionen und Bücher zu 'Mein Kampf' den Absatz des Buches weder im „Reich noch im Ausland beeinträchtigt" haben[38].

All das stützt in gewisser Weise die These von der Unterschätzung Hitlers. Als weiteres Argument kommt der Hinweis darauf hinzu, daß es unter dem Eindruck der – faktisch nicht vorhandenen, aber subjektiv oft als existent empfundenen – kommunistischen Bedrohung und als Folge von deren propagandistischer Überhöhung in den innenpolitischen Auseinandersetzungen zu einer verbreiteten Fehlbeurteilung der politischen Lage kam. Gerade bei bürgerlichen Wählern soll dies dazu geführt haben, daß ihnen der „antibürgerliche Affekt Hitlers und der totalitäre Charakter seiner Bewegung hinter dem nationalistischen Nebel verborgen blieb"[39]. Wer den Teufel durch den Beelzebub austreiben will, muß letzteren unterschätzen. Man kann auch – dies relativierend – sagen, daß die „wirkliche Politik Hitlers", die für den heute Lebenden überschaubare

[36] Humbert (I, 20), S. 11.

[37] Lange (I, 2), S. 147.

[38] Maser (I, 2), S. 39.

[39] Lange (I, 2), S. 150. Die These, daß insbesondere die Furcht vor dem Kommunismus Hitler bei seinem Machtantritt geholfen habe, vertritt besonders nachdrücklich Heinrich Bennecke, Alternativen der Not: Schleicher, Bürgerkrieg oder Hitler, in: PolStd 14 (1963), S. 444–464, hier vor allem S. 453–456.

Vergangenheit ist, für die „Menschen vor 1933 noch undurchsichtige Zukunft war“ [40]. Das läßt sich einerseits nicht ganz von der Hand weisen, doch ist es andererseits unbestritten, daß Hitler aus dem, was er anstrebte, kein Geheimnis machte. Von Undurchschaubarkeit kann jedenfalls kaum die Rede sein, von Arglosigkeit vielleicht schon eher. Um diese jedoch für sich reklamieren zu können, bedurfte es – zumindest entsteht dieser Eindruck in der Retrospektive – einer nicht unerheblichen Ignoranz gegenüber den doch recht aufdringlich propagierten politischen Absichten des nationalsozialistischen Führers oder der Fähigkeit zum uneingeschränkten Vertrauen in die zurechtrückende Kraft politischer Wechselbeziehungen, für den Fall, daß Hitler Reichskanzler würde.

Sei dem, wie ihm wolle, jedenfalls bleibt bei alldem – ungeachtet der Tatsache, daß Hitler unterschätzt worden ist – doch ein Rest an unbefriedigtem Zweifel, insbesondere hinsichtlich der Allgemeingültigkeit der Unterschätzungsthese. Es überrascht daher nicht, daß alternative oder zumindest ergänzende Deutungen für die Akzeptation Hitlers angeboten worden sind, die – unter direktem Bezug auf dessen schriftliche und mündliche Aussagen [41] – andere Erklärungsmomente in den Vordergrund rücken.

[40] Lange (I, 2), S. 158. Recht überzeugend tritt dieses Phänomen in den Memoiren von Sumner Welles zutage: The Time for Decision. New York 1944. Ambivalent beurteilte auch ein Mann wie Churchill Hitler. Er hielt ihn einerseits für einen durchaus beachtenswerten Politiker, dem er eine gewisse Wertschätzung zumindest zeitweise nicht versagt zu haben scheint, andererseits traute er Hitler zu, daß dieser Europa in einen neuen Weltkrieg stürzen könnte: Winston Spencer Churchill, Great Contemporaries. London 1937; später verschiedentlich – verändert – neu aufgelegt (dt. Frankfurt a. M., Hamburg 1959).

[41] Im Hinblick auf die früheste Zeit sei auf die grundlegende Quellenedition: Hitler. Sämtliche Aufzeichnungen 1905–1924, hrsg. von Eberhard Jäckel zusammen mit Axel Kuhn. Stuttgart 1980, hingewiesen; vgl. außerdem: E. Jäckel und A. Kuhn, Zu einer Edition von Aufzeichnungen Hitlers, in: VfZG 29 (1981), S. 304 f.; und die Rezension von Andreas Hillgruber, in: HZ 234 (1982), S. 482 ff. Im Zusammenhang mit der Affäre um die gefälschten Hitler-Tagebücher wurden weitere Einzelheiten über gefälschte Doku-

So schrieb zum Beispiel Hermann Glaser, den Lange und Maser augenscheinlich nicht zur Kenntnis nahmen, 1963 in einer äußerst anregenden Interpretation des Hitler-Buches, die als eine „Analyse seines anthropologischen, soziologischen sowie psychologischen Gehalts“ angelegt ist[42]:

„'Mein Kampf' erweist sich als ein Sammelbecken von Strömungen, die im 19. Jahrhundert aus der epigonalen Romantik und Klassik aufsteigen, das deutsche Verhängnis seit langem vorbereiten und schließlich in der Zerstörung deutscher Kultur, Gesittung und Politik gipfeln. Typologisch siegt der Spießer über den Bürger (der Volksgenosse über den Staatsbürger). Man hat die Meinung vertreten, Bedeutung und Einfluß von Hitlers 'Mein Kampf' dürften nicht hoch eingeschätzt werden, da das Buch zwar viel verbreitet, aber kaum gelesen wurde. Das mag stimmen; doch sollte man daraus eine zunächst paradox klingende Folgerung ziehen: das Buch war so erfolgreich, ohne daß es überhaupt noch gelesen werden mußte! Lebensgefühl und Weltanschauung eines Großteils der deutschen Bevölkerung stimmten mit dem überein, was in 'Mein Kampf' dargeboten und propagiert wurde. Der Inhalt des Buches (zudem in Tausenden von Broschüren, Zeitungen, Zeitschriften sowie Reden unters Volk gebracht) enthielt all das, was des 'Spießers Wunderhorn' (die Pandorabüchse kleinbürgerlicher Traktätchenverfasser) bereithielt: abgründige Gemeinheiten, breitgetretener Wortquark, in schiefe Metaphern geschlagene Ressentiments, endlose Tiraden und rhetorisch aufgeschminkte Platitüden. Ein Kommentar zu Hitlers 'Mein Kampf' ergibt somit einen Spießerspiegel par excellence. Hit-

mente, die in diese Quellenausgabe geraten sind, publiziert, vgl. E. Jäckel, A. Kuhn und Hermann Weiß, Neue Erkenntnisse zur Fälschung von Hitler-Dokumenten, in: VfZG 32 (1984), S. 163–169. – Darauf hinzuweisen ist, daß im Institut für Zeitgeschichte in München Reden Hitlers und andere Texte aus der Zeit 1925–1932/33 in der Absicht gesammelt werden, diese im Sinne einer Fortführung der von Jäckel/Kuhn begonnenen Edition zu veröffentlichen.

[42] Hermann Glaser, Adolf Hitlers 'Mein Kampf' als Spießerspiegel. Ein Beitrag zur politischen Anthropologie der Deutschen, in: AuZ B 30/63, 24. 7. 1963, S. 13–22, hier S. 13.

ler besaß die Genialität des Mittelmäßigen: seine Durchschnittlichkeit war überdurchschnittlich; so wurde seine Mediokrität zum Schicksal eines Volkes, das sich Schritt um Schritt von Theorie und Praxis der Humanität hatte abbringen lassen."

In ähnlicher Weise argumentiert Joseph Peter Stern, der es sich in seiner faszinierenden 'historischen Rekonstruktion' Hitlers zum Anliegen gemacht hat, diesen als „Repräsentant der deutschen Gesellschaft seiner Zeit" zu untersuchen. Dabei versucht Stern verständlich zu machen, warum Hitler über eine so immense – zu keinem Zeitpunkt seiner politischen Laufbahn verlorene – Anziehungskraft verfügt habe. Die zentrale Fragestellung seiner Arbeit ist daher die nach der Verbindung zwischen Hitlers „Bekenntnissen, Erklärungen und Versicherungen einerseits und den Werten, Glaubensartikeln und Überzeugungen der deutschen Gesellschaft andererseits". Erklärtermaßen geht es ihm nicht um eine soziologische Untersuchung, bei der seiner Meinung nach die historische Figur hinter den 'Trends' verschwindet oder verblaßt. Abgelehnt wird auch die biographische Methode, denn ein ihr verpflichtetes Vorgehen impliziere die Tendenz, die zu betrachtende Person von ihrer Umwelt zu abstrahieren. Gerade dies wäre freilich bei einem Mann wie Hitler in hohem Maße irreführend, habe dieser doch in „jedem öffentlichen Wort und in jedem politischen Akt nahezu seiner gesamten Karriere hindurch die sehr konkreten Ängste und Aspirationen seiner Zeitgenossen" ausgedrückt. Liefere die Biographie bereits verzerrende Ergebnisse, so treffe dies noch stärker auf die mit dem Instrumentarium der Psychopathologie unternommenen Deutungsversuche zu. Weder das gesellschaftliche noch das historische Umfeld – sei es im Sinne eines Hintergrundes, sei es als konkreter Handlungsrahmen – werde bei diesem methodischen Zugriff, dem es primär um die Interpretation individuellen Verhaltens gehe, in die Deutung einbezogen. Auf diese Methodenfragen ist im letzten Kapitel dieses Forschungsberichtes zurückzukommen. Stern jedoch geht es bei Hitler konkret um die „öffentliche Erscheinung seines persönlichen Denkens in der Form eines Wertsystems, das objektive Gültigkeit" beansprucht habe. Und entgegen mancher psychopathologischer Erklärung meint er, daß dieses im Kontext seiner Zeit und der Situation, für die es konzipiert oder gedacht gewesen sei, „gewiß nicht das System eines Verrückten" dargestellt habe. Sein Anliegen ist es letztlich, die „Rezeption eines 'Mythos'" – auch dessen inhaltliche Dimension und seine Genesis – verständlich zu machen. Zu dieser letzten Frage, der Schaffung des 'Hitler-Mythos', liegt inzwischen auch die ausgezeichnete – exemplarische – Studie von I. Kershaw vor, die den Aufbau und den Verfall dieses Mythos zwischen 1920 und dem Ende des Dritten Reiches nachvollzieht. Stern und Kershaw, der bei seiner Untersuchung von Propaganda und Volksmeinung einem sozialgeschichtlichen Ansatz verpflichtet ist, sollten in Ergänzung zueinander gelesen werden. Was die Entsprechungstheorie anbelangt, so bestätigen die von Kershaw erarbeiteten Resultate die Ergebnisse von Stern. Insgesamt sieht dieser Hitler allerdings auch als „zentralen Agenten einer Vernichtungspolitik auf europäischer Ebene", womit er – moralische Urteile für verspätet, aber nicht für sinnlos haltend – die deutsche Gesellschaft jedoch nicht aus ihrer geschichtlichen „Verantwortung für diese Politik" entlassen will. Wie von H. Glaser und zahlreichen anderen Historikern werden von Stern die Einflüsse des 19. Jahrhunderts und das diffuse Identifikationsangebot, welches Hitler den unterschiedlichsten gesellschaftlichen Gruppierungen machte, als wichtige Determinanten für die Annahme Hitlers durch weite Teile der deutschen Bevölkerung benannt: „Zu den aufschlußreichsten Stellen in seinen Schriften, Reden und privaten Unterhaltungen gehören jene Momente, in denen er offiziell die Rolle eines Vertreters der deutschen Nation und Sprechers für die 'Mächte deutscher Geschichte' in Anspruch nimmt. Seine Ansichten sind 'typisch' ob ihrer Mittelmäßigkeit und Unklarheit, doch sind sie auch 'repräsentativ' (in einem nahezu literarischen Sinn), weil sie das 'repräsentieren', was viele seiner Zeitgenossen erhofften und fürchteten, allerdings in einer stärkeren, kompromißloseren und radikaleren Form, als jene es wagten: er ist repräsentativ, indem er das zeitgenössische Denken bis zu einem Punkt trieb, an dem eine Umkehr nicht mehr möglich war[43]."

[43] Stern (Vw. 13), S. 7f. und S. 15ff.; Ian Kershaw, Der Hitler-Mythos.

Steckte in dieser Fähigkeit Hitlers, sich als Repräsentant darzustellen, mit dem sich möglichst viele zu identifizieren vermochten, die Ursache für jene von ihm auf die Zeitgenossen ausstrahlende Faszination, wie sie – ungezählte Male belegt – in etwa aus dem Zeugnis eines anonymen Professors erhellt, der – nach seinem Eindruck von Hitler gefragt – antwortete[44]: „Das Merkwürdige bei Hitler, wissen Sie, ich bin oft intelligenten, selbständig denkenden Menschen begegnet. Einer sagte mir: ‚Ich bin hingegangen und hab mir fest vorgenommen: der kriegt mich nicht! Und dann war ich da, und da war ein Einfluß, da war nichts mehr zu machen'."

Viele sagten das hinterher, viele gingen hin, vor allem nach 1929, denn vorher spielte die NSDAP im politischen Leben der Weimarer Republik keine nennenswerte Rolle. Immer mehr sind offensichtlich fasziniert worden. Mit irgendwelchen außergewöhnlichen Kräften hatte dies gewiß nichts zu tun, dafür um so mehr – folgt man der Entsprechungsthese – mit ideologischer Identität oder Teilidentität sowie der Übereinstimmung der Hitlerschen Aussagen im Hinblick auf innen-, außen- und wirtschaftspolitische Zielsetzungen mit landläufigen Erwartungen oder Einschätzungen[45]. Es kam die Demagogie hinzu, und selbstverständlich die Sogwirkung des Prinzips

Volksmeinung und Propaganda im Dritten Reich. Mit einer Einf. von Martin Broszat. Stuttgart 1980.

[44] Walter Kempowski, Haben Sie Hitler gesehen? Deutsche Antworten. Nachw. von Sebastian Haffner. Hamburg 1979, S. 34.

[45] Zum publizistischen Angebot, das die Nationalsozialisten bis 1933 machten, vgl. vor allem Walter Sagitz, Bibliographie des Nationalsozialismus. Cottbus 1933. Mit Namensnennung beziehen sich auf Hitler 106 Arbeiten dieser Literaturzusammenstellung, was ein Hinweis auf Hitlers zentrale Rolle in der 'Bewegung' und in der 'Partei' sein könnte. Die Begriffe 'NSDAP' und 'Hitler-Bewegung' werden im folgenden einfachheitshalber synonym gebraucht, obwohl Hans-Gerd Jaschke nachgewiesen hat, daß die Nationalsozialisten als Partei und als 'Bewegung' nicht identisch gewesen sind. Wenn die Gleichsetzung dennoch vorgenommen wird, dann soll damit kein Widerspruch zu dieser These in Jaschkes Untersuchung (Soziale Basis und soziale Funktion des Nationalsozialismus. Studien zur Bonapartismustheorie. Opladen 1982) angemeldet werden.

Hoffnung, denn Hitler machte in einer Zeit weltweiter wirtschaftlicher Depression die verheißungsvollsten Versprechungen[46]. Naivität, Opportunismus und Ausweglosigkeit als Vehikel nationalsozialistischer Erfolge, zumindest ein Teil von ihnen läßt sich damit verständlich machen.

In direkter Anspielung auf diese Situation veröffentlichte die kritische kulturpolitische Zeitschrift 'Die Weltbühne' 1931 unter der Überschrift 'Hitlers Vorgänger' ein sozusagen zeitgemäßes Bibelzitat (1. Samuel 22,2)[47]: „Und es scharten sich um ihn allerlei Bedrängte, sowie jeder, der einem Gläubiger verfallen war, und allerlei mißvergnügte Leute, und David wurde ihr Hauptmann." Was der NSDAP zwischen 1929 und 1933 zulief, so eine der Interpretationen der nationalsozialistischen Wählerbewegung, seien – abgesehen vom faschistischen Grundpotential – vor allem Wähler gewesen, die früher für die bürgerlichen Mittelparteien gestimmt hätten. Auf die Frage nach dem 'Warum', die ebenso unterschiedlich beantwortet

[46] Dazu die Sammlung bei Max Domarus, Hitler. Reden und Proklamationen 1932–1945. Kommentiert von einem deutschen Zeitgenossen. Wiesbaden 1973 (insges. 2 Bde., 4 Halbbde.); außerdem: Reden des Führers. Politik und Propaganda Adolf Hitlers 1922–1945, hrsg. von Erhard Klöss. München 1967; im Sinne einer Auswahl unter den zahlreichen zeitgenössischen Veröffentlichungen: Rudolf Heß, Tatsachen und Lügen um Hitler. München 1932; Adolf Hitler, Das junge Deutschland will Arbeit und Frieden. Reden des Reichskanzlers Adolf Hitler, des neuen Deutschlands Führer. Mit einem Vorw. von Dr. Josef Goebbels, hrsg. von Demann. Berlin 1933; oder H. Passow, Ja aber, . . . was sagt Hitler selbst? München 1931. Der Verfasser gibt eine geschickt komponierte, letztlich aber doch enthüllende Auswahl von Zitaten aus Hitlers 'Mein Kampf' an die Hand. Ansonsten siehe zu den Äußerungen bis 1933, die hier in erster Linie interessieren, bei Sagitz (I, 45) die Stichworte Goebbels, Hitler und Reden. Für die früheste Zeit vgl. Jäckel/Kuhn (I, 41).

[47] 'Hitlers Vorgänger', in: WB 27 (1931), 1. Bd., S. 858. Zum Verhalten der deutschen Öffentlichkeit 1933 und zum Problem der Affinität und der Verweigerung gegenüber dem Nationalsozialismus vgl. auch: 1933: Wie die Deutschen Hitler zur Macht verhalfen. Ein Lesebuch für Demokraten, hrsg. von Ingke Brodersen, Klaus Humann und Susanne v. Paczensky. Hamburg 1983.

wird wie jene nach der Wählerstruktur, gibt Sebastian Haffner, der die Zeit noch bewußt miterlebte, die gewiß vereinfachende, aber die obige Aussage bestätigende Antwort[48]: aus „Not, aus Angst, wenn man will: aus Verzweiflung“. Das läßt sich so sehen, doch erfaßt eine derartige Sicht bestimmt nicht das gesamte motivationale Spektrum des nationalsozialistischen Wählerverhaltens, dessen Analyse zu den noch immer kontrovers erörterten Themen der Forschung über den Aufstieg des Nationalsozialismus gehört.

[48] Sebastian Haffner, Die Deutschen und Hitler, in: Kempowski (I, 44), S. 99–118, Zit. S. 109. Zur Frage der sozialen Basis des Nationalsozialismus gibt es zahlreiche ebenso gute wie kontroverse Darstellungen, vgl. u. a.: Jürgen W. Falter, Wählerbewegungen zur NSDAP 1924–1933. Methodische Probleme – Empirisch abgesicherte Erkenntnis – Offene Fragen, in: Wählerbewegung in der europäischen Geschichte. Ergebnisse einer Konferenz. Bearb. und hrsg. von Otto Büsch. Berlin 1980, S. 159–202; und J. W. Falter, Wer verhalf der NSDAP zum Sieg? Neuere Forschungsergebnisse zum parteipolitischen und sozialen Hintergrund der NSDAP-Wähler 1924–1933, in: AuZ B 28–29/79, 14. 7. 1979, S. 3–21; außerdem: Die Nationalsozialisten. Analysen faschistischer Bewegungen, hrsg. von Reinhard Mann. Stuttgart 1980; Faschismus als soziale Bewegung. Deutschland und Italien im Vergleich, hrsg. von Wolfgang Schieder. Göttingen ²1983; darin insbes.: Heinrich August Winkler, Mittelstandsbewegung oder Volkspartei? Zur sozialen Basis der NSDAP, S. 97–118; und ebd., S. 25–67: Michael H. Kater, Sozialer Wandel in der NSDAP im Zuge der nationalsozialistischen Machtergreifung; sowie M. H. Kater, Zur Soziographie der frühen NSDAP, in: VfZG 19 (1971), S. 124–159. Darüber hinaus: Karl O'Lessker, Who Voted for Hitler? A New Look at the Class Basis of Naziism, in: AJS 74 (1968/69), S. 63–69; und zur Kritik an der These, daß die NSDAP ihre Wähler zunächst aus dem Potential der früheren Nicht-Wähler und konservativen Nationalisten, nach 1930 jedoch, als sie die stärkste antikommunistische Partei war, bevorzugt aus dem Mittelstand gewonnen habe: Allan Schnaiberg, A Critique of Karl O'Lessker's, 'Who Voted for Hitler'? In: AJS 74 (1968/69), S. 732–735, und ebd., S. 735 O'Lessker's direkte Antwort. Außerdem Ernst-August Roloff, Wer wählte Hitler? Thesen zur Sozial- und Wirtschaftsgeschichte der Weimarer Republik, in: PolStd 15 (1964), S. 293–300. Roloff bestätigt, daß es die Angehörigen der Mittelklasse und die Bauern waren, die – von der Rezession schwer getroffen – Hitler wählten, nicht aber die Arbeiter. Siehe darüber hinaus Arthur Schweitzer,

2. *Journalistische Perspektiven*

Auf die eingangs gestellte Frage, was Zeitgenossen über Hitler und den Nationalsozialismus wissen konnten, lassen sich innerhalb der Berichterstattung von Zeitungen und Zeitschriften Antworten mit besonders großer Aussagekraft und -relevanz finden. Ihr ist deshalb – wie bereits angekündigt – etwas ausführlicher nachzugehen.

Wie schon begründet, kann dabei nur exemplarisch vorgegangen werden, und damit tritt natürlich die Schwierigkeit auf, eine für die entsprechenden zeitgenössischen Aussagen repräsentative Auswahl zu treffen. Der Forschungsbericht versucht diesem Erfordernis dadurch zu genügen, daß er zum einen wissenschaftliche Untersuchungen auswertet, deren Ergebnisse sowohl unter qualitativen als auch quantitativen Gesichtspunkten ein zutreffendes Bild von den interpretatorischen Tendenzen und Schwerpunkten der Presseberichterstattung in Frankreich, in Großbritannien, in den USA (auch wenn hier nur ein Magazin berücksichtigt ist) und – hinsichtlich der konservativen Zeitungen – in Deutschland vermitteln. Zum anderen wird aus dem – pauschal formuliert – linken 'Pressespektrum' (und dieser Begriff mag an die Vielfalt erinnern, die dieses kennzeichnete) eine Stimme relativ umfassend zu Gehör gebracht, die besonders geeignet erscheint, prononciert vorgetragene Opposition zum Nationalsozialismus – über jede Parteigebundenheit hinaus – beispielhaft zu verdeutlichen: 'Die Weltbühne'.

Die Nazifizierung des Mittelstandes. Vorw. von G. Eisermann. Stuttgart 1970. Zu den weiteren themenspezifischen Untersuchungen von H. A. Winkler vgl. I, 72 und I, 73. Siehe ansonsten auch: Wählerbewegung in der deutschen Geschichte. Analysen und Berichte zu den Reichstagswahlen 1871–1933. Bearb. und hrsg. von Otto Büsch, Monika Wölk und Wolfgang Wölk. Berlin 1978, dort S. 225–235: Arthur Dix, Die deutsche Reichstagswahl von 1930 und die Wandlung der Volksgliederung; ebd., S. 236–260: Werner Stephan, Zur Entwicklung der Parteien bei den Reichstagswahlen von 1930 bis 1932; ebd., S. 627–648: Karl Dietrich Bracher, Probleme der Wahlentwicklung in der Weimarer Republik.

a) Paradigma 'Weltbühne' (Exkurse)

Wochenschriften wie die 'Weltbühne' oder das 'Tage-Buch' erreichten zwar – selbst in sehr guten Zeiten – kaum mehr als eine Auflage von 12000 bis 15000, doch in der Weimarer Republik und angesichts des intellektuellen Anspruchs derartiger Zeitschriften war das keineswegs unbeachtlich. Freilich ist dabei zugleich zu bedenken, daß gerade die kritischen Stimmen – zumindest retrospektiv entsteht dieser Eindruck – kaum Gehör fanden, in bezug auf die Massenwirksamkeit scheinen sie im rechten Getöse untergegangen zu sein. Das vermag jedoch nichts an dem Faktum zu ändern, daß z. B. die Kommentare der 'Weltbühne' die historische Realität – cum grano salis – zutreffend erfaßten. Ihnen ist zunächst nachzugehen, wobei nicht daran gedacht ist, sich nur auf sie zu beschränken. Vielmehr sollen 'Exkurse' und die Berücksichtigung weiterer zeitgenössischer Stimmen das interpretatorische Bild abrunden und die Fragestellungen erweitern.

Nach der Berichterstattung über das politische Umfeld des Hitler-Putsches im November 1923 und den ihm nachfolgenden Prozeß im Februar–März 1924, über dessen skandalöse Verhandlungsführung Jakob Altmaier im April schrieb, sie habe „verbrieft und versiegelt", daß Deutschland der „Juxplatz randalierender Hakenkreuzler" sei, ansonsten aber habe man in München einen „Justizmord an der Republik" begangen[49], erreichte die Auseinandersetzung der 'Weltbühne' mit dem Nationalsozialismus ab 1930 einen Höhepunkt.

Die Autoren dieser Zeitschrift standen – in einem intellektuellen, nicht parteipolitischen Sinn – 'links', und dies drückte sich selbstverständlich in ihrer Sicht des Nationalsozialismus aus. So definierte K. L. Gerstorff im Spätsommer 1930 das Wesen des Faschismus – in einem bemerkenswerten Aufsatz über die Chancen, die dieser damals in Deutschland zu besitzen schien – dahingehend, daß in ihm die „Bourgeoisie zeitweilig auf die direkte politische Macht" ver-

[49] Martin Enker, Kahr, Hitler und die Juden, in: WB 19 (1923), 2. Bd., S. 465. Zu weiteren Literaturhinweisen vgl. Anh. 3.

zichte, um ihre „ökonomischen Positionen zu halten". Der Faschismus habe als die Ultima ratio des Kapitals zu gelten, dem es um Besitzstandswahrung gehe[50]. Im selben Verständnis charakterisierte Carl v. Ossietzky, der ebenfalls 'links' und pazifistisch, aber mitnichten kommunistisch war, den Nationalsozialismus als eine „reich dotierte Improvisation der Schwerindustrie"[51]. Noch deutlicher tritt die sogenannte 'Agententheorie' bei W. Colepepper zutage[52]:

[50] K. L. Gerstorff (d. i. Fritz Sternberg), Die Chancen des deutschen Faschismus, in: WB 26 (1930), 2. Bd., S. 296–301; und S. 340–344, Zit. S. 340 (Beiträge vom 26. 8. und 2. 9. 1930). Vgl. Jaschke (I, 45); dort findet sich eine intensive Auseinandersetzung mit den antifaschistischen Strategien der marxistischen Theoretiker, die von der Annahme ausgingen, daß die wirtschaftlichen Eliten zur Absicherung ihrer gesellschaftlichen Position auf die politische Herrschaft verzichteten. Außerdem Wippermann, Faschismustheorien (Vw. 19), S. 11–18, insbes. S. 16ff.

[51] Carl v. Ossietzky, Winterkönig, in: WB 27 (1931), 1. Bd., S. 235ff., Zit. S. 236 (17. 12. 1931). Zur – in mancher Hinsicht berechtigten – Kritik an Ossietzky und an der 'Weltbühne', die in dem Vorwurf gipfelt, entgegen dem ursprünglichen Wollen zur Zerstörung der Weimarer Republik beigetragen zu haben, vgl. Hans-Ulrich Wehler, Preußen ist wieder chic . . . Politik und Polemik in zwanzig Essays. Frankfurt a. M. 1983, S. 77–83.

[52] W. Colepepper, Die Verschwörung der deutsch-französischen Rechten, in: WB 28 (1932), 1. Bd., S. 358–362, Zit. S. 362 (8. 3. 1932); und direkt dazu: René Sonderegger, Gemeinnutz vor Eigennutz? Ein Stück finanzielle Weltgeschichte. Zürich 1936, der Hitler ebenfalls als Agenten des internationalen Kapitals deutet. Als frühen Beitrag zu diesem Thema vgl. Hermann Lutz, Fälschungen zur Auslandsfinanzierung Hitlers, in: VfZG 2 (1954), S. 386–396. Das Verhältnis zwischen Wirtschaft und Nationalsozialismus ist Gegenstand der Untersuchung von Reinhard Neebe, Großindustrie, Staat und NSDAP 1930–1933, Paul Silverberg und der Reichsverband der Deutschen Industrie in der Krise der Weimarer Republik. Göttingen 1981. Der Verfasser betont zwar den Beitrag, den wirtschaftliche Kreise zur NS-Machtergreifung leisteten, warnt aber davor, diesen überzubewerten oder die Ereignisse, die zum Januar 1933 führten, gar monokausal daraus zu erklären. Einseitigkeit ist einem anderen Autor zu bescheinigen: Eberhard Czichon, Wer verhalf Hitler zur Macht? Zum Anteil der deutschen Industrie an der Zerstörung der Weimarer Republik. Köln ^{4}1976; und ders., Wer verhalf Hitler zur Macht? Zur politischen Funktion des Keppler-Kreises inner-

Hitler, schrieb er, habe „nichts anderes zu tun, als den Befehlen des Großkapitals zu gehorchen". Danach werde er genau „das werden, was seine deutschen und französischen Geldgeber aus ihm zu machen belieben". Das war im ersten Quartal 1932 geschrieben, als man in der 'Weltbühne' schon differenziertere Stellungnahmen zu Hitler lesen konnte.

Grundsätzlich wurden natürlich Vereinfachungen dieser Art, die sich im wesentlichen aus Spekulationen und historisch nicht haltbaren Verallgemeinerungen im Hinblick auf die Finanzierung der NSDAP – sei es durch den Adel[53], sei es durch die Industrie[54] – ableiteten, dem Problem gewiß nicht gerecht. Die 'Weltbühne' irrte sich in mancher Aussage, wie hätte es auch anders sein können. Doch sie lieferte auch zahlreiche Aspekte für eine Hitler-Interpretation, die von der wissenschaftlichen Forschung nach 1945 aufgegriffen, vertieft oder bestätigt worden sind.

Dies trifft unter anderem für die Bestimmung der Gründe zu, die Hitler bewegten, von der Revolution ab- und auf den Kurs einer legalen Machtergreifung einzuschwenken. Als die „Hitler-Leute" im September 1930 zur zweitstärksten Fraktion im Reichstag auf-

halb der deutschen Industrie im Jahre 1932, in: BdiP 11 (1966), S. 873–908. (Zur Kontroverse, die sich speziell zwischen T. W. Mason und E. Czichon wegen der von diesem vertretenen Thesen entspann, vgl. II, 363.) Dieselbe Tendenz wie bei Czichon zeigt sich bei Kurt Gossweiler, Hitler und das Kapital, 1925–1928, in: BdiP 23 (1978), S. 842–860 und S. 993–1009. Zum geschichtswissenschaftlichen Hintergrund dieser Interpretation vgl. Wippermann (Vw. 19), S. 11–48. Direkt dazu außerdem Ulrike Hörster-Philipps, Wer war Hitler wirklich? Großkapital und Faschismus 1918–1945, Dokumente. Köln 1978, S. 9–26, hier S. 10f., mit deutlicher Anlehnung an die Agententheorie; sowie Kurt Pätzold und Manfred Weißbecker, Geschichte der NSDAP 1920–1945. Köln 1981, S. 108–131.

[53] Quietus, Hitlers Finanzen, in: WB 28 (1932), 1. Bd., S. 583ff. (19. 4. 1932).

[54] Morus, Auf in den Kampf, in: WB 26 (1930), 2. Bd., S. 244–247, hier S. 245: 'Hitler und Kirdorf'; direkt dazu Henry A. Turner, Emil Kirdorf and the Nazi Party, in: CEH 1 (1968), S. 324–344; und Morus, Who is who? In: WB 26 (1930), 2. Bd., S. 360–363 (12. 8. und 2. 9. 1930). Siehe in diesem Zusammenhang auch die Literaturhinweise in Anh. 4.

stiegen, hatte v. Ossietzky zwar unter dem unmittelbaren Eindruck des tiefen Umbruchs, den die Wahlen für die Parteienlandschaft der Weimarer Republik bedeuteten, geschrieben, daß das Ergebnis Hitler unter Zugzwang setzen würde. Dieser müsse nun „entweder mitregieren oder putschen“ [55]. Aber nur wenig später korrigierte er sich wieder[56]: „Hitler“, hieß es, strebe „sehnlichst nach der Legalität. Nicht aus dem Verjüngungsbad der nationalen Revolution, aus ganz gewöhnlichen Ministerportefeuilles wird das Dritte Reich steigen.“ Man erklärte dies mit Zugeständnissen an die NS-Wähler. Denn die Zusammensetzung seiner Stimmgeber – zu einem hohen Prozentsatz Kleinbürger und Bauern – habe Hitler dazu bewegt, jedem Gedanken an einen Putsch zu entsagen[57].

Mancher sah die Nationalsozialisten bereits gezähmt, empfahl gar, sie an der Regierung zu beteiligen, damit Hitler für alle sichtbar abwirtschaften müsse. Vor derartigen Illusionen warnte Ernst Toller sehr eindringlich. Er meinte, alle jene, die das erhofften, vergäßen, daß die NSDAP durch ihren „Willen zur Macht und zur Machtbehauptung“ gekennzeichnet sei. Hitlers Partei werde es sich „wohl gefallen lassen, auf demokratische Weise zur Macht zu gelangen“, doch keinesfalls werde sie diese „auf Geheiß der Demokratie“ wieder abgeben[58].

[55] Carl v. Ossietzky, Vor Sonnenaufgang, in: WB 26 (1930), 2. Bd., S. 425ff., Zit. S. 427 (16. 9. 1930); siehe unmittelbar dazu Konrad Heiden, Geschichte des Nationalsozialismus. Die Karriere einer Idee. Berlin 1932, S. 291, der meinte, daß mit dem 14. September 1930 die „eigentliche Geschichte der NSDAP zu Ende“ sei. Nur kurze Zeit werde Hitlers Partei eine Hauptrolle in der Politik spielen.

[56] Carl v. Ossietzky, Brüning darf nicht bleiben, in: WB 26 (1930), 2. Bd., S. 463–466, Zit. S. 463 (23. 9. 1930).

[57] Quietus, Die Zukunft des Nationalsozialismus, in: WB 26 (1930), 2. Bd., S. 477–480 (23. 9. 1930); vgl. Bracher (I, 5), S. 109–115, S. 333f. und S. 638; sowie Olden (I, 9), S. 210–223.

[58] Ernst Toller, Reichskanzler Hitler, in: WB 26 (1930), 2. Bd., S. 537ff., Zit. S. 538 (7. 10. 1930). Dieser Sicht standen allerdings eine ganze Reihe unzutreffender Beurteilungen Hitlers gegenüber, so u. a. bei Walter Oehme und Kurt Caro, Kommt ‘Das dritte Reich’? Berlin 1930; vgl. Lange (I, 2), S. 150–154; und Bracher (I, 5), S. 329.

Es war die Unterschätzung Hitlers, gegen welche die Autoren der 'Weltbühne' unermüdlich zu Felde zogen. Dies gilt insbesondere für die Zeit nach den Wahlen vom September 1930. Vorher hatte man die gefährlichsten Gegner der Demokratie noch anderswo – wenn auch ebenfalls auf der rechten Seite und verbündet mit Hitler – gesehen.

So hatte es Anfang 1930 geheißen, Hitler sei nur der „Golem" Hugenbergs. Deshalb war den Stimmenverlusten, die das Anwachsen der NSDAP für Hugenbergs Deutschnationale Volkspartei[59] mit sich brachte, keine allzugroße Bedeutung zugemessen worden. Hitler, der 'Mietling' Hugenbergs, dieses Bild herrschte noch eine ganze Weile vor. Ganz in diesem Sinne schrieb Erich Mühsam Ende 1930/Anfang 1931, Hugenberg sei der „wirkliche Führer der faschistischen Bewegung in Deutschland". Sofern „uns die Sozialdemokraten weismachen möchten, daß Hugenberg von Hitler besiegt sei, so ist zu erwidern, daß Hitler auch nicht den Bruchteil seines Erfolges hätte erringen können, wenn nicht die Riesenmacht Hugenbergs hinter ihm gestanden hätte; daß aber diese Macht nur zu seiner Verfügung stand für den Preis der vollständigen Unterordnung der national-'sozialistischen' Politik unter das Diktat des Großkapitals"[60]. Aber schon Mitte 1930 hatte man differenzierter konstatiert, daß es das „Massenelend" sei, das dem Führer der NSDAP die Wähler in die Arme treibe[61]. Hitler gewann nun in den verschiedenen Kommentaren zunehmend das Profil einer eigenständigen politischen Größe.

Dennoch läßt sich auch bei den Autoren der 'Weltbühne' nicht von einer einheitlichen Bewertung des Wahlerfolgs vom September

[59] Zur DNVP siehe Friedrich Frhr. Hiller v. Gaertringen, Das Ende der Deutschnationalen Volkspartei im Frühjahr 1933, in: Von Weimar zu Hitler 1930–1933, hrsg. von Gotthard Jasper. Köln, Berlin 1968, S. 246–278.

[60] Carl v. Ossietzky, Gibt es noch eine Opposition? In: WB 26 (1930), 1. Bd., S. 39–42, hier S. 40 (7. 1. 1930); und E. Mühsam, Das Jahr der Entscheidung, in: Lesebuch Weimarer Republik. Deutsche Schriftsteller und ihr Staat von 1918 bis 1933, hrsg. von Stephan Reinhardt. Berlin 1982, S. 196.

[61] Carl v. Ossietzky, Einer von der Infanterie, in: WB 26 (1930), 1. Bd., S. 819ff., hier S. 821 (3. 6. 1930).

sprechen, und dessen politische Folgen wurden ebenfalls recht unterschiedlich kommentiert. Es existierten nicht allein Unsicherheiten, sondern sogar Widersprüchlichkeiten[62]. Da klang Sarkasmus an, und da gab es die ironisierende Resignation[63]. Gerade in dem Moment jedoch, in dem die als 'putschverdächtig' eingestufte Lage um den 14./15. September heil überstanden zu sein schien, als sich in den Wochen darauf ein – de facto nur vermeintlicher – Stimmungsumschwung ankündigte, als Hitler auf jeden Fall nicht Reichskanzler geworden war, da erinnerte Heinz Pol daran, wie töricht es sei, sich angenehmen Hoffnungen hinzugeben, nur weil der „erste Blitz" nicht eingeschlagen habe. Um die Gefahr, die der Nationalsozialismus für die Demokratie verkörpere, wirklich zu beseitigen, gelte es die „wirtschaftliche Situation von 40 Millionen Menschen" so schnell wie möglich zu verbessern[64].

Vor diesem Hintergrund und aus einer derartigen Überzeugung

[62] Bezeichnend dafür ist der Beitrag von Kurt Hiller, Warnung vor Koalitionen, in: WB 26 (1930), 2. Bd., S. 466–470 (23. 9. 1930). Eine bemerkenswerte Auseinandersetzung mit dem Wahlerfolg der NSDAP stammt von Thomas Mann, Deutsche Ansprache. Ein Appell an die Vernunft, in: ders., Schriften zur Politik, ausgewählt von Walter Boehlich. Frankfurt a. M. 1970, S. 74–93, erstmals veröffentlicht im Berliner Tageblatt vom 18. 10. 1930. Gleiches gilt für andere deutsche Schriftsteller, vgl. zum Beispiel die Reaktionen von Heinrich Mann, Klaus Mann, Thomas Mann und Erich Mühsam, aber auch Gerhart Hauptmann, in: Lesebuch Weimarer Republik (I, 60), S. 190–196.

[63] Carl v. Ossietzky, Wohin rollst du, Köpfchen? In: WB 26 (1930), 2. Bd., S. 569ff. (14. 10. 1930), Zit. S. 570f.

[64] Heinz Pol, Von Brüning bis Severing, in: WB 26 (1930), 2. Bd., S. 637–640, Zit. S. 637 und S. 640 (28. 10. 1930). In diesem Rahmen ist außerdem auf Weigand v. Miltenberg (d. i. Herbert Blank), Adolf Hitler Wilhelm III. Berlin 1931, aufmerksam zu machen: Entwicklung Hitlers und seine Funktion innerhalb der nationalsozialistischen Bewegung nach dem September 1930. Der Verfasser meint, daß zwar Hitler am Ende sei, die vom Nationalsozialismus ausgehende Gefahr hält er dennoch nicht für überwunden (S. 93). Vgl. zu diesem Buch die beißende Kritik von Walter Mehring, Überschätzung der Politik, in: WB 27 (1931), 1. Bd., S. 288ff. (24. 2. 1931). Miltenberg gehörte zu der Gruppe um Otto Straßer.

heraus appellierte die 'Weltbühne' – als mehrere Regionalwahlen bis Anfang 1932 den Aufwärtstrend der NSDAP bestätigten[65] – an die einzige Kraft, die nach Auffassung von einigen ihrer Autoren Hitlers Machtübernahme noch verhindern konnte: die Arbeiterschaft. Dabei wurde der „Tanz des Dritten Reiches" beschworen: standrechtliche Erschießungen, Pogrome, Plünderungen und Massenverhaftungen. Viel Zeit bleibe nicht mehr, denn an dem „Tage, an dem die Hakenkreuzfahne über den öffentlichen Gebäuden" wehe, werde sich „nicht das geringste mehr organisieren oder anordnen" lassen[66]. Ende 1931 verstärkte sich außerdem der Eindruck, daß Hitler nicht nur zur Machtergreifung[67], sondern auch zur Machterhaltung fähig sein werde[68].

Im übrigen mahnte Hellmut v. Gerlach, bei vielen Rechten einer der am meisten gehaßten Autoren der 'Weltbühne', in jenen Wochen, die überwältigenden Wahlerfolge der Nationalsozialisten nicht ausschließlich negativ zu erklären, etwa mit dem Versagen der anderen Parteien oder den wirtschaftlichen Verhältnissen. Nicht ohne Ironie schrieb er, es gebe vielmehr subjektiv als positiv angesehene, wenn auch objektiv nicht stichhaltige Argumente, um die Entscheidung für Hitler zu erklären. Dieser habe sich nämlich – propagandistisch recht geschickt – jene beiden breiten Strömungen zunutze gemacht, die damals die Sehnsüchte vieler Menschen transportierten: „Nationalismus und Sozialismus". Die Idee, beide in einer Synthese zu vereinigen, müsse an sich jedem „nüchternen Menschen" geradezu grotesk vorkommen, denn logisch gesehen seien Nationalismus und Sozialismus die Antinomie schlechthin. Allein, den

[65] Vgl. Alfred Milatz, Das Ende der Parteien im Spiegel der Wahlen 1930 bis 1933, in: Das Ende der Parteien 1933, hrsg. von Erich Matthias und Rudolf Morsey. Düsseldorf 1960, S. 743–793, hier S. 759ff.

[66] Erich Mühsam, Aktive Abwehr, in: WB 27 (1931), 2. Bd., S. 880f. (15. 12. 1931).

[67] Carl v. Ossietzky, Kommt Hitler doch? In: WB 27 (1931), 2. Bd., S. 875–880 (15. 12. 1931).

[68] Ders., Brutus schläft, in: WB 27 (1931), 1. Bd., S. 157–160 (3. 2. 1931); und ders., Katholische Diktatur, ebd., S. 481–487, hier S. 483f.: 'Großreinemachen bei Hitler' (7. 4. 1931).

Logikern gehöre in Deutschland eben nicht die Mehrheit, weshalb Hitler in den Septemberwahlen auch sechseinhalb Millionen Stimmen erhalten habe[69].

Diese Scheinsynthese erlangte dann nach 1945 nicht nur noch einmal politische Brisanz, sondern sogar eine gewisse Bedeutung für die Hitler-Interpretation.

Exkurs über den Pseudosozialismus des Nationalsozialismus: Die Gefahr, sich bei der Erörterung dieses Themas in einem zur Ergebnislosigkeit verurteilten Nominalismusstreit zu verlieren, ist groß. Auch zeigt sich in der Argumentation oftmals ein stärker politisch als wissenschaftlich orientiertes Erkenntnisinteresse. Zu bedenken ist außerdem, daß unter den über 100 verschiedenen Definitionen für den Sozialismusbegriff keine idealtypisch einzusetzende ist. Es gilt also, sich für eine Variante zu entscheiden, was wiederum den Widerspruch einschließt. Da es im Rahmen der hier angesprochenen Diskussion in der Tat um ein Inbeziehungsetzen von 'proletarischem Sozialismus' und Nationalsozialismus ging, scheint es jedoch statthaft zu sein, im folgenden den in nichtkommunistischen Ländern – in Deutschland durch die Sozialdemokratie vertretenen – existenten evolutionären Sozialismus als Maßstab zu wählen.

Davon ausgehend wies Heinrich August Winkler 1979 die erneut kontrovers und heftig erörterte „Mär vom Sozi Hitler" entschieden zurück. Er erinnerte dabei daran, daß es schließlich Hitler gewesen sei, der die nationalsozialistische Propaganda seit 1929 gezielt „entsozialisierte". Um die

69 Hellmut v. Gerlach, Hitlers Vorläufer, in: WB 27 (1931), 2. Bd., S. 814–817 (1. 12. 1931); direkt zum manipulierten Sozialismusbegriff Olden (I, 9), S. 69 f.; zum Problem 'National-Sozialismus', wobei die 'nationalistischen Leidenschaften' als Gegensatz zum sozialen und demokratischen politischen Element verstanden werden: Thomas Mann, Bekenntnis zum Sozialismus (1933), in: ders., Schriften zur Politik (I, 62), S. 93–99; und zum Sozialismusbegriff, der mit dem Nationalsozialismus nicht auf einen Nenner zu bringen sei: Heinrich Mann, Der Bund freiheitlicher Sozialisten (1939), in: ders., Verteidigung der Kultur. Antifaschistische Streitschriften und Essays. Hamburg 1960, S. 483–486. Zum zeitgenössischen Sozialismusverständnis vgl. außerdem K. Heiden (I, 55), dessen frühe – durchaus kritische – Analyse des Nationalsozialismus ein gewisses Fasziniertsein verrät. Zur Kritik an Heiden siehe Hellmut v. Gerlach, Talmudist Hitler, in: WB 28 (1932), 2. Bd., S. 783–786, hier S. 784 (29. 11. 1932).

Jahresmitte 1930 sei der Bruch mit den wirklich „revolutionären Nationalsozialisten um Otto Strasser“ herbeigeführt worden[70]. Straßers Parteiaustritt beendete zwar die parteiinternen Auseinandersetzungen unter formalen Gesichtspunkten[71], doch kam dadurch der Einfluß der sogenannten Linken in der NSDAP nicht sofort völlig zum Erliegen[72].

Zum eigentlichen Streitpunkt der ausgehenden siebziger Jahre stellte

[70] Heinrich August Winkler, Die Mär vom Sozi Hitler. Worauf Strauß und Stoiber spekulieren und was sie verdrängen, in: Die Zeit, Nr. 45, 2. 11. 1979. Zum Problem Straßer innerhalb der NS-Bewegung vgl. Bradley F. Smith, Hitler and the Strasser Challenge. Phil. Diss. University of California 1957. Hinzuweisen ist in diesem Zusammenhang auf eine Ausarbeitung Hitlers vom Sommer 1927, die führenden deutschen Industriellen zugestellt worden ist und die bezeichnenderweise keinerlei Bezugnahme auf irgendwelche sozialistischen Elemente in der nationalsozialistischen Konzeption enthielt. Direkt dazu Henry A. Turner, Jr., Hitlers geheime Broschüre für Industrielle, 1927, in: ders., Faschismus und Kapitalismus in Deutschland. Studien zum Verhältnis zwischen Nationalsozialismus und Wirtschaft. Göttingen 1972 (^{2}1980), S. 33–39 und S. 41–59; Adolf Hitler, Der Weg zum Wiederaufstieg. Überreicht von Emil Kirdorf. München 1927; zu diesem Problemkreis: ders., Hitlers Einstellung zu Wirtschaft und Gesellschaft vor 1933, in: GG 2 (1976), S. 89–117; und ders., Das Verhältnis des Großunternehmertums zur NSDAP, in: Industrielles System und politische Entwicklung in der Weimarer Republik. Verhandlungen des Internationalen Symposiums in Bochum vom 12.–17. Juni 1973, hrsg. von Hans Mommsen, Dietmar Petzina und Bernd Weisbrod. Düsseldorf 1974, S. 919–931.

[71] Vgl. Otto Straßer, Der Faschismus, Geschichte und Gefahr. München, Wien 1965, S. 5ff.; zum Parteiaustritt Straßers siehe ders., Ministersessel oder Revolution? Eine wahrheitsgemäße Darstellung meiner Trennung von der NSDAP. Berlin 1931; sowie die plastische Darstellung bei Heiden (I, 55), S. 279; und Miltenberg (I, 64), S. 86–89. Zur Opposition Straßers gegen Hitler vgl. – neben noch zu nennenden Untersuchungen – Richard Schapke, Die schwarze Front. Von den Zielen und Aufgaben und vom Kampfe der deutschen Revolution. Leipzig 1932.

[72] So Heinrich August Winkler, German Society, Hitler and the Illusion of Restoration 1930–33, in: JCH 11 (1976), Nr. 4, S. 1–16, hier S. 14f., Anm. 5, dort weiterführende Literatur. Siehe dazu vor allem auch Reinhard Kühnl, Die nationalsozialistische Linke 1925–1930. Meisenheim am Glan 1966.

Winkler fest[73]: „Was bis heute einigen Beobachtern des 'Dritten Reiches' auch nach 1934 noch 'sozialistisch' erscheint, hatte mit dem proletarischen Sozialismus nichts, mit kleinbürgerlichen Ressentiments gegen die alten Führungsschichten sehr viel zu tun." Unter Sozialismus verstanden Anhänger Hitlers eher eine Geisteshaltung als eine Wirtschaftsform[74]. Oder wie es Jürgen Busche ausdrückt[75]: Sozialismus habe sich im Nationalsozialismus auf eine platte „Organisationsideologie für das Verhältnis der Herrenmenschen untereinander" reduziert. Außerhalb des „Strasserismus" sei in der NSDAP lediglich eine Art pseudosozialistisches Programm vorhanden gewesen[76]. Jürgen Kocka bestätigt eine derartige Sicht der Dinge. Bei der Analyse neuerer Forschungsergebnisse gelangt er zu dem Schluß, daß es nicht angehe, „Nationalsozialismus und Sozialismus als nah benachbart zu sehen". Es sei verfehlt, gewisse „egalisierende, antikapitalistische und antikonservative Elemente" im Nationalsozialismus, die Kocka 'populistisch' nennt, als sozialistisch zu qualifizieren[77]: „Zu eindeutig waren sie nämlich von völkisch-rassistischen, antisemitischen Komponenten durchsetzt und aus den freiheitlich-demokratischen und aufklärerischen Traditionen herausgelöst, in denen der demokratische Sozialismus[78] – im Unterschied zum Stalinismus und zur kommunistischen Diktatur überhaupt – steht."

In einem ähnlichen Verständnis hatte Konrad Heiden bereits 1932 ge-

[73] Winkler (I, 70); in diesem Zusammenhang auch ders., Mittelstand, Demokratie und Nationalsozialismus. Die politische Entwicklung von Handwerk und Kleinhandel in der Weimarer Republik. Köln 1972.

[74] Winkler (I, 72), S. 3f.

[75] Jürgen Busche, Sozialismus und Nationalsozialismus. Zu einem Streit aus diesen Tagen, in: FAZ 11. 10. 1979.

[76] So Werner Klose, Die Mär vom Kommu-Nazi. Der nationale Sozialismus in der Hitlerjugend, in: Die Zeit, Nr. 45, 2. 11. 1979. Ursprünglich entsprach die Vokabel 'Kommu-Nazi' einem Kampfbegriff, mit dem sich die SPD in den letzten Jahren der Weimarer Republik gegen den 'Sozialfaschisten'-Vorwurf der KPD wehrte. Zur Theorie des Sozialfaschismus vgl. Wippermann, Faschismustheorien (Vw. 19), S. 11–18.

[77] Jürgen Kocka, Ursachen des Nationalsozialismus, in: AuZ B 25/80, 21. 6. 1980, S. 3–15, Zit. S. 13f.

[78] Verwandt argumentiert Busche (I, 75), der zwar im „Erscheinungsbild des Hitler-Staates und des Sowjetstaates" Übereinstimmungen feststellt, aber – ausgehend von den gemeinsamen Quellen, die Humanismus und Sozialismus in der Geistes- und Sozialgeschichte Europas haben – den nicht wegzudiskutierenden Unterschied in den genuinen „Verbrechen der

schrieben, die „Welt des Nationalsozialismus“ sei eine „Welt voll gewiß unentbehrlicher, aber unvollständiger Elemente, die nicht vollkommen werden, wenn man sie unter dem falschen Namen des Sozialismus zusammenfaßt“. Dabei erkennt Heiden den entscheidenden Gegensatz in der Tatsache, daß im echten Sozialismus die Freiheit verwirklicht sei bzw. sein müsse, während der Nationalsozialismus beabsichtige, ein System der „Gebundenheit, des Zwangs und der Autorität“ zu realisieren[79].

Wie auch immer der einzelne im Rahmen dieser widersprüchlichen Diskussion, in der es einen Konsens kaum je geben dürfte, Position beziehen mag, nicht zu vernachlässigen ist jedenfalls, daß Otto Straßer, der zweifellos wußte, wovon er redete, dem Nationalsozialismus Hitlers nach 1930 jedwede sozialistische Ambition bestritt. 1932 veröffentlichte er noch einmal seine Vorstellungen über den 'Aufbau des Deutschen Sozialismus'. Eindringlich forderte Straßer in dieser Schrift, die Revolution, die den einzig erfolgversprechenden Weg zur Verwirklichung des Sozialismus weise, nicht aufzugeben. Liberale Kampfmittel taugten nicht, um das bestehende System zu beseitigen[80]. Nach einem Jahr nationalsozialistischer Kanzlerschaft

---

Hitler-Diktatur“ erkennt, die nicht im „Horizont sozialistischer Zielsetzung“ stehen.

[79] Heiden (I, 55), Zit. S. 296. Vgl. aber zu einer der Sicht Kockas oder auch Heidens entgegengesetzten Auffassung über die Zuordnung sozialistischer Elemente zum Nationalsozialismus: Karl Dietrich Bracher, Streit um Worte – Streit um Werte. Über den kontroversen Gebrauch der Begriffe Faschismus und Totalitarismus, in: FAZ 7. 12. 1978; dazu außerdem die Erwiderung von Jürgen Kocka, Gegen einen Begriffskrieg. Was leisten die Formeln 'Faschismus' und 'Totalitarismus'? Vom Abstand zwischen Begriff und historischer Realität. Ein Diskussionsbeitrag, in: FAZ 18. 12. 1978. Beide Beiträge setzen sich mit den methodologischen Schwierigkeiten im Rahmen von adäquaten Abgrenzungs- und Unterscheidungskriterien auseinander. Es geht dabei um die Relevanz und den Stellenwert ideologischer oder sozioökonomischer Merkmale bzw. solcher, die der „politischen Ordnung“ oder den „menschlichen Grundrechten“ abgewonnen werden. Dazu außerdem Karl Dietrich Bracher, Schlüsselwörter in der Geschichte. Mit einer Betrachtung zum Totalitarismusproblem. In Zusarb. mit Dorothee Bracher. Düsseldorf 1978, dort vor allem S. 23–30, S. 65–71 und S. 121 ff.

[80] Otto Straßer, Aufbau des deutschen Sozialismus. Mit einem Vorw. von Weigand v. Miltenberg. Leipzig 1932 (2., neubearb. und erg. Aufl. Prag 1936), S. 93 f. Bei der Bezugnahme auf Straßer wird bewußt darauf verzich-

stellte er dann fest, daß im Dritten Reich der „Kapitalismus stärker und aggressiver denn je" sei[81]. Hitler habe Verrat begangen an den „sozialistischen Hoffnungen" seiner Anhänger[82]. Zu einer deutlichen Absage an diesen geriet auch Straßers Untersuchung der politischen Lehren des ehemaligen österreichischen Professors, tschechoslowakischen Staatsgründers und Präsidenten Thomas G. Masaryk, in der er Sozialismus, Nationalismus und Demokratie als die tragenden Säulen des neuen Europas bezeichnet[83].

---

tet, sich mit dessen Sozialismusbegriff kritisch auseinanderzusetzen. Es genügt, daß er als Repräsentant des sogenannten linken – sich als sozialistisch verstehenden – Flügels der NSDAP eingestuft wurde. Direkt zu Straßers Buch und der – linken – Kritik an seinem Sozialismusbegriff: Thomas Murner, Otto Straßers „deutscher Sozialismus", in: WB 28 (1932), 2. Bd., S. 230–234 (16. 8. 1932). Vgl. darüber hinaus: ders., Wie lange [Hitler]? Wien 1935; und Weigand v. Miltenberg, Schleicher, Hitler? – Cromwell! Der Rhythmus in der Geschichte. Leipzig 1932. Die Opposition Straßers untersuchte bereits vor 1945 Douglas Reed, Nemesis? The Story of Otto Strasser and the Black Front. Boston 1940. Zum Terminus 'Deutscher Sozialismus' und dessen inhaltlicher Verfälschung durch Hitler siehe die ebenso bissige wie eigenwillige Kommentierung von Ernst Niekisch, Hitler – ein deutsches Verhängnis. Zeichnungen von A. Paul Weber. Berlin 1932, S. 17–20. Niekisch, Nationalbolschewist, kritisierte den Nationalsozialismus seit 1930 aufs schärfste, wenn auch mit teilweise aberwitzigen Argumenten; kritisch zu Niekisch: Eberhard Jäckel, in: Heuß, Hitlers Weg (I, 10), S. XIX und XXXVIIf.

[81] Otto Straßer, Die deutsche Bartholomäusnacht. Zürich [6]1935, S. 17f.; derselbe Tenor bei Lothar Frey, Deutschland wohin? Bilanz der nationalsozialistischen Revolution. Zürich 1934, S. 132–135, dort zur dezidierten Absage Hitlers und Gottfried Feders an jeden „Versuch einer Sozialisierung", S. 128–139; auch Rauschning, Revolution (I, 13), S. 108f., zum „preußischen Sozialismus".

[82] Otto Straßer, Wohin treibt Hitler? Darstellung der Lage und Entwicklung des Hitlersystems in den Jahren 1935 und 1936. Prag 1936, S. 61; gleichzeitig publizierte Straßer Überlegungen zu einer europäischen Wirtschaftsordnung, die im wesentlichen sein nationales Sozialismusmodell widerspiegelte, ders., Europäische Föderation. Die Schweiz als Vorbild Europas. Formel von René Sonderegger. Zürich 1935, hier S. 17ff.

[83] Otto Straßer, Europa von Morgen. Das Ziel Masaryks. Zürich 1939, S. 281. S. a. die Erläuterungen in: ders., Faschismus (I, 71), S. 71–74.

Den Sozialisten Hitler kann man wohl getrost als Fama abtun. Im Hinblick auf diese Frage sind die zitierten – ablehnenden – zeitgenössischen und gegenwärtigen Antworten überzeugend. Gewiß, es gab Lippenbekenntnisse zum Sozialismus, in nationalsozialistischen Schriften[84] und – vor allem – Reden. Aus der Perspektive Hitlers – und um diese geht es hier zunächst – waren derartige Äußerungen sowenig ernst gemeint wie die gemäß den oben genannten Kriterien ohnehin pseudosozialistischen sozialpolitischen Passagen des am 24. Februar 1920 verkündeten 25-Punkte-Programms der NSDAP. Ansonsten beweist eine Karriereanalyse von NSDAP-Mitgliedern[85]: Die „Position in der Partei wurde immer für diejenigen Persönlichkeiten unter der Nazi-Prominenz unhaltbar, die die Rolle der Partei als Triebkraft gesellschaftlicher Veränderungen überhaupt mit einigem Ernst vertraten und für die politische Macht nicht nur ein Selbstzweck war".

Was nun die allgemeine Hitler-Interpretation in der 'Weltbühne' angeht, so hob diese das Moment der physischen Brutalität hervor, das die Hitler-Bewegung dominierte.

Um die Erfolge Hitlers verständlich zu machen, stellten die Autoren zwischen diesem Wesensmerkmal und dem Antisemitismus eine direkte Verbindung her. Angesichts seiner Tradition in der Vorkriegszeit hätte der Antisemitismus an sich nichts Außergewöhnliches dargestellt. Doch in seiner nationalsozialistischen Variante lag etwas Neues: die auffallend rücksichtslose „Propaganda der Gewalttätigkeit". Diese betreffe allerdings nicht allein die jüdischen Bevölkerungsteile. Denn Hitler, so stand im Dezember 1931 zu lesen[86],

[84] Typisch dafür ist z. B. Paul Krumm, Der Sozialismus der Hitlerbewegung im Lichte Spenglerscher Geschichtsforschung oder Die tiefste Ursache für den Aufstieg des Nationalsozialismus in Deutschland. Geldern 1932; vgl. Sagitz (I, 45) unter 'Sozialismus'.

[85] Timothy W. Mason, Sozialpolitik im Dritten Reich. Arbeiterklasse und Volksgemeinschaft. Opladen ²1978, S. 65.

[86] Gerlach (I, 69), S. 817; zur qualitativen Veränderung des traditionellen, christlich geprägten Antisemitismus, d. h. zu dessen Umschlagen in eine nationale Psychose: Saul Friedländer, L'antisémitisme nazi – Histoire d'une psychose collective. Paris 1971. Friedländer vertritt erneut die These, daß in der Auflehnung Hitlers gegen den Vater die Quelle seines persönlichen Antisemitismus liege. Interessanter ist seine Feststellung, daß ein zur Besessen-

bereite „planmäßig die physische Vernichtung derer vor, die anders wollen oder anders denken als er". Einsichten dieser Art ließen Gerstorff erneut vor der Illusion warnen, daß man Hitler noch nach der 'Machtergreifung' bekämpfen könne. Vielmehr werde das neue Regime seine Herrschaft durch ständig zunehmenden Terror und durch das Zerschlagen der Arbeiterorganisationen festigen[87].

Bemerkenswerterweise schätzte die 'Weltbühne' zu jenem Zeitpunkt Hitlers Position im etablierten Parteiensystem bereits als so stabil ein, daß es so gut wie ausgeschlossen zu sein schien, die Nationalsozialisten bei einer Regierungsbildung mit billigen Konzessionen abzuspeisen[88]. Hitler habe sich als geschickter Taktiker erwiesen. Seine einstigen Rivalen im nationalsozialistischen Lager seien mittlerweile ausgeschaltet. Er betreibe nunmehr ein schlau angelegtes Spiel um die Macht im Staat. Sein Intellekt weise zwar unübersehbar „Löcher" auf, aber es sei anzuerkennen, daß mehr in ihm stecke als sein Buch, das nur Entsetzen hervorzurufen vermöge, verrate: Hitler verfüge über politischen Instinkt[89].

'Mein Kampf' provozierte generell bei den Mitarbeitern der 'Weltbühne' Abscheu und Empörung, das Buch gab Anlaß zu ironischen und sarkastischen Betrachtungen, aber das Machwerk wurde ernst genommen. 1930 prophezeite Walter Mehring nach intensiver Lektüre, daß es im Dritten Reich zu einem intellektuellen Kahlschlag kommen werde. Deutschland werde danach mit „abgerollten Köpfen" erwachen. Dichtern wie Gerhart Hauptmann oder Heinrich und Thomas Mann bleibe unter einer nationalsozialistischen Regierung einzig das Exil[90]. Für „Fremdblütige (Juden und so wei-

heit ausufernder Antisemitismus die entscheidende Triebkraft der Anhänger Hitlers gewesen sei. Allein über diesen hätten sich die Deutschen mit dem Regime zu identifizieren vermocht.

[87] K. L. Gerstorff, Illusionen über Hitler, in: WB 27 (1931), 2. Bd., S. 950–954 (29. 12. 1931).

[88] Hitler und Schleicher, in: WB 28 (1932), 1. Bd., S. 117 (26. 1. 1932), anonym.

[89] Hellmut v. Gerlach, Duell Hitler–Schleicher, in: WB 28 (1932), 1. Bd., S. 875ff. (14. 6. 1932), hier S. 875.

[90] Walter Mehring, Begrüßung Hitlers auf literarischem Gebiet, in:

ter)“ gebe es in einem Dritten Reich, selbst wenn sie seit Generationen in Deutschland ansässig seien, „unter keinen Umständen Heimatsrecht“ [91]. Heinz Horn wiederum charakterisierte Hitlers Buch ebenso spöttisch, als in der „deutschen Literatur vollkommen einmalig“, wie warnend, als „tierisch ernst gemeint“. Eine Auswahl von Zitaten erhellte den absurden Haß des nationalsozialistischen Führers gegen die Juden, demaskierte die Primitivität seiner Bildersprache und dokumentierte die Paralogie Hitlerscher Behauptungen[92]. Bei solchen Analysen, die unbeschadet des spöttischen Tenors versuchten, jene Faktoren herauszustellen, die zum Erfolg Hitlers beitrugen, spielte natürlich auch der Stil in ‘Mein Kampf’ – und der Vergleich von schriftlichen mit mündlichen Äußerungen Hitlers – eine Rolle.

Exkurs über Stil und Bedeutung von Hitlers ‘Mein Kampf’: Zu diesem Problemkreis stellte Werner Maser nach 1945 fest, daß die

---

WB 26 (1930), 2. Bd., S. 507f. (1. 10. 1930), S. 507; erneut ist in diesem Rahmen anzumerken, daß ‘Mein Kampf’ wesentlich intensiver gelesen und analysiert worden zu sein scheint, als dies generell angenommen wird. Selbst anerkannte Kunsthistoriker nahmen das Buch ernst, wenn es um die Beurteilung der kulturpolitischen Zukunft im Hitler-Staat ging. Vgl. direkt dazu Wolfgang Klausewitz, Der Griff nach der Kunst. Die deutschen Museen in der Zeit nach 1933. Aus den Akten des Museumsbundes, in: FAZ, 16. 8. 1983; s. a. den ‘Exkurs über Stil und Bedeutung von Hitlers ‘Mein Kampf’’, S. 53–57. Was aber die „abgerollten Köpfe“ anbelangt, so gehörte zu denen, die dann doch noch entkommen sind, z. B. Stefan Lorant, der die ‘Münchner Illustrierte Presse’ herausgegeben hatte. Sein Buch – I was Hitler's Prisoner. Leaves from a Prison Diary. Translated by James Cleugh. London ²1935 – ist eine Dokumentation der Polizeiwillkür und der Rechtsunsicherheit, die mit dem Machtantritt der Nationalsozialisten begannen. Zu weiteren Literaturhinweisen hinsichtlich der Opposition und des Exils deutscher Intellektueller siehe Anh. 5.

[91] Walter Mehring, Wie werde ich reich und völkisch? In: WB 26 (1930), 2. Bd., S. 543f. (7. 10. 1930), S. 544; und Fritz Ausländer, Hitler als Erzieher, in: WB 28 (1932), 2. Bd., S. 126–131 (26. 7. 1932), zum Rasseprinzip in der Erziehung (S. 127), Zit. S. 500.

[92] Heinz Horn, Hitlers Deutsch, in: WB 28 (1932), 2. Bd., S. 500ff. (4. 10. 1932).

Schreibweise in 'Mein Kampf' ganz „eindeutig von Hitlers Redestil bestimmt" worden sei[93]. Cornelius Schnauber[94] wies in seiner umfassenden – prosodisch angelegten – Untersuchung nach, daß gerade der Redestil zur Erklärung von Hitlers Erfolgen wesentlich beizutragen vermöge. Damit bestätigte er zeitgenössische Interpreten Hitlers ebenso wie zahlreiche Hitler-Forscher nach 1945. So schrieb James Murphy bereits 1934[95]: "In his speeches Hitler has the knack of bringing people to trust him no matter what his theories may be. In his book he contrives to diffuse the same kind of atmosphere; so that it reads almost like a stenogramme of his talk. Here undoubtedly is the secret of his appeal."

[93] Maser (I, 2), S. 48–85, hier S. 65. Im Gegensatz zu Maser, der Hitlers Deutsch schlechte Noten gibt, gelangt Wilhelmus J. Loohuis zu einer überraschend positiven Bewertung: Das Sprachgenie Adolf Hitler dargestellt am Gebrauch der Fremdwörter. München o. J.

[94] Nach wie vor beispielhaft ist die Analyse: 'Es spricht der Führer'. 7 exemplarische Hitler-Reden, hrsg. und erl. von Hildegard v. Kotze und Helmut Krausnick unter Mitwirkung von Friedrich Arnold Krummacher. Gütersloh 1966; und Cornelius Schnauber, Wie Hitler sprach und schrieb. Zur Psychologie und Prosodik der faschistischen Rhetorik. Frankfurt a. M. 1972. Direkt zu dem damit angesprochenen Problemkreis: Kenneth Burke, Die Rhetorik in Hitlers 'Mein Kampf' und andere Essays zur Strategie der Überredung. Frankfurt a. M. 1967; unter erweiterter Fragestellung Sigrid Frind, Die Sprache als Propagandainstrument in der Publizistik des Dritten Reiches, untersucht an Hitlers 'Mein Kampf' und den Kriegsjahrgängen des 'Völkischen Beobachter'. Berlin 1964; und Detlef Grieswelle, Propaganda der Friedlosigkeit. Eine Studie zu Hitlers Rhetorik 1920–1933. Stuttgart 1972. Grieswelle kommt zu dem Schluß, daß für Hitlers Erfolg nicht die Rede an sich, sondern die vorgegebene Bereitschaft der Zuhörer, derartige Aussagen zu glauben, ausschlaggebend gewesen sei. Mit dieser These formuliert G. Ergebnisse, die durch Interpretationen Glasers (I, 42) und Sterns (Vw. 13) gestützt werden.

[95] James Murphy, Adolf Hitler. The Drama of his Career. London 1939 (^{1}1934), Zit. S. 79. R. Olden, der Murphy als einen „wenig kritischen Biographen" Hitlers bezeichnet (I, 9, S. 57), meint zwar, daß 'Mein Kampf' die Dokumentation einer stilistischen Bankrotterklärung sei (S. 138–141), aber er anerkennt die Fähigkeit des Redners Hitler, inhaltliche Aussagen durch Temperament zu ersetzen (S. 99); Theodor Heuß, Hitlers Weg (I, 10), S. 102; Heiden (I, 55), S. 78ff.; und Sterling Fishman, The Rise of Hitler as a Beer Hall Orator, in: RP 26 (1964), S. 244–256.

Nach dem Ende des Zweiten Weltkrieges sah Hermann Glaser in der stilistischen Mittelmäßigkeit des Autors Hitler sogar die Grundlage für dessen Resonanz in der breiten Öffentlichkeit[96]. Einunddreißig Jahre vorher hatte Heinz Horn, auf eben dieses Phänomen anspielend, sarkastisch angemerkt[97], daß dem, der das Buch Hitlers mit „ungeknickter und nach Bedarf zu weckender Begeisterung zu lesen" in der Lage sei, einfach nicht geholfen werden könne.

Unberührt vom intellektuellen und stilistischen Niveau der Schrift bleibt die herausragende Bedeutung von 'Mein Kampf' als historische Quelle. Eberhard Jäckel, der sich wie nur wenige andere Historiker mit dem „Verhältnis von Plan und Tat, von Entwurf und Wirklichkeit" der Diktatur Hitlers befaßte, schreibt dazu[98]: „Selten oder vielleicht tatsächlich nie in der Geschichte hat ein Herrscher, ehe er an die Macht kam, so genau wie Adolf Hitler schriftlich entworfen, was er danach tat." Selbst in dieser Klarheit ließ sich das keineswegs nur ex postfacto erkennen. In der Tat wurde 'Mein Kampf' augenscheinlich mitnichten allgemein unterschätzt oder gar überhaupt nicht zur Kenntnis genommen. Die eingehende Untersuchung von James J. und Patience P. Barnes weist zum Beispiel überzeugend nach, daß Hitlers Buch nicht nur von einigen oppositionell eingestellten Intellektuellen[99], sondern auch von offiziellen politischen Stellen im Ausland beachtet worden ist. "In any case", schreiben die Autoren[100], "it is clear that the For-

[96] Glaser (I, 42), S. 18.

[97] Horn (I, 92), S. 502.

[98] Eberhard Jäckel, Hitlers Weltanschauung. Entwurf einer Herrschaft. Erw. und überarb. Neuausg. Stuttgart 1981, S. 7ff.

[99] Dazu auch Martin Gilbert und Richard Gott, The Appeasers. London 1963, S. 29, dort ein Hinweis auf den britischen Botschafter in Berlin, Sir Horace Rumbold, der 'Mein Kampf' gelesen hatte und zwischen dem Geschriebenen und der NS-Wirklichkeit weitgehende Übereinstimmung konstatierte.

[100] James J. Barnes and Patience P. Barnes, Hitler's Mein Kampf in Britain and America. A Publishing History 1930–39. Cambridge, London, New York, New Rochelle, Melbourne, Sydney 1980, S. 21–50: 'The British Foreign Office and Mein Kampf', hier S. 45. Dieses ausgezeichnete Buch ist weit mehr, als der mit gewissem 'understatement' formulierte Titel vermuten läßt. Zur Verkaufsgeschichte vgl. neben Lange (I, 2), der Deutschland, Österreich, die Schweiz, Frankreich, Italien, Großbritannien, Lateinamerika, die USA, die UdSSR und Polen eingehend untersucht, C. Caspar, Mein

eign Office took full cognizance of Mein Kampf and tried to glean Hitler's intentions from its pages." Das gilt für die gesamte Zeit nach 1933. Im Grunde wußte man, was der nationalsozialistische Reichskanzler wollte, doch erwies

---

Kampf – A Best Seller, in: JSoStud 20 (1958), S. 3–16. Zu der in diesem Rahmen unmittelbar angesprochenen Politik des Appeasements vgl. vor allem: Die Westmächte und das Dritte Reich 1933–1939. Klassische Großmachtrivalität oder Kampf zwischen Demokratie und Diktatur? Hrsg. von Karl Rohe. Paderborn 1982. Der Sammelband macht zum einen klar erkennbar, daß die nationalen Interessen der westlichen Großmächte Hitlers Politik erleichterten, wenn nicht überhaupt ermöglichten; und er zeigt zum anderen, daß die eigentlichen Zielsetzungen der nationalsozialistischen Außenpolitik nicht erkannt worden sind. In diesem letzten Punkt mag man differenzierter urteilen, als es hier resümiert werden kann. In jedem Fall bietet das Buch einen gelungenen Überblick über die Forschungssituation in bezug auf die Politik des Appeasements. Einen bedenklichen Versuch, die britische Politik neu zu bewerten, unternimmt Oswald Hauser, England und das Dritte Reich. Eine dokumentierte Geschichte der englisch-deutschen Beziehungen von 1933 bis 1939 auf Grund unveröffentlichter Akten aus dem britischen Staatsarchiv. Bd. I: 1933–1936. Stuttgart 1972; Bd. II: 1936–1938. Göttingen, Zürich 1982. Im engeren Sinne ist hier nur die bei Hauser zu verzeichnende Tendenz hervorzuheben, Hitler zu entlasten, teilweise sogar zu verharmlosen, die britische Seite jedoch zu belasten. In diesem Punkt trifft er sich mit D. Aigner (s. Anh. 10), wobei sich beide Autoren im wesentlichen die Interpretation Hitlerscher Außenpolitik durch A. J. P. Taylor (I, 101) zu eigen machen. Im erweiterten Verständnis geht es um das Problem der 'Weg-in-den-Krieg-Politik' Hitlers. Zu entscheiden ist, ob Hitlers Kriegswille oder die fehlende Bereitschaft der Briten – auf deutsche Annäherungsversuche einzugehen – einen Ausgleich zwischen London und Berlin verhinderte. Dazu ist zunächst zu sagen, daß der Forschungsstand kaum Zweifel daran zuläßt, daß Hitler auf lange Sicht einen dauerhaften Ausgleich mit Frankreich, Großbritannien oder der Sowjetunion auf der Grundlage gleichberechtigter Staaten ausgeschlossen hat. Ein zeitlich begrenzter Ausgleich mit Großbritannien war hingegen angestrebt, sollte er doch ursprünglich den Krieg zu Hitlers Bedingungen und in Übereinstimmung mit seinem 'Programm' erst ermöglichen. Wenn es bis 1939 nicht dazu kam, dann vor allem auch deshalb, weil beide Seiten seit 1937 immer klarer erkennen mußten, daß sich die Basis für ein Arrangement nicht schaffen ließ, da die britischen und deutschen Vorstellungen im Hinblick darauf zu unterschiedlich waren.

es sich als schwierig, seinen jeweils nächsten Schritt vorherzubestimmen. Darüber hinaus gingen bei den einzelnen Politikern in London die Auffassungen über den Grad der Verbindlichkeit, der Hitlers schon lange vor der Machtergreifung formulierten Zielsetzungen zuerkannt werden mußte, natürlich auseinander. Es existierte also keine homogene Sicht. Hinzu kam außerdem, daß das Buch erst 1939 vollständig ins Englische übersetzt wurde, auch wenn man diesen Faktor nicht überbewerten sollte[101]. Gewiß ist er jedenfalls nicht dafür verantwortlich, daß 'Mein Kampf' – generell gesehen – zu spät die ihm tatsächlich zukommende Deutung fand[102].

Doch wieder zurück zur 'Weltbühne'. Deren Autoren konzentrierten sich verständlicherweise in erster Linie auf die Entwicklung des politischen Alltags. Deutungen von Ausführungen in Hitlers Buch besaßen meistens lediglich eine ergänzende Funktion. Alles in allem lieferte die Zeitschrift eine kaleidoskopische Zustandsbeschreibung der Hitler-Bewegung und ihres gesellschaftlichen Umfeldes.

Da gab es einerseits die Klagen über die Nachsicht der Justiz mit nationalsozialistischen Rechtsbrechern[103] oder die warnenden

[101] Ausführlich dazu Barnes (I, 100), S. 51–72; aber auch Alan John Percivale Taylor, Die Ursprünge des Zweiten Weltkrieges. Die Jahre 1933–1939. Ungekürzte Taschenb.-Ausg., Zeittafel und Ergänzungsbibl. von Klaus Kamberger. München 1980, S. 236ff. Taylor bestätigt dies, obwohl er die Interpretation der politischen Zielsetzungen Hitlers auf der Grundlage der Aussagen in dessen Buch ablehnt. Siehe auch Rainer A. Blasius, Für Großdeutschland – gegen den großen Krieg. Staatssekretär Ernst Frhr. von Weizsäcker in den Krisen um die Tschechoslowakei und Polen 1938/39. Köln, Wien 1981, S. 48f., der eine Unterredung zwischen Weizsäcker und dem britischen Botschafter Henderson vom 20. 7. 1938 zitiert, in welcher der Staatssekretär darauf hinwies, daß 'Mein Kampf' und Hitlers Reden „alle wesentlichen Ziele enthielten, die er zu erreichen gedenke".

[102] Zur Entwicklung in England vgl. Lange (I, 2), S. 104–120, hier S. 119f. Zur These als solcher Hugh Redwald Trevor-Roper, Hitlers Kriegsziele, in: Nationalsozialistische Außenpolitik, hrsg. von Wolfgang Michalka. Darmstadt 1978, S. 31–48, hier S. 35.

[103] So Erich Landsberg, Der Richter von Schweidnitz, in: WB 26 (1930), 1. Bd., S. 3ff. (31. 12. 1929); oder Heinz Pol, Grzesinski bekämpft den Terror, in: WB 26 (1930), 1. Bd., S. 193–196 (4. 2. 1930). Kritische zeitgenössi-

(Forts. v. Anm. 103)
sche Stimmen zur Justiz in der Weimarer Republik enthält das 'Lesebuch Weimarer Republik' (I, 60), S. 123–139. Emil Julius Gumbel, Vier Jahre politischer Mord (als Buch erschienen in Berlin 1922; jetzt: E. J. Gumbel, Vier Jahre politischer Mord und Denkschrift des Reichsjustizministers zu 'Vier Jahre politischer Mord'. Mit einem Vorw. von Hans Thill. Heidelberg 1980), schrieb (ebd., S. 124) 1922: „... es ist amtlich bestätigt, daß in Deutschland seit 1919 mindestens 400 politische Morde vorgekommen sind. Es ist amtlich bestätigt, daß fast alle von rechtsradikaler Seite begangen wurden, und es ist amtlich bestätigt, daß die überwältigende Zahl dieser Morde unbestraft geblieben ist." S. a. die – auf der Berichterstattung der 'Weltbühne' beruhenden – Aufsätze von Karl-Heinz Janßen, Sie sagten Vaterland und meinten Mord, in: Zeitmagazin Nr. 39, 22. 9. 1978, S. 16–26; und: Rache von Staats wegen, in: Zeitmagazin, Nr. 40, 29. 9. 1978, S. 64–75 (beide Artikel gehören zu der Zeit-Serie: 'Skandale, die die Republik erschütterten'). Einen informativen Überblick mit wichtigen Literaturhinweisen gibt zu diesem Themenkreis Hans-Gerd Jaschke, Gewalt von rechts vor und nach Hitler, in: AuZ B 23/82, 12. 6. 1982, S. 3–21, hier S. 5–8. Aus der umfangreichen Literatur vgl. u. a.: Bracher (I, 5), S. 172–178; Karl Dietrich Bracher, Gerhard Schulz und Wolfgang Sauer, Die nationalsozialistische Machtergreifung. Studien zur Errichtung des totalitären Herrschaftssystems in Deutschland 1933/34. 3 Bde. Frankfurt a. M., Berlin, Wien 1974 ([1]1962), hier Bd. 2: Gerhard Schulz, Die Anfänge des totalitären Maßnahmenstaates, S. 184–204; grundlegend zum Rechtswesen die Untersuchung von Heinrich Hannover und Elisabeth Hannover-Drück, Politische Justiz 1918–1933, Neuaufl. Frankfurt a. M. 1982 ([1]1966); Udo Reifner, Institutionen des faschistischen Rechtssystems, in: Das Recht des Unrechtsstaates, Arbeitsrecht und Staatsrechtswissenschaften, hrsg. von Udo Reifner. Frankfurt a. M., New York 1981, S. 11–85, hier S. 12–17; Hermann Weinkauff, Die deutsche Justiz und der Nationalsozialismus. Ein Überblick, in: Die deutsche Justiz und der Nationalsozialismus, Teil I. Stuttgart 1968, S. 19–188, hier vor allem S. 37f. Sehr kritisch setzt sich mit Weinkauff und dem von diesem herausgegebenen dreibändigen Werk Udo Reifner auseinander (s. o., S. 42f.). Bemerkenswerte Aspekte der Entwicklung vor 1945 erhellen aus dem thematisch nicht nur auf diese Jahre begrenzten Sammelband: Die Freiheit des Anderen, Festschrift für Martin Hirsch, hrsg. von Hans Jochen Vogel, Helmut Simon und Adalbert Podleck. Baden-Baden 1981; informativ für das Rechtsverständnis auch Wolfgang Schier, Die Justiz im totalitären Staat. Erläutert an der Rechtsauffassung des nationalsozialistischen Staates, in: GWU 11 (1960), S. 661–681.

Hinweise auf die Sympathie, mit der insbesondere jüngere Offiziere der Reichswehr dem Nationalsozialismus gegenüberstanden[104]. Andererseits meinte man Zeichen für eine Art Stagnation erkennen zu dürfen, vermutete eine Gefährdung des inneren Zusammenhaltes der NSDAP, die aus der Passivität vieler Parteimitglieder zu entstehen schien[105]. Gleichzeitig wurde jedoch in Hitler jener 'Kitt' seiner Partei gesehen, der diese mittels seiner Autorität letztlich zusammenhalten werde[106]. Aufkommender Optimismus erfuhr dadurch sofort eine Relativierung. Im übrigen zweifelten andere zeitgenössische Beobachter erheblich länger als die Autoren der 'Weltbühne' an der Integrationskraft des NS-Führers. Darauf ist ebenso zurückzukommen wie auf die interpretatorische Assoziation, die zumindest ansatzweise zwischen einer solchen Bewertung Hitlerscher Autorität und den Inhalten der kontrovers erörterten Thesen vom – plakativ verkürzt ausgedrückt – schwachen oder starken Diktator existiert.

Unvorhersehbares vermochten allerdings auch die Mitarbeiter der 'Weltbühne' nicht zu prognostizieren. Dies zeigte sich zum Beispiel im zweiten Halbjahr 1932: Hitler hatte am 31. Juli 1932 im Reichs-

[104] Heinz Pol, Groener oder Hitler? In: WB 27 (1931), 1. Bd., S. 339–342 (10. 3. 1931); unmittelbar zum Verhältnis zwischen Reichswehr und NSDAP zu Beginn der dreißiger Jahre Manfred Messerschmidt, Die Wehrmacht im NS-Staat. Zeit der Indoktrination. Mit einer Einführung von General a. D. Johann Adolf Graf Kielmannsegg. Hamburg 1969, S. 1–17; und Klaus-Jürgen Müller, Armee und Drittes Reich. Versuch einer historischen Interpretation, in: ders., Armee, Politik und Gesellschaft in Deutschland 1933–1945, Studien zum Verhältnis von Armee und NS-System. Paderborn ^{3}1979, S. 11–50, hier S. 28–33, dort auch die neueste Literatur. Unter den Literaturberichten vgl. Volker R. Berghahn, Wehrmacht und Nationalsozialismus, in: NPL 15 (1970), S. 44–52, in erster Linie eine intensive Auseinandersetzung mit dem Buch von Messerschmidt (s. o.) und Klaus-Jürgen Müller, Das Heer und Hitler. Armee und nationalsozialistisches Regime 1933–1940. Stuttgart 1969; und Michael Geyer (Anh. 1).

[105] Jan Bargenhusen, Hitler baut um, in: WB 28 (1932), 2. Bd., S. 455ff. (27. 9. 1932).

[106] Quietus, Hitler-Horoskop, in: WB 27 (1931), 1. Bd., S. 607–611 (28. 4. 1931).

tag 230 Mandate gewonnen. Das war sehr viel, aber mitnichten die absolute Mehrheit. Seine Anhänger drängten zur Machtteilhabe, doch ihr Führer hasardierte, betrieb eine Politik der Maximalforderungen. So wollte er neben zahlreichen wichtigen Kabinettsposten auch das Amt des Reichskanzlers, während ihm seine Verhandlungspartner nur die Vizekanzlerschaft zuzubilligen gedachten. Am 13. August, als ihm Hindenburg den Stuhl des Kanzlers verweigerte, war Hitler gescheitert, für die NSDAP schien es plötzlich zu heißen: rien ne va plus! Es ging nichts mehr.

Bis dahin hatte es in der Tat so ausgesehen, als ob Hitler der Regierungsverantwortung unaufhaltsam näherrücken würde[107]. Doch die 'Weltbühne' blieb auch in der Folgezeit, bis hin zum Einbruch der NSDAP bei den Wahlen im November 1932, ausgesprochen sensibel gegenüber der nationalsozialistischen Bedrohung der Republik. Noch im Oktober beschwor man die physische Vernichtung[108], welche die Nationalsozialisten ihren politischen Gegnern angedeihen lassen würden. Die Gefahr eines Machtantritts galt damals keineswegs als erledigt. Erst Anfang 1933 wähnte Carl v. Ossietzky die „Nazidiktatur" dann weniger nahe denn je. Wer hätte dies anders sehen können, nach dem August und dem November 1932? Es bedurfte schon eines Herrn v. Papen und der Kamarilla um den Reichspräsidenten, um den politischen Trend in sein Gegenteil zu verkehren. Eine kurze Weile konnte – mußte – an einen Stimmungsumschwung bei den Wählern geglaubt werden.

Ossietzky warnte, da die Tendenzwende durch die Intrige gestoppt wurde, dennoch zu Recht, wenn auch aus anderen Gründen als jenen, die ihn später bestätigten, vor allzu großen Hoffnungen. Einzig ein konjunktureller – nachhaltiger – Aufschwung vermöge

[107] Bernhard Citron, Wer betrügt . . . wenn Hitler regiert? In: WB 28 (1932), 2. Bd., S. 251 f. (16. 8. 1932); Hellmut v. Gerlach (I, 69); und K. L. Gerstorff, Hitlers Angst vor der Macht, in: WB 28 (1932), 2. Bd., S. 820 ff. (6. 12. 1932); in diesem Zusammenhang auch Kurt Sontheimer, Die große Lähmung. Die demokratischen Kräfte und die nationalsozialistische Bewegung 1932, in: NG 9 (1962), S. 466–473.

[108] Hellmut v. Gerlach, Hitlers sehr lange Nacht, in: WB 28 (1932), 2. Bd., S. 527–530 (11. 10. 1932), hier S. 528.

die vom Nationalsozialismus ausgehende Gefahr wirklich zu beheben. Er gab außerdem zu bedenken, daß Hitler zwischen 1930 und 1932 Millionen Wähler in seinen Bann gezogen habe. Daher sei davon auszugehen, daß dessen Partei nicht allein einem „politischen Bedürfnis“ Rechnung trage, sondern einer „speziellen deutschen Gemütsanlage“ entgegenkomme. Jedenfalls hätten „Brutalität, Großmäuligkeit und Hirnlosigkeit“ der Nationalsozialisten offensichtlich eher anziehend als abschreckend gewirkt. Weil dies nun einmal so sei, werde Deutschland auch noch lange an den Folgen Hitlers zu tragen haben[109]. Damit war jener Problemkreis angesprochen, der nach 1945 niemals aus der Diskussion kam, und in dem Themen wie Identität, Teilidentität oder auch Kontinuität im Rahmen der Frage nach dem typisch Deutschen in der NS-Ideologie angesiedelt sind. Denn nur vordergründig bezog sich Ossietzky bei seiner Feststellung auf die Art, in der das nationalsozialistische Programm vermittelt oder propagiert worden ist, im Grunde ging es ihm nämlich – wie in allen seinen Beiträgen in der 'Weltbühne' – um die Inhalte.

All das wurde wenige Wochen vor dem Tag geschrieben, an dem das gefürchtete 'Hitler ante portas' Wirklichkeit werden sollte. Nach einer ersten Unsicherheit am Vorabend[110] des 30. Januars 1933 erfolgte die Berichterstattung der 'Weltbühne' bald mit dem Tenor, daß die sogenannte 'Machtergreifung' angemessener eine 'Machtübertragung' genannt werden müsse[111] – obwohl man das so nicht formulierte.

[109] Carl v. Ossietzky, Wintermärchen, in: WB 29 (1933), S. 1–6 (3. 1. 1933).

[110] Carl v. Ossietzky, Der Flaschenteufel, in: WB 29 (1933), S. 41–44 (10. 1. 1933); ders., Die größte Firma, ebd., S. 91–94 (17. 1. 1933).

[111] In diesem Sinne auch der Erlebnisbericht des Zeitzeugen und Politikers Wilhelm Hoegner, Flucht vor Hitler. Erinnerungen an die Kapitulation der ersten deutschen Republik 1933. Mit einem Nachw. von Wolfgang Jean Stock. München [2]1978. Die These der Machtübertragung bestätigt u. a. Volker Hentschel, Weimars letzte Monate. Hitler und der Untergang der Republik. Düsseldorf 1978, und ders., So kam Hitler. Schicksalsjahre 1932–1933. Eine Bild/Text-Reportage. Düsseldorf 1980. Vgl. in diesem Rahmen auch die

Schon im Februar eskalierte dann der gegen die politische Linke gerichtete Terror[112], den die berüchtigte 'Verordnung des Reichspräsidenten zum Schutze von Volk und Staat' obendrein auch noch legalisierte. Die Hitlersche Koalitionsregierung, zunächst aus drei

Literaturhinweise in II, 70. Zu den politischen Intrigen im Umfeld des 30. Januar 1933: aus zeitgenössischer Sicht Carl v. Ossietzky, Kamarilla, in: WB 29 (1933), S. 153ff. (31. 1. 1933). Über die Lebenschancen der neuen Regierung herrschte Unsicherheit. Entscheidende Bedeutung wurde dem Wirtschaftsprogramm zugesprochen: C. v. Ossietzky, Kavaliere und Rundköpfe, ebd., S. 193ff. (7. 2. 1933); und Bernhard Citron, Hitler oder Hugenberg? Ebd., S. 237–240 (14. 2. 1933); sowie Hermann Budzislawski, Hugenberg, ebd., S. 292–295 (21. 2. 1933).

[112] Hellmut v. Gerlach, Vorspiel zum Dritten Reich, in: WB 29 (1933), S. 240–243 (14. 2. 1933); direkt dazu Wolfgang Langhoff, Die Moorsoldaten. 13 Monate Konzentrationslager. München 1946 (Zürich [1]1935). Langhoff, 1933 Regisseur und Schauspieler am Stadttheater in Düsseldorf, wurde am 28. Februar 1933, als die Eskalation des NS-Terrors einsetzte, als tendenziell Linker verhaftet. 1935 erschien sein – bald in zahlreichen Übersetzungen vorliegender – 'Tatsachenbericht', der eines der frühen Dokumente über die Verbrechen in den Konzentrationslagern darstellt. Langhoffs Bericht wurde auch in Deutschland gelesen. Zur frühen Literatur über die Konzentrationslager s. a. Walter Schönstedt, Auf der Flucht erschossen. Ein SA-Roman 1933. Paris 1934. Schönstedt, der dieses Buch dem von den Nationalsozialisten „ermordeten" ehemaligen SA-Sturmführer Heinz Bässler (Düsseldorf) widmete, versuchte vor allem, den Mißbrauch von Idealen und Tugenden durch das NS-Regime zu enthüllen; vgl. als Auswahl: Karl Billinger, Schutzhäftling 880. Aus einem deutschen Konzentrationslager. Paris 1935 (engl. 1935); Walter Hornung, Dachau. Eine Chronik. Zürich 1936; Klaus Hinrichs, Staatliches Konzentrationslager VII. Eine 'Erziehungsanstalt' im Dritten Reich. London 1936; Konzentrationslager. Ein Appell an das Gewissen der Welt. Ein Buch der Greuel. Die Opfer klagen an. Dachau, Brandenburg, Papenburg . . . Karlsbad 1934 (das Buch enthält 14 beeidigte Berichte aus deutschen Konzentrationslagern, Namenslisten von angeschuldigten SS- oder SA-Lagerführern und Wachtposten sowie Opfern und Gefangenen); oder Heinz Liepmann, Das Vaterland. Ein Tatsachen-Roman aus dem heutigen Deutschland. Amsterdam 1933; Richard Albrecht, Nazis an der Macht: Machtübergabe, Machtübernahme und Machtausübung im Spiegel antifaschistischer Exil-Literatur – Heinz Liepmanns 'Das Vaterland', in: Die

nationalsozialistischen und acht konservativen Ministern bestehend, hatte sich in einzigartiger Weise den Reichstagsbrand vom 27. Februar 1933 zunutze gemacht[113]. Bereits am Tag danach waren sämtliche bedeutenden Grundrechte des deutschen Volkes, um dessen

nationalsozialistische Machtergreifung, hrsg. von Wolfgang Michalka. Paderborn 1984. S. a. den Literaturbericht von Horst Kuss, Auschwitz überleben. Neue und alte Erinnerungen an deutsche Konzentrationslager, in: NPL 28 (1983), S. 202–208. – Thomas Mann sprach in seinem Brief an Koltzow, 1. 8. 1936, offen von Mord und Folter in den Konzentrationslagern, abgedruckt in: Thomas Mann, Briefe 1889–1936, hrsg. von Erika Mann. Frankfurt a. M. 1961, S. 420ff. Das Leben in Dachau, dem ersten KZ des Dritten Reiches, schildert in allen Einzelheiten Hans-Günter Richardi, Schule der Gewalt. Die Anfänge des Konzentrationslagers Dachau 1933–1934. Ein dokumentarischer Bericht. München 1983. Die Lektüre legt die Schlußfolgerung nahe, daß Auschwitz in Dachau in vielfacher Hinsicht vorweggenommen worden war, sofern sich das Urteil nicht an der Methode des Mordens und an der Zahl der Hingemordeten orientiert, sondern am Prinzip des Verbrechens, an der Behandlung der Menschen. Ein beeindrukkendes Dokument über das Leben im nationalsozialistischen Deutschland bildet das Tagebuch der Journalistin (Vossische Zeitung) Bella Fromm, Blood and Banquets. A Berlin Social Diary. London 1944 ([1]1943); amerik. Ausg. New York 1942. Frau Fromm vermochte noch 1938 aus Deutschland zu fliehen. Ihr Tagebuch gibt Einblick in den Polizeiterror, in die Verfolgung der Juden, die Versuche zu helfen, zeigt in bedrückender Weise, wieviel über die Verbrechen des Regimes und z. B. über die Konzentrationslager bekannt war. Es macht aber auch auf die Unterschätzung des NS-Regimes im Ausland, insbesondere in den USA, aufmerksam. Siehe in diesem Kontext auch Howard K. Smith, Feind schreibt mit. Ein amerikanischer Korrespondent erlebt Nazi-Deutschland. Berlin 1982.

[113] Grundlegend dazu Hans Mommsen, Der Reichstagsbrand und seine politischen Folgen, zuletzt in: Von Weimar zu Hitler (I, 59), S. 443–482, dort weiterführende Literatur. Zur Notverordnung siehe Ulrich Kolbe, Zum Urteil über die 'Reichstagsbrand-Notverordnung' vom 28. 2. 1933, in: GWU 16 (1965), S. 359–370; Otto Straßer (I, 14, Hitler und ich, S. 177) schrieb, daß Hindenburg mit dieser Verordnung die „legale Grundlage für den Staatsstreich der Diktatur und den Hitlerterror gelegt" habe. Wesentlich zur Neubewertung der Ereignisse um den Reichstagsbrand trugen die Untersuchungen von Fritz Tobias bei, u. a.: Der Reichstagsbrand. Legende und

Schutz es angeblich ging, außer Kraft gesetzt. Die Verantwortlichen sagten, 'bis auf weiteres', aber daraus wurden zwölf Jahre.

Tatsächlich erledigte erst das Ende des Dritten Reiches diese Verordnung Hindenburgs, mit der in Deutschland jene Ruhe einkehrte, die, wie es in der drittletzten Ausgabe der 'Weltbühne' hieß[114], autoritäre Regime lieben – die des Friedhofes. Nun gab es das von den Nationalsozialisten so lange und penetrant angepriesene andere Deutschland. Die tradierten Wertvorstellungen politischer Kultur verloren in ihm sehr schnell ihre herkömmlichen Zuordnungen, lediglich die hohlen Begriffe wurden beibehalten. Das liberale Deutschland erstarb mit dem Aufkommen des NS-Staates, und das scheint nicht einer der unbedeutendsten Aspekte zeitgenössischer Hitler-Interpretation – vor dem Machtantritt – gewesen zu sein.

Wenige Tage bevor die 'Weltbühne' ihr Erscheinen einstellen mußte, beschrieb Hellmut v. Gerlach die zukünftige deutsche Außenpolitik auf der Basis von Hitlers Äußerungen in 'Mein Kampf'. Ganz richtig benannte er die „Erbfeindschaft Frankreichs" und den „deutschen Willen zur territorialen Ausdehnung nach dem Osten" als die zentralen Größen in der machtpolitischen Konzeption des

Wirklichkeit. Rastatt 1962. Dabei geht es insgesamt um die Frage, ob der Reichstagsbrand von den Nationalsozialisten zu verantworten ist oder nicht. Zur Kontroverse, die darüber in der wissenschaftlichen Forschung entstand, vgl. Karl-Heinz Janßen, Geschichte aus der Dunkelkammer. Kabalen um den Reichstagsbrand. Eine unvermeidliche Enthüllung. Sonderdruck aus 'Die Zeit'. Hamburg 1979. Folgt man K.-H. Janßen, H. Mommsen u. a., so ist die These des 'Luxemburger Komitees', das mit verschiedenen Dokumentationen (die relevanten Titel enthält der Sonderdruck) die „nationalsozialistische Urheberschaft am Reichstagsbrand" beweisen wollte, unhaltbar. Janßen und Mommsen wenden sich dabei insbesondere gegen die für die Beweisführung herangezogene 'Konspirationstheorie', die schon im 'Braunbuch über Reichstagsbrand und Hitler-Terror.' Basel 1933 (Nachdr. Frankfurt a. M. 1978) vertreten worden ist. Vgl. auch: Marinus van der Lubbe und der Reichstagsbrand, hrsg. von Josh van Soer. Hamburg 1983.

[114] Hanns-Erich Kaminski, Die neue Luft, in: WB 29 (1933), S. 265ff. (21. 2. 1933).

neuen Reichskanzlers[115]. Nicht entgangen sind Gerlach die Ungereimtheiten im 14. Kapitel des zweiten Bandes, das der 'Ostorientierung und der Ostpolitik' gewidmet ist[116]. Hitler rechnete augenscheinlich fast ausschließlich mit Großmächten, dabei Einzelheiten im Rahmen der Fixierung seiner Absichten vernachlässigend.

Später zeigte sich, daß ihn dies zu keinem Zeitpunkt daran hinderte, den in seinem Buch angelegten großen Linien – mitunter auf Umwegen – konsequent zu folgen. Und wenn z. B. Eberhard Jäckel retrospektiv konstatiert[117], daß dieses „außenpolitische Konzept bereits einen hohen Grad an Zielgerichtetheit, Konsequenz und Geschlossenheit" offenbare, dann bestätigt er die Prognosen, Ahnungen und Befürchtungen manches Zeitgenossen. Schon diese meinten, daß Hitlers Buch ebenso ernsthaft angestrebte wie klare Zielsetzungen enthalten habe. Das Vehikel, diese zu erreichen, sei der Krieg, das Ziel an sich die Gewinnung von Lebensraum im Osten, wozu Theodor Heuss ironisch anmerkte[118]: „Vielleicht hat Hitler in der Zwischenzeit davon Kenntnis erhalten, daß die Bevölkerungsbewegung (und dies bereits seit den Jahren vor dem Krieg) eine sehr andere Kurve eingeschlagen hat, als er sie sieht, um seinem außenpolitischen Programm die Weihe einer weltgeschichtlichen Notwendigkeit zu verleihen. Würde er einmal eine halbe Stunde Statistik treiben, so müßten die Fundamente seiner außenpolitischen 'Generallinie' für ihn wegsinken."

Nur am Rande sei vermerkt, daß Hitler den Terminus 'Lebensraum' – wie im übrigen zahlreiche andere Begriffe zur Artikulierung seiner Ideologie – nicht für sich reklamieren kann[119]. In 'Mein

[115] Hellmut v. Gerlach, Hitlers Außenpolitik, in: WB 29 (1933), S. 305–308 (28. 2. 1933), Zit. S. 306f.

[116] Adolf Hitler, Mein Kampf, zwei Bände in einem Band, ungekürzte Ausg. Erster Band: Eine Abrechnung. Zweiter Band: Die nationalsozialistische Bewegung. München [53]1933, S. 726–758.

[117] Jäckel (I, 98), S. 29–54, hier insbes. S. 46–49, Zit. S. 48f.

[118] Heuss (I, 10), Zit. S. 98f.; s. a. R. Olden (I, 9), S. 155–158.

[119] Karl Lange, Der Terminus 'Lebensraum' in Hitlers 'Mein Kampf', in:

Kampf' wird dieser auch nur zweimal verwandt [120]. Aber Hitler besetzte dieses Wort mit einem aufgrund seiner menschenverachtenden Brutalität genuinen Inhalt. Insbesondere in seinem erst 1961 veröffentlichten sogenannten zweiten Buch, in dem er das „Grundthema seiner Außenpolitik, die Lösung der 'Raumnot' auf russischem Boden, mit einer Schärfe und einer Vielfalt der Variation" entwickelt, welche die „Parallelstellen in 'Mein Kampf'" noch übertreffen [121], tritt das zutage.

In der Zusammenschau gerät das Ende der Weimarer Republik und somit die nationalsozialistische 'Machtergreifung' im Urteil der 'Weltbühne' in mancherlei Hinsicht zum Ausdruck einer kollektiven Schwäche, und Hitler verkörperte sozusagen deren Ergebnis. Die sich zwischen 1929 und 1933 herausbildenden ökonomischen Verhältnisse werden in diesem Kontext als Ursachen für dessen Ermöglichung ebenso benannt wie die Demokratiedefizite im politischen Bewußtsein der deutschen Gesellschaft. Spätestens in den Präsidialkabinetten, welche die 'Weltbühne' gemeinhin als diktatoriale Regierungen charakterisierte und abqualifizierte, habe sich die Unfähigkeit manifestiert, Demokratie zu leben, was eo ipso ausschloß, daß man diese am Leben zu erhalten vermochte. Ansonsten insistierten die Autoren bei den Fragen nach den Ursachen für den Niedergang der Republik im wesentlichen auf den inneren Verhältnissen,

VfZG 13 (1965), S. 426–437, Zit. S. 428; nach Lange wurde der Begriff von Friedrich Ratzel, einem der Mitbegründer des Alldeutschen Verbandes, geprägt. Zuerst verwandte dieser den Terminus in der 1897 erschienenen 'Politischen Geographie' (S. 429). Dazu Neumann (I, 11), S. 169–193, der die Doktrin vom Lebensraum als „ideologische Waffe" im Rahmen der weder durch den „Rassismus" noch durch den „Sozialimperialismus" zu rechtfertigenden Bemühungen um eine „Neuordnung Europas" bezeichnet.

[120] Lange (I, 119), S. 427.

[121] Hitlers zweites Buch. Ein Dokument aus dem Jahr 1928. Eingel. und komm. von Gerhard L. Weinberg. Mit einem Geleitw. von Hans Rothfels. Stuttgart 1961, Zit. Geleitw. S. 10. Vgl. Olden (I, 9), S. 158–161. Außerdem: Enzo Collotti, Il 'secondo libro' di Hitler, in: Studi Storici 3 (1962), S. 150–167; und Martin Broszat, Betrachtungen zu 'Hitlers zweitem Buch', in: VfZG 9 (1961), S. 417–429.

während die außenpolitischen Belastungen, welche die Friedensordnung nach dem Ersten Weltkrieg für Deutschland schuf, für sie – etwas überspitzt formuliert – geradezu eine Quantité négligeable darstellten. Zudem entsteht beim Lesen der 'Weltbühne' der Eindruck, daß ihre Mitarbeiter die verantwortlich Handelnden keinesfalls – weder in der Außen- noch in der Innenpolitik – als Gefangene oder Opfer von Sachzwängen sahen. Vielmehr galt es als ausgemacht, daß die durchaus vorhandenen Möglichkeiten, die Demokratie zu erhalten, aus Inkompetenz oder politischer Abneigung gegen das demokratisch-republikanische System nicht genutzt wurden. Und bei alldem – so jedenfalls die interpretatorische Tendenz – scheint nicht zuletzt das Faktum eine große Rolle gespielt zu haben, daß Hitler für Millionen von Deutschen das Alter ego darstellte. Man mag die Argumentation in der 'Weltbühne' unterschiedlich beurteilen, sie selbst im Rückblick noch ablehnen, aber es ist wohl nicht zu bestreiten, daß die Art und Weise, in der ihre Autoren die Entwicklung zum Machtantritt Hitlers kommentierten, außerordentlich aspektreich ausfiel und zahlreiche Momente benannte, die in der zeitgeschichtlichen Forschung mit anhaltendem Interesse diskutiert werden.

Darüber hinaus ist festzuhalten, daß es an Warnungen vor einer Regierungsbeteiligung der Nationalsozialisten, an Hinweisen auf die von diesen angestrebte Gewaltherrschaft, an Prognosen über das Wesen, das dem Hitler-Staat ganz allgemein eigen sein werde, und an Vorhersagen hinsichtlich des Weges, den das Dritte Reich – sei es innen-, sei es außenpolitisch – einschlagen wolle, in der 'Weltbühne', die am 7. März 1933 letztmals vor dem Ende des Zweiten Weltkrieges in Deutschland erschien[122], offensichtlich nicht fehlte[123]. Gleiches gilt für zahlreiche andere Presseorgane.

122 Die WB wurde 1946 von Maud v. Ossietzky in Berlin neu begründet. Als die 'Neue Weltbühne' war sie 1933 zunächst in Prag und seit 1938 in Paris erschienen. Vgl. insgesamt zur WB: Alf Enseling, Die Weltbühne. Organ der Intellektuellen Linken. Münster 1962; und Ursula Madrasch-Groschopp, Die Weltbühne. Porträt einer Zeitschrift. Königstein i. Ts. 1983; außerdem Axel Eggebrecht und Dietrich Pinkerneil, Das Drama der Republik. Zum

b) Deutsche konservative Pressestimmen

Daneben gab es freilich – und nicht allein in nationalsozialistischen Blättern – ein alternatives Hitler-Bild. Es ist dasjenige des bürgerlich-konservativen Journalismus, wie ihn zum Beispiel die

Neudruck der Weltbühne zwei Essays [. . .]. Königstein i. Ts. 1979; nach diesem Neudruck wird zitiert: Die Weltbühne. Vollständiger Nachdruck der Jahrgänge 1918–1933. Königstein i. Ts. 1978.

[123] Vgl. dazu Bernard v. Brentano, Der Beginn der Barbarei in Deutschland. Berlin 1932. Unter den Zeitungen und Zeitschriften wären hier – im Verständnis einer Auswahl – zu nennen: 'Das andere Deutschland', ein Blatt, das sich als „keiner Partei dienstbare" Wochenzeitschrift verstand, tatsächlich aber demokratisch linksorientiert war, jetzt auch: Das andere Deutschland – Unabhängige Zeitung für entschiedene republikanische Politik. Eine Auswahl (1925–1933), hrsg. und eingel. von Helmut Donat und Lothar Wieland. Mit einem Vorwort von Ingeborg Küster. Königstein i. Ts. 1980. Zum journalistischen Umfeld zählen u. a. die 'Welt am Montag', 'Die Aktion', der 'Vorwärts' oder der 'Simplicissimus'. Die demokratische Presse am Ende der Republik untersucht Bernd Sösemann, Das Ende der Weimarer Republik in der Kritik demokratischer Publizisten: Theodor Wolff, Ernst Feder, Julius Elbau, Leopold Schwarzschild. Berlin 1976, dort zu den Auswahlkriterien S. 15f. S. berücksichtigt das 'Berliner Tageblatt', die 'Vossische Zeitung', 'Das Tage-Buch' und 'Der Montag-Morgen'. Für 'Das Tage-Buch', hrsg. von Leopold Schwarzschild und Stefan Grossmann, existiert ein vollständiger Nachdruck der Ausgaben 1920–1933. Königstein i. Ts. 1982. Wichtig ist in diesem Kontext: Weimars Ende. Prognosen und Diagnosen in der deutschen Literatur und politischen Publizistik 1930–1933, hrsg. von Thomas Koebner. Frankfurt a. M. 1982. Hinzuweisen ist darüber hinaus auf den Überblick zur Berichterstattung in der deutschen Presse in den ersten beiden Monaten 1933: Die 'Machtergreifung'. Tagebuch einer Wende nach Presseberichten vom 1. Januar bis 6. März 1933, hrsg. von Wieland Eschenhagen. Darmstadt, Neuwied 1982, S. 228–231, wo 70 verschiedene Zeitungen und Zeitschriften – mit Angabe des jeweiligen politischen Standortes – aufgeführt werden; ebd., S. 203–211, zu den Arbeitsbedingungen der Zeitungen, deren Bedeutung und Möglichkeiten am Vorabend der Machtübernahme. Eine Spezialstudie stellt die Arbeit von Rolf Stöver dar: Protestantische Kultur zwischen Kaiserreich und Stalingrad. Porträt der Zeitschrift 'Eckart' 1906–1943. München 1982.

'Deutsche Allgemeine Zeitung', die 'Deutsche Tageszeitung', die 'Kreuzzeitung' oder der 'Tag' repräsentierten[124]. In den dort veröffentlichten Artikeln fehlt eine im Grundsätzlichen kritische Einstellung zu Hitler. Lediglich in Einzelfragen meldeten diese Blätter Vorbehalte an. Immerhin gehörte die NSDAP zu den politischen Konkurrenten. Ob allerdings tatsächlich keine „innere Affinität" zum Nationalsozialismus vorgelegen habe, ob dessen „Eigenart" wirklich nicht verstanden worden sei, das darf nach allem was bekannt ist zumindest angezweifelt werden. Eher scheint es doch so gewesen zu sein, daß der hohe Grad an politischer Übereinstimmung durchaus vorhandene und wesentliche Unterschiede zwischen den Nationalsozialisten und der konservativen Rechten überlagerte, diese aus dem Blick geraten ließ. Jedenfalls existierte eine politische Affinität, und diese schlug zunächst zu Buche. Doch davon einmal abgesehen kam es – so die Untersuchungsergebnisse von Eva Pfeifer – als Folge eines fundamentalen Mißverständnisses bei den bürgerlich-konservativen Journalisten zu einem Hitler-Bild, dem Wunschdenken, nicht aber eine kritische Analyse des Führers der NSDAP zugrunde lag. In Verkennung des wahren Charakters des Nationalsozialismus habe man die „eigenen Vorstellungen von einer nationalen Erhebung mit der nationalsozialistischen Wirklichkeit" identifiziert. Eine Konsequenz dieser Selbsttäuschung sei es gewesen, daß Hitler, obwohl er zu keiner Zeit als der von vielen herbeigesehnte nationale „Erneuerer" angesehen worden sei, durch die Zustimmung zur Regierungsübernahme im Januar 1933 eben dieses Charisma zugestanden bekommen habe.

Insgesamt läßt sich – mit gewissen Einschränkungen, denn das ganze Spektrum der Presse ist ja bei weitem noch nicht ausgewertet – für die in den hier berücksichtigten Arbeiten untersuchten konservativen Blätter etwa folgende Tendenz in ihrer Hitler-Sicht festhalten: Es dominierte der Massenagitator Hitler. Er war der 'Trommler', als den er sich selbst bezeichnete. Hitler überzeugte auf der Rechten, weil es ihm gelang, die nationalsozialistischen Vorstellungen erfolgreich zu vermitteln. Er gewann u. a. politisches Gewicht als Dem-

[124] Pfeifer (I, 2).

agoge, der das Volk zu emotionalisieren vermochte. Dabei erkannte man, daß sein Redestil zwar nur mittelmäßig war, aber das zählte nicht. Denn offensichtlich – dies wurde sehr früh so beurteilt – hatte sein Erfolg weder mit dem Stil noch mit dem Inhalt seiner Ansprachen wirklich etwas zu tun. Hitler erzielte Wirkung aufgrund seines Temperaments, seiner Gestik und der von ihr herrührenden Suggestivkraft. Die Selbstdarstellung, nicht klare politische Aussagen machten ihn werbewirksam. Bürgerliche rechneten ihn zu den ihrigen, weil er konservatives Ideengut verbreitete. Dennoch trauten sie ihm keine selbständige ethisch-politische Kreativität zu. Er war für sie ein Patriot, ein Volksführer, der sich bei Bedarf vor den eigenen Karren spannen ließ.

In das Umfeld einer derartigen Beurteilung gehört auch die Hoffnung konservativer Kreise, Hitler, der dezidierte Antilinke, werde sozialrevolutionäre Ideen innerhalb der nationalsozialistischen Bewegung – sie stellten sich für die Konservativen nicht nur als Lippenbekenntnisse dar – so manipulieren, daß in seiner Partei schließlich Deutschnationales und Autoritäres vorherrschen werde. Darüber hinaus hegte man in diesen Kreisen mitunter gar die Erwartung, daß der von den Nationalsozialisten propagierte Pseudosozialismus dazu führen könne, Wähler, die bislang dem linken gesellschaftlichen Lager zuneigten, auf die konservative Seite zu ziehen[125]. Solche Wünsche blieben unerfüllt, denn der Einbruch in die Wählerschaft der Linken glückte der NSDAP vorerst nicht[126].

125 Ebd., S. 180–190, zum bürgerlich-konservativen Journalismus insgesamt.

126 Siehe Seymour Martin Lipset, Nationalsozialismus – ein Faschismus der Mitte, in: Von Weimar zu Hitler (I, 59), S. 101–123, hier vor allem S. 108–115. Zur Faschismustheorie von Lipset vgl. ders., Soziologie der Demokratie. Neuwied 1962; aber auch die Kritik von Wippermann (Vw. 19), S. 93 f.; sowie Heinrich August Winkler, Extremismus der Mitte? Sozialgeschichtliche Aspekte der nationalsozialistischen Machtergreifung, in: VfZG 20 (1972), S. 175–191. W. widerspricht Lipsets These, nach der die NSDAP einen Extremismus der Mitte ausdrückte, entschieden. Für ihn war die Wählerschaft dieser Partei nicht irgendwo zwischen rechts und links angesiedelt, sondern rekrutierte sich – im wesentlichen – aus der herkömmli-

Skepsis drückte die konservative zeitgenössische Hitler-Interpretation vor 1933 insbesondere gegenüber Hitlers Befähigung zum Staatsmann aus. Das gestattet Rückschlüsse auf das realpolitische Gewicht, das ihm zuerkannt wurde, und die Einschätzung korrespondiert mit dem Gedanken, Hitler – als er Regierungschef geworden war – politisch einrahmen zu können. Das eine erwies sich als so verfehlt wie das andere. Nun ist es zwar gewiß eine Frage der Definition, ob man Hitler als 'Staatsmann' anerkennt oder nicht, doch wenn der Terminus in seiner eigentlichen Bedeutung eingesetzt wird, so ist einzuräumen, daß Hitler als Politiker und führende Persönlichkeit des Deutschen Reiches seine größten Erfolge erzielte [127].

chen Rechten. Siehe aber auch Falter (I, 48), der sich mit den neueren Untersuchungen zur Erklärung des nationalsozialistischen Wählerverhaltens auseinandersetzt und feststellt, daß in der „NSDAP von 1930 ab unbestreitbar das mittelständische Element" überwogen habe, es dieser aber gelungen sei, „mit ihrer Ideologie der Volksgemeinschaft und ihrem übersteigerten Nationalismus, Angehörige aller Bevölkerungsschichten [...] in so großer Zahl für sich zu mobilisieren, daß [...] sie stärker als jede andere politische Gruppierung jener Jahre Volksparteicharakter trug" (Zit. nach 'Wer verhalf ...', S. 19).

Unter den Zeitgenossen stellte u. a. W. Reich (I, 12), S. 65, schon 1933 fest: „Der Nationalsozialismus bezog seinen Zuwachs in den Wahljahren 1930 bis 1932 fast ausschließlich aus der deutschnationalen Partei, der Wirtschaftspartei und den kleineren Splitterparteien [...]. Nur das katholische Zentrum bewahrte sogar in der Preußenwahl 1932 seine Position." Erst bei dieser sei dem „Nationalsozialismus auch der Einbruch in die Industriearbeitermassen" gelungen, aber „nach wie vor blieb der Mittelstand die Kerntruppe des Hakenkreuzes".

[127] Sebastian Haffner, Anmerkungen zu Hitler. München 1978 (inzwischen verschiedene Neuauflagen), S. 62–94, der in Hitler keineswegs den Typus des traditionellen Staatsmannes verkörpert sieht. Haffners Buch enthält einige zentrale Gedanken, die der Autor bereits vor 1945 formulierte. Vgl. ders., Germany. Jekyll and Hyde. Translated from the German by Wilfried David. New York 1941 (London 1940). Dort heißt es auf S. 23 zu dieser Frage: "Hitler is no statesman, but a swindler in a statesman's mask." Haffner vertrat schon damals die These, daß Hitler seine Politik „unter die mutmaßliche Dauer seines irdischen Lebens" unterordnete (Zit. nach

Im linksorientierten Journalismus existierte – angesichts der politischen Gegnerschaft mag dies leicht verständlich sein – ein recht aspektreiches und stets kritisches Hitler-Bild. Die in der Berichterstattung anzutreffende terminologische Unterscheidung zwischen dem Führer der nationalsozialistischen Bewegung und dem Nationalsozialismus als solchem beruhte dabei nicht auf inhaltlichen Kriterien[128]. Und allgemein ausgedrückt: als Elemente für die Hitler-Interpretation oder die politische Charakterisierung Hitlers dienten der Rassismus, der Antisemitismus, der Militarismus, die Inhumanität, der Hang zur Gewaltherrschaft, das Ziel der Lebensraumerweiterung im Osten durch Krieg, der souveräne Parteiführer und der durch niemanden angefochtene künftige Diktator.

Gemeinsam prophezeiten Journalisten beider Lager Hitler um die Jahreswende 1932/33 eine ganze Reihe von Schwierigkeiten, aber nicht die Chance zum Machtantritt[129]. Doch das war nicht so sehr eine Unterschätzung Hitlers, sondern Papens und der anderen Vertreter der Kamarilla. Im übrigen ist anzumerken, daß die oben refe-

'Anmerkungen zu Hitler' S. 27). Unmittelbar darauf bezogen heißt es in 'Germany' S. 21: "Here we have the key to Hitler's politics." Insgesamt aber macht – das mag sich aus der Situation erklären lassen – der Autor von 'Germany' erheblich weniger Zugeständnisse an Hitler als derjenige der 'Anmerkungen'.

[128] Bezeichnenderweise entstand – freilich mit unterschiedlichen inhaltlichen Vorstellungen – um 1933 der Begriff des Hitlerismus als übergreifender oder verklammernder Terminus für die nationalsozialistische Bewegung. Dazu u. a.: W. N. Faireweather, Hitler and Hitlerism, in: AMo 149 (1932), S. 380–387 und S. 509–516; Harold Dwight Laswell, The Psychology of Hitlerism, in: PoQ 4 (1933), S. 373–384; Louis Leo Snyder, Hitlerism. The Iron Fist in Germany. New York 1932; Tete Harens Tetens, Christentum, Hitlerismus, Bolschewismus. Buenos Aires 1937, gebraucht den Begriff synonym für Nationalsozialismus (1937), wobei er in recht eigenwilliger Weise diesen als „braunen Bolschewismus“ definiert, der, in der „Maske des 'Antibolschewismus'“ auftretend, zwar mit dem „roten Bolschewismus“ rivalisiere, aber letztlich – zumindest aus der Sicht christlich orientierter Demokratien – dieselben Ziele anstrebe.

[129] Vgl. Ossietzky (I, 109), S. 1; Heiden (I, 55), S. 79.

rierten Auffassungen nicht allein in deutschen Blättern veröffentlicht wurden. Darauf soll im folgenden – wiederum in Form einer Tendenzen aufzeigenden Auswahl – kurz eingegangen werden, wobei sich die Ausführungen ganz auf die Ergebnisse verschiedener wissenschaftlicher Untersuchungen abstützen.

c) Zur Auslandspresse: Frankreich, Großbritannien und die USA

Völlig zutreffend wurde in der Forschung längst darauf hingewiesen, daß Untersuchungen über die Deutung Hitlers im außerdeutschen Journalismus – wie sie unter anderen Brigitte Granzow, Helmut Illert, Adolf Kimmel oder William F. Sheldon inzwischen vorlegten[130] – allergrößte Bedeutung für die Gesamtinterpretation der nationalsozialistischen Zeit zukomme. Diese weisen nämlich zum einen nach, was dem Zeitgenossen an Analysen oder Beschreibungen Hitlers bzw. der NSDAP in leicht zugänglicher Form und in verhältnismäßig großer Auflage angeboten worden ist, und sie liefern zum anderen „erstes wichtiges Material für das, was bislang noch nicht ernsthaft in Angriff genommen wurde: die Erarbeitung

[130] Zu diesen Autoren siehe o. Anm. 2 insgesamt. Darüber hinaus ist zu verweisen auf: Eugene H. Bacon, American Press Opinion of Hitler, 1932–1937 (Phil. Diss.). Georgetown 1949; John Edward Tobey, The American Press and the Versailles Treaty (Phil. Diss.). Georgetown 1948; Arthur J. May, Hitler in America to 1930, in: SoStud 37 (1946), S. 304–308; Franklin Reid Gannon, The British Press and Germany, 1936–1939. Oxford 1971; Norbert Ohler, Deutschland und die deutsche Frage in der 'Revue des deux Mondes' 1905–1940. Ein Beitrag zur Erhellung des französischen Deutschlandbildes. Frankfurt a. M. 1973; und Alfred Grosser, Hitler, la presse et la naissance d'une dictature. Paris 1959. Hinzuweisen ist in diesem Zusammenhang auf eine – vor Drucklegung nicht mehr einsehbare – Sammlung von Mikrofilmen des amerikanischen militärischen Nachrichtendienstes, die jetzt allgemein zugänglich geworden ist: U.S. Military Intelligence Reports: Germany 1919–1941. University Publications of America. Frederick/Maryland, darin ein Film über: 'Attitude of the Foreign Press toward Hitler (1933)'.

einer Soziologie des internationalen Kontextes, in den der Sieg des Nationalsozialismus eingebettet war“ [131].

Ein Teil der französischen Presse hatte Hitler nach seinem Putsch als Karikatur Mussolinis, als Agitator und Führer einer Partei eingestuft, die man „xenophob, antisemitisch, nationalistisch, sozialistisch, zentralistisch und mystisch“ nannte [132]. Nach den Wahlen vom September 1930 fragten französische Journalisten, wie denn Hitler mit einem Programm, das im wesentlichen nur Verweigerung anbot, aus dem radikale Ablehnung sprach, über sechs Millionen Stimmen für sich gewinnen konnte [133].

Dennoch blieb das Hitler-Bild vorerst unscharf. Das gilt trotz der Tatsache, daß von ‘Hitlerianern’ und vom ‘Hitlerismus’ geschrieben wurde, was ja zumindest andeutet, in welchem Ausmaß der Führer der nationalsozialistischen Bewegung als beherrschende Zentralfigur der Partei anerkannt war. Ansonsten würdigten die Berichte sein Organisationstalent und seine Tatkraft. Man ignorierte auch nicht, daß er eine rednerische Begabung besaß. Doch gleichzeitig hielten ihn verschiedene Journalisten für einen Abenteurer und andere für einen recht mittelmäßigen Zeitgenossen, der eher lächerlich als bedeutend wirke. Es mag Ausnahmen gegeben haben, doch im allgemeinen scheint es französischen Journalisten aller Lager schwergefallen zu sein, sich Hitler als potentiellen Alleinherrscher vorzustellen.

Um seinen Erfolg zu erklären, hieß es dann – zumindest teilweise –, er habe lediglich im richtigen Augenblick die politische Bühne betreten. Damit wurde Hitler, der mitunter als Personifizierung der

[131] So Gilbert Ziebura in seinem Vorwort zu Kimmel (I, 2), S. XI.

[132] Ohler (I, 130), S. 148. Vgl. auch R. Rémond (I, 2). Ergänzend sei in diesem Zusammenhang auf den für das Verständnis des deutsch-französischen Verhältnisses sehr aufschlußreichen Aufsatz von Jürgen Trabant hingewiesen: Xenophobie als Unterrichtsfach. Das kulturkundliche Prinzip im Fremdsprachenunterricht und seine Folgen für das Fach Französisch, in: Schule zwischen Kaiserreich und Faschismus. Zur Entwicklung des Schulwesens in der Weimarer Republik, hrsg. von Reinhard Dithmar und Jörg Willer. Darmstadt 1981, S. 33–51.

[133] Ohler (I, 130), S. 199.

Widersprüchlichkeit charakterisiert worden ist, keinerlei besondere Qualifikation zugestanden. Er war ein Produkt der gesellschaftlichen und politischen Gegebenheiten. Diese Sicht der Dinge legte es nahe, z. B. der Arbeitslosigkeit einen besonders hohen Stellenwert für den nationalsozialistischen Wahlerfolg beizumessen.

Allerdings meldeten sich selbstverständlich auch in Frankreich Stimmen, die der Person Hitler im Rahmen des Aufstiegs der NSDAP Bedeutung zuerkannten, der Erfolg wurde nicht völlig losgelöst vom Führer der Partei gesehen. Aber dennoch überwog in der französischen Presse die Auffassung, daß in Deutschland ein 'Hitlerismus' ohne 'Hitler' möglich sei. Das deutet an, daß man in Frankreich – aber ebenso in den Vereinigten Staaten und in Großbritannien ist dies festzustellen – die konstitutive Funktion welche die Führerbindung oder das Führerprinzip innerhalb der nationalsozialistischen Bewegung mit der Zeit angenommen hatten, nicht erkannte[134].

Für die Hitler-Interpretation in Frankreich dürfte es nicht ohne Einfluß gewesen sein, daß nur wenige Franzosen 'Mein Kampf' vor 1933 lesen konnten[135]. Die Publikation einer vollständigen Über-

[134] Ebd., S. 196f.; und Kimmel (I, 2), S. 62–65. Partiell widersprechen sich die von diesen beiden Autoren erarbeiteten Ergebnisse. Zum Problem des 'Führers' im Nationalsozialismus vgl. in der zeitgenössischen Literatur u. a. Neumann (I, 11). S. 114–117, der 1942 das 'Führerprinzip' sehr klar als Organisationsform des NS-Staates herausarbeitete, aber auch auf die konstitutive Funktion des Charismas für den Führerstaat eingeht (S. 117–130). Unmittelbar dazu Rauschning, Revolution (I, 13), S. 70–73. Unter der Literatur nach 1945 siehe in erster Linie den Aufsatz von Martin Broszat, Soziale Motivation und Führer-Bindung des Nationalsozialismus, in: Nationalsozialistische Außenpolitik (I, 102), S. 92–116; zur Kritik an den Thesen Broszats vgl. Hillgruber (Vw. 12), S. 613; ganz massiv angegriffen wird der methodische Ansatz von Broszat – im Rahmen einer Art Generalabrechnung mit den sogenannten 'Revisionisten' unter den Historikern – durch Walther Hofer, 50 Jahre danach, Über den wissenschaftlichen Umgang mit dem Dritten Reich, in: GWU 34 (1983), S. 1–28, hier S. 2. Im Hinblick auf das Führerprinzip bemerkenswert die Summe bei Luciano Cavalli, Carisma e tirannide nel secolo XX. Il caso Hitler. Bologna 1982, S. 153–165.

[135] Kimmel (I, 2), S. 62.

setzung des Buches scheiterte an urheberrechtlichen Bestimmungen. Eine schon gedruckte Übersetzung, die als 'Mon combat' erscheinen sollte, mußte deshalb 1934 wieder eingestampft werden. Lediglich wenige Privilegierte vermochten sich ein Exemplar zu sichern. Bis zur Besetzung Frankreichs durch die deutsche Wehrmacht kam es dann nicht mehr zu der vorgesehenen autorisierten vollständigen Übersetzung von 'Mein Kampf' ins Französische [136]. Jedoch gab es immerhin Auszüge [137]. Darüber hinaus setzten sich sowohl vor als auch nach 1933 die unterschiedlichsten Schriften mit Hitler, seiner Partei und den politischen Zielen des Nationalsozialismus auseinander [138].

Cum grano salis ist für Frankreich ebenfalls festzustellen, daß die Stimmen der Linken, soweit sie hier berücksichtigt werden konnten, zwar nicht völlig frei von einer Unterschätzung Hitlers waren, auch sie erkannten das 'Wesen des Nationalsozialismus' – wie die entsprechenden deutschen Blätter – keinesfalls total und selbst in Teilbereichen nicht immer zutreffend, aber sie urteilten insgesamt gesehen realistischer, als die Vertreter der nationalistischen Rechten es taten. Das gilt u. a. für die Einschätzung der Rolle Hitlers innerhalb der

[136] Lange (I, 2), S. 91–102, hier primär S. 93f.

[137] Lange (I, 2), S. 167f.

[138] Vgl. als Auswahl: Charles Appuhn, Hitler par lui-même. D'après son livre 'Mein Kampf'. Paris 1933; Philippe Barrès, Sous la vague hitlérienne. Octobre 1932–Juin 1933. Paris 1933; Georges Blondel, Le triomphe du germanisme. Paris 1934; André Chevrillon, La menace allemande. Hier et aujourd'hui. Paris 1934; B. Combes de Patris, Que veut Hitler? D'apres la traduction inédite de son œuvre par le colonel Chappat. Paris 1932; Eleuthère Nicolas Dzélépy, Hitler contre la France? Paris 1933; Frateco (Pseud.), M. Hitler, dictateur. Paris 1935; Michel Gorel, Hitler sans masque. Paris 1935; René Lauret, Le nationalsocialisme. Vers le Troisième Reich. Preface de M. René Pinon. Paris 1932; Francois Le Grix, Vingt jours chez Hitler. Tableau d'une révolution. Paris 1933; Maurice Pernot, L'Allemagne de Hitler. Paris 1933; Gabriel Roger, Hitler, l'homme quie vient. Paris 1932; Robert Tourly et Z. Lvovsky, Hitler. Preface: Pierre MacOrlan. Paris 1932; J. P. Seyler, Hitler et son troisième Empire. Paris, Bruxelles 1933; vgl. außerdem Emil Lengyel, Hitler and the French Press, in: Nation 138 (1934), S. 216f. Weitere Literatur bis zum Ende des Weltkrieges s. u. Anm. 240.

NSDAP, der Bedeutung der Ideologie, der möglichen Folgen des Antisemitismus oder der außenpolitischen Absichten.

Lange Zeit, eventuell wegen der weitgehenden Unvertrautheit mit den Inhalten von 'Mein Kampf', hielten viele französische Berichterstatter jedweder politischer Richtung das 25-Punkte-Programm der NSDAP für eine verbindliche Festschreibung nationalsozialistischer Intentionen und glaubten, den Machtpolitiker Hitler im Rahmen revisionistischer Zielsetzungen definieren zu können. Hier mag der Grund dafür liegen, daß sie gemeinhin die Rolle der Sowjetunion in Hitlers politischer Konzeption unterschätzten. Die UdSSR und die Frage des Lebensraumes im Osten traten für sie in den Schatten der – in Hitlers Äußerungen vor 1933 dominierenden – deutsch-französischen Erbfeindschaft[139]. Erneut sei freilich daran erinnert, daß es natürlich auch zu dieser Frage abweichende Ansichten gab, daß jede Verallgemeinerung problematisch ist. Es empfiehlt sich, besser von mehr oder minder vorherrschenden Tendenzen zu sprechen.

Eine Analyse von Untersuchungen über die Bewertung, die der Aufstieg Hitlers in der britischen Presse fand, führt zu Ergebnissen, die nur unerheblich vom vorhergehend Gesagten abweichen[140]. Für britische Berichterstatter war der Hitler des Jahres 1930 ebenfalls weitgehend ein Unbekannter, verstaubten doch die Kommentare zum Putsch von 1923 seit langem in den Archiven[141].

Als sich Großbritanniens Zeitungen dann wieder mit der NSDAP und deren Führer befassen mußten, da gewann die Partei Hitlers bald ein negatives Image. Sie wurde als antiparlamentarisch, antidemokratisch, antiliberal, antisemitisch und revisionistisch im Hinblick auf die Friedensregelung von Versailles eingestuft. Allerdings

139 Kimmel (I, 2), S. 157ff.

140 Dazu in erster Linie Granzow (I, 2), die nahezu ausschließlich 'The Times', den 'Observer', den 'Manchester Guardian', den 'Daily Telegraph', den 'Economist' und – gelegentlich – den 'New Statesman' auswertet. Illert (I, 2) berücksichtigt außerdem die 'Daily News', den 'Daily Herold', die 'Yorkshire Post', den 'Daily Express' und die 'Daily Mail', nicht jedoch den 'Economist' und den 'New Statesman'.

141 Granzow (I, 2), S. 28f.; Illert (I, 2), S. 181–189.

unterschieden sich die Nationalsozialisten für britische Blätter nicht durch diese Eigenschaften grundsätzlich von den übrigen Parteien der Rechten, sondern durch ihre physische Brutalität, verbunden mit aggressivem und barbarischem Auftreten. Unbeschadet dieser Besonderheit schätzten britische Beobachter die NSDAP vor dem 14. September 1930 dennoch mehr oder minder differenziert als Beiwerk der reaktionären Rechten ein. Erst durch den Wahlerfolg gewann Hitlers Partei das Profil einer eigenständigen politischen Kraft.

Dabei ist freilich zu berücksichtigen, daß es auch auf der Insel an einem einheitlichen Bild der nationalsozialistischen Bewegung fehlte. Zwangsläufig muß man, um in etwa die Umrisse eines Hitler-Bildes zu skizzieren, in diesem Zusammenhang generalisieren. Doch das ist die Normalität bei solchem – noch nicht umfassend oder auch nur einigermaßen erschöpfend untersuchten – Gegenstand. Das zeitgenössische Hitler-Bild ist eben für alle Länder noch ein Forschungsdesiderat.

Aber es gibt gerade für Großbritannien sehr gute Vorarbeiten. Dies trifft etwa für die 'Times' zu. Wer diese las, der erfuhr noch vor dem Erdrutsch in der deutschen Parteienlandschaft, daß die Anhänger Hitlers – wie dieser selbst – fanatisch, pseudosozialistisch und pangermanisch waren. Die NSDAP galt als staatsverachtend, was sich natürlich nur auf die Republik bezog. Der Leser hörte etwas über die Probleme der Finanzierung Hitlers, die paramilitärischen Organisationsstrukturen der NSDAP und die terroristischen Funktionen der SA. Die 'Times' befaßte sich mit der Suggestionskraft, die dem Redner Hitler zugesprochen wurde. Und sie qualifizierte dessen stereotype Behauptung, daß Juden, Marxisten, politische Verräter und das internationale Kapital an der damals gegebenen – mißlichen – Lage Deutschlands schuld seien, als das, was sie war: als puren Unsinn[142].

Allein das war nicht *die* britische Hitler-Interpretation. Vielmehr bestand trotz mancher klaren Aussage die Tendenz, bestimmte Erscheinungen zu verharmlosen. Der von den Nationalsozialisten

[142] Granzow (I, 2), S. 81–85.

propagierte Antisemitismus wurde ebenso wie der arische Rassismus indigniert als „politische Pornographie" abgetan. Unglauben mag im Spiel gewesen sein, man lebte schließlich in einer zivilisierten Welt. Hitler jedenfalls trug noch eine ganze Weile eine weiße christliche Weste – wenn auch mit einigen Flecken[143].

Parallel zum Erfolg der NSDAP entwickelte sich die Neigung einiger britischer Blätter, das Verhalten der Nationalsozialisten mit Nachsicht zu kommentieren. Radikale Äußerungen relativierte der eine oder andere Journalist mit dem Hinweis, daß die Sachzwänge bei der praktischen Gestaltung der Politik mäßigend wirken würden. Daneben gab es Zeitungen, die ihren Lesern geschönte Bilder präsentierten. Und einige Berichterstatter stellten den Nationalsozialismus in unmittelbare Nachbarschaft des vertrauten deutschen Nationalismus. Sie machten ihn damit zu einer Normalerscheinung des politischen Alltags[144].

Als Persönlichkeit erregte Hitler auch in Großbritannien erst nach dem September 1930, insbesondere jedoch durch sein Auftreten beim Hochverratsprozeß gegen drei Leutnante der Reichswehr vor dem Reichsgericht in Leipzig[145], größere Aufmerksamkeit. In den verschiedenen Kommentaren, so widersprüchlich diese im Detail ausfielen, trat er dem Leser als ein Politiker entgegen, der außenpolitisch einen revisionistischen Kurs zu steuern beabsichtigte, der ein gewagtes Aufrüstungsprogramm realisieren wollte sowie nicht mehr und nicht weniger als die Annullierung aller Verträge forderte. Dieser Mann werde ein Unruhestifter sein, sollte er an die Macht gelangen. Den Berichterstattern blieb außerdem Hitlers irrationaler Haß

143 Ebd., S. 126–166; vgl. auch Illert (I, 2), S. 370.

144 Granzow (I, 2), S. 91–127, insbes. S. 123–127; unmittelbar zur Interpretation des nationalsozialistischen Wahlerfolges auch Illert (I, 2), S. 198–224, der zu dem Ergebnis gelangt, daß für die meisten Korrespondenten die Weltwirtschaftskrise und die politische Unfähigkeit des Reichstages die wesentlichen Erklärungen für den nationalsozialistischen Erfolg lieferten.

145 Zum Prozeß siehe Peter Bucher, Der Reichswehrprozeß. Der Hochverrat der Ulmer Reichswehroffiziere 1929/30. Boppard a. Rh. 1967.

gegen die angeblichen 'Novemberverbrecher', den er bei dieser Gelegenheit erneut formulierte, und der ja innenpolitisch seine Wirkung besaß, keineswegs verborgen.

Aber es fiel ihnen – obwohl sie viele Anzeichen für das, was kommen sollte, falls die Nationalsozialisten herrschen würden, richtig beschrieben – schwer, Hitler ernst zu nehmen. Der theatralische Führer der Nationalsozialisten, so hieß es, habe nur die Sprache, aber nicht das Wesen eines Revolutionärs. Gerade wegen seiner starken Worte wurde mitunter auf eine schwache Persönlichkeit geschlossen. Hitler sei zwar extrem emotional veranlagt, doch nicht furchterregend im Sinne einer besonderen politischen Gefährlichkeit für die Republik.

Durchaus andere Artikel fanden sich ebenfalls. Diese charakterisierten Hitler als extrem destruktive Kraft, die den Staat von Weimar gefährde. Dabei, so die Interpretation, diene Hitler im Grunde gar nicht eigenen Zielen, sondern sei letztendlich nur der Wegbereiter des Kommunismus.

In alldem ließe sich wohl ein Tenor erkennen, der eine gewisse Unterschätzung verrät. In jedem Fall aber gab es Widersprüchlichkeiten zuhauf. Einzig hinsichtlich der 1930 in Leipzig abgegebenen Erklärung, daß die NSDAP nur auf legalem Weg an die Macht kommen wolle, herrschte Einmütigkeit. Man zeigte sich beruhigt, bewertete Hitlers Aussage als bedeutsam [146]. Das deutet darauf hin, daß er nicht uneingeschränkt als Phantast, Pseudorevolutionär oder politische Quantité négligeable eingestuft worden ist.

Ansonsten scheint am Vorabend des Machtantritts bei britischen Journalisten der Eindruck dominiert zu haben, daß Hitler keineswegs eine herausragende politische Persönlichkeit sei. Viel eher galt er als politischer Aufschneider, als verantwortungslos, und er war weder als die interessanteste Figur unter den nationalsozialistischen Größen noch als der wirkliche Führer der Partei – durchgehend – anerkannt, obwohl sich erkennen ließ, daß jene, die gegen ihn opponierten, isoliert wurden. Otto Straßer, Walter Stennes, der ehemalige SA-Führer, und – seit Dezember 1932 – Gregor Straßer zählten

[146] Illert (I, 2), S. 225–241.

zu den Unterlegenen, um nur wenige prominente Namen aufzuführen. In einigen Artikeln wurde vermutet, Hitler sei nicht mehr als das Instrument nationalsozialistischer Extremisten, in anderen trat er als Agent herkömmlicher Nationalisten auf. Selbst seine antisemitischen Haßtiraden reduzierten sich aus solcher Sicht auf die Artikulation traditioneller Vorbehalte gegenüber dem Judentum. Freilich, gerade in dieser Frage gab es ganz andere Stimmen, auf die noch einzugehen ist.

Alles in allem steht fest, daß die Kommentatoren der britischen Zeitungen schon vor 1933 zahlreiche Einzelheiten über Hitler zusammenstellten. Sie etikettierten diesen im Rahmen ihrer Beobachtungen u. a.: als Produkt des Niedergangs, als Sprachrohr der Unzufriedenen, als Katalysator für Haß und Verzweiflung oder – positiver – als Exponent einer neuen Ordnung. Doch auch in Großbritannien wurde Hitler nicht gerade als der kommende starke Mann Deutschlands eingestuft. Erst nach seinem Machtantritt hat man die bekannten Fakten unter dem Eindruck der tatsächlichen politischen Entwicklung zum Bild vom 'Nazi-Diktator' zusammengefügt. Aber bis dahin war das, was sich anbahnte, als ein im wesentlichen normaler politischer Vorgang gedeutet worden. Es ließe sich vermuten, daß der eine oder andere Berichterstatter sich so lange in Selbsttäuschung übte, bis ihm diese schließlich gelang[147]. Freilich, D. C. Watt hat in solchem Kontext darauf hingewiesen[148], daß die Berichterstattung von 'The Times', 'Manchester Guardian', 'Daily Express' und 'Observer' den Briten ein Bild über die Entwicklung in Deutschland zeichnete, das bei Hitler – wie dem britischen Botschafter in Berlin, Sir Horace Rumbold, mitgeteilt wurde – tiefe Enttäuschung hervorgerufen habe. Watt betont, daß sowohl die

147 Granzow (I, 2), S. 187f.; und S. 217–221; sowie Illert (I, 2), S. 363f.

148 Donald C. Watt, Zwischen Antipathie und Verständigung. Die Berichte der britischen Botschaft in Berlin, in: DP, Nr. 4–5, 29. 1./5. 2. 1983, S. 16. Die Zahlen nach Barnes (I, 100), S. 1–20 und S. 51–72. Abweichend davon die Angaben bei Lange (I, 2), S. 104–120 und S. 167. Dort auch zum Einfluß von 'Mein Kampf' in Großbritannien. Überholt sind auch die Zahlenangaben bei Maser (I, 2), S. 41.

Berichte der britischen Botschaft als auch diejenigen der britischen Pressekorrespondenten die Behauptung widerlegen, Großbritanniens Regierung und Öffentlichkeit hätten die Ereignisse in Deutschland ignoriert. Im Gegenteil, man sei über den „Nationalsozialismus und die Nazi-Führer" recht gut informiert gewesen. Allerdings fehlten den Briten – nach Watts Meinung – „drei wesentliche Elemente zum Verständnis des Erfolges von Hitler nach der Machtübernahme: britischer Erziehung und britischem Denken widersprach es, das Wesen eines Staates zu begreifen, in dem Ideologie mit einem Zwangsapparat verbunden ist; man erwartete überdies nicht, daß Hitlers Kanzlerschaft länger dauern würde, als die seiner Amtsvorgänger, und man hielt es auch nicht für möglich, daß die etablierten Institutionen Deutschlands und seiner Länder sich ohne nennenswerten Widerstand auflösen und beseitigen lassen würden". Durchgehend ist außerdem ein erhebliches Interesse der britischen Bevölkerung an Hitler zu verzeichnen.

Das belegen u. a. die Verkaufszahlen für dessen Buch, das noch 1933 in gekürzter Fassung unter dem Titel 'My Struggle' als Übersetzung herauskam. Bis Ende 1937 wurden 35 547 Exemplare (darin enthalten sind die 5000 Bände der 'De-Luxe'-Ausgabe) verkauft, wobei allein 1933 bereits 15 687 Stück ihren Käufer fanden. In welchem Maße die Verkaufszahlen von den politischen Vorgängen beeinflußt worden sind, das zeigt z. B. die Tatsache, daß im europäischen Krisenjahr 1938 insgesamt 53 738 Exemplare von 'My Struggle' gekauft wurden. Bis Ende 1938 hatten mindestens 89 285 – vermutlich sogar rund 100 000 – Briten dieses Buch erworben. Das bedeutet, daß jeder 450. Brite die gekürzte Übersetzung von 'Mein Kampf' besaß. Von der seit März 1939 erhältlichen ungekürzten Übersetzung wurden dann noch bis Kriegsbeginn 32 000 Stück verkauft. Total dürften etwa 150 000 bis 200 000 Exemplare an den Mann gebracht worden sein. Präzise Unterlagen sind als Folge von Kriegseinwirkungen nicht verfügbar.

Für die USA untersuchte William F. Sheldon die Deutung Hitlers durch das Magazin 'Time'. Er kommt dabei zu dem Ergebnis, daß dieser 1923 zunächst mit gewissen Sympathien beobachtet worden war. Doch nach dem gescheiterten Putsch degenerierte er für die

'Time' zur Puppe Ludendorffs[149]. Auch in Amerika wurde es anschließend still um Hitler.

Erst 1930 kam der nationalsozialistische 'Führer' wieder in die Spalten von 'Time'[150]. Führereigenschaften, eine stabile Machtposition innerhalb seiner Partei und Organisationstalent schien er gemäß der Berichterstattung zu besitzen. Man attestierte ihm selten eine rednerische Begabung, dafür recht oft eine lärmende, blökende oder überlaute Stimme. Wie auf britische, so wirkte Hitler augenscheinlich auf amerikanische Korrespondenten ebenfalls reichlich lächerlich und kleinlich. Zugleich verkörperte er für 'Time' einen Angeber, der einem Hang zum Bombastischen frönte, und galt als Mann, bei dem Anspruch und Wirklichkeit nicht harmonierten.

Ungereimtheiten existierten jedoch auch in den Hitler-Interpretationen von 'Time'. So vermochte er in diesem Magazin durchaus bedrohliche Züge anzunehmen, wenn er als fanatisch, terroristisch und fast wahnsinnig geschildert wurde. 'Time' insistierte auf den von den Nationalsozialisten begangenen Brutalitäten, berichtete über „Straßenschlachten, Turbulenz im Reichstag, Gewalttaten an Juden, den Mord in Potempa, blutrünstige Reden von Parteimitgliedern, politische Morde"[151].

Das Magazin verspottete Hitler andererseits als „Taschenmusso-

[149] Sheldon (I, 2), S. 69ff. Zahlreiche weitere Aufsätze in amerikanischen Zeitschriften, die sich mit Hitler befassen, gibt für die Jahre 1923, 1924 und 1930–1945 die Bibliographie von Phillips an die Hand (Anh. 2), S. 197–233. Sheldons Untersuchung kann also nicht ohne weiteres als repräsentativ für die amerikanische Presse als solche angesehen werden, vgl. dazu I, 150 und 152. Außerdem ist hinsichtlich der nationalsozialistischen Machtergreifung und in bezug auf das Echo, das diese in den USA fand, ganz generell zu sagen, daß zumindest unter innenpolitischem Vorzeichen Deutschland kein Hauptthema der amerikanischen Presse war, als sich die Republik ihrem Ende näherte. Die Weltwirtschaftskrise überlagerte alle anderen Ereignisse. Vgl. direkt dazu Gerhard L. Weinberg, 'Entsetzen' jenseits des Atlantiks. Das Dritte Reich aus amerikanischer Sicht, in: DP, Nr. 4–5, 29. 1./5. 2. 1983, S. 16.

[150] Zur amerikanischen und englischen Literatur über Hitler vgl. Anh. 6.

[151] Sheldon (I, 2), S. 71–75, hier S. 72.

lini", qualifizierte den Verhöhnten aber gleichzeitig als Bollwerk gegen den Kommunismus. Man nannte ihn einen „Judenhetzer", die Stellungnahmen zu den antijüdischen Ausschreitungen drückten Entsetzen aus, und dennoch gab es – wenigstens ansatzweise – eine den Antisemitismus entschuldigende oder relativierende Argumentation. Manche Zurückhaltung könnte sich mit der Erwartung verständlich machen lassen, daß die Sachzwänge des politischen Alltags selbst einen Hitler und seine Gefolgschaft zur Vernunft bringen würden.

Es überrascht nicht, daß 'Time' Hitlers Entscheidung für den Legalitätskurs als ernsthaft und positiv würdigte. Die Annäherung konservativer Führungseliten an die Nationalsozialisten scheint die Kommentare zu Hitler ebenfalls zu dessen Vorteil beeinflußt zu haben [152]. Offenbar verband sich mit alldem die Hoffnung, es könne

[152] Ebd., S. 76f. und S. 80f., wo Sheldon im Rahmen einer Beurteilung der 'Machtübernahme' daran erinnert, daß nicht allein das Magazin 'Time' annahm, der Kanzler Hitler werde ein anderer Politiker sein als der Agitator. Die Situation Anfang 1933 wird – für Amerika insgesamt – anders beschrieben von Weinberg (I, 149). Von der Normalität der deutsch-amerikanischen Beziehungen ausgehend, die um 1933 sogar eine gewisse Indifferenz der Amerikaner gegenüber der inneren Entwicklung in der Weimarer Republik bewirkt hatte, spricht Weinberg in bezug auf den nationalsozialistischen Machtantritt von einer „Schockwirkung" bei der amerikanischen Bevölkerung, die auf das Ereignis nicht vorbereitet gewesen sei. Zur nachfolgenden Zeit stellt Weinberg fest: „Die Berichterstattung der Zeitungen, des Radios, der Wochenschau und – für die höchsten Beamten – der Diplomaten zog sehr schnell die Aufmerksamkeit der Regierung und des Volkes auf die neue Entwicklung in Deutschland. Mit großer Schnelligkeit drehte sich die Meinung in eine neue Richtung." Der NS-Terror, Hitlers Aufrüstungen, die der pazifistischen Grundstimmung in den USA diametral widersprachen, und Gegensätze in der Wirtschaftspolitik führten schnell zur Entfremdung der beiden Staaten. Sehr bald artikulierten bestimmte Gruppen in den USA außerdem Abscheu vor den Absichten und Ideen Hitlers, wie sie der gekürzten Übersetzung von 'Mein Kampf' zu entnehmen waren. Bis Anfang 1937 wurden von einer ersten Auflage 7463 Exemplare verkauft oder als Freiexemplare vergeben. Trotz des mäßigen Erfolges erfolgte eine 2. Auflage. Von ihr sind zwischen März 1937 und März 1938 3497 und zwischen März

gelingen, den Führer der NSDAP in eine konservative Regierung einzubinden, die ihn zähmen und darüber hinaus Deutschland von den Präsidialkabinetten weg- wieder zur parlamentarischen Demokratie hinführen werde. Bei derartigem gedanklichen Hintergrund nahm sich der 30. Januar 1933 nicht wie ein 'Dies ater' für die Demokratie aus.

Für die Zeit nach 1933 ist festzuhalten, daß sich das Bild Hitlers im Magazin 'Time' – aber nicht nur in dieser, hier als beispielhaft angeführten Zeitschrift – allmählich änderte und 1938 eine grundsätzliche Korrektur erfahren hatte. In der Ausgabe vom 4. Januar 1939 wurde Hitler als Mann des Jahres 1938 vorgestellt. Das Titelblatt zeigt ihn als Organisten, der in einer geschändeten Kirche seine Hymne des Hasses spielt. Über der Orgel dreht sich ein Feuerrad, an dem die Opfer des Nationalsozialismus hängen. Der Artikel selbst ist eine Abrechnung mit dem Sieger von München, dessen Gefährlichkeit nicht mehr verkannt wurde.

Hitler habe die Arbeitslosigkeit beseitigt, indem er bauen ließ, gigantisch aufrüstete, ein riesiges Berufsheer aufstellte, die Zwangsarbeit einführte und politische Gegner, Juden, Kommunisten sowie Sozialisten in die Konzentrationslager steckte. Den Bürgern fehlten Rechte und Freiheiten, Opposition komme Selbstmord gleich, Erziehung erfolge nach dem NS-Katechismus, 700000 Juden seien physisch mißhandelt und ihres Eigentums beraubt worden. Dennoch besitze Hitler eine Massenbasis, werde seine Diktatur durch das Freisetzen großer Energien und ausgezeichnete Planung gekennzeichnet. Das Volk sei lange Zeit stolz und auch zufrieden gewesen.

Außenpolitisch gebe sich Hitler dreist, anmaßend und rücksichtslos. Der Versailler Vertrag sei zerfetzt, Österreich die Selbständig-

1938 und März 1939 10345 Stück gekauft worden. Nun begannen sich verschiedene Verlage für eine ungekürzte Übersetzung zu interessieren. Sie kam noch 1939 auf den Markt. Bis 1942 dürften zwischen 250000 und 290000 Bücher einen Käufer gefunden gehabt haben. Vgl. zu den Zahlen und zur Verkaufsgeschichte Barnes (I, 100), S. 73–135; und Lange (I, 2), S. 167 sowie S. 122–131; und Maser (I, 2), S. 40f.

keit genommen, die Tschechoslowakei zum Satellitenstaat Deutschlands herabgewürdigt. Hitler habe eine totale Veränderung der europäischen Verteidigungskonstellation erzwungen, habe Briten und Franzosen genötigt, ihm freie Hand in seiner Osteuropapolitik zu lassen. Als Verlierer der Politik der letzten sechs Jahre galten Anfang 1939 Chamberlain, Daladier, Mussolini, der nur noch Juniorpartner der Deutschen sei, und Beneš. In der Pose des Eroberers dominiere der Führer der NSDAP ein kuschendes Europa. Ein Mann mit einem Bärtchen wie Charlie Chaplin, dumpf und launenhaft, von der eigenen Propaganda systematisch zum charismatischen Führer stilisiert, führe den internationalen Faschismus an, der sich 1938 zu einer globalen revolutionären Bewegung zu entwickeln beginne. Hitler sei eine gewaltige Bedrohung für die Demokratien, für die freiheitsliebende Welt. Und aufgrund dieser Tatsache habe ihn 'Time' zum Mann des Jahres 1938 gewählt – ein negativer Titelheld.

Doch das Magazin meinte Ende 1938 auch Anzeichen dafür zu entdecken, daß das Regime wegen der wachsenden wirtschaftlichen Probleme und der Ablehnung, auf die seine Brutalitäten bei vielen Deutschen stießen, mit ernsthaften Schwierigkeiten konfrontiert sei. Im Grunde thematisierte 'Time' mit dieser Analyse der Lage in Deutschland eine These, die noch immer im Kontext der Debatte über die Ursachen des Kriegsbeginns 1939 kontrovers erörtert wird. Um das Volk wieder in den Griff zu bekommen, lenke man es ab, würden Feindbilder aufgebaut – die Rüstungsindustrie produziere immer mehr, außenpolitische Gefahren würden beschworen.

Doch inzwischen sei die nationalsozialistische Herausforderung von anderen Nationen angenommen worden. Das Wettrüsten habe begonnen. Die entscheidende Frage laute, ob Hitler selbst dann kämpfen werde, wenn gewiß sei, daß Deutschland verlieren müsse. Bemerkenswerterweise wagte 'Time' nicht, wie selbstverständlich davon auszugehen, daß er dies nicht tun werde. Jedenfalls sei schwer vorstellbar, daß sich Hitler mit dem begnüge, was er mittlerweile besitze. Die Eigendynamik der faschistischen Diktatur sei einfach zu stark. Wer die Entwicklung des Jahres 1938 reflektiere, dem scheine es naheliegend zu sein, daß Hitler beabsichtige, 1939 zu einem 'denkwürdigen Jahr' zu machen. Von Unterschätzung konnte nunmehr beim Magazin 'Time' nicht mehr die Rede sein.

Anerkennt man die bisher zitierten Äußerungen über Hitler und seine Bewegung als repräsentativen Querschnitt der internationalen Presseberichterstattung, so ist für die drei großen westlichen Demokratien und für Deutschland zu konstatieren, daß eine verhältnismäßig umfangreiche Information angeboten worden ist. Aber es muß auch festgestellt werden, daß die Kommentare zu Hitler Unsicherheiten und Widersprüchlichkeiten aufwiesen, die das Urteil erschwert und die Überzeugungskraft der Aussagen beeinträchtigt haben mögen. Als jedoch der 30. Januar Realität geworden war, zeigte sich sehr bald, daß die Zeitschriften und Zeitungen des linken politischen Spektrums – jedenfalls im allgemeinen, was Ausnahmen einschließt – die zutreffenderen Prognosen erstellt hatten[153].

[153] Die oben referierten Schwankungen innerhalb der zeitgenössischen Beurteilung Hitlers existierten ebenso unübersehbar wie bestimmte Einseitigkeiten in der Berichterstattung über ihn. Es wurde auch darauf hingewiesen, daß Ossietzky und andere Mitarbeiter der 'Weltbühne' aus einer extremen linken Perspektive interpretierten, ihnen als politische Alternative eine – illusionäre – Volksfront vorschwebte. All das ist bekannt, vgl. direkt dazu Sösemann (I, 123), S. 15f.; und Wehler (I, 51), S. 78f. Dennoch ist die These, es sei für den menschlichen Verstand überhaupt nicht möglich gewesen, Hitlers Wesen und seine Intentionen zu bestimmen, kaum aufrechtzuerhalten. Sie scheint auch auf einer gezielt einseitigen Interpretation von zeitgenössischen Zitaten zu beruhen, vgl. zur These Philipp W. Fabry, Mutmaßungen über Hitler. Urteile von Zeitgenossen. Düsseldorf 1969, vor allem S. 55–66 u. zur obigen These S. 247. Zur Kritik an Fabry vgl. Joachim Radkau, Die 'Weltbühne' als falscher Prophet? Prognostische Versuche gegenüber dem Nationalsozialismus, in: Weimars Ende (I, 123), S. 57–79, hier S. 58–61. Im Gegensatz zu Fabry ist Peter Hamm beizupflichten, der in seiner Rezension zu einem – in der Tat – „hoch zu rühmende[n]“ Buch (Hitlers Machtergreifung 1933. Vom Machtantritt Hitlers 30. Januar 1933 bis zur Besiegelung des Einparteienstaates 14. Juli 1933, hrsg. von Josef und Ruth Becker. München 1983) schreibt, daß „nur jemand, der sich 1933 blind und taub stellte, darüber im unklaren sein konnte, was die Nazis wollten“. Die abgedruckten Dokumente zeigen sehr klar, daß z. B. gerade die amerikanischen, britischen und französischen Beobachter die Lage verblüffend genau

3. *Hitler und das Christentum*

Der kritischen Deutung Hitlers aus christlicher Sicht ist allein schon deshalb eine herausragende Bedeutung beizumessen, weil die deutsche Bevölkerung in ihrer überwiegenden Mehrheit einer der beiden großen christlichen Konfessionen anhing und anhängt. Wenn dabei im folgenden katholische Stimmen zu Wort kommen, so ist dies – wiederum unter dem Aspekt der Repräsentativität, der am Anfang dieses Teils der Arbeit erläutert wurde und der im übrigen auch hinsichtlich der Schwerpunktbildung in der Zitatauswahl den Maßstab bildet – ein direkter Reflex auf die zeitgenössische Situation. Im Protestantismus existierte eben keine auch nur annähernd so geschlossene Frontstellung gegen den Nationalsozialismus wie im Katholizismus. Dieser ist daher für die 'christliche Opposition', um deren Argumentation es zunächst einmal – jenseits der konfessionellen Trennungen – geht, als repräsentativ für das 'Christentum' angesehen worden. Ausgeschlossen war, an dieser Stelle das vielschichtige Verhältnis zwischen den christlichen Konfessionen und dem Nationalsozialismus auch nur einigermaßen erschöpfend zu erörtern. Im Hinblick darauf ist erneut auf die profunde Untersuchung von Klaus Scholder und die Arbeiten verschiedener anderer Autoren zu verweisen[154].

erfaßten und entsprechend berichteten. Vgl. P. Hamm, Hitlers Machtergreifung, in: Die Zeit, Nr. 13, 25. 3. 1983 (Literatur S. 28). Hamm spricht im übrigen im Zusammenhang mit dem Rechtsdenker Carl Schmitt von „tief unanständigen Reinwaschungsversuche[n]", die er aufs „widerlichste widerlegt" sieht durch die abgedruckten Artikel Schmitts (Dok. 253 und 280). Einen 'Reinwaschungsversuch' – auf das NS-System bezogen – unternimmt auch Georg Franz-Willing, 1933 – Die nationale Erhebung. Leoni am Starnberger See 1982. Das Buch setzt jene Hitler-Interpretation fort, die der Autor mit seiner Trilogie über die Hitler-Bewegung begann: Georg Franz-Willing, Ursprung der Hitlerbewegung. 2., verb. Aufl. Preußisch Oldendorf 1974; ders., Krisenjahr der Hitlerbewegung 1923. Preußisch Oldendorf 1975; ders., Putsch und Verbotszeit der Hitlerbewegung, November 1923 – Februar 1925. Preußisch Oldendorf 1977.

[154] Scholder (I, 5), hier insbes. S. 160–183. Den Weg von Katholizismus

Hier kann es lediglich darum gehen, einen Eindruck von der gegen Hitler gerichteten Argumentation zu vermitteln, die auf christlicher Seite formuliert worden ist. Auf eine Auseinandersetzung mit den Sympathisanten der nationalsozialistischen Bewegung und Ideologie wird verzichtet. Letztere halfen, die Barrieren zwischen den Konfessionen und dem Nationalsozialismus abzubauen. Sie waren

und Protestantismus ins Dritte Reich resümiert in gelungener Weise Herbert Immenkötter, Die christlichen Kirchen und die Machtergreifung, in: 1933 – Fünfzig Jahre danach (II, 39), S. 169–182. Zur Interpretation des politischen Katholizismus vgl. ferner: Detlef Junker, Die Deutsche Zentrumspartei und Hitler 1932/33. Ein Beitrag zur Problematik des politischen Katholizismus in Deutschland. Stuttgart 1969; Guenter Lewy, Die katholische Kirche und das Dritte Reich. München 1965; Hans Müller, Katholische Kirche und Nationalsozialismus. Dokumente 1930–1935, mit einer Einl. von Kurt Sontheimer. München 1963; Kirche, Katholiken und Nationalsozialismus, hrsg. von Klaus Gotto und Konrad Repgen. Mainz 1980, dort S. 147–152 eine gute Bibliographie; und Heinz-Albert Raem, Pius XI. und der Nationalsozialismus. Die Enzyklika 'Mit brennender Sorge' vom 14. März 1937. Paderborn, München, Wien, Zürich 1979. Diese profunde Untersuchung behandelt im wesentlichen Genesis und Wirkung der Enzyklika. Außerdem Ludwig Volk, Der Widerstand der katholischen Kirche, in: Gegner des Nationalsozialismus. Wissenschaftler und Widerstandskämpfer auf der Suche historischer Wirklichkeit. Frankfurt a. M., New York 1980, S. 126–139. Für den deutschen Protestantismus sei verwiesen auf: Günther van Norden, Der deutsche Protestantismus im Jahr der nationalsozialistischen Machtergreifung. Gütersloh 1980; ders., Widerstand im deutschen Protestantismus 1933–1945, in: Gegner des Nationalsozialismus (s. o.), S. 103–125; Wilhelm Niemöller, Hitler und die evangelischen Kirchenführer. Bielefeld 1959; ders., Die Bekennende Kirche sagt Hitler die Wahrheit. Die Geschichte der Denkschrift der vorläufigen Leitung von Mai 1936. Bielefeld 1954; Leonore Siegele-Wenschkewitz, Nationalsozialismus und Kirche. Religionspolitik von Partei und Staat bis 1935. Düsseldorf 1974; und: Kirche im Krieg. Der deutsche Protestantismus am Beginn des Zweiten Weltkriegs, hrsg. von Günter Brakelmann. München 1979; sowie Klaus Scholder, Die evangelische Kirche und das Jahr 1933, in: GWU 16 (1965), S. 700–714. – Insgesamt zur NS-Kirchenpolitik vgl. außerdem: Ernst Christian Helmreich, The German Churches under Hitler. Background, Struggle and Epilogue. Detroit 1979; und aus der Sicht der anderen Seite: Walter Conrad (Kirchenpolitischer Referent

für Hitler und augenscheinlich in der Überzahl. Davon auszugehen ist, daß das Angebot der Protagonisten Hitlers auf fruchtbareren Boden fiel als dasjenige seiner Gegner. Es besaß eine katalysierende Funktion im Hinblick auf die Propagierung des nationalsozialistischen Antisemitismus und dessen Hinnahme seitens weiter Teile der Öffentlichkeit. In diesem Sinne ist wohl ein Publizist wie Wilhelm Stapel[155], Mitherausgeber der nationalkonservativen Zeitschrift 'Deutsches Volkstum', einzuordnen, der zwar nicht die Vernichtung der Juden, wohl aber – mit pejorativer Akzentuierung – deren Andersartigkeit hervorhob. Ein Jude, so Stapel, der zum Christentum übertrete, werde dadurch lediglich zu einem „christlichen Bruder"; nicht zum „deutschen Bruder". Deutscher zu sein war aus solcher Sicht ausschließlich eine Frage der Rasse[156].

im Innenministerium), Der Kampf um die Kanzeln. Erinnerungen und Dokumente aus der Hitler-Zeit. Berlin 1957. Einen informativen Überblick zur Haltung der Kirchen sowohl für die Zeit vor als auch nach der Machtübernahme geben Ender (I, 13), S. 71–78; und Lange (I, 2), S. 53–58.

[155] Wilhelm Stapel, Die Kirche Christi und der Staat Hitlers. Hamburg 1933; und ders., Sechs Kapitel über Christentum und Nationalsozialismus. Hamburg ^{3}1931.

[156] Stapel, Kirche Christi (I, 155), S. 83, aber auch S. 83–86 insgesamt. In eigenwilliger Weise versuchte ein Erlanger Kirchenhistoriker die Annäherung zwischen Protestantismus und Nationalsozialismus zu fördern. Er verglich Hitlers und Luthers Werdegang und jeweilige religiöse Verpflichtung, wobei er phantastische Übereinstimmungen konstruierte: Hans Preuß, Luther und Hitler. Neuendettelsau 1933. Vgl. zur frühen – innerkirchlichen – seriösen Auseinandersetzung mit der nationalsozialistischen Bewegung und ihren völkischen Ideen: Die Nation vor Gott. Zur Botschaft der Kirche im Dritten Reich, hrsg. von Walther Künneth und Helmut Schreiner. 4., veränd. Aufl. Berlin 1934 (^{1}1933). Ansonsten ist anzumerken, daß die Bibliographie von Sagitz (I, 45) über 50 Titel anführt, die sich auf apologetische Darstellungen über das Verhältnis der christlichen Konfessionen zum Nationalsozialismus beziehen. Natürlich wurde in solchem Umfeld auch die Problematik der 'Judenfrage' aus der Sicht der Kirchen thematisiert. Vgl. direkt dazu: Die Gefährdung des Christentums durch Rassenwahn und Judenverfolgung (Sammelband). Luzern 1935; und die historiographische Aufarbeitung dieser Frage bei Scholder (I, 5), S. 124–150 und S. 322–354.

In ausgesprochen kämpferischer Weise lehnte man Hitler und seine Ideen – zumindest vor der 'Kapitulation des Katholizismus' zwischen Februar und März 1933 – meist auf katholischer Seite ab[157]. Engagierte Laien wie etwa der Reichstagsabgeordnete der Bayerischen Volkspartei Karl Troßmann prangerten Hitler bereits 1931 wegen seiner Brutalität im Umgang mit anderen, seiner Verachtung der Menschenrechte und seiner Kriegstreiberei an[158].

Im selben Jahr erschien eine Schrift, verfaßt von Alfons Wild, die sich eingehend mit dem Hitlerschen Denken – auf der Grundlage einer Inhaltsanalyse von 'Mein Kampf' – auseinandersetzte[159]. Für den Katholiken, so die Schlußfolgerung des Autors, könne kein Zweifel darüber bestehen, daß der „Führer der nationalsozialistischen Partei nicht christlich" denke[160]. Die NS-Rassenlehre qualifizierte er als „seltsame Gedanken- und Begriffsverwirrung" ab. Sie stehe inhaltlich der „Universalität des Christentums diametral" entgegen[161]. Darüber hinaus beschuldigte Wild Hitler, das Recht zu verneinen, die Gewalt zu predigen, die Humanität abzulehnen, ungeistigen Erziehungsgrundsätzen zu huldigen[162], und er lastete ihm

157 Dazu Scholder (I, 5), S. 300–321.

158 Karl Troßmann, Hitler und Rom. Nürnberg 1931, S. 196.

159 Alfons Wild, Hitler und das Christentum. Augsburg 1931.

160 Ebd., S. 5.

161 Ebd., S. 11 und S. 14.

162 Ebd., S. 30–34; direkt dazu Hubert Steinhaus, Hitlers pädagogische Maximen. 'Mein Kampf' und die Destruktion der Erziehung im Nationalsozialismus. Frankfurt a. M., Bern 1981; der Autor sieht in Hitlers Buch den Verfall der Pädagogik im NS-Staat vorgezeichnet. Das Regime vereinnahmte alle Bereiche der Bildung und Erziehung, um zum einen die „Masse" der Bevölkerung mit seiner Ideologie zu indoktrinieren, und zum anderen eine „Führerauslese" zu praktizieren. Das Ziel war die Heranbildung des blind funktionierenden und uneingeschränkt gehorsamen Parteisoldaten. Siehe zu dieser Thematik: Karl Christoph Lingelbach, 'Formationserziehung' als Konkurrenz. Schulwesen im NS-Staat, in: DP Nr. 4–5, 29. 1./5. 2. 1983, S. 9; und speziell zur außerschulischen Komponente im Erziehungssystem: Peter D. Stachura, Das Dritte Reich und die Jugenderziehung: Die Rolle der Hitlerjugend 1933–1939, in: Nationalsozialistische Diktatur (II, 86), S. 224–244, dort weiterführende Literatur. Darüber hinaus sei als Auswahl

– wie mancher andere Autor aus dem christlichen Umfeld – besonders schwer an, daß in seinem Buch „Christentum als 'geistiger Terror' bezeichnet" werde[163]. Aufs Ganze gesehen sei die in 'Mein Kampf' festgeschriebene Weltanschauung „kein Christentum, sondern die Botschaft an die Rasse, eine Botschaft, die nicht Frieden und Recht verkündet, sondern Gewalt und Haß. Dieses heidnische Denken aber ist christlich aufgeputzt"[164]. Da dem so war, forderte Wild die Katholiken auf, „Hitlers Ideen und politische Methoden zu bekämpfen"[165]. Einen Kompromiß gab es für ihn nicht.

Ebenso deutlich rechnete 1932 Hans Rost – Schriftleiter der 'Wissenschaftlichen Beilage' der zentrumsnahen 'Augsburger Postzeitung' – in seiner Publikation 'Katholizismus und deutsches Vaterland' mit Hitler ab[166]. Dessen Bewegung bescheinigte er ein zutiefst

verwiesen auf: Michael H. Kater, Hitlerjugend und Schule im Dritten Reich, in: HZ 228 (1979), S. 572–623; Arno Klönne, Jugend im Dritten Reich. Die Hitler-Jugend und ihre Gegner. Dokumente und Analysen. Düsseldorf, Köln 1982; ders., Hitlerjugend. Die Jugend und ihre Organisation im Dritten Reich. Hannover, Frankfurt a. M. 1957; Werner Klose, Generation im Gleichschritt: Die Hitlerjugend. Ein Dokumentarbericht. Im Anhang aktualisierte und um ein Nachw. erw. Neuausgabe. Oldenburg, Hamburg, München 1982; Joseph Rovan, Der Aufbau der Hitlerjugend, in: Wie war es möglich? Die Wirklichkeit des Nationalsozialismus. Neun Studien, hrsg. von Alfred Grosser. München, Wien 1977, S. 83–107; und Bernd-Jürgen Wendt, Jugend im nationalsozialistischen Deutschland, in: GWU 17 (1966), S. 88–105. Steinhaus' These wird – bei spezieller Fragestellung – bereits angesprochen von Dietrich Orlow, Die Adolf-Hitler-Schulen, in: VfZG 13 (1965), S. 272–284, wobei der Verfasser praktisch den Gegenpol untersucht, d. h. jene Elite, die herrschen sollte. Deren Angehörige (S. 284) seien, gemäß dem erzieherischen Konzept, „fanatische, engstirnige und anmaßende Persönlichkeiten gewesen, allein der NSDAP und ihrer Führung ergeben".

[163] Wild (I, 159), S. 44.

[164] Ebd., S. 46.

[165] Ebd., S. 67.

[166] Hans Rost, Katholizismus und deutsches Vaterland. Augsburg 1932; S. 54–81. R. wertete in erster Linie das Programm der NSDAP, 'Mein Kampf', Schriften von Rosenberg und Artikel im 'Stürmer' aus, die er mit Stellungnahmen von katholischer und protestantischer Seite konfrontiert.

widerchristliches Wesen, da sie darauf aus sei, die Erlösungslehre des Christentums durch das Dogma vom besseren Blut und der wertvolleren Rasse abzulösen. Bei Hitler und seinen Anhängern – so Rost – rangiere die sogenannte Nationalehre vor der Nächstenliebe. Er machte auch auf die gemäß der nationalsozialistischen Ideologie vorgesehene Euthanasie aufmerksam, die nicht Sterbehilfe, sondern zynischer Mord an Menschen sein werde, die als „lebensunnütz" eingestuft worden seien. Sofern sie nicht von sich aus den Selbstmord wählten, wolle man sie „vernichten". Perfide sei es, sich hierbei auf die vermeintliche Humanität der Natur zu beziehen, und wahnwitzig, daraufhin die Auslöschung des Schwächeren durch den Stärkeren mit dem Anschein der Gesetzmäßigkeit zu versehen. Dem Leser wurde deutlich gemacht, in welcher direkten und inhumanen Abhängigkeit bei Hitler das Recht auf Leben von der Befähigung zum erbarmungslosen Überlebenskampf stand. Der auffallend brutale Jargon der Nationalsozialisten sei im Grunde ein exaktes Spiegelbild der inneren – absolut unchristlichen – Haltung Hitlers und seiner Gefolgschaft.

Unter dem programmatischen Titel, 'Christus! – nicht Hitler', veröffentlichte Rost 1933 eine weitere massive Anklage gegen den kommenden Reichskanzler[167]. Die Seele der nationalsozialistischen Ideologie sei der Haß. Hitler verkörpere einen Christen auf Kündigung, und in elf Punkten definierte der Verfasser schließlich apodiktisch, warum ein katholischer Christ „unmöglich Nationalsozialist" sein könne.

Zur Rolle des katholischen Publizisten Rost im Rahmen des völkischen Antisemitismus bis zum Ersten Weltkrieg vgl. Hermann Greive, Geschichte des modernen Antisemitismus in Deutschland. Darmstadt 1983, S. 87ff.

[167] Hans Rost, Christus! – nicht Hitler. Augsburg 1933. Dabei ist bemerkenswert, daß das Mainzer Ordinariat schon Ende September 1930, d. h. nur wenige Tage nach dem Wahlerfolg Hitlers, feststellte, es sei nicht möglich, der katholischen Kirche und der NSDAP gleichzeitig anzugehören. Das entsprechende Dokument ist publiziert in: Katholische Kirche und Nationalsozialismus (I, 154), S. 40ff. Zur kontroversen Diskussion über diesen Schritt des Mainzer Ordinariates im Kreis der deutschen Bischöfe vgl. Scholder (I, 5), S. 167f.

Noch auf zwei andere profilierte katholische Publizisten ist im Rahmen dieser kleinen Auswahl antinationalsozialistischer Autoren einzugehen: den Journalisten Dr. Fritz Gerlich und den Kapuzinerpater Ingbert Naab[168]. Beide zählten innerhalb des engagierten Katholizismus, der bei allen Nuancierungen in Detailfragen vor 1933 eine im Grundsätzlichen „nahezu geschlossene Front gegen Hitler" bildete, zu dessen „entschiedensten und kompromißlosesten Gegnern"[169]. Seit 1930 veröffentlichten Gerlich und Naab in der Zeit-

[168] Prophetien wider das Dritte Reich. Aus den Schriften des Dr. Fritz Gerlich und des Paters Ingbert Naab, gesammelt von Dr. Johannes Steiner. München 1946. Das Buch enthält 69 zwischen 1930 und 1933 veröffentlichte Aufsätze der beiden Autoren und einige andere Zeitdokumente, die zu den eindrucksvollsten Zeugnissen des Kampfes gegen den zur Macht strebenden Nationalsozialismus zählen. Zu weiteren eindeutigen Stellungnahmen von Vertretern der offiziellen Kirche, etwa des Münchener Kardinals Michael v. Faulhaber oder des Münsteraner Bischofs Clemens August Graf Galen, und von anderen engagierten Katholiken, z. B. dem Publizisten Walter Dirks, der dem religiösen Sozialismus zugerechnet werden kann, vgl. Ender (I, 13), S. 71–76. Speziell diese Gruppe von Gegnern des Nationalsozialismus im politischen Umfeld der Sozialdemokratie untersucht Detlef Döring, Christentum und Faschismus. Die Faschismusdeutung der religiösen Sozialisten. Stuttgart, Berlin, Köln, Mainz 1982. Nach Döring wurde der Nationalsozialismus im 'Bund der religiösen Sozialisten Deutschlands' als die „Massenbewegung des mobilisierten Mittelstandes" interpretiert (S. 31). Diese habe sowohl ein reaktionäres oder antimodernistisches als auch ein revolutionäres oder antikapitalistisches Verlangen artikuliert. Seitens der religiösen Sozialisten hoffte man, durch entsprechende Propaganda das reaktionäre Wesen der NSDAP zu entlarven, deren Massenbasis, die nationalen Sozialisten, zu gewinnen und schließlich eine alle Klassen integrierende sozialistische Gesamtfront aufzubauen.

[169] Scholder (I, 5), S. 170. Unmittelbar dazu Walter Adolph, Hirtenamt und Hitler-Diktatur. Berlin 1965; und ders., Die katholische Kirche im Deutschland Adolf Hitlers. Berlin 1974. Es handelt sich dabei um zwei engagierte Rechtfertigungen der Politik der katholischen Kirche. Distanzierter formuliert er in: Geheime Aufzeichnungen aus dem nationalsozialistischen Kirchenkampf 1935–1943. Bearb. von Ulrich v. Hehl. Mainz ^{3}1982 (posthum erschienen, der Verfasser verstarb 1975). Zur wissenschaftlichen Auseinandersetzung über das Verhalten des Katholizismus, speziell im Rahmen

schrift 'Der Weg' (sporadisch stritt Naab in diesem Blatt schon seit 1924 gegen den Nationalsozialismus), im 'Illustrierten Sonntag', den sie gemeinsam mit dem Fürsten Erich v. Waldburg zu Zeil erworben hatten, und ab 1932 dann in dem Blatt 'Der gerade Weg' (hervorgegangen aus dem 'Illustrierten Sonntag') ihre heftigen Attacken gegen Hitler. Unter der Überschrift 'Ende der Demokratie' erschien am 8. März 1933 Gerlichs letzter Aufsatz. Wenige Tage später, am 13. d. M., wurde 'Der gerade Weg' verboten[170].

der Zustimmung des Zentrums zum Ermächtigungsgesetz und den Interdependenzen zwischen diesem und dem Reichskonkordat, vgl. den Bericht über eine Tagung der Thomas-Morus-Akademie von Hermann Rudolph, Die Kirchen und das Dritte Reich, in: FAZ 10. 2. 1978. Zu den von Scholder in diesem Kontext vertretenen Thesen vgl. ders.: Ein Paradigma von säkularer Bedeutung, Hitler, Kaas und das Ende des politischen Katholizismus in Deutschland. Eine Antwort auf Konrad Repgen, in: FAZ 19. 11. 1977. Außerdem zu dieser Frage: Konrad Repgen, Pius XI. zwischen Stalin, Mussolini und Hitler. Zur vatikanischen Konkordatspolitik der Zwischenkriegszeit, in: AuZ B 39/79, 29. 9. 1979, S. 3–23. Anzumerken ist im Umfeld der Diskussion über Ermächtigungsgesetz und Konkordat, daß es falsch ist, wenn behauptet wird, Hitler habe für das Ermächtigungsgesetz die Stimmen des Zentrums benötigt. Er benötigte sie mitnichten, denn das Ausschalten der KPD und die ebenfalls auf dem Wege der Manipulation erreichte Garantie der Beschlußfähigkeit des Reichstages sicherten die Annahme selbst gegen die Stimmen der, ohnehin am vollständigen Erscheinen gehinderten, SPD und derjenigen des Zentrums. Dabei interessiert es hier nicht, ob dessen Abgeordnete irgendwie dazu hätten bewegt werden können, das 'Gesetz zur Behebung der Not von Volk und Reich' – wie das Ermächtigungsgesetz offiziell hieß – abzulehnen. Ausführlich zu der Gesamtproblematik Hartmut Jäckel, Brauchte Hitler das Zentrum? Zur Abstimmung über das Ermächtigungsgesetz am 23. März 1933, in: Die Zeit, Nr. 12, 18. 3. 1983. Ernst Niekisch, darauf macht Jäckel aufmerksam, hat in seinem Buch 'Das Reich der niederen Dämonen' (Hamburg 1953) als einer der ersten und wenigen darauf hingewiesen, daß das Zentrum am 23. 3. 1933 kein Zünglein an der Waage spielen konnte.

170 Prophetien (I, 168), S. 575f. und S. 579. Gerlich wurde bereits am 9. 3. 1933 verhaftet und am 1. 7. 1934 im Konzentrationslager Dachau ermordet. Pater Ingbert Naab konnte in die Schweiz fliehen, er starb am

Sämtlichen Artikeln dieser beiden Streiter gegen eine Bewegung, der sie frühzeitig anlasteten, daß es ihr Ziel sei, Deutschland in eine barbarische Diktatur zu verwandeln, ist die fundierte Kenntnis dessen, was Hitler äußerte, ebenso zu attestieren wie eine präzise Durchdringung seiner politischen Absichten. Schon zwei Jahre vor der Machtergreifung warnte Naab seine Leser vor der Verharmlosung von Hitlers Aussagen in 'Mein Kampf'. Der NS-Führer habe sich in seinem Buch keineswegs als Privatmann ausgelassen[171]: „Nein, Hitler spricht hier als der Parteiführer, der das Grundsätzliche der völkischen Bewegung darlegen will, das nach seiner Erklärung für immer gelten muß." Nachdem Naab das Böse und Unchristliche der nationalsozialistischen Ideologie dargelegt hatte, griff er abschließend die „gebildeten Anhänger" Hitlers direkt an. Auf ihrem „Schuldkonto" stünden, sollte es zur „Katastrophe" kommen[172]: „Mangelndes Wissen, fehlende Logik, schwacher Charakter, Scheinchristentum."

Eine der schonungslosesten Beschreibungen Hitlers, in der die Argumente vieler aspektreicher Analysen von Naab und Gerlich kondensierten, stellte ein Wahlaufruf von Fritz Gerlich anläßlich der Reichstagswahlen im Juli 1932 dar. 'Der Nationalsozialismus ist eine Pest!' lautete die Schlagzeile im 'Geraden Weg', und darunter las man[173]: „Nationalsozialismus . . . bedeutet: Feindschaft mit den benachbarten Nationen, Gewaltherrschaft im Innern, Bürgerkrieg, Völkerkrieg. Nationalsozialismus heißt: Lüge, Haß, Brudermord und grenzenlose Not. Adolf Hitler verkündigt das Recht der Lüge.

28. 3. 1935 in Straßburg. Hervorzuheben ist, daß solche Vorgänge keineswegs unbekannt geblieben sind. So geht z. B. Shuster (I, 198), S. 232–235, ausführlich auf die Rolle des 'Geraden Wegs' und das Schicksal von Gerlich sowie anderer Verfolgter des Hitler-Regimes ein. Dabei wurden Berichte von jenen, die ihre Erlebnisse in den Konzentrationslagern veröffentlichen konnten (vgl. Lorant: I, 90), sorgfältig ausgewertet.

171 Prophetien (I, 168), S. 47–73: 'Ist Hitler ein Christ?', S. 48.

172 Ebd., S. 73.

173 Ebd., S. 437f., vom 21. 7. 1932. Aber auch S. 437–456 insgesamt zu dieser 'Kampfnummer', deren zentrale Forderung lautete (S. 446f.): „Kein Katholik darf Hitler wählen!"

[. . .] Ihr, die Ihr diesem Betruge eines um die Gewaltherrschaft Besessenen verfallen seid, erwacht! Es geht um Deutschlands, um Euer, um Eurer Kinder Schicksal. Nicht das Volk, welches von den Generalen und von Hitler, der ihr Trommler ist, beschuldigt wird, hat den Krieg verloren: Die Kaiserliche Regierung mit Hindenburg und Ludendorff verloren ihn. Nicht die Parteien, welche von Hitler beschuldigt werden, sind für den Frieden und die Reparationslasten verantwortlich, sondern alle diejenigen, [. . .] welche heute durch Hitler wieder zur Macht kommen wollen und Euch in neue Kriege stürzen werden. [. . .] Wir, die hier zu Euch sprechen, wollen nicht an die Macht, wir dienen keiner Partei, wir sind niemandens Sprachrohr als unseres Gewissens. [. . .] Und wir sagen Euch: Es ist eine Gewissenspflicht jedes Katholiken, jene Parteien zu wählen, die die unverlöschlichen Rechte seiner Kirche zu verteidigen entschlossen sind[174]. [. . .] Der kommende Sonntag ist ein Tag des Kreuzzuges."

Am 22. Januar 1933 schrieb Gerlich, er halte es nicht für „unmöglich", daß die Koalition, über die damals verhandelt wurde, zu einer Regierung führe, die in Deutschland „Grabesruhe" zur Folge haben werde[175]. Tatsächlich wurden eine Woche später alle hoffnungsvol-

[174] Für Gerlich waren das zunächst das Zentrum und die Bayerische Volkspartei, doch darüber hinaus die SPD, die Deutsche Staatspartei und der Christlich-Soziale Volksdienst. Über die in Anm. 169 genannten Titel hinaus vgl. zum politischen Katholizismus und dem 30. 1. 1933: Rudolf Morsey, Der Untergang des politischen Katholizismus. Die Zentrumspartei zwischen christlichem Selbstverständnis und 'nationaler Erhebung' 1932/33. Stuttgart, Zürich 1977; ders., Hitlers Verhandlungen mit der Zentrumsführung am 31. Januar 1933, in: VfZG 9 (1961), S. 182–194; Konrad Repgen, Hitlers Machtergreifung und der deutsche Katholizismus. Versuch einer Bilanz, in: Katholische Kirche im Dritten Reich, hrsg. von Dieter Albrecht. Mainz 1976, S. 1–34 (Saarbrücken [1]1967); und Johannes Schauff, Das Wahlverhalten der deutschen Katholiken im Kaiserreich und in der Weimarer Republik. Untersuchungen aus dem Jahre 1928, hrsg. und eingel. von Rudolf Morsey, Mainz 1975; sowie Josef Becker, Zentrum und Ermächtigungsgesetz 1933, in: VfZG 9 (1961), S. 195–210.

[175] Prophetien (I, 168), S. 537 (1. 2. 1933).

len Ansätze der politischen Entwicklung im zweiten Halbjahr 1932 mit dem Kabinett der 'nationalen Konzentration' zum Trugbild.

In der ersten Ausgabe nach dem Machtantritt las man im 'Geraden Weg', der Erfolg der Hitler-Bewegung sei eines der „sinnfälligsten Kennzeichen des geistigen und politischen Zusammenbruchs", den das deutsche Volk durchmache. Geradezu prophetisch wurde über die „Loslösung von der menschlichen Kultur der letzten zwei Jahrtausende" geschrieben, die der Staat Hitlers heraufbeschwöre. Von einem „Schritt in die Barbarei" war die Rede, dessen „lebensvernichtende Auswirkung" allerdings die „Selbstbesinnung" der Deutschen auf ihre „sittlichen, kulturellen und politischen Grundlagen" wieder wecken könne[176].

Und in seiner letzten Nummer – die Parteien der Regierungskoalition hatten am 5. März 1933 die absolute Mehrheit der Stimmen erhalten – schrieb der 'Gerade Weg': Jene, für die diese Zeitschrift gekämpft habe, wollten nicht zu denen gehören, welche die „'Wechsel' – nämlich die Stimmzettel dieser Wahlmehrheit – einzulösen verpflichtet" seien. Nahezu 89 Prozent der Wahlberechtigten hatten ihre Stimme abgegeben. Rund 44 Prozent von ihnen votierten für die NSDAP, die damit ihr bestes Ergebnis erreichte. Acht Prozent wählten Hitlers Koalitionspartner, die aus der Deutschnationalen Volkspartei hervorgegangene 'Kampffront Schwarz-Weiß-Rot'. Freie Wahlen? Relativ freie Wahlen! Jedenfalls trugen die Stimmberechtigten, diesen Eindruck vermittelt auch Gerlich, die volle Verantwortung für ihre Entscheidung. Zwar habe der Reichstagswahlkampf bereits ganz im Zeichen des nationalsozialistischen Terrors, der Willkür nach dem Reichstagsbrand und der Pressezensur gestanden, aber in den Kabinen sei letztendlich allgemein, frei und geheim gewählt worden[177].

Im Rückblick – nicht nur auf christliche Oppositionelle – wird einerseits deutlich, daß die unterschiedlichsten intellektuellen und politischen Gruppen vor dem Nationalsozialismus gewarnt haben.

[176] Ebd. S. 541.

[177] Ebd., S. 576 (8. 3. 1933); zu den Wahlen, in deren Vorfeld mehr als 70 Tote zu beklagen waren, Milatz (I, 65), S. 790–793.

So gesehen ließ sich durchaus eine Vorstellung von dem gewinnen, was das Dritte Reich – im Gegensatz zu dem von der nationalsozialistischen Propaganda verbreiteten Bild – bringen würde, zumindest bringen konnte. Nur ist eben andererseits zu fragen, wen denn die Wahrheitssuche umtrieb, in jener Zeit, die für so viele Not bedeutete.

Signifikanterweise blieb 1933 selbst der Streik der Gewerkschaften aus. Das 'Reichsbanner' marschierte nicht. Kein Widerstand seitens der 'Linken', wo er noch am ehesten zu erwarten gewesen wäre: Konsequenz einer Führung, die Hitler ebenfalls – wenn auch aus anderen Gründen als die 'Rechte' – schlicht unterschätzte, die in der konkreten Situation keine Zeichen setzte. Dafür lassen sich Gründe anführen, durchaus ehrenhafte sogar. Als jedoch die Dimension des Wechsels offenbar geworden war, da beherrschten sehr bald Anpassungszwänge das Leben, da erfüllten sich die Vorhersagen der 'Weltbühne' mit schmerzhafter Logik. Man hat deren Autoren mitunter vorgehalten, sie hätten sich der Illusion einer Volksfront hingegeben. Und daran ist zumindest richtig, daß für ein übergreifendes Bündnis der Linken die Voraussetzungen fehlten. Die KPD verharrte selbst im letzten Quartal der Republik von Weimar in ihrer falschen Frontstellung. Ernst Thälmann hatte sich dann zwar noch am 30. Januar 1933 direkt an die Führung der SPD gewandt, hatte an die Einheitsfront appelliert, aber das Mißtrauen ließ sich nicht überwinden, die Zeit bis zum Reichstagsbrand verstrich ungenutzt, und danach wurde die Linke – zunächst die KPD – systematisch zerschlagen. Deren Fehlkalkulation, d. h. die Unterschätzung der NSDAP, führte nicht nur zum – einkalkulierten – Parteiverbot, sondern zur brutalen Verfolgung bis zur Vernichtung.

Als gewiß kann gelten, daß nach wenigen Wochen die Angst vor dem sich ausbreitenden Terror „Mut und Energie der Antifaschisten“ lähmte. Doch ist das wohl nur eine Erklärung für die halbe Wahrheit, und sie dürfte nicht einmal für die Hälfte der damals formal politisch mündigen Deutschen relevant sein. Denn nicht von ungefähr entwickelte sich der Widerstand in keiner Phase des Dritten Reiches zu einer überwältigenden Volksbewegung im Innern[178].

[178] Zu Literaturhinweisen für den Widerstand vgl. Anh. 7.

Und darüber hinaus gab es ja nicht allein jene aus den Zeitläuften abzuleitende Zustimmung zu Hitler[179]. Vielmehr existierte eine, bis in die Katastrophe anhaltende, Sympathie für den Diktator und seine Ziele[180]. Man wird letztlich immer wieder auf die Identifikations-

[179] Als bereits genannte Titel ergänzende Auswahl vgl.: Richard F. Hamilton, Who voted for Hitler? Princeton, N. J. 1982; Thomas Childers, The Social Bases of National Socialist Vote, in: JCH 11 (1976), Nr. 4, S. 17–42; in bezug auf die Motivation vor allem Winkler (I, 72), S. 1–13. Einen Überblick zu seinen Thesen bietet Winklers Beitrag: Wer wählte Hitler? Die Wähler der NSDAP: Das Bürgertum überwog, in: DP Nr. 4–5, 29. 1./5. 2. 1983, S. 4, dort auch zum entscheidenden Einfluß der 'Kamarilla' an der Jahreswende 1932/33 auf die 'Machtübernahme'. Zur Reaktion auf diese und zur Beurteilung der ausgehenden Republik: Die Mittwochs-Gesellschaft. Protokolle aus dem geistigen Deutschland 1932 bis 1944, hrsg. und eingel. von Klaus Scholder. Berlin 1982, hier insbes. das Referat des Juristen Bill Drews 'Über die Problematik der Weimarer Reichsverfassung' am 9. 11. 1932, S. 53–59; zu dessen Deutung merkt Scholder an (S. 17f.): Der Vortrag macht „deutlich, warum auch hier [in der Mittwochs-Gesellschaft] wohl die meisten den Machtwechsel im Januar mehr als Rettung denn als Bedrohung empfanden. Drews' schonungslose Analyse gab der Republik im Grunde keine Chance mehr." Außerdem das Referat des Staatsministers und preußischen Finanzministers (1933–1944) Johannes Popitz am 26. 4. 1933 'Über die jüngste deutsche Entwicklung', S. 66–69. Auch dieser Vortrag des späteren Widerstandskämpfers, der durch seine faschismusfreundlichen Aussagen und die positive Würdigung des neuen Regimes provozierte (in erster Linie den 1935 emigrierten Werner Weisbach), bestätigt Scholders oben zitiertes Urteil. Für den Juden Weisbach war Popitz ein Opportunist und Zyniker – angesichts dieser Ausführungen ein berechtigtes Urteil. Vgl. aber zu Popitz und seinem Referat die einfühlsame Interpretation von Scholders, ebd., S. 19f. Unter den zeigenössischen Betrachtungen zum Wechsel von Weimar zu Hitler siehe Hoover (Anh. 6), S. 50–117, der Ursachen und Ablauf ausführlich darstellt. Sehr anregend auch Fritz Ermarth, The New Germany. National Socialist Government in Theory and Practice. With an Introduction by Ernest S. Griffith. Washington 1936, S. 20–48. Ermarth interpretiert strukturgeschichtlich, den Schwerpunkt im Wirtschaftssystem und bei der Verfassung bildend. S. 185–196 findet man eine umfangreiche Bibliographie.

[180] Siehe dazu den Bericht von Karl-Heinz Janßen, Erinnerung an dunkle

these zurückverwiesen. Das heißt nicht, daß Hitler und seine Bewegung nicht unterschätzt worden wären, um dies erneut ganz klar festzustellen. Doch ist dabei zu bedenken, daß eine Unterschätzung notwendigerweise ein Schätzen voraussetzt, also ein abwägendes, kritisches und rationales Betrachten des Sachverhaltes. Gerade dieses dürfte freilich – sowohl im In- als auch im Ausland – nur für eine verhältnismäßig kleine Gruppe zutreffen. Bei einer sehr großen Zahl der Deutschen konnte man wohl eher von einer emotionalen Zustimmung sprechen, die sich überwiegend an ganz bestimmten, subjektiv aufgefaßten Interessen orientierte. Unbeschadet der diffizilen Probleme, die eine Analyse des nationalsozialistischen Wählerverhaltens impliziert, darf zumindest festgestellt werden, daß den 44 Prozent Hitler-Wählern des Jahres 1933 keine Unterschätzung unterlief, ihnen paßte vielmehr – salopp ausgedrückt – die ganze Richtung der nationalsozialistischen Propaganda. Offenbar existierte eine spontane Bereitschaft, sich mit zahlreichen – vermutlich

Zeiten. Die SPD besinnt sich auf Geschichte und Widerstand im Dritten Reich, in: Die Zeit, Nr. 38, 17. 9. 1982, über eine Tagung der Friedrich-Ebert-Stiftung zum Thema: 'Demokratischer Sozialismus gegen Hitler'. Was die dabei thematisierte Affinität zum NS anbelangt, so ist u. a. auf die Studentenschaft zu verweisen, die „als soziologische Gruppe dem Nationalsozialismus mehrheitlich als erste anheimfiel". Als Überblick dazu Peter Diehl-Thiele, Hitlers akademische Vorhut. Wie die Studentenschaft schon vor 1933 dem Nationalsozialismus verfiel, in: SZ, Nr. 267, 20./21. 11. 1982 (zit. ebd.); sowie Michael H. Kater, Studentenschaft und Rechtsradikalismus in Deutschland 1918–1933: Eine sozialgeschichtliche Studie zur Bildungskrise in der Weimarer Republik. Hamburg 1975. Unter der zeitgenössischen Literatur hervorzuheben ist das – der Erziehung im NS-Staat ganz allgemein gewidmete – Buch von Gregor Ziemer, Education for Death. The Making of the Nazi. London, New York, Toronto 1941 (das Buch erlebte zwischen Oktober 1941 und März 1943 sechs Auflagen), dort zu den Studenten S. 169–192. Für eine andere Großgruppe, die Wehrmacht, ist zu verweisen auf Hans Ernest Fried, The Guilt of the German Army. New York [2]1943 ([1]1942), S. 353–358, hier S. 354: "From the outset, the National Socialists regarded themselves as advocates of the Army. In turn, officers of the highest ranks soon came to think well of Hitler's ideas and methods. But this was because he expressed their own ideas."

vordergründig aufgefaßten – Programmpunkten des Nationalsozialismus zu identifizieren, sich an andere politische Forderungen Hitlers anzupassen oder diese zu tolerieren.

Außerordentlich problematisch ist es, verbindlich zu bestimmen, wann oder wo im Ausland eine Unterschätzung des nationalsozialistischen Regimes vorlag, und wann oder wo nationalen Zielen im Rahmen einer sehr konsequenten politischen Berechnung Vorrang vor der entschlossenen Erledigung des Problems Hitler – d. h. der Austragung eines Konflikts mit diesem – eingeräumt worden ist. Denn so zweifelsfrei Hitler als deutscher Diktator im Ausland unterschätzt wurde, so sicher ist es, daß man dort auch seine internationale Gefährlichkeit erkannte. Die Gründe für die eine oder die andere Beurteilung sind von Fall zu Fall herauszuarbeiten, was hier nicht geschehen kann. Es fehlte jedenfalls gerade in Großbritannien oder in den Vereinigten Staaten nicht an kritischen Stimmen. Aus diesen Ländern kamen die eindringlichsten Warnungen vor den Gefahren, die Hitler für den Frieden heraufbeschwöre. Und dort erzielten antinationalsozialistische Bücher recht hohe Auflagen, obwohl sich nicht uneingeschränkt behaupten läßt, daß die Exilanten als 'Propheten' im Ausland stets mehr gegolten hätten als in ihrem 'Vaterland'. Auch erreichten letztlich innerhalb der journalistischen Deutung Hitlers jene, die bereits frühzeitig versuchten, diesen „ohne Maske" darzustellen[181], nicht die erwünschte Breitenwirksamkeit.

Bleibt – um den Blick wieder auf die Situation in Deutschland zurückzulenken – die Frage nach der politischen Opposition, insbesondere der SPD und den Gewerkschaften. Sie streckten in gewisser Weise schon am 20. Juli 1932 ihre Waffen, als Papen die preußische Regierung ihres Amtes enthob. Damals begaben sich die Sozialdemokraten ihres letzten Bollwerkes. Im Januar 1933 war es wohl so, daß sowohl die Führung der SPD als auch die der Gewerkschaften Illusionen hegten. Sie hofften auf einen Zerfall der neuen Koalition,

[181] So z. B. der Titel von Andernach (I, 15) oder Gorel (I, 138). Vgl. auch die Untersuchung von Robert T. Clark, The Fall of the German Republic: A political study. London 1935.

vertrauten auf die demokratische Loyalität eines Hindenburg und der Reichswehr. Nur bei offenem Verfassungsbruch wollte man handeln. Dagegen war die – oben erwähnte – Haltung der KPD im Vorfeld von Hitlers Machtantritt geprägt von der Einschätzung des Nationalsozialismus durch Moskau. Stark vereinfacht läßt sich diese dahingehend zusammenfassen, daß es dem Kreml nicht gelang, Hitler und seine Bewegung differenziert zu beurteilen. Dazu wäre es erforderlich gewesen, auf Propagandaphrasen zu verzichten, die Realpolitik durch Ideologie ersetzten. Statt dessen zwängte man Hitler in das Prokrustesbett jener Theorie von den Gesetzmäßigkeiten des Klassenkampfes und der proletarischen Revolution, was geradezu zwangsläufig zu seiner Unterschätzung führte – jedenfalls in der Zeit 1933/34. Dabei kannte die kommunistische Führung dessen Schriften recht genau. Doch die ideologischen Vorurteile dominierten, machten Hitler zum Büttel des Monopolkapitals[182].

4. Antisemitismus und Rassismus

Im Mittelpunkt jener Bemühungen, die darauf abzielten, Hitler zu demaskieren oder seine Ermöglichung zu erklären, stand von Anfang an die Auseinandersetzung mit dem Kernstück der nationalsozialistischen Ideologie: dem Antisemitismus und Rassismus. Unter den zeitgenössischen – kritischen – Publikationen gab es kaum eine,

[182] Als Resümee dazu Peter Diehl-Thiele, Die gelähmte Faust, Sozialdemokratie und Gewerkschaften vor Hitlers 'Machtergreifung', in: SZ, Nr. 291, 18./19. 12. 1982. Grundlegend zum Sturz der Regierung Braun/Severing das Buch von Hagen Schulze, Otto Braun oder Preußens demokratische Sendung. Eine Biographie. Frankfurt a. M., Berlin, Wien 1977, S. 725–785, dort zur Entwicklung zwischen dem April 1932 und März 1933 insgesamt. Zur Haltung der SPD am 30. 1. 1933 und dem verspäteten Versuch, die Republik doch noch zu retten, ebd., S. 777. Zur Interpretation der sowjetischen Haltung im Rahmen des nationalsozialistischen Machtantritts siehe insgesamt Karlheinz Niclauß, Die Sowjetunion und Hitlers Machtergreifung. Eine Studie über die deutsch-russischen Beziehungen der Jahre 1929 bis 1935. Bonn 1966; vgl. außerdem die relevanten Titel in II, 173.

die diesen Aspekt nicht bevorzugt betrachtete, und manch eine, die dabei bereits auf den qualitativen Unterschied zwischen dem nationalsozialistischen Judenhaß und der sogenannten traditionellen Judenfeindlichkeit aufmerksam machte. Tatsächlich beabsichtigten die 'Nazis' – über die Vorstufen einer Liquidation 'des Juden' im institutionell-rechtlichen und im materiell-existentiellen Bereich – zur physischen Vernichtung zu schreiten. Mit dem ersten Boykott jüdischer Geschäfte, so ist im Rückblick festzustellen, begann also jene rassische und soziologische Segregation, die dann in Auschwitz endete.

Allerdings scheinen nicht wenige Deutsche, soweit sie überhaupt darüber nachdachten, die brutale Folgerichtigkeit, mit der Hitler und seine Paladine[183] frühere Absichtsbekundungen anschließend

[183] Im allgemeinen wurde das Dritte Reich innerhalb der zeitgenössischen Literatur mit Hitler gleichgesetzt. Ohne Hitler aus dem Brennpunkt aller Entscheidungsprozesse nach 1933 zu rücken, unternahm Otto Deutsch den Versuch, auch die Rolle der übrigen herausragenden Funktionsträger im NS-Staat zu bestimmen: Otto Deutsch (d. i. Oswald Dutch), Hitler's 12 Apostles. New York 1940 (London 1939). Insbesondere das Kapitel über Streicher (S. 154–163) zeigt, was man 1939 im Ausland über den Antisemitismus wissen konnte und wußte. Bei den zahlreichen neueren Büchern über die Exekutanten des Holocaust vgl. das „Ausmaß und Methode der Nazi-Verbrechen" dokumentierende Werk von Jochen v. Lang, Das Eichmann-Protokoll. Tonbandaufzeichnungen der israelischen Verhöre. Mit 66 faksim. Dokumenten. Nachw. von Avner W. Less. Mitarbeit Claus Sibyll. Berlin 1982; und ders., Der Sekretär. Martin Bormann: Der Mann, der Hitler beherrschte. Unter Mitarbeit von Claus Sibyll. Stuttgart 1977; Bormann ist, wo es gegen die Kirche oder um die Ausrottung der Juden ging, zweifellos einer der „haßerfüllten" Motoren des Regimes gewesen, so Albert Speer, Der Sklavenstaat. Meine Auseinandersetzungen mit der SS. Stuttgart 1981, S. 20f.; außerdem Hans Frank, Im Angesicht des Galgens. Deutung Hitlers und seiner Zeit auf Grund eigener Erlebnisse und Erkenntnisse. Geschrieben im Nürnberger Justizgefängnis, hrsg. von Oswald Schloffer. Neuhaus bei Schliersee ²1955 (München-Gräfelfing ¹1953); oder Rudolf Höß, Kommandant in Auschwitz. Autobiographische Aufzeichnungen, hrsg. von Martin Broszat. München ⁸1981. – Zur Zurückweisung der Vorbehalte gegenüber dieser in polnischen Gefängnissen geschriebenen Autobiographie vgl. Lothar Baier,

in politische Praxis umsetzten, vor dem 30. Januar 1933 für ausgeschlossen gehalten zu haben. In der Tat nahmen sich jene mit absurden biologischen Scheinargumenten und Unterstellungen jeder Art begründeten Forderungen der NS-Rassenlehre und des Antisemitismus aberwitzig aus. Logisch gesehen mußten sie als gar nicht realisierbar gelten[184].

Aber nach genau einem Jahr Hitlerscher Reichskanzlerschaft wurde in Paris ein Schwarzbuch über die 'Lage der Juden in

Auschwitz 1984. Über die Folgen unseres pädagogischen Umgangs mit der Nazivergangenheit, in: Die Zeit, Nr. 7, 12. 2. 1982, S. 37f., hier S. 38. Nicht unerwähnt kann in solchem Zusammenhang die Verstrickung der Industrie bleiben. Dazu Joseph Borkin, Die unheilige Allianz der I. G. Farben. Eine Interessengemeinschaft im Dritten Reich. Frankfurt a. M., New York 1979. Im übrigen ist – sozusagen als modernes Pendant zur oben erwähnten Arbeit von Deutsch – auf die Studie von Joachim C. Fest zu verweisen: Das Gesicht des Dritten Reiches. Profile einer totalitären Herrschaft. München, Zürich [7]1980. Freilich beschränkt sich Fest keineswegs darauf, die Repräsentanten des Dritten Reiches zu porträtieren, sondern gibt jeder Personenbeschreibung einen relevanten politischen oder positionsspezifischen „rahmenfüllenden Hintergrund" bei. Das vermittelte „Gesicht" des NS-Staates wird auf diese Weise mehr als nur ein Spiegelbild von Individuen, obwohl es dem Verfasser erklärtermaßen darum geht, primär psychologische Strukturen zu beschreiben oder zu analysieren (S. 9f.).

[184] Bezeichnend für diese Fehleinschätzung war in etwa die Sicht von Heuß, Hitlers Weg (I, 10), S. 31–46. Kritisch äußert sich zu Heuß Lange (I, 2), S. 37–41. Vgl. dagegen die Einleitung von E. Jäckel zu 'Hitlers Weg', ebd. S. XI–XLIV. Er stuft das Buch als „historisches und menschliches Dokument" ein, als eine „Stimme der Vernunft" und überhaupt als ein „unentbehrliches Stück politischer Literatur", S. XLIII. Im Gegensatz zu Heuß war Edgar J. Jung – Die Herrschaft der Minderwertigen, ihr Zerfall und ihre Ablösung durch ein neues Reich. Berlin 1927 – nicht bereit, sich mit Hitlers Persönlichkeit auseinanderzusetzen. Jung, Vertreter der sogenannten konservativen Revolution, antisemitisch eingestellt, lehnte – obwohl er für eine Erneuerung des Deutschtums eintrat – rassische Prinzipien als Basis ab, ebd. S. 121f. Als bekannter NS-Gegner wurde er am 1. 7. 34 ermordet, vgl. Weißbuch über die Erschießungen des 30. Juni. Paris [3]1935, S. 105; zu den „Massenmorden am 30. Juni 1934" auch Straßer (I, 81), insgesamt, Zit. S. 11.

Deutschland' veröffentlicht, das die systematische „Verfolgung, Entrechtung und Vertreibung" der deutschen Juden während der ersten sechs Monate nach der Machtergreifung dokumentierte[185]. Wer es las, der vermochte zu erkennen, daß die Verpflichtungen der Menschenwürde im Dritten Reich durch Rassengesetze abgelöst waren. Freilich dürften nicht alle von den nunmehr nachlesbaren Vorfällen überrascht worden sein, die den antijüdischen Terror der neuen Machthaber bewiesen. Hatte man es doch vorher wissen können, sofern nicht Hoffnungen genährt wurden, die sich angesichts des allgemeinen Auftretens der nationalsozialistischen Aktivisten im Grunde schon vor dem Januar 1933 nicht mehr rechtfertigen ließen. Vor allem aber machte Hitler, der „grausam rachsüchtige, fanatisch judenhetzerische Pharao des 20. Jahrhunderts", als welchen ihn ein Zeitgenosse beschrieb, aus seinem „fast sadistischen Haß gegen die Juden" – bereits in den „Tagen ehe er Diktator" wurde – keinen Hehl[186].

[185] Das Schwarzbuch. Tatsachen und Dokumente. Die Lage der Juden in Deutschland 1933, hrsg. vom Comité des délégations juives. Paris 1934 (Reprint 1983), Zit. S. 12. Zwei Jahre später erschien: Der gelbe Fleck. Die Ausrottung von 500000 deutschen Juden. Mit einem Vorwort von Lion Feuchtwanger. Paris 1936.

[186] Zit. nach Karl H. v. Wiegand, Hitler sieht sein Ende voraus (engl. Originaltitel: Hitler Foresees His End), in: Cosmopolitan, April 1939, hier: Übersetzung der Auslandspressestelle München (12 S.), Bundesarchiv-Militärarchiv Freiburg i. Br., RW 5/v. 7, Zit. S. 1 und S. 10. Was die Unterrichtung über die antijüdischen Ziele des NS-Regimes anbetrifft, so ist erneut auf Sagitz (I, 45) zu verweisen, bei dem sich 66 einschlägige Arbeiten finden. Darunter ein Elaborat mit dem Titel: 'Wenn das Judenblut vom Messer spritzt'. Wien 1932, 15 S. (nicht als Nr. 158, wie im Register angegeben, sondern als Nr. 1538 aufgeführt). Hervorzuheben – als frühe Information über die Verbrechen an deutschen Juden – auch Edgar Ansel Mowrer, Germany Puts The Clock Back. A new edition with material added April and August 1938. Harmondsworth/Middlesex 1938. M., dessen Buch 1933 bereits zwei, zwischen 1937 und 1938 dann gar sieben weitere Auflagen erlebte, führt im Kapitel 'Perish the Jew!' (S. 173–187) zahlreiche Beispiele für Ausschreitungen auf. Dabei versucht er, den Unterschied zwischen traditionellem und nationalsozialistischem Antisemitismus herauszustellen. Wie M.,

Wissenschaftlich betrachtet steckten der nationalsozialistische Antisemitismus und die NS-Rassenlehre voller Ungereimtheiten. Aber in der zeitgenössischen Kommentierung wurde auch auf den Zusammenhang mit ganz konkreten historischen Erscheinungen hingewiesen, z. B. dem Imperialismus. Wilhelm Reich machte darauf in seiner im September 1933 veröffentlichten 'Massenpsychologie des Faschismus' ebenso aufmerksam wie auf die zahlreichen „Widersprüche und Widersinnigkeiten" innerhalb des entsprechenden 'Theoriegebäudes'[187].

Doch Reich wußte auch, wie wenig Hitler sich darüber Gedanken machte. Oft genug hatte dieser ja betont, daß es nicht auf die logische Konsequenz in der Beweisführung ankomme, sondern auf die Mobilisierung von Emotionen, sofern die Massen überzeugt werden sollten. Aus gutem Grund – so Reich – sei die Sprache der Nationalsozialisten nebelhaft und mystisch, letztlich unscharf angelegt. Sie bedienten sich bestimmter Phrasen und Sätze, die auf den „ersten Blick keinen Sinn verraten, ja ihn wie absichtlich zu verhüllen" schienen. Nur derjenige, der die „massenpsychologische Wirkung gerade solcher mystischen Sätze" kenne und diese gebührend einschätze, vermöge auch ihre „politisch-irrationale Wirkung zu begreifen"[188].

oft sogar mit direktem Bezug auf diesen, ist Henry Wickham Steed – Hitler Whence and Whither? London ²1934, S. 111–147 – bemüht, das Syndrom des nationalsozialistischen Judenhasses zu erhellen. Um seinen Lesern die Akzeptation der antisemitischen Geisteshaltung durch die Deutschen zu demonstrieren, zitiert er unter anderen das bei Studenten angeblich populäre Lied (S. 136): „Wenn's Judenblut vom Messer spritzt, Dann geht's nochmal so gut." Unmittelbar dazu Karl Kraus (Vw. 13), hier S. 159f., wo er, der seine 'Dritte Walpurgisnacht' weitgehend den Ausschreitungen gegen Juden und andere Minderheiten widmete, die Ernsthaftigkeit solcher Phrasen und die Verlogenheit offizieller Abschwächungsversuche im Zusammenhang mit den Verfolgungen unterstreicht.

[187] Reich (I, 12), S. 95–114, hier S. 97.

[188] Ebd., S. 102; Konrad Heiden (I, 55), S. 7, erkannte in der von ihm konstatierten Unklarheit und Ungeordnetheit der NSDAP Methode: „Ihre Programmlosigkeit – die vielgenannten 25 Punkte sind kein ernstgenomme-

Weitaus deftiger äußerte sich Irene Harand etwa zwei Jahre später zu diesem Themenkreis. Für sie war der nationalsozialistische Rassismus „hirnrissig“, die ihm zugeordnete Theorie schlicht „unsinnig“ [189]. Allerdings implizierte diese lapidare Abqualifizierung abstruser Vorstellungen keine Unterschätzung der praktischen Folgen des Hitlerschen Antisemitismus. Zitierte Harand doch aus dem Machwerk 'Nazi-Sozi' von Joseph Goebbels eben jene Stelle, an welcher der Propagandaminister expressis verbis die Ausrottung der Juden forderte [190]. Sie prangerte ausdrücklich an, daß in Deutschland bis 1935 schon „viel Blut“ geflossen sei. Das Regime übe den „Massenmord“ aus, um seine Herrschaft zu stabilisieren. Ebenso sei der Antisemitismus für Hitler ein „Mittel zur Befestigung der hauptsächlich durch Entfachung der Haßinstinkte gegen die Juden nun einmal erlangten Macht“ [191]. Sie stand mit dieser Sicht nicht allein.

nes Programm – ist mehr als ein auf eine gedankenfaule Zeit berechneter Erfolgstrick. Sie beruht auf der Erkenntnis, daß eine Bewegung aus Ursachen entspringt, nicht aus Zielen, und daß den Menschen mehr an Führern als an Verhaltungsmaßregeln liegt. Zweifellos ist hier ein veredelter Fatalismus im Spiel; der Glaube an die Macht eines Schicksals, das noch mächtigere Ideen gebiert und gegen sich selbst Taten weckt.“

[189] Harand, Sein Kampf (I, 19), S. 33.

[190] Ebd., S. 38; Joseph Goebbels, Der Nazi-Sozi. Fragen und Antworten für Nationalsozialisten. München [4]1932. Daß der Antisemitismus als realistische Gefahr betrachtet worden ist, daß man den Nationalsozialisten zutraute, ihre Ausrottungsforderungen auch in Taten umzusetzen, das zeigen u. a. ein Aufruf der 'Liga für Menschenrechte' vom September 1930, der sich gegen die „Kulturschande des Antisemitismus“ richtete; oder Beiträge von Heinrich Mann (1928), Jakob Wassermann (1931), Walter Mehring (1931) und Theodor Lessing (1932), der von einem „Kollektiv-Verbrechen“ spricht, weil die „Majorität im Staate die wehrlose Minderheit in Wort und Schrift als hassenswert und parasitär dem Masseninstinkte“ preisgibt, in: Lesebuch Weimarer Republik (I, 60), S. 215–221. Siehe außerdem zum Antisemitismus jener Jahre, ebd., S. 81–84.

[191] Harand, Sein Kampf (I, 19), S. 7 und S. 342: „Ohne den Judenhaß würde es heute keinen Hitler geben.“ Hermann Diem bestätigte diese Sicht nach dem Ende des Dritten Reiches: „Für die bürgerliche Gesellschaft, welche der Auflösung ihrer bisherigen Bindungen hilflos gegenüberstand und zu

Derselbe Tenor kennzeichnet die Interpretation von Wickham Steed, der bereits im Herbst 1933 am King's College in London Vorlesungen über den 'Hitlerismus' in Deutschland hielt, wobei er sich mit Erklärungsmöglichkeiten für dessen Resonanz in der deutschen Öffentlichkeit auseinandersetzte[192]. Wie andere Autoren[193] verweist Steed auf die Bedeutung, welche die Lehren des französischen Grafen Arthur de Gobineau[194] und des britischen Schriftstellers und Kulturphilosophen Houston Stewart Chamberlain[195] für die Aus-

dem Weimarer Staat kein Verhältnis fand, war dieses Judentum die Verkörperung all jener Mächte, durch welche es [!] sich seiner heiligsten Güter beraubt sah ... Und da der Nationalsozialismus seine Propaganda mit der groben Alternative: 'Nationalsozialismus oder Bolschewismus' führte, mußte das Judentum zum Verbündeten des Bolschewismus gemacht werden. Der 'jüdisch-bolschewistische Untermensch' wurde der Weltfeind Nr. 1. 'Deutschland erwache – Juda verrecke' – das war die Losung, mit welcher die SA die Straße und die Partei schließlich den Reichstag und die Regierung eroberte." Zit. nach Hermann Diem, Kirche und Antisemitismus, in: Deutsches Geistesleben und Nationalsozialismus. Eine Vortragsreihe der Universität Tübingen mit einem Nachwort von Hermann Diem, hrsg. von Andreas Flitner. Tübingen 1965, S. 7–23, hier S. 17. Hüten muß man sich allerdings vor monokausalen Erklärungen, und das wurde bereits vor 1945 erkannt, vgl. z. B. Hoover (Anh. 6), S. 213.

[192] Steed (I, 186), S. V.

[193] Vgl. Humbert (I, 20), S. 69–79; dort auch zum Einfluß des antisemitischen Schriftstellers Dietrich Eckart auf die rassischen Vorstellungen Hitlers (Hitler lernte Eckart 1919 kennen, und dieser gehörte zu seinen wichtigsten Gönnern; direkt dazu Margarete Plewnia, Auf dem Weg zu Hitler. Der 'völkische' Publizist Dietrich Eckart. Bremen 1970; und Ralph M. Engelmann, Dietrich Eckart and the Genesis of Nazism. Phil. Diss. Washington 1971), zur Wirkung Alfred Rosenbergs und zur Bedeutung des antisemitischen Klimas, das Hitler in Wien vorfand. Siehe außerdem Steel (I, 32), S. 125–137, zu diesem Themenkreis.

[194] Joseph Arthur Comte de Gobineau, Versuch über die Ungleichheit der Menschenrassen, 4 Bde. Stuttgart [5]1939–40 (Paris 1853–56; dt. [1]1898–1901).

[195] Houston Stewart Chamberlain, Die Grundlagen des neunzehnten Jahrhunderts, 2 Bde. München [21]1936 ([1]1899). Einer seiner Schüler: Arthur

formung der konglomeratischen Ideologie Hitlers besaßen, die er mit Bezug auf den Rassismus und Antisemitismus „nordisches Evangelium" und Ersatzreligion der Deutschen nennt[196]. Während seines Lazarettaufenthaltes in Pasewalk (Pommern), wo Hitler die Folgen einer Mitte Oktober 1918 erlittenen Vergiftung durch Gelbkreuzgas auskurierte – sie hatte zu vorübergehender Erblindung

Moeller van den Bruck, Das Dritte Reich. Bearb. von Hans Schwarz. Hamburg [3]1931 ([1]1923); und zur Perzeption Chamberlains in der NS-Ideologie: Alfred Rosenberg, H. St. Chamberlain als Verkünder und Begründer einer deutschen Zukunft. München 1927. – Zur Entwicklung der NS-Ideologie vgl. auch: Richard Walther Darré, Neuadel aus Blut und Boden. München 1935 ([1]1927); Gottfried Feder, Das Programm der NSDAP und seine weltanschaulichen Grundgedanken. München 1932; Heinrich Himmler, Die Schutzstaffel als antibolschewistische Kampforganisation. München 1936 (verwiesen sei in diesem Zusammenhang auf die umfassende Darstellung der Geschichte der Waffen-SS von Bernd Wegner. Hitlers Politische Soldaten: Die Waffen-SS 1933–1945. Studien zu Leitbild, Struktur und Funktion einer nationalsozialistischen Elite. Paderborn 1982, S. 25–75, zum ideologischen Umfeld; direkt zu diesem: John M. Steiner, Über das Glaubensbekenntnis der SS, in: Nationalsozialistische Diktatur, (II, 86), S. 206–223); Alfred Rosenberg, Der Mythus des 20. Jahrhunderts. Eine Wertung der seelisch-geistigen Gestaltenkämpfe unserer Zeit. München 1930; ders., Das Wesensgefüge des Nationalsozialismus. Grundlagen der deutschen Wiedergeburt. München 1932; ders., Gestaltung der Idee. Blut und Ehre II. Band. Reden und Aufsätze von 1933–1935, hrsg. von Thilo v. Trotha. München 1936. Unmittelbar zu Rosenberg vgl. Robert Cecil, The Myth of the Master Race: Alfred Rosenberg and Nazi Ideology. London 1972. – Einen Überblick über die Ausformung der ideologischen Zielsetzungen des Nationalsozialismus bietet Gerhard Grimm, Der Nationalsozialismus. Programm und Verwirklichung. München, Wien 1981, S. 35–52, dort zu den Urhebern und Inhalten des Programms. Zur Theorie von Chamberlain und Gobineau vgl. die Ausführungen bei Ernst Nolte, Der Faschismus in seiner Epoche. Die Action française. Der italienische Faschismus. Der Nationalsozialismus. München, Zürich [5]1979, S. 345–355, dort auch zu den Ideen von Gaston Vacher de Lapouges, Der Arier und seine Bedeutung für die Gemeinschaft. Freier Kursus in Staatskunde, gehalten an der Universität Montpellier 1889–1890. Frankfurt 1939.

[196] Steed (I, 186), S. 3–38.

geführt –, habe dieser die antisemitische Konstante seiner späteren politischen Konzeption fixiert[197]. Über die paranoide Schuldzuweisung an die Juden, die sich eines durch Massensuggestion geschürten „Verfolgungswahns“ als Instrument bediente, sei Hitler schließlich die Regierungsübernahme gelungen[198].

Tatsächlich ist eine derartige Deutung in der zeitgenössischen Literatur nicht selten anzutreffen. In seinem Werk 'Behemoth', das 1942 herauskam, wurde sie von Franz Neumann sowohl bestätigt als auch ergänzt und variiert. Die Nationalsozialisten hätten aus politisch-taktischen Überlegungen ihre antijüdischen Maßnahmen, die an sich ausgearbeitet in den Schubladen lagen, nur schrittweise in praktische Politik umgesetzt. Dabei sei immer dann auf den Judenhaß zurückgegriffen worden, wenn es erforderlich gewesen zu sein schien, die „Volksmassen anzuspornen oder ihre Aufmerksamkeit

[197] Ebd., S. 41–72, insbes. S. 70ff. Der Autor folgt dabei, wie die zeitgenössische Literatur generell, der Schilderung Hitlers (I, 116), S. 222–225, in 'Mein Kampf'.

[198] Über das Komplottieren im Rahmen der Machtübernahme Hitlers war man bestens unterrichtet. Vgl. Ermarth (I, 179), S. 42ff.; oder Hoover (Anh. 6), S. 91–95. Speziell zur Rolle Papens siehe George N. Shuster, Like a Mighty Army. Hitler Versus Established Religion. New York, London 1935, S. 179–182; völlig unkritisch übernimmt die NS-Propaganda G. Ward Price, I Know these Dictators. London, Sydney, Bombay, Toronto 1937, S. 106f., zu Hitler S. 7–164 insgesamt. Gegen die naive Deutung Hitlers, wie sie Price u. a. vertrat, wandte sich z. B. Humbert (I, 20). Eindringlich warnte er davor, die Aussagen in 'Mein Kampf' zu vergessen. Gerade im Ausland spreche man zwar sehr viel von Hitlers Buch, kenne es jedoch zu wenig. Man vergesse dort, daß es sich dabei um „keine Jugendsünde des deutschen Diktators, sondern vielmehr um das stets aktuelle Rezeptbuch des nationalsozialistischen Regimes handelt, in dem alles irrsinnige Wollen einmal und für immer festgelegt worden ist“ (S. 11f.). Es gelte zu unterscheiden „zwischen dem eigentlichen Parteiprogramm und der Ideologie“ in Hitlers Buch. Von den 25 Punkten, die am 24. Februar 1920 im „Münchener Hofbräu beschlossen und für unabänderlich erklärt worden sind“, sei „nichts erfüllt und nichts gehalten worden“. Dagegen bewiesen drei Jahre NS-Herrschaft, daß „Hitler im Grunde nur das getan hat, was von ihm in 'Mein Kampf' schon vor Jahren beschrieben wurde“ (S. 16f.).

von anderen sozioökonomischen und internationalen Vorgängen abzulenken“ [199].

Gewiß, der Antisemitismus verkörperte nur ein Element des rassischen Glaubensbekenntnisses der Nationalsozialisten, doch zweifellos das wichtigste: Hitler ging ja davon aus, daß für die Machtübernahme zwei Faktoren ausschlaggebend seien: die Aufstellung starker militärischer Organisationen und das Gewinnen großer Teile der Unterklassen. Als Vehikel zum Erfolg sollte ihm in diesem Zusammenhang die Behauptung dienen, daß sich die wenig erfreuliche Lage der Nation mit dem Einfluß des Weltjudentums erklären lasse, denn [200]: "Anti-semitic feeling was particularly strong among the lower middle classes and among certain parts of the peasantry. These groups formed the backbone of the National Socialist Party."

Indem Hitler die Juden sowohl zum Hauptrepräsentanten als auch zur Hauptursache des „Systems“ stilisierte [201], was im Verständnis eines politischen Tricks an sich nichts Neues war, schob er diesen die Verantwortung für alles und jedes zu, was seit der Niederlage im Ersten Weltkrieg an Unvorteilhaftem auf die Deutschen zugekommen war. Alles in allem, so Zeitgenossen, machte erst die nationalsozialistische Propaganda das deutsche Volk oder zumindest erhebliche Teile desselben "Jew-conscious at the price of their natural sanity. What did that matter if only Hitler would come to power! [202]" Dabei ging Franz Neumann weiterhin davon aus, daß

[199] Neumann (I, 11), S. 158f.

[200] Ermarth (I, 179), S. 30–38. Während dieser Autor dem jüdischen Einfluß (S. 37f.) in Politik, im Wirtschaftsleben, der Erziehung, der Medizin und im Theaterwesen sowie Kino einen hohen Stellenwert einräumte, ging Armstrong (Anh. 6), S. 18, aufgrund der statistischen Erhebungen des 'American Jewish Comittee' davon aus, daß der jüdische Einfluß in der Politik gering war. Vgl. zu diesen Fragen auch das ausgezeichnete Buch von Robert A. Brady, The Spirit and Structure of German Fascism. With a Foreword by Harold J. Laski. New York 1937 (Reprint 1969), S. 55f. Die Untersuchung analysiert Wesen und Funktionieren der deutschen Diktatur, wobei der Autor dem marxistischen Ansatz verpflichtet ist.

[201] Hoover (Anh. 6), S. 152–184, hier S. 171.

[202] Mowrer (I, 186), S. 179, sowie 178–187 insgesamt.

der „spontane Antisemitismus des Volkes selbst [. . .] nach wie vor schwach“ ausgeprägt gewesen sei. Er sah es als bezeichnend an, daß es „trotz der unaufhörlichen Propaganda, der das deutsche Volk seit vielen Jahren ausgesetzt ist, keine einzige nachweisbare spontane antijüdische Aktion von Personen, die nicht der NSDAP angehören, gegeben“ habe. Ansonsten aber stehen in seiner Interpretation des Hitlerschen Antisemitismus drei Faktoren im Mittelpunkt[203]: „Erstens sind Rassismus und Antisemitismus ein Ersatz für den Klassenkampf. Die offiziell etablierte, den Klassenkampf verdrängende Volksgemeinschaft benötigt ein integrierendes Element. [. . .] Allen Haß, alle Ressentiments, alles Elend auf einen Feind [die Juden; d. Verf.] ladend, der leicht vernichtet werden und keinen Widerstand leisten kann, läßt sich die arische Gesellschaft zu einem Ganzen integrieren. [. . .] Zweitens bietet der Antisemitismus eine Rechtfertigung für die Expansion nach Osten. Sowohl in Hitlers Autobiographie als auch im Programm der NSDAP wird eine Befreiung aller Rassenbrüder vom Joch der Fremdherrschaft gefordert; das bedeutet Expansion nach Osten. [. . .] Drittens schließlich ist der

[203] Vgl. Neumann (I, 11), S. 159 und S. 163–166. Ähnlich bewertet Rauschning (I, 13), S. 220, die Einstellung der Öffentlichkeit zum Antisemitismus. In einem Brief von Thomas Mann an Franz Werfel heißt es, daß eine „erhebliche Anzahl“ Deutscher das Land aus Abscheu vor den November-Pogromen verlassen habe, in: Thomas Mann, Briefe 1937–1947, hrsg. von Erika Mann. Frankfurt a. M. 1963, S. 94ff. (Brief vom 26. 5. 1939). In bezug auf die Auseinandersetzung von Th. Mann mit dem NS-Staat vgl. auch: Urs Bitterli, Thomas Manns politische Schriften zum Nationalsozialismus 1918–1939. Aarau 1964. Unter der zahlreichen Literatur zur sogenannten ‘Reichskristallnacht’, der zynischen Umschreibung von Morden, Sittlichkeitsverbrechen, Mißhandlungen und Zerstörungen, vgl. u. a. Heinz Lauber, Judenpogrom: ‘Reichskristallnacht’ November 1938 in Großdeutschland. Daten, Fakten, Dokumente, Quellentexte, Thesen und Bewertungen. Gerlingen 1981; Peter Freimark und Wolfgang Kopitzsch, Der 9./10. November 1938 in Deutschland. Dokumentation zur ‘Kristallnacht’. Hamburg ²1978. Aspektreich abgehandelt ist das Thema in 25 Beiträgen des Sammelbandes: The Holocaust: Ideology, Bureaucracy, and Genocide. The San Jose Papers, ed. by Henry Friedlander and Sybil Milton. Millwood/N. Y. 1980.

Antisemitismus in Deutschland ein Ausdruck der Ablehnung des Christentums und all dessen, wofür es steht."

Als Theoretiker war Hitler, der dabei in den „Spuren Gobineaus und Chamberlains" wandelte, sicherlich nicht mehr als deren „geistig sehr kleiner Schüler". In seinem Buch und in seinen Reden geriet „alles plump, roh und in Wahrheit antigeistig". Realpolitisch gesehen wurde er hingegen zum 'gigantischen Lautsprecher' seiner geistigen Stammväter[204]. Hitler gelang es ja nicht allein, einen großen Teil der deutschen Bevölkerung von seinem Dogma zu überzeugen, daß „Gott am Anfang die Rasse" geschaffen habe, sondern er vermochte seinen Anhängern sogar einzureden, daß die „Antithese der Rasse der Jude" sei[205]. Der Erfolg, den die nationalsozialistische Stimmungsmache dadurch erzielte, daß sie in rigoroser Simplifizierung und Verfälschung der wahren Gegebenheiten den Haß gegen die Juden als Schlüssel zur Lösung aller nationalen Probleme anbot, er verblüffte[206].

[204] Humbert (I, 20), S. 105. Zu den 'geistigen Stammvätern' vgl. für Georg v. Schönerer die Untersuchung von Francis L. Carsten, Faschismus in Österreich. Von Schönerer zu Hitler. München 1977, S. 9–29; und auch Fest (Vw. 7), S. 59–89, insgesamt zu den Grundlagen des Antisemitismus bei Hitler. Zum Gesamtproblem der Judenfrage vom Altertum bis zur Gegenwart siehe: Alex Bein, Die Judenfrage. Biographie eines Weltproblems. 2 Bde. Stuttgart 1980; und Raul Hilberg, Die Vernichtung der europäischen Juden. Die Gesamtgeschichte des Holocaust. Berlin 1982 (engl. 1961).

[205] Shuster (I, 198), S. 6; und ders., Strong Man Rules. An Interpretation of Germany Today. New York, London 1934.

[206] Auf die Auswirkungen derartiger monokausaler Erklärungen, die ja nicht allein die Nationalsozialisten propagierten, um die Republik zu untergraben, spielte Gordon A. Craig in seiner Rede anläßlich der Verleihung des Historiker-Preises der Stadt Münster an: 'Das Gedächtnis der Welt am Leben erhalten. Der Historiker und sein Publikum: Plädoyer für eine Geschichte, die sich dem Laien verpflichtet fühlt', in: Die Zeit, Nr. 47, 13. 11. 1981, S. 36. Zur Akzeptation der Thesen Hitlers durch die zeitgenössische – „gutgläubige" (so Craig) – Öffentlichkeit vgl. Mowrer (I, 186), S. 82–88; Shuster (I, 198), S. 16ff. und S. 274; und Stephen H. Roberts, The House That Hitler Built. New York, London 1938, S. 258–267. Dieses Buch – Ergebnis eines längeren Aufenthaltes im nationalsozialistischen

Von Anfang an ließ sich weder überhören noch übersehen, daß das nationalsozialistische Regime den Juden einen Krieg erklärt hatte, den es mit Skrupellosigkeit und brachialer – freilich nicht immer physischer – Brutalität führte[207]. Dennoch dürfte die Frage kaum verbindlich zu beantworten sein, ob sich die Mehrzahl derer, die für Hitler – und somit für die von diesem propagierten Absichten – stimmten, des Unterschiedes bewußt gewesen ist, der zwischen dem nationalsozialistischen Antisemitismus und der im Rahmen der europäischen Geschichte – in mehr oder minder exzessiver Form – wiederholt aufgetretenen Judenfeindlichkeit bestand. Aber selbst wenn man hier im Detail relativieren mag, daß der antisemitische Alltag im Dritten Reich keiner Normalität zwischenmenschlichen Zusammenlebens entsprach, daß er sich außerdem nicht im verborgenen entfaltete, das ist wohl unbestreitbar[208].

Deutschland – wurde im Juni 1937 abgeschlossen. Im Hinblick auf die Übereinstimmung zwischen Regime und Bevölkerung in der 'Judenfrage' heißt es: "The most tragic thought of all is that Germany is behind Hitler in his campaign against Rassenschande or race-defilement" (S. 266). Zu Roberts Hitlerbild vgl. ders., Riddle of Hitler, in: HM 17 (1938), S. 248–254. Der britische Premierminister von 1937–1940, Arthur Neville Chamberlain, soll Roberts Analyse – bei einigen Vorbehalten – sehr geschätzt haben. Direkt dazu Barnes (I, 100), S. 47.

[207] Vgl. als zeitgenössische Auswahl John B. Holt, Under the Swastika. Chapel Hill 1936, S. 192–214; Shuster (I, 198); oder Wiegand (I, 186), S. 10f.

[208] Zwei Untersuchungen sind in diesem Rahmen hervorzuheben, die sich mit der Reaktion der evangelischen Presse auf den Antisemitismus der Nationalsozialisten nach dem 30. Januar 1933 befassen: Ino Arndt, Machtübernahme und Judenboykott in der Sicht evangelischer Sonntagsblätter, in: Miscellanea. Festschrift für Helmut Krausnick, hrsg. von Wolfgang Benz. Stuttgart 1980, S. 15–31, hier S. 29f.; und Gerhard E. Stoll, Die evangelische Zeitschriftenpresse im Jahre 1933. Witten 1963, hier S. 105f. und S. 219. Danach setzte das Gros der untersuchten Blätter den antijüdischen Ausschreitungen und der judenfeindlichen Propaganda keinen Widerstand entgegen. In den Redaktionen sah man mit Hitler die Wende zum Positiven einsetzen, sei es wirtschaftlich, innen- und außenpolitisch oder kulturell betrachtet. Vor allem aber bedeutete der Nationalsozialismus das Ende der

Auch in Deutschland hatte es schon vor dem 30. Januar 1933 Stimmen gegeben, die Hitlers antisemitische Haßtiraden nicht als Propaganda abtaten, die auf taktische Zurückhaltung in dieser Frage nicht hereinfielen.

Nach dem Machtantritt erfuhren Zeitungsleser im Ausland ebenfalls von den nun an deutschen Juden und politischen Gegnern verübten Verbrechen. Keine noch so geschickte und nachdrückliche Gegendarstellung vermochte diese aus der Welt zu schaffen oder zu verharmlosen[209]. Manche Berichterstattung hat zwar mitunter unzulässig übertrieben[210], aber nicht selten wurde versucht, in derartigen Fällen Korrekturen anzubringen. Auf keinen Fall kam es zu einem unberechtigten Greuelfeldzug in den großen Blättern, mit dem die Nationalsozialisten dann ihren Boykott gegen jüdische Geschäfte rechtfertigen wollten. Vielmehr existierten sorgfältig recherchierte und dokumentierte Berichte über die Ausschreitungen in Deutschland, wobei sogar die – dekuvrierenden – rechtfertigenden Stellungnahmen offizieller „Nazi-Führer" abgedruckt worden sind[211]. Ohne Wenn und Aber, das Echo, das der Terror der Hitler-Regierung im Ausland hervorrief, war für diese äußerst nachteilig[212]: "Undoubtedly the most potent factor in arousing an already ill-disposed foreign attitude to a caustic denunciation of Hitler and his government has been the discrimination against and the persecu-

Sozialdemokratie. – Ansonsten existiert zum Alltag im NS-Staat, zum Phänomen des Wegschauens, des bewußten Nichtwissenwollens, aber auch zum Gefühl, in völlig normalen Zeiten zu leben, eine umfangreiche Literatur. Vgl. dazu die Literaturhinweise in Anh. 8.

209 Steed (I, 186), S. IX.

210 Holt (I, 207), S. 192f.

211 Armstrong (Anh. 6), S. 18–21. Direkt dazu Watt (I, 148), der in der britischen Berichterstattung nach dem 30. 1. 1933 eine klare Verurteilung der Vorkommnisse und ein Schockiertsein über die von der neuen Regierung demonstrierte „Billigung und Ermutigung zur Gewalt" verzeichnet. Die britische Botschaft war ebenso wie das Pressekorps über die wahren Gegebenheiten bestens unterrichtet.

212 Holt (I, 207), S. 192. Weinberg (I, 149), bestätigt diese Reaktion in den USA nachdrücklichst.

tion of the Jews. The foreign public, alarmed at the rise to power of a fanatic who thundered hatred against the Versailles Treaty, its authors and the leaders of the German Republic, was horrified by the sensational press reports of a pogrom in Hamburg[213], sadistic torture of Jewish individuals in cellars, concentration camps, and unfrequented spots in the country. [...] American citizens recanted their expressions of growing sympathy toward the Germans, and believed again in the threats and horrors of the Hun peril."

Nach achtzehn Monaten Regierungszeit beurteilten kritische Beobachter die Regierung Hitler als barbarisch. Freilich traten gleichzeitig partiell Tendenzen auf, die auf eine gewisse Abstumpfung gegenüber den Vorgängen in Deutschland verwiesen[214]. Möglicherweise spielte dabei auch der Eindruck eine Rolle, daß das Regime sein Vorgehen verlangsame, was wiederum Hoffnungen Raum gegeben haben mag, während de facto lediglich eine Konzentration auf die psychische und – gut kalkulierte – wirtschaftliche Vernichtung der Juden stattfand, die weniger spektakulär wirkte[215]. Jedoch ist bei der Interpretation der damit zusammenhängenden Maßnahmen

213 Holt (I, 207), S. 27, zur Korrektur über die Berichterstattung von den Pogromen in Hamburg: "Nevertheless, the spirit existed here and there and murders occured by shameful methods."

214 Zu den nachfolgend referierten Interpretationen von Roy Pascal, Dozent an der Universität von Cambridge, vgl.: The Nazi Dictatorship. London 1934, S. 136–146. Pascal relativiert die These, daß die Öffentlichkeit im Ausland gegenüber den Vorgängen in Deutschland unaufmerksam geworden sei; vgl. S. 258–261, zu den Folgen der Ermordung des österreichischen Bundeskanzlers Engelbert Dollfuß (25. 7. 1934) für Hitler.

215 Ausführlich abgehandelt bei Holt (I, 207), S. 193–214. Der Autor nennt zahlreiche Beispiele, um das Wissen der Deutschen über die verbrecherische Judenpolitik des Regimes aufzuzeigen. Siehe in diesem Rahmen auch Fraenkel, Doppelstaat (I, 18), S. 119–127. Im Herbst 1938 emigriert, schloß Fraenkel sein Buch im Juni 1940 ab. Er unterscheidet bei seiner Analyse der nationalsozialistischen Herrschaft den 'Maßnahmenstaat', unter dem er das „Herrschaftssystem der unbeschränkten Willkür und Gewalt, das durch keinerlei rechtliche Garantien eingeschränkt ist" versteht, und den 'Normenstaat', d. h. ein Regierungssystem, das mit „weitgehenden Herrschafts-

zu berücksichtigen, daß viele Juden tief in den ökonomischen Strukturen Deutschlands verankert waren. Man konnte auf ihre Funktion im Wirtschaftsleben – weder im nationalen noch im internationalen Bezug – nicht ohne weiteres völlig verzichten. Aus diesem Sachverhalt resultierten häufig Ausnahmeregelungen, die dann mitunter sogar bei den direkt Betroffenen falsche Vorstellungen über das eigentlich Beabsichtigte hervorriefen.

Andererseits ist jener „Schrei des Entsetzens" vielfach belegt, der – zumindest außerhalb Deutschlands – nach dem Bekanntwerden der Morde vom 30. Juni 1934 durch die „gesamte zivilisierte Welt" hallte[216]. Diese Verbrechen waren so typisch für das Regime wie die Haßtiraden des Pamphlets 'Stürmer', die im Ausland weiterhin an-

befugnissen zwecks Aufrechterhaltung der Rechtsordnung ausgestattet ist" (S. 21). In solchem Kontext schreibt Fraenkel über die Lage der Juden (S. 119f.): „Da der Rechtsschutz des Normenstaates nur den 'aufbauenden Kräften des deutschen Volkes' [. . .] vorbehalten ist, und da die Juden nicht zum deutschen Volk gezählt sondern als Feinde angesehen werden, gehört die Regelung aller Fragen, die Juden betreffen, in den Zuständigkeitsbereich des Maßnahmenstaates. War dies zuerst nur theoretisches Prinzip des Nationalsozialismus, so ist es jetzt gängige Praxis im Dritten Reich." Für Juden gab es keinen Rechtsschutz, keine Rechtssicherheit. Und während sich der „Vernichtungskrieg" gegen sie bis 1938 darauf konzentrierte, ihnen die „Existenzmöglichkeiten zunächst zu beschneiden und schließlich zu entziehen", begann in jenem Jahr eine neue Phase. Den Juden wurde es jetzt „fast unmöglich gemacht, sich Nahrungsmittel oder Wohnraum zu beschaffen, d. h. für die elementarsten Lebensnotwendigkeiten zu sorgen" (S. 123). Zur Rechtslage der deutschen Juden vgl. die relevanten Dokumente in: Gesetze des NS-Staates. Dokumente eines Unrechtssystems. Zusammengestellt von Uwe Brodersen, mit einer Einführung hrsg. von Ingo Münch. 2., durchges. und erweit. Aufl. Paderborn, München, Wien, Zürich 1982, hier S. 122–139. In der Retrospektive kann man durchaus feststellen, daß die „'Machtergreifung' – der Anfang von Auschwitz" gewesen ist. So Franciszek Ryska 'Machtergreifung' – der Anfang von Auschwitz. Das Dritte Reich aus polnischer Sicht, in: DP, Nr. 4–5, 29. 1./5. 2. 1983, S. 17. Inhaltlich geht er auf diese These jedoch nicht weiter ein.

[216] So Straßer (I, 81), S. 149; insgesamt zum 30. 6. 1934: Weißbuch (I, 184); außerdem: Jean François, L'affaire Röhm-Hitler. Paris 1938

gewidert zur Kenntnis genommen worden sind. Viele, gleichwohl schwer zu sagen wie viele, dürften um die Ariergesetze, die Verdrängungsmaßnahmen gegenüber den Juden und die unter diesen grassierende Selbstmordwelle gewußt haben. All das konnten deutsche Bürger ebenfalls in ihren Zeitungen nachlesen, auf deren Berichterstattung sich mancher ausländische Autor stützte. Am Ende provozierten die Vorgänge, weil ein massiver Protest der Bevölkerung ausblieb, gar den Eindruck, daß Hitlers haßerfüllte Judenpolitik lediglich einem allgemein verbreiteten Empfinden durch 'rassistische Leidenschaft und individuellen Terror' Befriedigung verschaffte[217].

Darüber hinaus sollte der Antisemitismus allerdings nach der Auffassung nicht weniger Beobachter vor allem Frustrationen kompensieren. So meinte Roy Pascal[218]: "As long as the general economic position in Germany does not improve, als long as there is no social reform, the Nazi leaders will be bound to foment racial passion against the Jews as an outlet for the discontent of their followers." Mit einem anderen Bezugspunkt, aber ganz ähnlich argumentierte Johannes Steel[219]: "As long as Germany is at peace with the world around her, she will persecute and terrorise the Jews and all other minorities within her border, because this is the only outlet for the pent-up energies and frustrated murderous ambitions of the

([1]1936); und Max Gallo, Der Schwarze Freitag der SA. Die Vernichtung des revolutionären Flügels der NSDAP durch Hitlers SS im Juni 1934. Wien, München 1977 ([1]1972); Gallo opfert allerdings die Wissenschaftlichkeit der dramatischen Erzählweise. Unter den frühen Untersuchungen zu diesem Thema vgl. Hermann Mau, Die 'zweite Revolution' – Der 30. Juni 1934, in: VfZG 1 (1953), S. 119–137; vor allem auch Charles Bloch, Die SA und die Krise des NS-Regimes 1934. Frankfurt a. M. 1970. Kershaw (I, 43), S. 72–81, macht darauf aufmerksam, daß die Röhm-Affäre „ein innenpolitischer Propagandacoup par excellence" gewesen sei (S. 81), da sich Hitler als starker Führer profiliert habe, der mit der unbeliebten SA aufräumte. Im Inneren schlugen die Morde also für Hitler zu Buche.

217 Pascal (I, 214), S. 146.

218 Ebd., S. 146.

219 Steel (I, 32), S. 113.

Nazi hordes." Irene Harand[220] betonte ebenfalls eine solche Funktion des Antisemitismus, wenn sie forderte, besser den „notleidenden Schichten der Bevölkerung durch entsprechende soziale Maßnahmen Hilfe zu bringen, als in dem Judenhaß ein Ventil für die Nöte zu suchen, die die Wirtschaftskrise mit sich gebracht" habe. In solchem Kontext ist ihr Diktum zu deuten: „Ohne Judenhaß würde es heute keinen Hitler geben." Dabei hoffte sie, diesen zumindest ihren österreichischen Landsleuten ausreden zu können.

Die Wechselbeziehung zwischen antisemitischen Aktionen und wirtschaftlichen Verhältnissen besaß in der zeitgenössischen Diskussion noch einen anderen Aspekt. Man konstatierte, daß unmittelbar nach der Machtergreifung die vorher strapazierte Polemik gegen das sogenannte jüdische Finanzkapital in den Hintergrund getreten sei. Hitlers Propaganda habe nunmehr in erster Linie rassische Motivationen im Rahmen der antijüdischen Kampagne stimuliert, weil dem Reichskanzler überhaupt nichts daran liege, unter seinen Gefolgsleuten irgendwelche heftige – eventuell unkontrollierbare – antikapitalistische Strömungen auszulösen. Ein derartiges Risiko konnte jedoch ein zu eindeutig ökonomisch begründetes Vorgehen gegen jüdische Unternehmer allemal mit sich bringen. Davon schien die nationalsozialistische Führung – jedenfalls zum Teil – auszugehen[221].

Interpreten, die zu einer solchen Sicht der Dinge neigten, irrten sich freilich, wenn sie annahmen, daß Hitler im Hinblick auf den Antisemitismus – in dem die rassischen und die wirtschaftlichen Elemente letztlich eine untrennbare, weil sich funktional ergänzende Einheit bildeten – insgesamt eher der Getriebene als der Treiber gewesen sei[222]. Der Führer der NSDAP wünschte keineswegs,

220 Harand (I, 19), S. 342f.; ähnlich Humbert (I, 20), S. 229f., dort auch zur Funktion der 'Judengesetze' (S. 219–245).

221 Pascal (I, 214), S. 137f.

222 Dazu in erster Linie die Analyse des Antisemitismus im Sinne eines Strukturelements des NS-Staates bei Brady (I, 200), S. 54–63; und auch Rauschning, Gespräche (I, 13), S. 220–228. Dieser erkennt zwar in den „antisemitischen Maßnahmen ein gut Stück Ablenkung revolutionärer Wünsche

daß sich der antijüdische Terror nach einigen Exzessen totlaufe. Hitler dachte auch nicht im entferntesten daran, sich in dieser Frage nicht persönlich zu engagieren, denn er beabsichtigte mitnichten, eine unkontrollierte Entwicklung der Angelegenheiten zu gestatten[223]. Tatsächlich besteht kein Grund für die Annahme, daß sich etwa die SA und Goebbels in dieser für das Regime und seine Ziele entscheidenden Frage gegen Hitler durchgesetzt hätten, und sei es auch nur in bezug auf die Vorgehensweise[224].

Ein weiterer Gesichtspunkt der zeitgenössischen Erörterungen des Hitlerschen Judenhasses sprach das Problem der preußisch-deutschen Kontinuität an[225]. So charakterisierte Sir Austen Chamberlain – damit eine in Großbritannien angeblich verbreitete Auffassung ausdrückend – in einer Rede im Unterhaus den Geist des Pogroms im Dritten Reich als denjenigen des übelsten preußischen Imperialismus. Die dem Antisemitismus zugrundeliegenden Prinzipien könnten gleichfalls dazu dienen, die 'Ausrottung der Polen

auf ein vergleichsweise harmloses Objekt" (S. 220), aber im Grunde sei für Hitler der „Jude das schlechthin Böse. Er hat ihn zu dem Herrn seiner Gegenwelt emporgesteigert" (S. 221). Rauschning geht (S. 224 f.) außerdem auf die Bedeutung der gefälschten 'Protokolle der Weisen von Zion' für Hitler ein (zu deren Rolle in der NS-Propaganda vgl. Alfred Rosenberg, Die Protokolle der Weisen von Zion und die jüdische Weltpolitik. München 1923). Den Führer der NSDAP interessiere es überhaupt nicht, ob die 'Protokolle' im „historischen Sinne echt" seien. Es genüge ihm, daß deren „innere Wahrheit . . . um so überzeugender" sei. Daher habe sich Hitler in seinem „Kampf" bis „in das Detail hinein" davon anregen lassen (unmittelbar dazu: Alexander Stein, Adolf Hitler. Schüler der 'Weisen von Zion'. Karlsbad 1936), d. h. das dort erkannte Kampfprinzip zu seinen Zwecken nachgebildet.

223 Vgl. Holt (I, 207), S. 207–214; Wiegand (I, 186), S. 10f.; und zur Systematisierung des Terrors: Humbert (I, 20), S. 219–245.

224 Pascal (I, 214), S. 138f.; hingegen betont Roberts (I, 206), S. 261 f., Hitler sei der Motor des Antisemitismus.

225 Grundsätzlich abgehandelt bei Emily O. Lorimer, What Hitler Wants. Harmondsworth/Middlesex 1939, S. 128–136; und Mowrer (I, 186), S. 40–44.

oder jeder anderen Rasse' zu rechtfertigen. Jenseits des Kanals sah man das in der Republik zumindest in 'progressiven Kreisen' wenig geschätzte 'verhaßte alte Preußentum' im Staate Hitlers eine Renaissance erleben. Der Antisemitismus diente bei einer derartigen Sehweise 'einzig nationalen Zwecken und enthüllte klarer als alle übrigen Aktionen die militaristischen Ziele des Nationalsozialismus'[226].

Die Basis für Chamberlains Einlassungen zur preußisch-deutschen Kontinuität im Rahmen der antisemitischen Exzesse bildete deren Rechtfertigung mit der Forderung auf Einheit der Nation, wie sie das Regime vorbrachte. Doch von alldem einmal abgesehen stellt sich in der Tat die Frage, die ja noch heute unterschiedlich beantwortet wird, ob der Hitlersche Antisemitismus mit der Judenfeindlichkeit des 19. Jahrhunderts oder der Jahre nach dem Ersten Weltkrieg – aus der Perspektive der jeweiligen ideologischen Disposition – qualitativ vergleichbar ist oder nicht. Darauf wird später nochmals einzugehen sein.

Wie oben angedeutet, gingen die Meinungen darüber auch unter den Zeitgenossen auseinander. Aber es gibt, was Deutschland anbelangt, kaum einen Autor, der in diesem Rahmen nicht auf die – primär auf materiellen Neid zurückgeführte – Judenfeindlichkeit im Kaiserreich oder in der Weimarer Republik rekurrierte[227]. Doch das

[226] Pascal (I, 214), S. 140f.

[227] Zum Rassismus und Antisemitismus in Deutschland vgl. als Auswahl: Neumann (I, 11), S. 136–146 (die 2. Aufl. von 1944 enthielt dann einen Anhang, der den Antisemitismus und die Judenvernichtung in Deutschland behandelte); Reich (I, 12), S. 95–114; im Sinne einer Deutung Hitlers als Kulminationspunkt des europäischen Antisemitismus innerhalb der zeitgenössischen Literatur interpretieren u. a. Louis Golding, Hitler Through the Ages. London 1940; und Braunbuch (I, 113), S. 223ff. Vgl. darüber hinaus zum Thema Antisemitismus in Deutschland – insbes. auch vor dem Nationalsozialismus – in Auswahl: Hermann Greive, Theologie und Ideologie. Katholizismus und Judentum in Deutschland und Österreich 1918–1935. Heidelberg 1969; Jews and Germans from 1860 to 1933. The Problematic Symbiosis, ed. by David Bronsen. Heidelberg 1979; Rosemarie Leuschen-Seppel, Sozialdemokratie und Antisemitismus im Kaiserreich. Die Auseinandersetzung der Partei mit den konservativen und völkischen Strömungen des Anti-

Umschlagen von Aversionen gegen eine – sich vom Gros der Bevölkerung in mancher Hinsicht abhebende – Minderheit in 'offene Barbarei' wurde vor Hitler nicht als Intention unterstellt, obwohl man sich bei solchen Vergleichen und Überlegungen zum Antisemitismus durchaus der bekannten Ausschreitungen gegen die Juden im Verlaufe der europäischen Geschichte erinnerte[228]. Jedenfalls habe der Antisemitismus der Vergangenheit nichts mit jenem 'rassischen Fanatismus' gemein[229], der den Nationalsozialismus zur ersten antisemitischen Bewegung werden ließ, welche die „völlige Ausrottung der Juden" forderte[230].

Darin – und natürlich in der Realisierung dieser Absicht – besteht der elementare Unterschied, der es letztlich verbietet, den nationalsozialistischen Antisemitismus in eine wesensmäßig zu enge Nachbarschaft mit der judenfeindlichen Tradition und ihrem emotionalen Umfeld bis in die zwanziger Jahre zu stellen, geschweige denn, ihn mit deren Inhalten und Anliegen – wobei es an diesen absolut nichts zu beschönigen gibt – gleichzusetzen.

Dies bestätigen zumindest indirekt die Untersuchungen von Christof Dipper, der sich in sehr kritischer Weise mit dem Ver-

semitismus 1871–1914. Bonn 1978; George L. Mosse, Ein Volk, ein Reich, ein Führer. Die völkischen Ursprünge des Nationalsozialismus. Königstein i. Ts. 1979; Peter G. J. Pulzer, Die Entstehung des politischen Antisemitismus in Deutschland und Österreich 1867 bis 1914. Gütersloh 1966 (engl. New York 1964); Eva G. Reichmann, Die Flucht in den Haß. Die Ursachen der deutschen Judenkatastrophe. Stuttgart [5]1968 (engl. London 1950); Reinhard Rürup, Emanzipation und Antisemitismus. Studien zur 'Judenfrage' der bürgerlichen Gesellschaft. Göttingen 1975; und Gerhard Schulz, Aufstieg des Nationalsozialismus, Krise und Revolution in Deutschland. Frankfurt a. M., Berlin, Wien 1975, S. 121–131.

[228] Humbert (I, 20), S. 69f.

[229] Shuster (I, 198), S. 11.

[230] Neumann (I, 11), S. 147; vgl. die affirmative Sicht bei Steel (I, 32), S. 105 und S. 110, der vom „künstlichen Antisemitismus" schreibt, den die Nationalsozialisten inszenierten. Zum Verhältnis zwischen dem konservativen und dem rechtsradikalen Antisemitismus vgl. auch Thoß (Anh. 3), S. 36–39.

hältnis des deutschen Widerstandes zum zeitgenössischen und spezifisch nationalsozialistischen Antisemitismus auseinandersetzt[231]. Es ist dies der erste Versuch, sich diesem Thema in systematischer Form anzunähern. Dipper konnte davon ausgehen, daß bei einem bemerkenswerten Teil der späteren Gegner Hitlers antisemitische Ressentiments existierten. Und gerade deshalb fragt er nach der Rolle, welche die nationalsozialistische Judenpolitik bei der Herausbildung des Widerstandes gegen das Regime gespielt habe. Der Entschluß zum Widerstand fiel spät, 1939 waren bereits rund 250000 Juden vor den Terrormaßnahmen des nationalsozialistischen Staates geflohen. Dabei verweist im übrigen auch dieses lange Zögern auf den Umfang der Kooperation, Übereinstimmung und Zugeständnisse zwischen den „traditionellen Eliten" und dem Regime. Aber all das habe eben in der Phase (beginnend 1938/39) geendet, als die „physische Existenz der Verfolgten in Gefahr" geraten sei. Nicht von ungefähr sei also die „Abkehr des modernen Antisemitismus christlich-konservativer Prägung" – dessen Vertreter Dipper unter den Widerstandskämpfern benennt – von dem „genuin nationalsozialistischen Antisemitismus" in die „Geburtsstunde des Widerstandes" gegen das Dritte Reich gefallen.

Diesen kurzen Überblick abschließend, soll im folgenden noch einmal auf Heinrich Mann eingegangen werden, der sich dezidiert zum Antisemitismus als Kennzeichen der Herrschaft Hitlers äußerte[232]. Seine Interpretation bestätigt einerseits Momente der schon referierten Deutungen und nimmt andererseits manches vorweg[233].

231 Christof Dipper, Der Deutsche Widerstand und die Juden, in: GG 9 (1983), S. 349–380, hier S. 379f.; vgl. aber auch ebd., S. 372–376, den Überblick über die zeitgenössische Einstellung zum Antisemitismus schlechthin.

232 Zur Personifizierung des Judenhasses in Hitler vgl. Humbert (I, 20), S. 65.

233 Heinrich Mann, Der Haß. Deutsche Zeitgeschichte. Amsterdam [2]1933, S. 124–133, Zit. S. 124f. Mit diesem Essayband nahm H. Mann aus dem Exil heraus seinen Kampf gegen Hitler auf. In ähnlicher Weise betonte später Edgar Alexander (d. i. der katholische Priester Alex Emmerich), daß der *Haß* im Naionalsozialismus *System* geworden sei (I, 25), S. 198–222,

Der Dichter – bereits im Exil lebend – spricht vom 'ordinären Antisemitismus', der im Dritten Reich praktiziert werde, und er bemerkt zu diesem sowie zu dessen Konsequenzen: „Die Deutschen hassen die Juden. Wenigstens glauben sie es ihren Führern, die den Antisemitismus ausschreien wie eine deutsche Errungenschaft. Die Deutschen begehen gegen ihre eigene jüdische Minderheit jetzt sogar Handlungen, mit denen sie sich selbst am meisten schaden. Denn sie verfallen der Verachtung, und das ist schlimmer, als wenn man gehaßt wird." Für Heinrich Mann ist das Pogrom sichtbarer Ausdruck des Verbrecherischen in Hitlers Regime, die Judenfeindlichkeit – hierin dem „kriegerischen Imperialismus" vergleichbar – gerät bei ihm zu einer nationalen Minderwertigkeitskomplexen entstammenden preußischen Krankheit der Deutschen und zum Symptom für irgendeinen „Fehler im inneren Gleichgewicht" der Nation.

Da die Deutschen nach dem verlorenen Krieg von 1914/18 auf absehbare Zeit nicht damit rechnen durften, ihr „falsches Selbstgefühl noch einmal an Fremden" erproben zu können, sahen sie sich darauf angewiesen, den „Gegenstand ihrer Rache im Innern zu suchen und fanden die Juden". Indem Hitler diese sowohl als eine Gefahr für die deutsche Wirtschaft als auch für die „deutsche Seele" brandmarkte, habe er Zustimmung gefunden. Der bornierte Unsinn, mit dem die Nationalsozialisten ihre judenfeindliche Hetze rechtfertigten, wurde geglaubt, weil die Wahrheit ohnehin nicht interessierte. Man wollte vielmehr einen Vorwand, der es gestattete, die „eigenen schlechten Gefühle zu entladen". Heinrich Mann deutet die Vorgänge als „innere Annexionen", die damals einzig möglichen. Freilich, wenn Deutsche Juden verdrängten, machten sie diese brotlos, was dann, falls Juden „Hungers sterben" müßten, Hitlers eigentlichem Ziel entspreche.

Alles in allem betrachtet habe Hitler das deutsche Volk dadurch

ebd., S. 209–212: zum „antisemitischen Instinkt". Alexander argumentierte vom Standpunkt der katholischen Morallehre. Kritisch äußert sich zu ihm und seinen Thesen: Ender (I, 13), S. 145–149; und ebd., S. 149 f.: zur zweiten umfassenden Auseinandersetzung Alexanders mit dem NS-System, in: Deutsches Brevier. Politisches Lesebuch, hrsg. von Edgar Alexander. Zürich 1938.

gewonnen, daß er den Haß zum Inhalt seiner Ideologie erhob. Er predigte den Haß gegen die Republik, um über deren Zerstörung an die Macht zu gelangen, und er nannte Weimar einen Judenstaat, um die Juden ebenso verhaßt zu machen wie die Republik oder umgekehrt. Mit Erfolg, denn im zweiten Halbjahr 1933 waren die Juden bereits „für minderen Rechtes erklärt". Sie durften zwar keine „öffentlichen Ämter" bekleiden, aber man könne sie „ermorden oder zu Grunde richten, wenn man nicht grade gut gelaunt ist und sich damit begnügt, sie auf öffentlichem Platz mit ihren Zähnen das Gras ausreißen zu lassen". Spott, Grausamkeit, Pogrom und Boykott als „Volksbelustigungen", so Heinrich Manns Darstellung der Lage in Deutschland. Gerade diese seien der 'einzige praktische Zweck' des Antisemitismus, in dem auch er eine Art Ersatzhandlung erkennt: „eine heruntergekommene Menge, der erlaubt wird, mit der Qual von Menschen ihren Spaß zu treiben, vergißt darüber auf einige Zeit, daß sie selbst so elend bleibt wie zuvor".

Für Heinrich Mann gab schon der erste antisemitische Terror die Deutschen der Verachtung der gesitteten Welt preis[234]. Deutschland sei von Hitler und seinen Anhängern, „Menschen ohne Wissen und Gewissen erniedrigt, verroht und in einen Zustand versetzt worden, wie keine äußere Niederlage und nicht einmal die Zerstükkelung des Staates ihn hervorbringt".

Angesichts der zeitgenössischen Hitler-Interpretation kann man fragen, ob die hin und wieder geäußerte Vermutung zutreffend ist, daß Hitler zu den sogenannten Großen der deutschen Geschichte gezählt würde, wäre er kurze Zeit nach dem Anschluß Österreichs gestorben[235]. Wenn man schon auf diese an sich unhistorische Spe-

[234] Dennoch vertritt H. Mann nicht die Kollektivschuldthese. Er erhebt allerdings den Vorwurf, daß die Umsetzung des Hitlerschen Judenhasses in praktische Gewalt nur möglich wurde, weil sich das Gros der Deutschen gegenüber der antisemitischen Stimmungsmache außerordentlich anfällig erwiesen habe. Ähnlich argumentiert Ludwig Rosenthal, Wie war es möglich? Zur Geschichte der Judenverfolgungen in Deutschland von der Frühzeit bis 1933, als Vorläufer von Hitlers 'Endlösung der Judenfrage'. Ein Beitrag zur Klärung des Kollektivschuldproblems. Darmstadt 1981.

[235] Damit soll freilich nicht gesagt werden, daß sich dieser Eindruck in der

kulation eingeht, so ist zumindest darauf hinzuweisen, daß die Historiker sich dann jedenfalls über das hätten hinwegsetzen müssen, was lange vor 1938 geschrieben worden ist und der historischen Wirklichkeit entsprach, nämlich daß seit dem Januar 1933 der deutsche Reichskanzler die Spitze eines mörderischen und terroristischen Regimes verkörperte.

5. *Was Hitler wollte – machtpolitische Zielsetzungen*

Mit Sicherheit, das sahen Hitlers Kritiker 1933 ebenso wie seine Anhänger, wünschte dieser nicht den Status quo zu erhalten, und es ging ihm auch nicht um die Revision von Versailles als Ziel an sich. Man wußte, daß sich der neue Reichskanzler mehr vorgenommen hatte. Die Gegner des Regimes sprachen dies von Anfang an – noch vor der Machtergreifung – klar aus. Sie sollten mit ihren Warnungen recht behalten, obwohl mancher – aufgrund der offiziellen Reaktionen ausländischer Regierungen auf Hitlers Aktionen in den Friedensjahren des Dritten Reiches – die Entwicklung zumindest vorübergehend in eine andere als die erwartete Richtung verlaufen sah.

Ganz konkret drängte sich ein derartiger Eindruck auf, als Großbritannien und Frankreich im Rahmen der Verhandlungen, die zum Abkommen von München führten, noch 1938 Nachgiebigkeit zeigten. Viele begegneten diesem Verhalten mit Unverständnis, und einige befürchteten, daß es zur friedlichen „Faschisierung des Kontinents" kommen werde[236]. Das war nicht zu erwarten gewesen. Aber 1939 wurde bereits wieder – wie ursprünglich als Konsequenz

Öffentlichkeit nicht durchgesetzt hätte. Selbst 1977 meinten noch 40 % der über und 33 % der unter Dreißigjährigen in Deutschland, Hitler wäre ohne den Krieg einer der „größten deutschen Staatsmänner" gewesen. Zahlen nach Martin Greiffenhagen, Die Narben blieben deutlich sichtbar. Das Dritte Reich als Bestimmungsfaktor heutiger Politik, in: DP, Nr. 4–5, 29. 1./5. 2. 1983, S. 19.

[236] Thomas Mann, Dieser Friede, in: Altes und Neues (Vw. 1), S. 594–609, hier S. 608.

des Hitlerschen Regierungsanstritts angenommen – der Krieg prophezeit, welcher „zerstörender und barbarischer als der Dreißigjährige“ Europa heimsuchen werde[237].

Krieg und Weltmachtstellung, das waren die Zielsetzungen, die in den Antworten der Zeitgenossen auf entsprechende Fragen dominierten. Anzumerken ist dabei, daß jene – die Hitler-Forschung noch heute prägende – kontroverse Diskussion darüber, ob Hitler kontinentale oder globale Ziele anstrebte, ob er in diesem Rahmen einem Programm verpflichtet gewesen sei oder als prinzipienloser Opportunist gehandelt habe, bereits lange vor dem Beginn des Zweiten Weltkrieges eingesetzt hat, daß die Zeitgenossen die Argumentation der gegenwärtigen Erörterungen oft bis in das Detail vorwegnahmen.

Für Heinrich Mann konnte Hitler schon 1933 „allein im Hinblick auf den Krieg“ verstanden werden[238]: „Alle Taten der Hitlerei, jetzt, da sie an der Macht ist, bekommen ihren Sinn erst, wenn man an den nächsten Krieg denkt.“ Vor solchem Hintergrund erhielten die „Verfolgungen von Marxisten, Katholiken, Intellektuellen und Juden“ ihren Sinn, denn diese machten jene aus, die sich dem „Kriegsgelüste“ Hitlers widersetzten. Auch die nationalsozialistische Rassenlehre beweise sich in derartigem Bezugsfeld als „hervorragendes Hilfsmittel“, gehe es doch darum, vor der „Weltherrschaft“ erst einmal die „Gewalt im Innern“ zu etablieren. Seien alle Deutschen „gleichgeschaltet“ und „militarisiert“, so könne es „nicht fehlen, daß des einen oder anderen Tages diese Einheitsmasse auch wirklich losgeht – in den Krieg natürlich“. Dem schien die „sittliche Erziehung des Volkes“ gleichermaßen zu dienen wie die gesamte Außenpolitik Hitlers. Von den „amnestierten Mordnazis bis zum Anspruch, Rußland zu ‘kolonisieren’; von der Arbeitsdienstpflicht bis zu der Sucht nach Gebietserweiterungen“ füge sich alles zu einem Kolossalgemälde der beabsichtigten Aggressionen zusammen.

[237] Thomas Mann, Kultur und Politik, in: Altes und Neues (Vw. 1), S. 609–617, hier S. 615f.

[238] Heinrich Mann, Der sichere Krieg, in: Der Haß (I, 233), S. 170–176, Zit. S. 171ff. und S. 174f.; ähnliche Argumente führt Mann an in: Wehrt Euch! In: Verteidigung der Kultur (I, 69), S. 375–379.

Derartige Äußerungen waren in erster Linie warnende, kämpferische Appelle an die internationale Öffentlichkeit. Sie wurden allerdings auch nach Deutschland hinein gesprochen, denn es gab durchaus die Möglichkeit, dort gehört zu werden[239].

Doch davon einmal abgesehen ist festzustellen, daß es im Ausland nach dem Januar 1933 bald zu einer intensiven Auseinandersetzung mit dem Wesen und den Zielen des Nationalsozialismus kam. Deutsche Emigranten spielten dabei eine wesentliche Rolle. In der Schweiz, in den Niederlanden, in Frankreich und in den angelsächsischen Ländern erschienen aspektreiche Untersuchungen über das NS-Regime. Propagandistische, politische und wissenschaftliche Motive oder Zielsetzungen lagen ihnen zugrunde[240]. Und von oft recht unterschiedlichen methodischen Ansätzen ausgehend, gelangten die Autoren zu weitgehend übereinstimmenden Resultaten.

Als repräsentativ für jene Interpretationen, die sich unmittelbar auf Hitlers schriftliche und mündliche Aussagen bezogen, können einige Aufsätze von Tetens gelten, die eine intime Kenntnis der einschlägigen Literatur verraten[241]. Die Herausgeber dieser Artikel

[239] Direkt dazu der Brief von Thomas Mann an Franz Werfel (I, 203), S. 95; und die Anmerkung zu 'Wehrt Euch!' (I, 238), S. 546. In diesem Zusammenhang ist daran zu erinnern, daß es offensichtlich lange Zeit möglich war, im Dritten Reich antinationalsozialistische Schriften – u. a. Straßers 'Bartholomäusnacht' (I, 81) oder Langhoffs 'Moorsoldaten' (I, 112) – von Hand zu Hand in bestimmten Kreisen weiterzugeben und zu lesen. Erstaunlicherweise vermochte auch Ernst Niekisch seinen 'Widerstand' bis zum Dezember 1934 herauszugeben, obwohl Niekisch seit 1930 den Nationalsozialismus heftig angriff. Der Kreis um Niekisch wurde 1937 von der Gestapo zerschlagen. Vgl. dazu Hans Buchheim, Ernst Niekischs Ideologie des Widerstands, in: VfZG 5 (1957), S. 334–361, hier S. 357f.; auch Bodo Scheurig, Ernst Niekisch – Denker politischer Rebellion, in: ders., Spiegelbilder der Zeitgeschichte. Oldenburg und Hamburg 1978, S. 59–71. Vgl. außerdem: Ernst Niekisch, Widerstand, ausgewählte Aufsätze aus seinen 'Blättern für sozialistische und nationalrevolutionäre Politik', hrsg. und eingel. von Uwe Sauermann. Mit Zeichnungen von A. Paul Weber. Krefeld 1982.

[240] Auswahlsweise seien für die Zeit nach 1933 einige Titel angeführt, wobei Zeitschriften weitgehend ausgeklammert werden, vgl. Anh. 9.

[241] Tetens (I, 28). Die Aufsätze wurden zwischen dem 17. Juli und dem

wollten offensichtlich ein außenpolitisches Zeichen setzen; jedenfalls machten sie kein Hehl daraus, daß Hitler ihrer Meinung nach jene Ziele, die in den nationalsozialistischen 'Bekenntnisschriften' formuliert worden waren, auch zu erreichen suchen werde. Sie wollten warnen[242], und dies dürfte ihnen auch gelungen sein, denn wer die – Hitlers Gedankengut komprimiert wiedergebende – Analyse Tetens las, der war bestens informiert, ohne die ermüdende Lektüre von 'Mein Kampf' auf sich genommen zu haben[243].

Tetens bemühte sich, Hitlers Intentionen so darzustellen, daß das „eindeutige System" des „Eroberungskrieges, durch den die 'germanische Herrenrasse' einmal in den Besitz der ganzen Welt" kommen sollte, deutlich wurde. Entstanden sind die Aufsätze als direkte Reaktion auf das Echo, welches Hitlers sogenannte Friedensrede vom 21. Mai 1935 international bewirkte. Es demonstriere erschreckend klar, so Tetens, „wie wenig die verantwortlichen Staatsmänner und die Lenker der Weltpresse von Hitlers Grundlehren und vom wahren Wesen des Dritten Reiches" wüßten[244]. Um die Zielsetzungen des „neudeutschen Imperialismus" zu begreifen, sei es unabdingbar,

21. August 1935 in der Basler 'National-Zeitung' veröffentlicht. Im Oktober erschienen sie als Broschüre. Im Vorwort machten die Herausgeber klar, daß sie von der Verbindlichkeit der Hitlerschen Äußerungen ausgingen. Sie bezeichneten 'Mein Kampf' als das „Kompaßbuch des deutschen Nationalsozialismus". Die Implikationen des Rassenwahns und die Absicht, den eigenen Lebensraum durch militärische Expansion zu erweitern, seien die Grundlagen der offiziellen „Regierungsziele" (S. 1).

[242] Tetens (I, 28), S. 1.

[243] Die prägnante Zusammenfassung der politischen Ziele Hitlers bei Tetens und die Schärfe, mit der dieser 'Mein Kampf' analysierte, halten jeden Vergleich mit der neueren Forschung stand.

[244] Tetens (I, 28), S. 2; mit ähnlichem Tenor: Humbert (I, 20), S. 391. 1936 schrieb Humbert: „Die internationale Politik der letzten drei Jahre zeichnet sich durch Unlogik und Unentschlossenheit aus. Hitler ist seinen Zielen und die Welt, wie selbst die Herrschenden nicht mehr leugnen können, dem Krieg ein Stück näher gerückt. Trotzdem ist von dem großen Wandel der Methoden, der fanatischen Kraftanstrengung, die allein wohl noch Rettung zu bringen vermöchte, bisher nichts zu bemerken."

Hitlers Buch sorgfältig zu studieren. Die in diesem vertretenen Auffassungen und jene in Hitlers Friedensreden gehörten zwei Welten an, die sich gegenseitig ausschlössen. Dabei seien Zweifel hinsichtlich der uneingeschränkten Verbindlichkeit von 'Mein Kampf' für das NS-Regime überflüssig[245]. Fadenscheinig seien jene Versuche, mit denen die nationalsozialistische Propaganda die Aussagen der Hitlerschen Schrift verharmlosen wolle. So werde immer wieder betont, das Buch sei während Hitlers „Haft im Jahre 1924 und unter dem niederdrückenden Ereignis der Ruhrbesetzung durch die Franzosen geschrieben" worden, auch beabsichtige der 'Führer', es zu überarbeiten. Der 'Staatsmann Hitler' sollte auf diese Weise vom „kriegslüsternen Parteiführer" des Kampfbuches abgesetzt werden. Demgegenüber wies Tetens darauf hin, daß 'Mein Kampf' aus zwei Bänden besteht. Gerade der außenpolitisch bedeutsamere zweite Band wurde erst 1927 veröffentlicht. Die wichtigen Schlußkapitel hat Hitler zwei Jahre nach seiner Haftzeit geschrieben, als die deutsch-französische Verständigung bereits in vollem Gange war. Im übrigen sei keineswegs daran gedacht, das Machwerk zurückzuziehen. Im Gegenteil, der Eher-Verlag preise das Buch in seinen Prospekten als die „Bibel des deutschen Volkes" an[246].

Nur nach außen gebe sich Hitler beschwichtigend. Im Innern habe er alles auf die moralische, geistige und materielle Aufrüstung konzentriert. Das NS-Regime praktiziere eine „Außenpolitik in doppelter Buchführung", um so seine eigentlichen Absichten, deren Kenntnis die europäischen Regierungen in „höchsten Alarmzustand" versetzen würde, zu verschleiern[247].

De facto verfolge Hitler die bekannten Hauptziele der alldeutschen Bewegung, der er sich – nach seinen eigenen Worten – ideologisch engstens verbunden fühle. Es gehe erneut um die „Ausrottung

[245] Tetens (I, 28), S. 2; zu den Hinweisen darauf, daß 'Mein Kampf' obligatorische Unterrichtsgrundlage für SA, Arbeitsdienst, Wehrmacht und Schulen etc. gewesen ist, zumindest ab 1934 (in den nationalsozialistischen Medien wurde das Machwerk als Pflichtlektüre empfohlen), vgl. Lange (I, 2), S. 86f.; aber auch Mosse (Anh. 8), S. 305f.

[246] Tetens (I, 28), S. 3f.

[247] Ebd., S. 4.

der Demokratie", um die „Vernichtung Frankreichs" und die „Bildung eines alle Deutschen umfassenden germanischen Staates mit unbestrittener Vorherrschaft in Europa". Als Reflex auf die seiner Meinung nach nicht ausreichend expansiv konzipierte Politik des Kaiserreichs plane Hitler einen „neuen Germanenzug" nach Osten, und dies im Bunde mit Großbritannien. Die Eroberung von neuem Land betrachte er als das „vornehmste Ziel" deutscher Außenpolitik. Nichts halte Hitler von 'wirtschaftlichen Eroberungen' auf dem Wege handelspolitischer Konkurrenz. Rivalen Deutschlands seien nicht friedlich zu überflügeln, sondern militärisch zu vernichten. Auf diesen Sachverhalt müsse sich die Kriegspropaganda, an der es vor und nach 1914 gefehlt habe, einstellen. Und dies sei geschehen[248]: „Heute kommen die Menschen in den 'Rausch des Sterbens', und sie sehen die Hölle als Paradies – dies ist das Neue am Dritten Reich. Alles übrige ist die Fleischwerdung der alldeutschen Idee, die 1918 nur vorübergehend hinter der Weimarer Kulisse verschwand." Das Stichwort hieß Kontinuität. Mit Hitlers Machtübernahme sei sie garantiert worden. Das habe sich am Tag von Potsdam endgültig gezeigt. Mit dem nationalsozialistischen Deutschland sei es zur „Auferstehung des auf Eroberung und Kolonisation aufgebauten preußischen Militärstaates" gekommen[249].

Insbesondere auf der direkten politischen und ideologischen Tradition, die von Friedrich dem Großen bis Hitler reiche, insistierten verschiedene Autoren[250]. Wie dieser so achte jener keine Verträge, glorifiziere den Krieg, propagiere die bekannte Expansionspolitik, welche die Unterwerfung mehrerer europäischer Staaten und vor allem die Vernichtung Frankreichs impliziere, und lasse zum Haß gegen alles erziehen, was nicht unter dem Begriff des Pangermanismus subsumiert werden könne. Dennoch, die Ursachen für das, was man erlebe, seien anders gelagert. Nicht auf die 'Hitlers' oder die 'Kai-

[248] Ebd., S. 4ff.

[249] Ebd., S. 6ff. Zum hier thematisierten Einsatz der preußischen Geschichte in Hitlers innenpolitischem Kalkül vgl. Manfred Schlenke, Das 'preußische Beispiel' in Propaganda und Politik des Nationalsozialismus, in: AuZ B 27/68, S. 15–23, 3. 7. 1968.

[250] Lorimer (I, 225), S. 129, aber auch S. 128–136 insgesamt.

sers' komme es an; die würden kommen und gehen. Worum es wirklich gehe, das sei der preußische Geist, der alle Wechsel überdauert habe. Erst wenn dieser den Deutschen von einem Deutschen ausgetrieben werde, sei die deutsche Gefahr für Europa und die Welt vorbei[251].

Nicht unerheblichen Einfluß auf Erörterungen über dieses Thema scheint in Großbritannien Wickham Steed genommen zu haben, der zu den Kennern der deutschen Geistesgeschichte zählte. Im Mai 1938 hielt er im Chatham House einen Vortrag, in dem er unter ideengeschichtlichen Fragestellungen die Fortdauer politischer Zielsetzungen von Friedrich dem Großen bis Hitler behandelte[252]. Steed interpretierte Hitler auf der Basis von 'Mein Kampf', wobei er gerade im Hinblick auf die in diesem Buch strapazierte metaphysische und gleichsam religiöse Rechtfertigung eines besonderen Rassegefühls der Deutschen sowie deren Verlangen nach politischer Vorherrschaft beim Autor kaum Originalität verzeichnete. Die Bauelemente der nationalsozialistischen Gedankenwelt schienen ihm vielmehr vorgegeben zu sein bei Dichtern, Philosophen, Histori-

[251] Ebd., S. 136.

[252] H. Wickham Steed, From Frederick the Great to Hitler: The Consistency of German Aims, in: IntA 17 (1938), S. 655–681. Siehe in diesem Kontext Manfred Messerschmidt, Deutschland in englischer Sicht. Die Wandlungen des Deutschlandbildes in der englischen Geschichtsschreibung. Düsseldorf 1955, vor allem S. 28–169. Zum Problem der Kontinuität oder Identität zwischen Preußentum und Nationalsozialismus sowie der entsprechenden NS-Propaganda vgl. Wolfgang Wippermann, Nationalsozialismus und Preußentum, in: AuZ B 52–53/81, 26. 12. 1981, S. 13–22, dort weitere Literaturhinweise. Wippermann verneint eine ungebrochene Kontinuität von Friedrich dem Großen bis Hitler, auch habe die Ideologie des Preußentums in Hitlers Weltanschauung nur eine untergeordnete Rolle gespielt. Dessen unbeschadet sei die „Adaption des Preußentums" durch den Nationalsozialismus sehr effektiv gewesen, weil sie über den „trivialen, ja privaten Bereich", den der preußischen Tugenden, ein Beziehungsgeflecht aufbaute (S. 21 f.). Zu dem von Steed angesprochenen Themenkreis u. a.: Konrad Barthel, Friedrich der Große in Hitlers Geschichtsbild. Wiesbaden 1977, wobei es in erster Linie um die 'Verwertung' Friedrichs durch Hitler geht. Wichtig außerdem Schlenke (I, 249), insgesamt.

kern, Geographen, Geopolitikern oder Musikern wie Johann Gottlieb Fichte, Georg Wilhelm Friedrich Hegel, Johann Gottfried v. Herder, Joseph v. Görres, Immanuel Kant, Friedrich Nietzsche, Friedrich v. Schiller, Heinrich v. Treitschke, Richard Wagner, Friedrich Ratzel, Arthur Dix und Karl Haushofer, aber auch bei dem als ausgeprägt anglophob geltenden – in Deutschland ebenfalls sehr umstrittenen – Ewald Banse[253]. Was Hitler verkünde, seien die ewig deutschen Ziele, und daraus folgt die Warnung[254]: "From Fichte to Hitler the line is straight. It led to the Great War, which Germany waged for the mastery of Europe and, indeed, of the world; and it is a line that will again lead to war if the direction in which it runs be not understood, and blocked, in time."

Den Kontinuitäten im militärischen Bereich, dem allgemein besondere Bedeutung zugemessen wurde, ging Hans Ernest Fried nach, der dazu 1942 ein kompetentes Buch über die deutsche Armee publizierte[255]. Der Nationalsozialismus stellte sich für ihn als letzte

[253] Steed (I, 252), S. 662–671. In diesem Zusammenhang sei auf den Aufsatz von George G. Windell aufmerksam gemacht: Hitler, National Socialism, and Richard Wagner, in: JCEA 22 (1962/63), S. 479–497, der den starken Einfluß Wagners auf Hitler präzise herausarbeitet; außerdem Fest, Hitler (Vw. 7), S. 73–77.

[254] Steed (I, 252), S. 673. Die Diskussion über Steeds Thesen (S. 675–681) war kontrovers. Einigkeit bestand jedoch darüber, daß das Dritte Reich eine Gefahr für den Weltfrieden darstelle. Im Rahmen wirtschaftspolitischer Fragestellungen wird dies auch in dem – die Bedrohung britischer Interessen in den Vordergrund stellenden – Buch von James Turner (d. i. Jürgen Kuczynski) so gesehen: Hitler and the Empire. With a foreword by Air Commodore L. E. O. Charlton. London 1937, insbes. S. 13f. und S. 27.

[255] Fried (I, 180). Zahlreiche Thesen dieses sehr anregenden Buches können hier nicht abgehandelt werden. Besonders umfassend widmet sich der Autor den Beziehungen zwischen Hitler und den Militärs (S. 19ff. oder S. 83–96). Er meint, letztere hätten den Vernichtungskrieg innerhalb der Auseinandersetzung seit 1939 so widerspruchslos akzeptiert, weil sie im Grunde der Ideologie des Nationalsozialismus geistesverwandt waren, S. 18ff. Der grundsätzliche Konsens habe, unbeschadet kleinerer Konflikte, Bestand gehabt. Deutlich sei die Gesinnungsgenossenschaft am 30. 6. 1934 zutage getreten, S. 297ff. Die von Fried unterstützte These, daß die Militärs

Erscheinungsform des deutschen Militarismus dar, und dies in einer Welt, in welcher längst pazifistische Tendenzen zukunftweisend zu sein schienen. Fried hielt diesen neuen deutschen Militarismus im wesentlichen für das Ergebnis der Tatsache, daß die Militärs ihre Bankrotterklärung von 1918 nicht akzeptieren wollten oder konnten[256]. Es sei der Geist des 19. Jahrhunderts gewesen, der den Krieg von 1939 zur unmittelbaren Fortsetzung des Ersten Weltkrieges machte. Hitler – das beweise die NS-Propaganda ebenso wie seine Reden – habe an einer derartigen Sicht der Dinge zu keiner Zeit Zweifel aufkommen lassen[257]. Freilich, um ihre ureigenste Zielsetzung – den Rachekrieg – im Blick zu behalten, benötigten die Militärs keinen Hitler. Auch ohne ihn bereiteten sie sich auf einen Krieg gegen die Welt vor, wobei darunter nicht unbedingt ein geographi-

in der Lage gewesen wären, den Krieg zu verhindern (S. 20f.), vertrat im Sinne einer Hoffnung auch Alexander (I, 25), S. 355. Olden (I, 9), S. 354f., sah die Entscheidung über Krieg und Frieden ebenfalls in der Hand des Militärs liegen, gab sich allerdings pessimistisch, denn den „Revanchekrieg zu führen, ist den preußischen Generälen heilige Pflicht". Und in diesem Verständnis betont Fried (S. 26), daß Versailles 1939 keinen Kriegsgrund mehr abgegeben habe, daß man einen Rachekrieg für die Niederlage von 1918 führe. Compiègne, nicht der Friedensvertrag stehe im Hintergrund des Krieges (S. 23ff.). Unter der umfangreichen Literatur, die nach 1945 zu diesen Fragen entstand, vgl. u. a.: Otto-Ernst Schüddekopf, Das Heer und die Republik. Quellen zur Politik der Reichswehrführung 1918–1933. Hannover, Frankfurt a. M. 1955; Thilo Vogelsang, Reichswehr, Staat und NSDAP. Beiträge zur deutschen Geschichte 1930–1932. Stuttgart 1962; John W. Wheeler-Bennett, Die Nemesis der Macht. Die deutsche Armee in der Politik 1918–1945. 2 Bde. Königstein i. Ts., Düsseldorf 1982 ([1]1954, engl. London 1953); und Carsten, Reichswehr und Politik (II, 151); neben diesen älteren Werken siehe in der neueren Literatur – außer K. J. Müller und M. Messerschmidt – vor allem Axel Schildt, Militärdiktatur mit Massenbasis? Die Querfrontkonzeption der Reichswehrführung um General von Schleicher am Ende der Weimarer Republik. Frankfurt a. M., New York 1981; und Michael Geyer, Aufrüstung oder Sicherheit. Die Reichswehr in der Krise der Machtpolitik 1924–1936. Wiesbaden 1980.

[256] Fried (I, 180), S. 18.

[257] Ebd., S. 22.

scher Raum verstanden wurde[258]. Die Zerstörung der deutschen Demokratie gehörte aus solcher Perspektive bereits unmittelbar zur Kriegsvorbereitung. Und die Geschichte der Zeit vor 1933 dokumentiere[259]: "National Socialism was the creature, not the creator, of all-out militarism." Hitler, so Fried, unterstützten die Militärs, weil sie wußten, daß sie die Nation nach 1918 nicht mehr selbst in den Krieg zu führen vermöchten. Er jedoch schien dazu in der Lage zu sein[260].

In der Tat wähnte sich Hitler hinsichtlich der „Nationalisierung der Massen für die kommende Entscheidung" schon 1919 mit der Führung der Reichswehr einig. Diese sei zunächst wichtiger als die waffenmäßige Vorbereitung auf die Erreichung des letzten Zieles[261]. Danach aber – so ist Hitlers Reflexion über die nationale Vergangenheit zu deuten – könne Deutschland „Herrin des Erdballs" werden. Dabei schwebte Hitler ein Friede vor[262], „gestützt nicht durch die Palmwedel tränenreicher pazifistischer Klageweiber, sondern begründet durch das siegreiche Schwert eines die Welt in den Dienst einer höheren Kultur nehmenden Herrenvolkes".

Gezielt zitierte Tetens – auch in diesem Zusammenhang nochmals als zentrale Stimme anzuführen – alle jene Stellen aus Hitlers Buch, die belegten, daß die Wiederherstellung der Grenzen von vor 1914 für das NS-Regime nicht genügte, denn diese bedeuteten – nach Hitler – für die „Zukunft" des deutschen Volkes „gar nichts". Hitler gehe es um die Herrschaft über den größten Teil Europas, vor allem

[258] Ebd., S. 24.

[259] Ebd., S. 177.

[260] Ebd., S. 26f.

[261] Tetens (I, 28), S. 8ff. Die frühen Kontakte, die Hitler zur Reichswehr pflegte, behandelt detailliert: Ernst Deuerlein, Hitlers Eintritt in die Politik und die Reichswehr, in: VfZG 7 (1959), S. 177–227. Tetens geht im übrigen grundsätzlich davon aus, daß die Festigung der Macht im Innern der außenpolitischen Aktion die Basis zu bereiten habe. Eben dies war Hitlers erklärtes Ziel. Unmittelbar zu diesem Themenkreis: Karl Dietrich Bracher, Das Anfangsstadium der Hitlerschen Außenpolitik, in: Nationalsozialistische Außenpolitik (I, 102), S. 201–219, insbes. 204f.

[262] Hitler (I, 116), S. 437f.

aber um Bodeneroberung im Osten. In der Sowjetunion liege der Siedlungsraum der Deutschen[263].

Nicht allein Tetens wies jene Zeitgenossen, die in Hitlers Schrift lediglich die Gedankenspielereien eines Phantasten erkennen wollten[264], nachdrücklich darauf hin, daß das in 'Mein Kampf' formu-

[263] Tetens (I, 28), S. 10ff.

[264] Ebd., S. 12; Olden (I, 9), S. 353f., zitiert aus dem Weißbuch der britischen Regierung vom März 1935, das zeige, daß Großbritannien auf den Terror und die Militarisierung der Gesellschaft in Deutschland alarmiert reagiere. Das war jedoch vor dem Flottenvertrag vom Juni 1935. Schon Humbert machte darauf aufmerksam, daß das Flottenabkommen hinsichtlich seiner Bedeutung für die nationalsozialistische Kriegsvorbereitung gar nicht überbewertet werden könne. Dabei seien es nicht die militärischen Bestimmungen, die wirklich ins Gewicht fielen, sondern die Tatsache, „daß Hitler zum ersten Mal eine seiner nationalsozialistischen Theorien durch die Praxis [. . .] bestätigt gefunden“ habe. Der Vertrag habe ihn in der Auffassung erhärtet, daß „sein Weltbündnis-, Weltaufteilungs- und Welteroberungsplan [. . .] genial“ seien (I, 20), S. 373ff. Laski (I, 32), S. 21–28, geht ebenfalls der Frage nach, weshalb London zwischen 1933 und 1939 kein Aktionsprogramm zur Abschreckung Hitlers aufstellte. Einen wesentlichen Grund erkennt er in der Abneigung der britischen Regierung gegenüber einer Politik, die den Krieg auch nur als Möglichkeit einschließe. Obwohl seit 1935 gewiß gewesen sei, daß Berlin, Rom und Tokio den Krieg als Instrument ihrer Politik betrachteten, habe London gezögert, was die Kriegsbereitschaft der Aggressoren noch vermehrte, da sie die britische Haltung als Schwäche auslegten. Eine wichtige Rolle innerhalb des britischen Kalküls habe die Furcht vor den „möglichen Folgen einer Politik kollektiver Sicherheit“ gespielt. An dieser hätte man die UdSSR beteiligen müssen. Und gegenüber der gemeinsamen Verteidigung mit Moskau existierten unüberwindbare ideologische Barrieren. Eine doppelte Furcht, die vor dem Krieg und jene vor dem Kommunismus, habe Chamberlains Politik geprägt. Wäre Europa wirklich bereit gewesen, den Krieg zu wagen, so hätte es sowohl Hitler als auch Mussolini „nach ihrem Auftreten“ noch stürzen können (S. 132f.). Schlichte Ignoranz konstatiert Mowrer (I, 186), S. 248, in diesem Kontext. Lorimer (I, 225), S. 9f., geht von einer fundamentalen Fehleinschätzung aufgrund der Unvertrautheit mit Hitlers Schriften aus. Hoover (Anh. 6), S. 221, schreibt, es sei für westliche Politiker extrem schwer gewesen, Hitler auszurechnen, da dieser absolut willkürlich agieren konnte, während ihre Verhaltensweisen

lierte außenpolitische Programm für den deutschen Reichskanzler nach wie vor uneingeschränkt verbindlich sei. Hitler entwickle seine Politik entlang den dort vorgegebenen Linien und amüsiere sich über seine Umwelt, die sich mit ihrer Logik den Blick auf die wahren Zielsetzungen des nationalsozialistischen Deutschlands verstelle, obwohl sein Buch doch den „genau umrissenen Plan" offenlege, gemäß dem sich die künftige deutsche Machtentfaltung vollziehen werde[265].

Voraussetzung für die Aktionsfreiheit im Osten sei die Vernichtung Frankreichs. Doch begnügt sich Tetens nicht damit, die einschlägigen Stellen aus 'Mein Kampf' zu zitieren. Vielmehr stellt er den Friedensbeteuerungen Hitlers die Indoktrination deutscher Schüler gegenüber, die u. a. Themen wie diese zu bearbeiten hätten[266]: „Warum ist die Vernichtung Frankreichs die Vorbedingung für Deutschlands Wiederaufstieg?" Oder: „Die Entwicklung der deutschen Sprachgrenze in Westeuropa und ihre Lehren für die deutsche Zukunft." Und: „Die Bedeutung der Rassenfrage in Deutschland und Frankreich."

Die Grundlage für die Behandlung derartiger Themen waren die Aussagen in 'Mein Kampf'. Das Ziel bestand in der Erziehung zum

sich bewußt oder unbewußt an der Verantwortung gegenüber der Öffentlichkeit orientierten, was natürlich die Beurteilung des politischen Kontrahenten – die Kalkulation seiner Möglichkeiten – beeinflußt habe.

265 Tetens (I, 28), S. 12; vgl. zu diesem – aus Hitlers Ausführungen in 'Mein Kampf' erkannten – Konzept Hitlerscher Kriegspolitik: Olden (I, 9), S. 155–158; Roberts (I, 206), S. 359; Steed (I, 186), S. 175–188, bei Einbeziehung anderer Untersuchungen und in enger Anlehnung an Hoover (Anh. 6); Albert Schreiner, Hitler treibt zum Krieg. Köln, Frankfurt a. M. 1979 (Reprint von: Hitler treibt zum Krieg. Dokumentarische Enthüllungen über Hitlers Geheimrüstungen, hrsg. von Dorothy Woodman. Paris 1934), S. 42–48; Mowrer (I, 186), S. 247f.; Humbert (I, 20), S. 315–390, eine – mit anderen Fragestellungen durchsetzte – intensive Auseinandersetzung mit Hitlers Programm und Weg in den Krieg; Hitlers Festhalten an dem in seinem Buch entwickelten Programm unterstreicht auch Hoover (Anh. 6), S. 212–217, der außerdem bereits auf die Flexibilität verwies (S. 217), mit der Hitler seine Ziele verfolgte.

266 Tetens (I, 28), S. 12.

Haß gegen den Erbfeind. Einzuordnen ist das Ganze in die totale Mobilmachung der Nation. Die Fakten, die Tetens anführt, um zu zeigen, daß Hitler nach 1933 keines seiner vorher verkündeten Ziele aufgegeben habe, vermögen zu überzeugen[267]. Dazu trug gewiß auch sein methodisches Vorgehen bei, das eine „willkürliche Kombination von voraussetzungsschwachen Schlüssen" vermied. Tetens systematisiert, stellt Theorie und Praxis nationalsozialistischer Politik einander ständig gegenüber, macht diese eindeutig[268].

Das Kardinalproblem bestehe darin, die Rückenfreiheit im Westen – für den Eroberungszug nach Osten – ohne Einmischung anderer Mächte herzustellen[269]. Die Möglichkeit dazu biete eine Annäherung an Großbritannien und Italien, die schließlich bis zum Bündnis erweitert werden solle. Zwei Wege schienen gangbar zu sein. Den ersten könne eine geschickte Ausnutzung der britisch-französischen und französisch-italienischen Gegensätze ebnen. Einen zweiten Weg solle die Propaganda öffnen, der es obliege, Deutschland als „Bollwerk gegen den Bolschewismus" aufzubauen[270]. Man müsse jedenfalls versuchen, einen Umschwung der

[267] Ebd., S. 13f.

[268] Ebd., S. 1f.

[269] Ebd., S. 14ff., die folgenden Zitate S. 15.

[270] Sowohl unter innen- als auch außenpolitischen Gesichtspunkten wurde in der zeitgenössischen Literatur die Frage erörtert, ob der Nationalsozialismus einer kommunistischen Bedrohung gegenüberstehe. Roberts (I, 206), S. 308f., sieht dafür im Innern keine Anzeichen, und im Hinblick auf das Äußere seien die Hitlerschen Behauptungen kaum überprüfbar. Im übrigen müsse man bei Hitler mit ganz radikalen Kehrtwendungen rechnen (S. 309–312). Armstrong (Anh. 6), S. 66, äußert Zweifel, daß das nationalsozialistische Deutschland ein "mighty bulwark against Bolshevism" sei. Angesichts der Herrschaftsstrukturen, die im kommunistischen und im nationalsozialistischen Staat sehr ähnlich seien, schließt auch er einen Kurswechsel Hitlers nicht aus: "One order, and the S. A. would become a Red Army." Pascal (I, 214), S. 257f., hält die antikommunistische Propaganda Hitlers für ein Mittel, das der Beruhigung der Westmächte dienen solle, während Hitler aufrüste und innenpolitisch gleichschalte. Hoover (Anh. 6), S. 122f., sieht das Problem im Kontext eines französischen Präventivkrieges zur Ausschaltung Hitlers. Da nach dessen Niederlage ein kommunistisches

öffentlichen Meinung in Großbritannien herbeizuführen. Darüber hinaus gehe Hitler davon aus, daß seine Bündnisfähigkeit parallel zur militärischen Erstarkung Deutschlands zunehmen werde. Um in diesem Zusammenhang bei den Briten kein Mißtrauen zu provozieren, hätten irgendwelche „Forderungen nach Seegeltung und Wiedergewinnung der Kolonien" zu unterbleiben.

Skepsis gegenüber seiner Zuversicht in bezug auf eine deutsch-britische Verständigung über die territoriale Ausdehnung Deutschlands in Europa fechte Hitler nicht an – so Tetens. Er sehe die – seiner Meinung nach – realistische Chance, Frankreich mittels seiner Bündnispolitik zu isolieren. Die logische Konsequenz einer solchen Situation sei die Niederlage der Franzosen, welche dem „Dritten Reich alle Wege zur Verwirklichung seiner weltpolitischen Endziele" erschließen werde, was die „germanische Weltherrschaft" einschließe. Den Anspruch auf sie begründe Hitler mit seinem – der gesamten NS-Politik zugrundeliegenden – Rassendogma. Da die Weltherrschaft riesige Landeroberungen voraussetze, müsse Hitler „seine Faust auf Sowjetrußland und Frankreich" legen, womit dann gleichzeitig die „'Weltherrschaft' der Juden" gebrochen wäre[271]. Auf dem Weg zu diesen „letzten Schlußzielen" werde er London taktische Zugeständnisse machen. Nach der Aufrichtung der deutschen Hegemonie auf dem Kontinent würde man die Dinge anders sehen, denn das nationalsozialistische Regime habe dem „deutschen Kolonialimperialismus" keineswegs entsagt. Der Besitz von Holland, Belgien und der französischen Kanalküste werde dem Deutschen Reich eine Ausgangsposition gewähren, welche die Konfrontation mit Großbritannien erfolgversprechend mache. Die Deutschen verfügten dann sogar über Absprungshäfen für eine Invasion[272].

Regime in Deutschland die Macht übernehmen werde, sei ein solcher Krieg nicht möglich.

[271] Tetens (I, 28), S. 16, 18 und 20.

[272] Ebd., S. 20f. Tetens bezieht sich im Hinblick auf einen deutsch-britischen Krieg auf das in Großbritannien stark beachtete Buch von Ewald Banse, Raum und Volk im Weltkriege. Gedanken über eine nationale Wehrlehre. Oldenburg i. O. 1932, das auch ins Englische übersetzt wurde. Die

Gegen Ende seiner Analyse Hitlerschen Wollens hob Tetens – warnend, erinnernd und gleichzeitig auch vorausschauend – hervor[273]: „In zwei Punkten sollte also Klarheit herrschen: auf was muß man sich bei Hitler gefaßt machen, und wie weit darf man seinen Worten trauen? Das Ende der Weimarer Republik gibt [. . .] in dieser Hinsicht eindeutige Lehren. Alle politischen Faktoren, die Hitler vertrauten, haben ihre Leichtgläubigkeit sehr bald mit der politischen Existenz und teilweise sogar mit dem Leben bezahlen müssen. Nach der Wiederherstellung der deutschen Wehrhoheit berichtete der Berliner Korrespondent der [Baseler] National-Zeitung mehrfach, daß man in nationalsozialistischen Kreisen die Haltung Europas mit der Ahnungslosigkeit der Weimarer Republik vor ihrem Ende vergleiche. Denselben Gang würde die Entwicklung in Europa nehmen, sobald Hitler in günstigen Situationen starten könnte. Denn darüber darf kein Zweifel bestehen: das deutsche Volk wird sich ziemlich widerstandslos in jedes Abenteuer führen lassen." Noch deutlicher werdend fügt Tetens dem hinzu[274]: „'Mein Kampf' bildet das unumstößliche Dogma, und eine Nation, die weiß, was sie will, hält daran krampfhaft fest: An der Eroberung von Grund und Boden in Europa, an der endgültigen Vernichtung Frankreichs, an der Aufrichtung der preußisch-deutschen Weltherrschaft."

Es existieren zumindest im Hinblick auf Hitler ähnliche Sehweisen auch anderer zeitgenössischer Kritiker. Nicht immer wurden diese allerdings so klar herausgearbeitet wie bei Tetens. Vor allem das Urteil über die Verbindlichkeit der politischen Absichtserklärungen Hitlers fiel – sowohl vor als auch nach 1933 – unterschiedlich aus. So hatte Th. Heuß, der ebenfalls in engster Anlehnung an den Text von 'Mein Kampf' interpretierte, durchaus betont, daß die

Titel der engl. Ausgabe – Germany, prepare for war! London 1934 – und der amerik. Übersetzung – Germany prepares for war. A Nazi theory of 'National Defense'. New York 1934 – deuten bereits die politische Einordnung des Werkes an. Ausführlich zu Banse: Steed (I, 252), S. 671.

[273] Tetens (I, 28), S. 19.

[274] Ebd., S. 23.

„Kapitel über die Außenpolitik [. . .] zu den aufschlußreichsten" des Hitlerschen Machwerkes gehörten[275]. Doch den Realitätsgehalt des Geschriebenen schätzte er, der an Hitlers Buch den Maßstab der Logik anlegte, gering ein. Wenn Heuß also konstatiert, daß für Hitler die „Vernichtung Frankreichs" die „technische Vorbedingung" für eine „Bodennahme im europäischen Osten" sei, dann macht er das im Verständnis einer Theoriedeutung, nicht aber im Sinne des Warnens vor einer ernst zu nehmenden Gefahr. Heuß vermutete darüber hinaus, daß die nationalsozialistische Außenpolitik Hitler von Rosenberg „souffliert" werde[276]. Auch dies ist für seine Fehlbeurteilung des Führers der NSDAP bezeichnend.

Während Heuß in seiner Interpretation über die Annahme europäischer Zielsetzungen Hitlers nicht hinausging, erkannte Konrad Heiden bei diesem einen „Plan der Weltherrschaft", den er in allen Einzelheiten nachvollzieht[277]. Ein „Krieg um den Erdball" stehe zur Diskussion, und dies „nicht nur um des Erdballs willen", denn für den Nationalsozialismus sei der Krieg schlechthin ein „höherer Zustand" der Völker. Nun bemühte sich die NS-Propaganda nach 1933 darum, manches, was Hitler vor seiner Berufung zum Reichskanzler von sich gegeben hatte, zu relativieren. Historisch-erfahrungsmäßig betrachtet schien es auch naheliegend zu sein, daß die Nationalsozialisten an der Macht und die Nationalsozialisten in der Opposition, d. h. im Kampf um die Macht, nicht dieselben sein würden, nicht sein könnten. Gerade dazu bemerkte Heiden weitsichtiger als viele andere Zeitgenossen[278]: Hitler habe über seine „letzten, fernsten – bei andern würde man sagen: geheimsten – Ziele" frühzeitig mit aller Offenheit geredet. Er habe diese „Ziele später zum Teil öffentlich verleugnet", aber grundsätzlich könne ihm niemand „vorwerfen, daß er sie verschwiegen" hätte. Im Hinblick auf die Zielsetzungen des nationalsozialistischen Regimes müsse man davon ausgehen, daß das „Programm Hitlers [. . .] das Programm

[275] Heuß, Hitlers Weg (I, 10), S. 96–105, Zit. S. 96.
[276] Ebd., S. 99.
[277] Heiden (I, 6), Bd. 2, S. 237–268, Zit. S. 253.
[278] Ebd., S. 239.

der deutschen Weltherrschaft" sei. Und dieses „Programm" sei bereits „durchgeführt worden" oder werde „durchgeführt" werden[279].

Freilich, so eindeutig wie die zitierten Stellen ist die Gesamtinterpretation Hitlers durch Heiden keineswegs. Vieles klingt widersprüchlich. Der Reichskanzler, der doch einem Programm folgte, gewinnt bei Heiden mitunter Züge, die mit der oben referierten Deutung nicht mehr ohne weiteres zu vereinbaren sind[280]: „Ein ganz triebhafter Mensch glaubt an Berufung und Stimmen. Ein Inkonsequenter ziert sich mit formaler Logik. Ein tief Unzuverlässiger spielt sich und der Welt übermenschliche Treue vor." Einem „Negerkönig" gleiche Hitler, der sich von einem „Europäer porträtieren" lasse und „gern als Weißer gemalt" sein wolle. Allerdings, rein „zahlenmäßig" gesehen sei Hitler – „weder ein Übermensch, noch ein Popanz" – der „größte Menschenerschütterer der Weltgeschichte"[281]. Ansonsten stelle der Nationalsozialismus eine „Praxis der Herrschaft, keine Ideologie" dar[282]. Hitlers Außenpolitik sei ihrem „Wesen nach eine Methode, kein Ideengefüge internationalen Handelns". Sie werde nicht durch das Was, sondern durch das Wie bestimmt. Um Hitlers „Meinungen und Ziele" zu erkennen, müsse man sich an sein Buch halten. Um seine „Erfolge und Mißerfolge" zu verstehen, sei es jedoch in erster Linie erforderlich, das „Handeln seiner Gegenspieler" zu studieren. Denn Hitlers Reaktion auf deren Maßnahmen mache das Wesen der NS-Politik aus. Hier ist der Übergang zu einer Interpretation Hitlers als orientierungslosem Opportunisten – um es sehr zurückhaltend zu formulieren – fließend. Heiden jedenfalls motivierte diese Auffassung, das „Phänomen Hitler" im abschließenden Teil seiner Biographie primär an Hand der Methoden Hitlerscher Politik zu erklären[283]. Das Urteil des Autors – im interpretatorischen Spannungsfeld zwischen den

279 Ebd., S. 254f.

280 Heiden (I, 6), Bd. 1, S. 362, aber auch S. 335–362.

281 Ebd., S. 6. Heiden nahm an seiner Position (1935) auch in der Auflage von 1937 (ebd., S. 7f.) keine Änderungen vor.

282 Heiden (I, 6), Bd. 2, S. 265f.

283 Ebd., S. 267.

Polen 'Programmatiker' mit Konsequenz oder haltloser 'Opportunist' – fällt letztendlich ambivalent aus.

Jene Deutungen Hitlers, die diesen als „völlig prinzipienlos" charakterisieren, die ihn als Person darstellen, die „einfach die Macht um ihrer selbst willen" angestrebt habe, dabei alles versprechend und der Tatsache absolut gleichgültig gegenüberstehend, daß „jede soziale Schicht in Deutschland sein Versprechen" anders auslege[284], berufen sich dennoch nicht vorrangig auf Heiden, sondern auf Hermann Rauschning[285].

In dessen Schriften finden sich genügend Stellen, die zu belegen scheinen, daß Hitler gar keine fixierten politischen Ziele besessen hat, „sondern sich von günstigen Gelegenheiten hochschaukeln ließ, bereit, alles preiszugeben, was er bisher verfochten hatte, nur um seine Macht zu vergrößern". Was Hitler praktiziere, sei eine rigorose „Gelegenheitspolitik". Falls erforderlich, werde bei deren Verwirklichung mit unglaublicher Bedenkenlosigkeit „alles über Bord" geworfen, was kurz vorher noch eherner Grundsatz gewesen sei[286]. In seinem Buch 'Revolution des Nihilismus' stellt Rauschning apodiktisch fest[287], Hitler besitze weder außen- noch innen-

[284] Laski (I, 32), S. 116, und zur Ermöglichung Hitlers S. 112ff. und S. 125. Unter den zeitgenössischen Autoren außerdem: Ermarth (I, 179), S. XIf.; und Emil Ludwig, Three Portraits. Hitler , Mussolini, Stalin. New York, Toronto 1940, S. 24 und S. 30. Ludwig erklärt Hitlers Erfolg mit Charaktereigenschaften der Deutschen. Gerade diese Auffassung weist Laski entschieden zurück (S. 113): Es sei „zwar verführerisch, aber auch närrisch, die Erklärung" für Hitler im „Nationalcharakter des deutschen Volkes finden zu wollen".

[285] Genannt werden vor allem Hermann Rauschning, Die Revolution des Nihilismus (I, 13), und ders., Gespräche (I, 13); vgl. aber auch Anm. I, 240. Direkt zu Rauschning – neben den bereits genannten Autoren – John S. Conway, Hermann Rauschning as Historian and Opponent of Nazism, in: CanJH 8 (1973), 1, S. 67–78.

[286] Rauschning, Gespräche (I, 13), S. 127. Zur Persönlichkeit Rauschnings vgl. Ender (I, 13), S. 81–89.

[287] Rauschning, Die Revolution des Nihilismus (I, 13), S. 50–57, Zit. S. 55f.

oder wirtschaftspolitisch feste Ziele. Eine „große Voraussetzungslosigkeit“ und die „Abwesenheit jedes vorgefaßten Programmes“ kennzeichneten seine Politik. In diesem Rahmen lasse sich der Nationalsozialismus beschreiben als „Bewegung schlechthin, Dynamik absolut gesetzt, Revolution mit wechselndem Nenner, jederzeit bereit, ihn zu vertauschen“. Der Führer der NSDAP mache nicht „aus einer Doktrin Politik, wohl aber [...] mit einer Weltanschauung“. Vor diesem interpretatorischen Hintergrund gelangt Rauschning zu seiner Opportunismusthese, gemäß der es im wesentlichen um Machtakkumulation ging – und dies ohne Prinzip bei jeder sich bietenden Chance.

Vorbehalte gegenüber einer derartigen Auslegung Hitlers sind angebracht[288]. Doch machen die zitierten Stellen nicht den 'ganzen Rauschning' aus, und Wolfgang Michalka wies deshalb völlig berechtigt darauf hin[289], daß es erstaunlich sei, in welchem Ausmaß Rauschnings „Hitler-Deutung, die sowohl die machtpolitischen als auch die ideologischen Komponenten und Konstanten in Hitlers Denken und Handeln“ berücksichtige, in der „Forschung bislang einseitig und damit verzerrt rezipiert“ wurde. Tatsächlich sind unter den Historikern diejenigen die Ausnahme[290], denen Rauschning nicht als unzweideutiger Beweisführer dafür gilt, daß Hitler ein prinzipienfreier Gelegenheitspolitiker gewesen ist.

Zu den ersten, die Rauschning aus einer neuen Perspektive deute-

[288] Vgl. u. a. Jäckel (Vw. 11), S. 697, der sich gegen die Verwendung Rauschnings als Primärquelle wendet. Boesch (Anh. 1), S. 209, stuft den Quellenwert recht hoch ein. Ender (I, 13), S. 88f., erkennt Widersprüchlichkeiten in den Rauschningschen Interpretationen Hitlers.

[289] Michalka (Vw. 6), S. 129f.

[290] Großen Einfluß übte auf die Revision des Rauschning-Bildes die Untersuchung von Schieder (I, 13) aus. Direkt dazu Klaus Hildebrand, Das Dritte Reich. München, Wien 1979, S. 129; Hillgruber (Vw. 12), Tendenzen, S. 618f.; Meir Michaelis (I, 7), S. 332–335; und Günter Moltmann, Weltherrschaftsideen Hitlers, in: Europa und Übersee. Festschrift für Egmont Zechlin, hrsg. von Otto Brunner und Dietrich Gerhard. Hamburg 1961, S. 197–240, hier S. 198 und S. 203–208. Diese Autoren erkennen bei Rauschning eindeutige Hinweise auf den Programmatiker Hitler.

ten, gehörte Günter Moltmann, der insbesondere in bezug auf die außenpolitischen Ziele des Nationalsozialismus der Hitler-Forschung wichtige Anregungen vermittelte[291]. Für ihn übertraf das von Rauschning überlieferte Hitlersche „Gedankengebäude" alles das bei weitem, was diesbezüglich von nationalsozialistischer Seite jemals propagiert worden war. Wer Rauschning studiere, dem erschließe sich das „Weltherrschaftssystem" des Nationalsozialismus.

Rauschning selbst machte nicht nur 1941 öffentlich auf Hitlers Weltherrschaftsambitionen aufmerksam[292], sondern hatte dies bereits in den letzten Tagen des August 1939 getan[293]. Hitler, so schrieb er am Vorabend des Krieges, schicke sich an, „noch einen Schritt weiter" auf sein eigentliches Ziel hin – die „Weltherrschaft" – zu tun.

[291] Moltmann (I, 290), S. 207, der (S. 203) bereits darauf aufmerksam machte, daß es problematisch sei, einen „Echtheitsbeweis" für die von Rauschning überlieferten Aussagen zu führen.

[292] Hermann Rauschning, Hitler Wants the World. London 1941. Die Überzeugung, Hitler wolle die Weltherrschaft, war in der zeitgenössischen Literatur recht oft anzutreffen, vgl.: Paul Einzig, Hitler's 'New Order' in Europe. London 1941, S. 140; der Autor, dessen Manuskript Ende 1940 abgeschlossen wurde, ging, trotz des Hitler-Stalin-Paktes, davon aus, daß Hitler die UdSSR angreifen werde, sobald ihm der Zeitpunkt günstig erscheine (S. 12). Neumann (I, 11), S. 65, der – „soziologischen Methoden" verpflichtet – es ablehnt, Hitler nach seinen Äußerungen zu deuten, meint immerhin, die ökonomischen und sozialen Antagonismen könnten diesen dazu zwingen, „seinen Machtbereich weit über die Grenzen Europas hinaus auszudehnen". Albert Schreiner, Vom totalen Krieg zur totalen Niederlage Hitlers. Eine kritische Auseinandersetzung mit der Wehrmachtsideologie des Dritten Reiches. Paris 1939 (Reprint Berlin 1980, Frankfurt a. M. 1981), S. 11 f. und Zit. S. 250. Schreiner wähnte Europa im April 1939 am Vorabend des Krieges. Für ihn war der „Kriegswille" der Nationalsozialisten der „umgeprägte, auf die Weltbeherrschung abzielende Expansionsdrang des deutschen Trust- und Monopolkapitals". Mowrer (I, 186), S. 248, zitiert als Beleg Hitlers Feststellung: "Germany would 'either be a world Power or cease to be'"; auch C. Redo, Zwei Deutsche. Goethe und Hitler. Arbon 1936, S. 22 f., benennt die Weltherrschaft als Hitlers Endziel.

[293] Hermann Rauschning, Herr Hitler, Ihre Zeit ist um. Offenes Wort und letzter Appell. (o. O.) 1939, S. 36.

Ganz ohne Zweifel ist Rauschning eine bedeutsame, wenn auch nicht bedenkenlos zu zitierende Quelle. Um jedoch Mißverständnisse zu vermeiden, ist festzustellen, daß eine solche Aussage in keiner Weise die längst beantwortete Frage berührt, ob die Schriften Rauschnings (insbesondere seine 'Gespräche mit Hitler') als Primärquelle heranzuziehen sind – sie sind es nicht! Das steht spätestens seit der profunden quellenkritischen Untersuchung von Theodor Schieder fest. Die 'Gespräche', so Schieder, seien[294] „kein Quellendokument, von dem man wörtliche und protokollarische Überlieferung Hitlerscher Sätze und Sentenzen erwarten" dürfe. Vielmehr handele es sich um ein Dokument, bei dem sich „objektive und subjektive Momente vermischen und Wandlungen der Meinung des Autors über seinen Gegenstand" mit in diesen eingegangen seien. Trotzdem besitzen die Aufzeichnungen Rauschings Quellenwert, da sie „Deutungen enthalten, die aus unmittelbarer Einsicht erwachsen sind".

Um die Problematik der quellenkritischen Bewertung kann es hier also nicht mehr gehen. Was an dieser Stelle jedoch nach wie vor interessiert, ist die Frage, mit wieviel Berechtigung Rauschning als Beleg für die These in Anspruch genommen werden darf, gemäß der Hitler ein nihilistischer Opportunist gewesen ist[295].

Folgt man in diesem Zusammenhang Theodor Schieder, so beruht eine derartige Zuordnung Rauschnings auf einem fundamentalen Mißverständnis seines Werkes. Denn Rauschning habe den Begriff des Nihilismus zunächst einmal doppelsinnig eingesetzt. Diesem komme einerseits ein terminologischer Inhalt zu, der die Zerstörung der alten Werte betreffe, während er andererseits die „Aufrichtung neuer Werte" impliziere. Anders – und konkret auf den Nationalsozialismus bezogen – ausgedrückt: „Die Ideologie der nihilistischen Wertfreiheit enthält zugleich eine neue Wertideologie, die eine

[294] Schieder (I, 13), S. 62.

[295] Dazu und zum Einfluß, den Rauschning auf Historiker nach 1945 ausübte, Jäckel (I, 98), S. 13–16; und Lange (I, 2), S. 19f. Laski (I, 32), S. 116ff. und S. 123, deutlich erkennbar von derartigen Gedanken beeinflußt.

Wendung ins Biologische, Darwinistische nehmen kann." Und es ist gerade diese Wertmetamorphose, die man in der Auseinandersetzung Rauschnings mit dem Nihilismus Hitlers zu verfolgen vermag. Ein anderer wichtiger Punkt ist in diesem Kontext die Korrektur, die Rauschning in den 'Gesprächen' an seiner „Lehre" vom nihilistischen Opportunismus anbringt. In den 'Gesprächen' werden – nicht wörtlich zu nehmende – Aussagen zitiert, die auf ein politisches Programm verweisen, das aus spezifischen ideologischen Elementen zusammengesetzt sei. Das betreffe nicht nur Hitlers Außenpolitik, sondern – und Schieder thematisierte damit ein nach wie vor kontrovers diskutiertes Forschungsproblem – auch seine „Vorstellungen von einer neuen Sozialordnung" oder seine „antichristlichen Ideen". Rauschning deute Hitler mitnichten vorbehaltlos unter dem Vorzeichen eines doktrinlosen Nihilisten. Er zeige vielmehr, daß der „Gegenwelt, an der sich der Hitlersche Nationalsozialismus" emporsteigere, ein „apokalyptisches Ende bereitet" werden solle beziehungsweise müsse, um den „Sieg der eigenen Weltanschauung" zu vollenden[296].

Resümierend kann man sagen, daß es sicherlich auch nach der Untersuchung von Schieder möglich bleibt, Rauschning als Kronzeugen für die These vom prinzipienlosen Opportunisten zu zitieren, denn entsprechende Belege finden sich bei ihm allemal. Doch muß dann der Vorwurf der Einäugigkeit in Kauf genommen werden, weil zumindest die Ambivalenz – negativ formuliert, die Widersprüchlichkeit – der Rauschningschen Argumentation und Interpretation unbestritten ist[297]. Allein schon diese Tatsache freilich schließt es aus, den Autor für eine ganz bestimmte Deutung Hitlers – ohne Einschränkung – heranzuziehen.

Die bisher vorgestellten zeitgenössischen Stellungnahmen entwarfen ihr Bild von den Zielen und dem Wollen Hitlers in erster

[296] Schieder (I, 13), S. 29–35, Zit. S. 33ff., und – speziell zum von Rauschning tradierten Bild Hitlers – S. 52ff.

[297] Dazu Ender (I, 13), S. 92–97; E. äußert sich kritisch zu Schieder. Dazu ist zu sagen, daß Rauschning in den 'Gesprächen' Relativierungen seiner in der 'Revolution' festgeschriebenen Deutung des Nationalsozialismus vornahm. Man kann diese also nicht verabsolutieren.

Linie auf der Grundlage einer Exegese von 'Mein Kampf'[298], wobei natürlich auch weitere Aussagen Hitlers – zum Beispiel Reden oder nationalsozialistische Literatur allgemein – berücksichtigt worden sind. Paradigmatisch kann in dieser Hinsicht auf Tetens verwiesen werden.

Daneben existierten bereits vor 1945 mehrere Untersuchungen, die den Nationalsozialismus, die Politik Hitlers und nicht zuletzt dessen Weg in den Krieg durch eine Analyse der inneren Strukturen des Systems und der sozioökonomischen Verhältnisse zu erklären versuchten. Als es im Verlaufe der sechziger Jahre zu einer Neudiskussion über das Wesen des Dritten Reiches kam, wurden gerade diese Ansätze fortentwickelt, was sich im zweiten Teil dieser Arbeit zeigen wird.

Zunächst sollen im folgenden einige Untersuchungen vorgestellt werden, die – wie die Werke von Franz Neumann und Ernst Fraenkel, sozusagen die Klassiker dieser Interpretationsrichtung – für einen derartigen Zugriff repräsentativ sein können.

Im 'Weißbuch über die Erschießungen des 30. Juni' 1934[299] wird Hitler als politischer Abenteurer beschrieben, der sich mit immer

[298] Dezidiert als Programmatiker im Sinne von 'Mein Kampf' interpretieren Hitler: Hoover (Anh. 6), S. 213–216, der aber den von Hitler an sich vorgegebenen Krieg nicht als völlig unvermeidbar ansieht (S. 219f. und S. 224ff.). Deutlicher noch: Humbert (I, 20), S. 16–19, S. 353ff. und S. 375–389; Lorimer (I, 225), S. 13 und S. 90–95; und Friedrich Wendel, Hitler gegen die Lebensinteressen Deutschlands. Der beabsichtigte Krieg gegen Frankreich, Rußland und die Randstaaten. Berlin 1932. Wendels 16seitige Broschüre ist eine scharfe Analyse Hitlerscher Zielsetzungen und eine eindringliche Aufforderung, dessen Buch zu lesen. Vgl. darüber hinaus: Nazism: An Assault on Civilization, ed. by Perrie van Paassen and James Waterman Wise. New York 1934; der Sammelband enthält 21 Beiträge von Augenzeugen nationalsozialistischer Bedrohung. Hitlers Zielen und der Deutung von deren Verbindlichkeit ist der Beitrag der Historikerin Miriam Bird gewidmet.

[299] Weißbuch (I, 184), S. 204ff. Die dort angesprochene polykratische Verfassung des Dritten Reiches und das Kompetenzchaos im Innern – Forschungsprobleme, die u. a. Fraenkel (I, 18) und Neumann (I, 11) später thematisierten (ihre Thesen übten auf die Historiographie nach 1945, speziell

neuen Ablenkungsmanövern Atempausen zu verschaffen bemüht ist. Seine Propaganda täusche Stärke vor, während das Regime in Wahrheit – als Folge der unauflöslichen sozialen Gegensätze – zutiefst erschüttert sei. Der Reichskanzler befinde sich sowohl im „würgenden Griff der inneren Schwierigkeiten" als auch in der „Klammer der äußeren Isolierung". Darüber hinaus trügen die verschiedenen „kapitalistischen Gruppen" untereinander Zwistigkeiten aus, die innerhalb der herrschenden NSDAP wiederum zu Kämpfen zwischen den einzelnen Machtcliquen geführt hätten. Die zu verzeichnende innere Anarchie, die mit Elementen des monopolkapitalistischen und des polykratischen Strukturmodells erklärt wird, stelle das gesamte Gefüge des Regimes Hitler in Frage. Neue terroristische Exzesse seien kaum dazu angetan, das nationalsozialistische System noch einmal zu retten. Da dies auch den Machthabern bekannt sei, müsse man davon ausgehen, daß die Krise im Innern, mit der sich Hitler konfrontiert sehe, diesen dazu bewegen könne, in den Krieg zu flüchten, um so die Öffentlichkeit abzulenken. Jeden-

seit den 60er Jahren, großen Einfluß aus) – bestätigen Olden (I, 9), S. 348ff.; und Laski (I, 32), S. 128f. Laski formuliert zwar abstrakt, meint aber eindeutig den 'Hitlerismus' (vgl. S. 125). Olden zitiert aus dem 'Daily Telegraph', daß Hitler sich „mit einer großen Garnitur von ziemlich unbeherrschten Hilfskräften zu umgeben" beliebe, womit er erreichen wolle, daß sich die „gegenseitigen Antagonismen" aufheben. Er habe eine „Abneigung dagegen, Entscheidungen zu treffen, ehe man bereits mitten in einer Krisis" sei. „Der Führer", so Olden (S. 349), „führt nicht". Vgl. aber ebd., S. 355–364, wo Olden bei seiner Analyse von Hitlers Persönlichkeit differenzierter argumentiert, insbesondere hinsichtlich des Kriegskurses, den das Regime steuere (S. 362f.). Im Rahmen der thematisierten Probleme ist noch auf einen anspruchsvollen Sammelband aufmerksam zu machen: Horkheimer, Pollock, Neumann, Kirchheimer, Gurland, Marcuse. Wirtschaft, Recht und Staat im Nationalsozialismus. Analysen des Instituts für Sozialforschung 1939–1942, hrsg. von Helmut Dubiel und Alfons Söllner. Frankfurt a. M. 1981. Die Aufsätze entstanden überwiegend 1941, und in ihnen wird durchgehend ein marxistischer Interpretationsansatz der NS-Machtübernahme vertreten, den die Autoren ja auch nach 1945 beibehielten. Zur Einordnung der Arbeiten des Instituts für Sozialforschung vgl. die Ausführungen von H. Dubiel und A. Söllner, ebd., S. 7–31.

falls fehle es nicht an Vorbereitungen auf allen Gebieten, die einen solchen Ausweg des Regimes ankündigten.

Stephen Roberts[300], der in seiner Studie dem Dualismus von Partei und Wehrmacht besondere Aufmerksamkeit schenkte, erkannte ebenfalls zahlreiche Tendenzen im 'Hitlerismus', die auf einen militärischen Konflikt in Europa zuliefen. Vor allem als letzte Konsequenz des Ringens um die Erhaltung persönlicher Macht im Innern meinte er einigen der führenden Repräsentanten des Nationalsozialismus die Bereitschaft zum Krieg unterstellen zu dürfen. Die Situation könne, so Roberts, ganz konkret dann eintreten, wenn das Scheitern des Vierjahresplanes zu einer schweren inneren Belastung des Regimes führe. Allerdings stand bei derartigen Überlegungen zunächst die Frage des Zeitpunktes im Vordergrund, zu dem Hitler losschlagen würde; und der Autor machte deshalb gleichzeitig deutlich, daß das nationalsozialistische Deutschland auch dann zum Krieg schreiten werde, wenn eine derartige Entwicklung nicht eintrete. Aufgrund der wirtschaftlichen und politischen Ziele Hitlers sei der Krieg – man habe nur an das Ziel der Autarkie zu denken – so gut wie unvermeidbar. Und längst lasse sich nicht mehr darüber hinwegsehen, daß die deutsche Nation zielstrebig auf diesen vorbereitet werde[301].

Ganz ähnlich argumentierte Albert Schreiner[302]: „Daß die Kriegsrüstung für den Krieg bestimmt sein muß, daß man zum Kriege treibt, wenn man ein ganzes Volk zu einer riesigen Kriegsmaschine organisiert, das mögen ihre Organisatoren in Beruhigungsreden für das Ausland als eine primitive Logik darstellen. Diese primitive Logik ist die innere Logik der Dinge.“ Dabei orientierte sich Schreiner, was die außenpolitischen Ziele anbetraf, durchaus wieder, wenn auch nicht ausschließlich, an 'Mein Kampf'[303]. Die

[300] Roberts (I, 206), S. 360–363.

[301] Ebd., S. 363: "Hitlerism cannot achieve its aims without war; its ideology is that of war"; und weiter: "Hitler has worked up Germany to such a state that the people are ready to accept war at any moment."

[302] Hitler treibt zum Krieg (I, 265), S. 492ff., Zit. S. 494.

[303] Ebd., S. 16ff. und S. 42–48 ('Mein Kampf' und Rosenbergs Schriften).

Ursachen des Krieges sah er in den „wirtschaftspolitischen Widersprüche[n] der nationalsozialistischen Politik" angelegt[304]. Sie implizierten „gewaltsame Lösungen nach Außen"[305]. Franz Neumann verallgemeinerte diese Sicht der 'Dinge' später dahingehend[306], daß er vom imperialistischen Krieg als dem „Resultat der inneren Widersprüche der deutschen Wirtschaft" sprach. Otto Straßer sagte Hitlers „Flucht in den Krieg" voraus, weil dieser hoffe, damit einen „Ausweg vor der Alternative 'Reaktion oder Revolution' zu finden"[307]. Die „verzweifelte innenpolitische Lage", die Hitler ahnen lasse, daß er in wenigen Monaten am Ende sein werde, betrachtete auch Hermann Rauschning als Motiv für den Hitlerschen Willen zum Krieg. Der „Führer" wisse, daß er den Krieg – bei dem es weder um Danzig noch um den polnischen Korridor gehe – heute zu führen habe, da er ihn morgen gar nicht mehr führen könne[308].

Mit einem solchen Verständnis der inneren Verhältnisse hatte Roy Pascal Hitlers Lage bereits 1934 interpretiert[309]. Da die wirtschaftliche Erholung Deutschlands auf ungemein ausgabenintensiven Arbeitsbeschaffungsprogrammen der Regierung beruhe, während die eigentliche Voraussetzung für einen gesunden wirtschaftlichen Aufschwung, die Exportsteigerung, ausbleibe, werde Hitler bald das Geld ausgehen, um seine Maßnahmen zu finanzieren. Dies um so mehr, weil der international verbreitete wirtschaftliche Protektionismus eine Vermehrung des deutschen Exports de facto ausschließe. Das NS-Regime habe deshalb mit Unruhen im Innern zu rechnen. Um letztere ebenso wie die äußeren Schwierigkeiten zu beseitigen, biete sich Hitler als letztes Mittel der Krieg an, der ja seiner Ideologie ohnehin – sowohl unter politischem als auch rassischem Vorzeichen –

304 Ebd., S. 34.

305 Ebd., S. 22.

306 Neumann (I, 11), S. 251.

307 Straßer (I, 82), S. 77–81; diese Position korrespondiert mit der im Weißbuch (I, 299) vertretenen; vgl. außerdem Straßer (I, 81), S. 196–200, wo er Hitlers Krieg als Ergebnis der inneren Verhältnisse im Dritten Reich sieht, deren Gefangener Hitler sei.

308 Rauschning (I, 293), S. 12 und ebd., S. 28.

309 Pascal (I, 214), S. 252–257.

wesensgemäß sei. Wie andere Autoren konstatiert Pascal ebenfalls eine fieberhafte Vorbereitung des Dritten Reiches – in allen wirtschaftlichen und gesellschaftlichen Bereichen – auf den Krieg. Dessen Ziele habe Hitler in seinem Buch festgeschrieben. Dennoch präsentiert Pascal keinen starken Diktator, sondern Hitler als Strohmann des Monopolkapitalismus, was insgesamt den methodischen Zugriff seiner Untersuchung zu charakterisieren vermag[310].

Am Anfang dieser Ausführungen zur Hitler-Interpretation vor 1945 stand u. a. die Frage nach Indikatoren für das, was Zeitgenossen über Hitler und den Nationalsozialismus hätten wissen können und was zumindest einige wußten. Welche Einsichten jedoch jene, die die zitierten Autoren nicht zur Kenntnis nahmen oder nicht kannten, in das nationalsozialistische Regime hatten, entzieht sich einer nicht rein spekulativen Betrachtung. Diese Frage wurde und wird deshalb so wenig behandelt wie diejenige nach den Gründen für die Ablehnung des oppositionellen Informationsangebots über die NSDAP.

Statt das bisher Ausgeführte zur Hitler-Interpretation vor 1945 zu resümieren, soll am Ende dieses Teils – wie zu Beginn Thomas Mann – wiederum einer der scharfsinnigsten Beobachter zu Wort kommen: Leopold Schwarzschild. Zusammen mit Stefan Großmann hatte er 1920 das 'Tage-Buch' begründet, dessen Stil bis zur Machtübernahme Hitlers im wesentlichen von ihm geprägt worden ist. Schwarzschild war vermutlich der herausragendste antimarxistische Kontrahent von Carl v. Ossietzky, mit dem er freilich die kompromißlose Gegnerschaft zum Nationalsozialismus teilte. 1933 ins Exil nach Frankreich geflüchtet, veröffentlichte Schwarzschild 1934 in Amsterdam sein Buch 'Das Ende der Illusionen', in das er „seitenlang" zu übernehmen vermochte, was er schon „vor Jahren in Deutschland" veröffentlicht hatte[311].

[310] Ebd., S. 266–270; vgl. Straßer, (I, 82), Wohin treibt Hitler? S. 57, S. 67ff. und S. 70f.; sowie Ermarth (I, 179), S. 183f.

[311] Leopold Schwarzschild, Das Ende der Illusionen. Amsterdam 1934, S. 12; zur Persönlichkeit von L. Schwarzschild und zu dessen politischer

Rückblickend meinte er, daß das Gros der Menschen die Veränderungen in der Welt, die das Jahr 1933 eingeleitet habe, in keiner Weise registrierte, vielmehr in der Normalität des Gestern lebte[312]: „Nur in dünnen Schichten sieht und erfaßt man, was im Hintergrund sich zusammenballt. Dort ist man in Panik. Kein Verantwortlicher, kein genauerer Beobachter in der Welt, dem während der letzten Monate nicht der Angstschrei über die Lippen gekommen wäre: Hilfe! Ein Verhängnis ohnegleichen naht! Rettet! Wir treiben einem Weltkrieg entgegen!" Der Blick des Autors ist dabei mitnichten auf die Jahre 1933/34 fixiert. Ihm geht es um die Epoche von 1919 bis 1934, in der er die Entwicklung unter dem Gesichtspunkt der diese bestimmenden Ideen untersucht. Sein Ergebnis: Man habe in einer Zeit der Illusionen gelebt, was sich allerdings keiner eingestehe, obwohl jeder einsehen müsse, daß die Lage des Jahres 1934 nur dadurch entstanden sei, weil „bis hierher Illusionen gefolgt wurde"[313].

Zur Situation derer, die trotzdem unverdrossen warnten, bemerkte Schwarzschild[314], ihm sei „schmerzlich vertraut, wie verloren die Stimme der einfachen Logik in einer Periode der Verwirrung ist, – einer Periode, in der Angst vor der Zukunft und Verzweiflung über die Gegenwart Führer und Völker in die letzte Zuflucht des 'Credo quia absurdum' treiben. Wieviel ist schon getan, wenn man einigen Tausenden, und sogar einigen Tausenden in mehreren Ländern und Sprachen, den Mut einflößt, der Medusa ins Gesicht zu sehen?" Das klang nach Resignation, aber Schwarzschild fuhr fort: „Gleichviel! Es gibt einige Tausende. Vielleicht ist unter ihnen der oder jener, der mehr vermag als nur zu lesen."

Politisch konkret dachte Schwarzschild an eine große Anti-Hitler-

Haltung: Sösemann (I, 123), vor allem S. 34–39 und S. 51–56; und Leopold Schwarzschild, Die letzten Jahre vor Hitler. Aus dem 'Tage-Buch' 1929–1933, hrsg. von Valerie Schwarzschild. Mit einem Vorw. von Golo Mann. Hamburg 1966.

312 Schwarzschild (I, 311), Illusionen, S. 8.

313 Ebd., S. 10.

314 Ebd., S. 12f.

Koalition, die das Dritte Reich allein durch ihre Existenz – auf friedlichem Wege – von der beabsichtigten Aggression abschrecken sollte. Noch vor Lorimer äußerte er den Gedanken, daß sich die Deutschen Hitlers selbst entledigen müßten. Einen Präventivkrieg zum Sturz der NS-Herrschaft lehnte Schwarzschild ab[315]: „Nur was über die deutschen Grenzen nach draußen zu schlagen droht, ist eine Angelegenheit derer, die außerhalb dieser Grenzen wohnen. Alles was sie tun, muß auf das beschränkt bleiben, was notwendig ist, um sich selbst zu bewahren. Hitler möge in Deutschland regieren. Er möge sich einrichten, wie es ihm gelingt. Er möge sich halten, solange er kann. Nur die Rüstung ihn fertig schmieden zu lassen, die zu nichts Anderem dient, als über die Grenzen vorzubrechen, die nichts Anderes bedeutet als seine Übermacht zum Angriff, die Europa keine andere Wahl läßt als Zusammenbruch im Krieg oder Versklavung durch Kapitulation, – nur diese Rüstung ihn fertig schmieden zu lassen, wäre die Entthronung der Vernunft, die Verneinung der Verantwortlichkeit."

Schwarzschild erwog in solchem Kontext eine Revision nach rückwärts, welche die Wiederherstellung der „Waffenrelation von 1919" bewirken solle. Diese könne einem „wieder-entwaffneten Deutschland" erneut jenen Weg öffnen, von dem man durch allgemeinen Leichtsinn nach Versailles abgekommen sei. Das war eine der Illusionen, die es in der zeitgenössischen Hitler-Interpretation neben realistischen Beurteilungen der Lage eben auch gab.

Doch davon einmal abgesehen ist den Kritikern Hitlers in der Rückschau – cum grano salis – zu bescheinigen, daß sie die wesentlichen politischen Merkmale und Ziele des nationalsozialistischen Regimes richtig beschrieben haben. Eine Voraussetzung dafür war zweifellos die politische Gegnerschaft. Aber die Grundlage der verschiedenen Analysen gaben – neben der praktischen Entwicklung des politischen Geschehens – in erster Linie die Schriften und Reden Hitlers sowie anderer nationalsozialistischer Größen ab. Dabei gingen die hier zitierten zeitgenössischen Interpreten Hitlers davon aus, daß die verkündeten oder niedergeschriebenen nationalsozialisti-

[315] Ebd., S. 270–273.

schen Absichtserklärungen verbindlich seien. Und der Historiker würde es sich zu einfach machen, wenn er diese realistische und zutreffende Einschätzung als zufälliges Ergebnis antinationalsozialistischer Propaganda einordnete. Diese kritische – von der Geschichte im wesentlichen als richtig bestätigte Sicht – war vielmehr vor allem ein Ergebnis davon, daß Hitler als Folge der Vorgänge gegen Ende der zwanziger Jahre zunehmend ernst genommen worden ist und daß man die nach 1933 von seinem Regime betriebene Politik an dem gemessen hat, was die Nationalsozialisten vor ihrem Machtantritt propagiert hatten.

Schließlich sei noch einmal auf die in den obigen Darlegungen nicht zu übersehende Rechts-Links-Dichotomie eingegangen. Sie ließ sich im Rahmen eines knappen Überblicks nicht vermeiden. Darüber hinaus schien sie jedoch nicht nur zulässig, sondern durchaus auch angemessen zu sein, denn es ging ja um Grenzpositionen der zeitgenössischen Hitler-Interpretation, um das Aufzeigen von Tendenzen, auch um das Schlagen von Schneisen. Ansonsten soll nicht verschwiegen werden, daß die eingesehene Literatur die Aussage gestattet, daß auch eine umfassendere Auseinandersetzung mit der zeitgenössischen Hitler-Interpretation – die dann das breite Mittelspektrum berücksichtigen und die rechten und linken Stellungnahmen differenzieren müßte, wozu es im übrigen, wie angezeigt, Vorarbeiten gibt – die getroffenen Feststellungen bestätigen würde.

Und um weiteren Mißverständnissen in diesem Zusammenhang vorzubeugen: die Kritiker Hitlers standen vorwiegend und besonders dicht auf der linken Seite, aber nicht nur dort, das sollten u. a. die Einlassungen zum Verhältnis zwischen politisch engagierten Christen und dem Nationalsozialismus zeigen.

II. PROBLEMKREISE DER GEGENWÄRTIGEN HITLER-FORSCHUNG

„Wir brauchten ein Buch, das wissenschaftlich zuverlässig gearbeitet und lesbar zugleich wäre, in dem man die Tatsachen nachschlagen könnte und in dem auch die Urteile stimmten. Ein Buch, in dem nicht gelobhudelt, aber auch nicht geschimpft würde, das Leistungen nicht verschwiege, aber Verbrechen Verbrechen nennte; das uns zeigte, wie Menschliches und Sachliches, wie deutsche Innenpolitik und Weltpolitik ineinander greifen; das uns hinter den Entscheidungen die Personen sichtbar machte, ohne sie zu isolieren; so wenig wie es jene zwölf Jahre aus der deutschen Geschichte ausklammern dürfte und uns doch zugleich zeigen müßte, daß sie etwas anderes waren als normale deutsche Geschichte. [. . .] Statt dessen haben wir eine Bibliothek von Büchern, die nur noch der Spezialist bewältigen kann“ [1].

Die ‘Bibliothek’ ist seit 1953, als O. H. v. d. Gablentz dies feststellte, stetig gewachsen. Aber das eine Buch über den Nationalsozialismus, das alle – oder auch nur die wissenschaftlichen Kriterien standhaltenden – genannten Wünsche allgemeingültig erfüllt, es fehlt weiterhin. Vermutlich wird man auch künftig viele Bücher lesen müssen, um die ‘Geschichte jener zwölf Jahre’ und ihrer Ermöglichung zu verstehen.

Bis zum Ausgang der fünfziger Jahre war die deutsche Geschichtsschreibung – abgesehen von einigen beeindruckenden Ausnahmen – bei der Auseinandersetzung mit der jüngsten Vergangenheit von anklagenden oder apologetischen Deutungen beherrscht.

Seit Anfang der sechziger Jahre kam es dann zu einer intensiven und fruchtbaren – wissenschaftlichen Ansprüchen genügenden – Aufarbeitung der nationalsozialistischen Zeit. Zentrale Themen

[1] Zit. nach Gablentz (Anh. 1), S. 873.

fanden ihre überzeugende Darstellung. Dabei ist es an sich nicht möglich, eine repräsentative Auswahl zu treffen, denn stets werden viele grundsätzlich nennenswerte Abhandlungen ungenannt bleiben müssen, da die Zahl der inzwischen vorliegenden qualifizierten Arbeiten einfach zu groß ist.

Wird mit dieser Einschränkung dennoch der Versuch gewagt, einige Untersuchungen herauszustellen, so sollte u. a. auf folgende Autoren und Titel hingewiesen werden: Brachers[2] 'Deutsche Diktatur' oder das von Bracher, Schulz und Sauer[3] verfaßte Werk über die 'nationalsozialistische Machtergreifung'; Dülffers[4] Studie über 'Hitler und die Marine'; die von Deist, Messerschmidt, Volkmann und Wette[5] vorgenommene Zusammenschau der 'Ursachen und Voraussetzungen der deutschen Kriegspolitik'; Fests biographischer Versuch über Hitler ist ebenso anzuführen wie der von Deuerlein oder Jäckels Analyse der Hitlerschen Weltanschauung[6]; an profunde Auseinandersetzungen mit wichtigen Fragen an die deutsche Geschichte ist dabei zu erinnern, etwa an die Arbeiten von Henke, Petersen, Jacobsen, Adam, Streit, Mason, Kershaw, Dawidowicz, Tyrell, Bollmus, Petzina, Hüttenberger, Diehl-Thiele oder Mommsen[7]; außerdem: Broszats[8] moderne Analyse der Doppelnatur des

[2] Bracher (I, 49).

[3] Bracher, Schulz, Sauer (I, 103).

[4] Jost Dülffer, Weimar, Hitler und die Marine. Reichspolitik und Flottenbau 1920–1939. Mit einem Anh. von Jürgen Rohwer. Düsseldorf 1973.

[5] Wilhelm Deist, Manfred Messerschmidt, Hans-Erich Volkmann und Wolfram Wette, Das Deutsche Reich und der Zweite Weltkrieg, Bd. 1: Ursachen und Voraussetzungen der deutschen Kriegspolitik. Stuttgart 1979.

[6] Fest (Vw. 7); Deuerlein (II, 449); und Jäckel (I, 98).

[7] Josef Henke, England in Hitlers politischem Kalkül 1935–1939. Boppard. a. Rh. 1973; Petersen (II, 366); Jacobsen (II, 279, dort dessen Standardwerk über die NS-Außenpolitik); Adam (II, 428); Christian Streit, Keine Kameraden. Die Wehrmacht und die sowjetischen Kriegsgefangenen 1941–1945. Stuttgart 1978; Mason (II, 293); Ian Kershaw (I, 43); Lucy S. Dawidowicz, The War against the Jews 1933–1945. London 1975 (dt. München 1979); Tyrell (II, 67); Bollmus (II, 383); Petzina (II, 104); Hüttenberger (II, 387); Diehl-Thiele (II, 71); und Mommsen (II, 155).

Hitler-Staates; Hildebrands[9] kompetente Darstellung der kolonialen Frage im Dritten Reich, die weit mehr als eine Spezialstudie ist; Hillgrubers[10] kaum zu übertreffendes Standardwerk über 'Hitlers Strategie'; Müllers[11] Maßstäbe setzende Interpretation der Beziehungen zwischen dem 'Heer und Hitler'; Michalkas[12] kenntnisreiche Analyse der außenpolitischen Entscheidungsprozesse im nationalsozialistischen Deutschland; Noltes[13] nie aus der wissenschaftlichen Diskussion gekommene Pionierarbeit über den deutschen, italienischen und französischen Faschismus; die aspektreiche Untersuchung über den 'Aufstieg des Nationalsozialismus' von Schulz[14]; das Hitlers programmorientierter Politik an Hand neuer Problemstellungen und neuer Quellen nachgehende Buch von Thies[15]; und, um wenigstens zwei unter den großen Studien des Auslandes anzuführen, Weinbergs Untersuchung über die deutsche Außenpolitik unter Hitler bis 1939, sowie Richs Darstellung der Kriegsziele Hitlers[16].

[8] Martin Broszat. Der Staat Hitlers. Grundlegung und Entwicklung seiner inneren Verfassung. München 1969.

[9] Klaus Hildebrand, Vom Reich zum Weltreich. Hitler, NSDAP und koloniale Frage 1919–1945. München 1969.

[10] Andreas Hillgruber, Hitlers Strategie. Politik und Kriegführung 1940–1941. München [2]1982 (Frankfurt a. M. [1]1965). Die Neuauflage ist um ein Nachwort erweitert, in dem Hillgruber zum Echo in der fachwissenschaftlichen Diskussion Stellung nimmt, das sein Werk hervorrief, und wesentliche – nach 1965 veröffentlichte – Literatur zu den bei ihm abgehandelten thematischen Bereichen vorstellt.

[11] K.-J. Müller (I, 104).

[12] Wolfgang Michalka, Ribbentrop und die deutsche Weltpolitik 1933–1940. Außenpolitische Konzeptionen und Entscheidungsprozesse im Dritten Reich. München 1980.

[13] Nolte (I, 195).

[14] Schulz (I, 227).

[15] Jochen Thies, Architekt der Weltherrschaft. Die 'Endziele' Hitlers. Düsseldorf 1976.

[16] Gerhard L. Weinberg, The Foreign Policy of Hitler's Germany. Bd. I: Diplomatic Revolution in Europe 1933–36. Chicago, London 1970; Bd. II: Starting World War II 1937–1939. Chicago, London 1980; und Rich (Anh. 11).

Als Ergebnis dieser rasanten Entwicklung der Forschung ist zu konstatieren, daß die bis heute formulierten Fragestellungen alle Gebiete des Nationalsozialismus erfassen, daß die Interpretationen laufend differenzierter wurden, daß aber auch der Rigorismus innerhalb der Methodendebatte und – eventuell als Reflex darauf – die Zurückhaltung gegenüber dem Wagnis integraler historiographischer Synthesen zugenommen zu haben scheint[17]. Die Hitler-Interpretation, die ja ein zentraler Bestandteil der wissenschaftlichen Auseinandersetzung mit dem Nationalsozialismus ist, spiegelt diese allgemeinen Charakteristika der Forschungslage zwangsläufig wider.

1. Die Ermöglichung Hitlers – innen- und außenpolitische Determinanten

Wie konnte jener Mann Reichskanzler werden, über den die reputierte 'Frankfurter Zeitung' am 31. Januar 1933 schrieb[18]: „Wir versprechen uns nichts Gutes, weil es uns unmöglich ist, den Politiker vom Menschen zu trennen. Wir haben in diesem Augenblick, in dem Herrn Hitler die Kanzlerschaft des Deutschen Reiches übertragen worden ist, offen auszusprechen, daß er bis zur Stunde den Beweis menschlicher Qualifikation für dieses hohe Amt der Nation schuldig geblieben ist." Dieser trat sehr schnell den Beweis für das Gegenteil von 'menschlicher Qualifikation' an. Schon Mitte Februar 1933 merkte Joseph Roth zu den Verhältnissen in Deutschland an[19], daß es dort „gelungen" sei, die „Barbarei regieren zu lassen". Man solle sich keine Illusionen machen, im Dritten Reich herrsche die „Hölle". Was machte dies möglich?

Die Zahl der Untersuchungen, welche Antworten auf diese seit 50 Jahren gestellte Frage zu geben versuchen, ist Legion. Und die er-

[17] Vgl. Craig (I, 206).

[18] Zit. nach Alfred Grosser, Hitler als Kanzler: Auf dem Weg zur totalen Macht, in: Wie war es möglich? Die Wirklichkeit des Nationalsozialismus, hrsg. von A. Grosser. München, Wien 1977, S. 64–82, hier S. 65.

[19] Zit. nach 'Hitlers Machtergreifung' (I, 153), S. 28.

arbeiteten Resultate? „Ein buntes Bestiarium von Schuldigen", so Heinz Höhne im Hinblick auf Hitlers 'Machtergreifung'. Gewiß, auch das, aber nicht nur das! Und die „Geschichte der nationalsozialistischen Machtergreifung" läßt sich wohl kaum auf eine „Geschichte der menschlichen Irrtümer und gesellschaftlichen Fehlentwicklungen, eine Geschichte der Zufälle und Automatismen" einengen. Eingängig, doch ohne wesentliche Vorbehalte nicht zu vertreten, ist die zählebige These, daß es sich um die „Geschichte einer Demokratie ohne Demokraten, eines Parteienstaates, der keiner sein wollte", handelte[20].

Von welcher Phase der Geschichte der Weimarer Republik gerade die Rede ist, das zumindest wäre zu unterscheiden. Grundsätzlich ist freilich anzumerken, daß alle diese Feststellungen die historische Wahrheit lediglich partiell erfassen. Denn zum 'Irrtum' gesellte sich das fest umrissene Ziele anstrebende Wollen, gesellschaftliche 'Fehlentwicklungen' besaßen nur zu oft ihre Dirigenten, den 'Zufällen' standen Planungen gegenüber und parallel zu 'Automatismen' liefen gesteuerte Prozesse politischer und gesellschaftlicher Destruktion ab. Daran lassen die Forschungsergebnisse der politischen Geschichte so wenig Zweifel aufkommen, wie jene der Sozial- und Strukturgeschichte.

Hitlers Weg zur Machtübernahme kann zwar im folgenden nicht in aller Ausführlichkeit nachvollzogen werden; nicht einmal hinsichtlich der entscheidenden Zeit nach dem 14. September 1930 ist dies möglich[21], aber die – im Rahmen dieser Entwicklung – wich-

[20] Heinz Höhne, Die Machtergreifung. Deutschlands Weg in die Hitler-Diktatur. Hamburg 1983, S. 25f.; vgl. zur NS-Machtübernahme und der Entwicklung auf sie hin u. a. auch die Sammelbände: Warum gerade die Nationalsozialisten? Hrsg. von Klaus Megerle. Berlin 1983; und: Machtverfall und Machtergreifung. Aufstieg und Herrschaft des Nationalsozialismus, hrsg. von Rudolf Lill und Heinrich Oberreuter. München 1983; sowie Klaus Megerle, Die nationalsozialistische Machtergreifung. Berlin 1982.

[21] Außer Höhne (II, 20) vgl. dazu u. a. die – in erster Linie auf die Modalitäten, nicht so sehr die Ursachen konzentrierte – Darstellung von Karl-Heinz Janßen, Der 30. Januar. Ein Report über den Tag, der die Welt veränderte. Frankfurt a. M. 1983.

tigsten Determinanten sollen wenigstens vorgestellt werden. Die Geschichtswissenschaft bietet ein wahres Kaleidoskop von Erklärungsmodellen an, um die Ursachen des 30. Januar 1933 zu bestimmen. Unterschieden wird mittlerweile zwischen ökonomischen Deutungen (Wirtschaftskrise, Arbeitslosigkeit), institutionellen Erklärungen (Unzulänglichkeiten der Verfassung), soziologischen Begründungen (Rolle des Kleinbürgertums), ideologischen Momenten (Deutschlands autoritäre Traditionen), marxistisch-leninistischen Interpretationen (Dominanz monopolkapitalistischer Krisenstrategien), massenpsychologischen Faktoren (Propaganda, Charisma), personalistischen Ansätzen ('Männer machen Geschichte')[22] und der politischen Analyse (Auseinandersetzung mit dem „unmittelbaren Prozeß der Machtergreifung")[23]. In solchem Kontext wurde darüber hinaus darauf hingewiesen, daß der Faschismus nennenswerte Erfolge nur in jenen europäischen Ländern zu erringen vermochte, die „zwischen dem kommunistischen Rußland und den gefestigten Demokratien" lagen (was allerdings nicht sosehr eine geographische, sondern eine politische Lokalisierung sein dürfte), daß die faschistischen Bewegungen stets im Rahmen schwerer wirtschaftlicher und gesellschaftlicher Krisen aufstiegen und daß die Faschismen der Zwischenkriegszeit – angesichts der Definitionsprobleme und der unentschiedenen Diskussion über die Faschismustheorien ist diesem Begriff der Vorzug vor dem 'des Faschismus' zu geben – ohne die vom Ersten Weltkrieg herbeigeführten Veränderungen nicht erklärbar sind[24].

Das traf insbesondere für Deutschland zu, wo die Demokratie vor

[22] Nach Karl Dietrich Bracher, Demokratie und Machtergreifung: Der Weg zum 30. Januar 1933, in: Nationalsozialistische Diktatur (II, 86), S. 17–36, hier S. 20. Dieser Aufsatz zieht die Summe aus Brachers zahlreichen Abhandlungen über die Weimarer Republik und den Nationalsozialismus.

[23] Karl Dietrich Bracher, Die Technik der nationalsozialistischen Machtergreifung, in: Der Weg in die Diktatur 1918 bis 1933. Zehn Beiträge. München 1962, S. 151–174, Zit. S. 155.

[24] Heinz Gollwitzer, Gedanken zum 30. Januar, in: AuZ B 5/63, 30. 1. 1963, S. 9–18, Zit. S. 15.

dem Hintergrund der Revolution, des Versailler Friedensvertrages und wegen der schwachen demokratischen Traditionen einen ausgesprochen ungünstigen Start hatte[25]. Die Weimarer Republik krankte in der Tat an erheblichen Strukturfehlern. So gab es eine starke „Kontinuität vordemokratischer Elemente in Staat und Gesellschaft", und da wirkte die nicht zum Abschluß gekommene Revolution nach[26]. Dies geschah in ambivalenter und zugleich polarisierender Weise, denn für die einen hatten die Ereignisse zwischen dem 9. November 1918 und dem 19. Januar 1919[27] zuviel und für die anderen zuwenig verändert. Im Hinblick auf die hier thematisierte Frage der Ermöglichung Hitlers ist freilich festzustellen, daß die seit Arthur Rosenberg[28] nie aus der Diskussion gelangte These, im Entstehen der Weimarer Republik sei deren Scheitern bereits eingeschlossen gewesen, weil man es 1918/19 versäumt habe, die aus dem Kaiserreich überkommenen Machtstrukturen grundlegend zu verändern, mit überzeugenden Argumenten angefochten wurde. Vieles spricht jedenfalls dafür, auch wenn letztendlich jede Aussage dazu hypothetisch bleiben muß, daß eine „andere internationale Konstellation und eine andere weltwirtschaftliche Entwicklung" es der Republik erleichtert hätten, „mit ihren Geburtsfehlern fertig zu werden"[29].

[25] Karl Dietrich Bracher, Die Krise Europas 1917–1975. Frankfurt a. M., Berlin, Wien 1977, S. 122–138, zum Aufstieg des Nationalsozialismus insgesamt, hier vor allem S. 123f.

[26] Bracher (II, 22), S. 21; dazu vgl. auch: Die Republik von Weimar (II, 76).

[27] Zu den „Basiskompromissen", die in jenem Zeitraum geschlossen wurden, wobei die revolutionäre Phase noch bis zum Frühjahr 1920 andauerte, und die für die „Weimarer Republik konstitutiv werden sollten", vgl. Heinrich August Winkler, Die Sozialdemokratie und die Revolution von 1918/19. Ein Rückblick nach sechzig Jahren. Berlin, Bonn 1979, hier S. 7.

[28] Arthur Rosenberg, Geschichte der Weimarer Republik, hrsg. von Kurt Kersten. Frankfurt a. M. 1961; zunächst erschienen unter dem Titel: Geschichte der deutschen Republik. Karlsbad 1935.

[29] Zit. nach Winkler (II, 27), S. 71; gegen die These vom zwangsläufigen Scheitern der Republik auch Bracher (II, 22), S. 21.

Zu diesen zählte auch die Tatsache, daß die „Parlamentarisierung Deutschlands [. . .] mit einer Dolchstoßlegende" begann[30]. Mancher wußte vermutlich, daß diese Lüge, die im Lager der Rechten noch vor der Novemberrevolution kolportiert worden war, den „militärischen Mißerfolg und die Revolution in einen Kausalzusammenhang" brachte, der „Ursache und Wirkung umkehrte"[31], aber sehr viele wollten es einfach nicht wahrhaben.

Damit ist die eine Seite der Rolle angedeutet, welche die Revolution im Zusammenhang mit der nationalsozialistischen Machtübernahme spielte. Dabei geht es in erster Linie um Verdrängung, Verfälschung, um Emotionen. Die andere wird im Rahmen der Interpretationen erkennbar, die im Hinblick auf die Entwicklung nach dem Ende des Ersten Weltkrieges existieren. Nach wie vor wird mit kontroversen Resultaten darüber diskutiert, ob es in der Gründungsphase der Republik möglich gewesen wäre, rigoros „mit dem Erbe des Obrigkeitsstaates zu brechen und den Grund für ein anderes, ein demokratisches Deutschland zu legen", und, wenn ja, warum dies nicht geschah. Solange dabei das Problem der Handlungsspielräume Gegenstand der Debatte ist, machen derartige Erörterungen Sinn. Wissenschaftlich illegitim werden sie jedoch, wenn optative Argumente statt historischer eingebracht werden, was immer wieder der Fall ist. Ohne auf die Einzelheiten einzugehen, scheint es hinsichtlich der hier interessierenden Deduktion einer Wechselbeziehung zwischen 'Machtergreifung' und unvollendeter Revolution jedenfalls statthaft zu sein, festzustellen, daß die „Unterlassungen der ersten Stunde" zwar zu einer „schweren Belastung der jungen Demokratie" werden sollten, daß sich jedoch aus diesem Sachverhalt – ohne eingehende Berüchsichtigung der Entwicklung in den Jahren nach 1919 – nach Auffassung verschiedener Historiker nicht „schon

[30] Heinrich August Winkler, Wie konnte es zum 30. Januar 1933 kommen? In: AuZ B 4–5/83, 29. 1. 1983, S. 3–15, hier S. 6; abgedruckt in: Nationalsozialistische Herrschaft, hrsg. von der Bundeszentrale für politische Bildung. Bonn 1983, S. 5–27.

[31] Friedrich Meinecke, Die deutsche Katastrophe. Betrachtungen und Erinnerungen. Wiesbaden [5]1955 ([1]1946), S. 51f.

der Schluß ableiten" läßt, der 30. Januar 1933 sei „unvermeidbar" gewesen[32].

Doch ganz egal unter welchem Aspekt die Dinge gesehen werden, die „Revolution" war jedenfalls eines der Schlagworte, mit denen das „antidemokratische Potential" agierte, ein anderes hieß, so Bracher, „Versailles"[33].

Der Friedensvertrag von Versailles, unterzeichnet unter schwerstem Druck im Zeichen eines Ultimatums der Alliierten, stand aus der Sicht deutscher Zeitgenossen für: Gebietsverluste, Reparationen, demütigende militärische Auflagen und die als unerträglich angesehene Festschreibung der juristisch gemeinten, aber moralisch empfundenen Alleinschuld am Kriege 1914/18. Aus den Reaktionen auf Versailles, schrieb Friedrich Meinecke 1946, „bildete sich die erste stürmische Welle, die das Unternehmen Adolf Hitlers trug"[34]. Ohne das Kampfziel einer Revision der Ergebnisse des Friedensvertrages – später ergänzt durch die Themen „Judenfrage" und „Wirtschaftskrisis" – schien die Wirkung Hitlers „unbegreiflich" zu sein[35].

Insbesondere Angehörige der 'Kriegsgeneration', die – zumindest zu einem hohen Prozentsatz – die Niederlage nicht zu verstehen vermochten, gingen angesichts des als Ungerechtigkeit betrachteten 'Friedens' auf Distanz zum demokratischen Staat[36]. Hitlers Propa-

[32] Nach Winkler (II, 30), S. 7.

[33] Vgl. Bracher (II, 22), S. 22. Zur Rolle, die Versailles im Rahmen der nationalsozialistischen 'Machtübernahme' spielte, siehe Klaus Megerle, 'Versailles ist an allem schuld!' Außenpolitische Agitation und Aufstieg des Nationalsozialismus, in: Warum gerade (II, 20), S. 114–145.

[34] Meinecke (II, 31), S. 53ff.

[35] Ebd., S. 89.

[36] Hermann Glaser, Wie kam es dazu, daß es dazu kam? Stichworte zu den Ursachen der 'Machtergreifung', in: Die 'Machtergreifung' (I, 123), S. 9–26, hier S. 15. Ausführlich zum Weg der Republik in das Dritte Reich ders., Die Weimarer Republik und die nationalsozialistische Machtergreifung, in: Siegreich bis zum Untergang. Anfang und Ende des Dritten Reiches in Augenzeugenberichten. Mit einer Einf. von Hermann Glaser. Freiburg, Basel, Wien 1983, S. 9–70.

ganda, die „alle Misere der Gegenwart auf die harte Deutschlandpolitik von Versailles und die Nachgiebigkeit der republikanischen Regierungen ihr gegenüber zurückführte", hatte bei dieser Disposition leichtes Spiel[37]. Doch selbst gemäßigte Politiker zeigten sich davon überzeugt, daß im Friedensvertrag die „Wurzel allen Übels" stecke. Eine solche ideologische „Fixierung" belastete natürlich die inneren Verhältnisse und förderte radikale Revisionsvorstellungen. Die Konsequenz von alldem war schließlich, daß die „Demokratie nur als Notlösung und Intermezzo bis zur äußeren Befreiung und Restauration des Reiches durch Revision" angesehen wurde[38].

Enttäuschungen kamen hierbei zum Tragen, denn zunächst hatte die Republik durchaus als „Rettungsanker der Nation" gegolten. Der Verzicht auf die Monarchie war als „Tribut an die alliierten Siegermächte" eingestuft worden. Dabei hatten die Deutschen lange Zeit gehofft, daß es im Gegenzuge zu einem Frieden auf der Grundlage der 14 Punkte des amerikanischen Präsidenten Wilson kommen würde. Dies war dann nicht der Fall. Versailles erfüllte die Erwartungen in Deutschland nicht, und dort kümmerte es kaum jemanden, daß auch die Siegerstaaten ihre ganzen Forderungen keineswegs durchgesetzt hatten. Verbitterung griff um sich, richtete sich gegen die Republik, der es auf der Friedenskonferenz versagt geblieben war, die „eigentliche politische Legitimität" zuerkannt zu bekommen[39].

[37] Bracher (II, 22), S. 32.

[38] Karl Dietrich Bracher, Brünings unpolitische Politik und die Auflösung der Weimarer Republik, in: VfZG 19 (1971), S. 113–123, Zit. S. 117.

[39] So Josef Becker, in: Hitlers Machtergreifung (I, 153), S. 11; und ders., Die Zerstörung einer 'Republik wider Willen'. Voraussetzungen und Grundzüge der NS-Machtergreifung, in: 1933 – Fünfzig Jahre danach. Die nationalsozialistische Machtergreifung in historischer Perspektive, hrsg. von Josef Becker. München 1983, S. 9–24. – Hilfreich für die Einarbeitung in die Problematik der Friedenskonferenz ist noch immer die Arbeit von Max Gunzenhäuser, Die Pariser Friedenskonferenz 1919 und die Friedensverträge 1919–1920. Literaturbericht und Bibliographie. Frankfurt a. M. 1970. Trotz der inzwischen vorliegenden zahlreichen Einzelstudien zu Detailfragen ist nach wie vor davon auszugehen, daß eine umfassende, wissenschaftli-

Was sich in jener Zeit verkennen ließ, scheint die überwiegende Mehrheit der Deutschen auch verkannt zu haben. Der Friede, ein Kompromiß zwischen amerikanischen, britischen und französischen Zielsetzungen, war – wie es Hillgruber emotionslos ausdrückte – objektiv gesehen mild, er kann nicht karthagisch genannt werden. Aber beim Erwachen aus monatelang gehegten Illusionen, die einen Wilson-Frieden ohne Wenn und Aber zum Gegenstand hatten, schien den Deutschen das Erreichte „unerträglich in seiner Härte" zu sein[40]. Dies nicht zuletzt deshalb, weil vergessen wurde, wie es dazu gekommen war. In dieser Hinsicht stellte Augstein schon 1964 fest: „Der Versailler Vertrag war unklug, weil er Deutschland zu schlecht behandelte, gemessen an den großen Möglichkeiten, die dem Reich belassen wurden. Er war unpsychologisch bis zum Erschrecken mit seinen Reparationsforderungen. Maßlos war er nicht, sondern eine eher maßvolle Reaktion auf deutsches Unmaß."

Allein, das wollten und konnten die Deutschen 1919 nicht einsehen. Sie maßen den Vertrag an den Standards des 19. Jahrhunderts, verdrängten das von ihrer eigenen Regierung diktierte 'Versailles', d. h. Brest-Litowsk. Dabei fragt es sich natürlich, inwieweit dieser Friedensschluß inhaltlich ins Bewußtsein der breiten Öffentlichkeit gedrungen war. Jedenfalls kam es, da die Deutschen von ihren Vorstellungen als Basis der Friedensbestimmungen ausgingen, zu der bekannten folgenschweren Reaktion auf den Friedensvertrag von Versailles, durch die dieser in der Tat einen der wesentlichen Gründe für den „Teufelspakt" abgab, den das „deutsche Volk mit Hitler" einging[41].

chen Maßstäben genügende Darstellung der Friedenskonferenz zu den Desideraten der Forschung gehört.

[40] Andreas Hillgruber, Die Außenpolitik der Weimarer Republik in der Spannung zwischen dem Trauma der Niederlage von 1918 und dem fortdauernden weltpolitischen Geltungsanspruch, in: 1933 (II, 76), S. 12–28, hier S. 15.

[41] Rudolf Augstein, Lieber Spiegel-Leser, in: Der Spiegel 18 (1964), Nr. 25, vom 17. 6. 1964, S. 36–40, hier S. 40. Eine frühe, um gerechte Würdigung des Friedensvertrages und der Ursachen seines Scheiterns bemühte

Nur, genaugenommen handelte es sich um einen Scheingrund, wenn man die Tatsachen am Ausgang der zwanziger Jahre berücksichtigt. Diese zeigen nämlich, daß der Vertrag „niemals in vollem Umfang erfüllt" wurde, gerade die „Bestimmungen über die Reparationen erwiesen sich als undurchführbar", und de facto zahlte das Deutsche Reich lediglich einen „Bruchteil" des ursprünglich Geforderten[42]. Noch ehe Hitler an die Macht kam, hatte man die Friedensbestimmungen erheblich abgewandelt[43]: „Die militärische Besetzung Deutschlands war fünf Jahre früher als vorgesehen beendet und die Reparationsschuld schon 1932 gestrichen worden." Der 'Groll gegen Versailles' hatte damals seine Berechtigung weitgehend verloren. Aber dessen unbeschadet blieb 'Versailles' für viele Zeitgenossen eine Kampfparole gegen die Republik, die – wie zahlreiche andere Schlagworte – auch Ausdruck für jene polarisierte, sich in extremen Alternativen konstituierende Vorstellungswelt gewesen ist, die mit einem von recht unterschiedlichen gesellschaftlichen Gruppierungen getragenen 'antidemokratischen Denken' korrespondierte.

Es gab den ideologisch begründeten „Haß" von rechts ebenso wie den von links, wenn es um die Einstellung zur Republik ging[44]. Die „schärfsten Feinde" der Demokratie standen zweifellos rechts, doch

Interpretation von Versailles versuchte Ludwig Dehio, der dabei Konzeption und Folgen des Vertrages aus der nationalen Perspektive löst und in die einer europäisch-amerikanischen Solidarität einbettet, die seiner Meinung nach auch nach dem Ersten Weltkrieg conditio sine qua non eines stabilen Friedens gewesen wäre: Ludwig Dehio, Deutschland und die Weltpolitik im 20. Jahrhundert. München 1955, S. 109–122.

[42] Walter Tormin, Die Entstehung und Entwicklung der Weimarer Republik bis zu Eberts Tod, in: Die Weimarer Republik, hrsg. von Walter Tormin. Hannover [11]1977, S. 73–119, hier S. 92.

[43] John L. Snell, Hitlers Erfolg. Rückblick nach 30 Jahren, in: AuZ B 5/63, 30. 1. 1963, S. 28–31, hier S. 29. Deutschland war freilich auch durch seinen Beitritt zum Völkerbund oder das Vertragswerk von Locarno bereits 1925/26 deutlich – und international – rehabilitiert worden.

[44] Christian Graf von Krockow, Scheiterhaufen. Größe und Elend des deutschen Geistes. Berlin 1983, S. 50.

die Kritik der Linken wurde als „tödlich scharf" bezeichnet[45]. Fest steht, daß sich die Frage nach den Ursachen der nationalsozialistischen Machtübernahme nicht allein mit der Analyse protokollierbarer Ereignisse beantworten läßt. Bei der Suche nach den Determinanten, die Hitler ermöglichten, gilt es vielmehr, darüber hinaus die „verborgenen Dispositionen und die Leitideen geschichtlichen Verhaltens – auch die Programme, Obsessionen oder Utopien der Kräfte" zu berücksichtigen, die das „System von Weimar verabscheut oder befehdet haben"[46]. Es geht um das 'antidemokratische Denken' in jener Zeit.

In seiner bislang nicht übertroffenen Untersuchung über die „Rolle des antidemokratischen Denkens der deutschen Rechten im politischen Leben der Weimarer Republik" konstatiert Kurt Sontheimer[47] in diesem Zusammenhang: „Das antidemokratische Denken hat [. . .] nicht allein der Weimarer Demokratie geistig den Boden entzogen und die Selbstbehauptung dieser Demokratie erschwert, es hat einen Teil der Deutschen auch gefügig gemacht für den nationalsozialistischen Staat, nachdem viele schon in den letzten Jahren der Weimarer Republik durch die Wirkung der antidemokratischen Ideen willig gemacht worden waren, Hitlers Partei zu wählen." Ganz gewiß sollte man diese Determinante nicht überbewer-

[45] Bracher (II, 22), S. 23; direkt dazu ders., Nationalsozialismus und Intelligenz, in: Gerhard A. Ritter, Karl Dietrich Bracher, Hans Buchheim und Manfred Messerschmidt, Totalitäre Verführung im Dritten Reich. Arbeiterschaft, Intelligenz, Beamtenschaft, Militär. München 1983, S. 14–23, hier S. 14ff. Zur Rolle der KPD in der Weimarer Republik, die hier nicht weiter untersucht werden konnte, siehe den in der Reihe 'Erträge der Forschung' erschienen Band von Hermann Weber, Kommunismus in Deutschland 1918–1945. Darmstadt 1983, S. 74–139.

[46] Zit. nach Thomas Koebner, in: Weimars Ende (I, 123), S. 10, wobei die Beiträge dieses Sammelbandes insgesamt der Frage gewidmet sind, „wie das linke, liberale, rechte Denken zu Beginn der dreißiger Jahre bei der Oberflächen- und Tiefendeutung der Zeit verfährt", ebd., S. 11.

[47] Kurt Sontheimer, Antidemokratisches Denken in der Weimarer Republik. Die politischen Ideen des deutschen Nationalismus zwischen 1918 und 1933. München 1978 ([1]1962), S. 12 und S. 315.

ten, aber sie darf auch nicht außer acht gelassen werden, wenn es darum geht, die „gewichtigen Faktoren" zu würdigen, die Hitler den Weg in die Reichskanzlei ermöglichten.

Im Hinblick auf die Frage nach dem Verhältnis zu Republik und demokratischer Ordnung unterscheidet Sontheimer fünf Gruppen im geistig-politischen Leben Weimars[48]: die traditionell Konservativen, die Neokonservativen, die Vernunftrepublikaner, die Weimarer Demokraten und die Linksintellektuellen. Letztere fühlten sich ursprünglich als Anwälte von „Gerechtigkeit, Moral und Wahrheit", wie dies ihrem Selbstverständnis als Intellektuelle zukam. Aufgrund klarer „Vorstellungen von Demokratie, Republik und Sozialismus" empfanden sie sich als die eigentlichen „Treuhänder der demokratischen Werte und republikanischen Ideale von Weimar".

Es gehört sicher zur Tragik der Weimarer Republik, daß sich die Linksintellektuellen vom politischen Alltag der Demokratie bald in einem Maße enttäuscht wähnten, daß „sie um so wütender auf sie einhieben, je mehr sie sich von ihrem Ideal der Demokratie, des Sozialismus und des republikanischen freien Geistes entfernte"[49]. Während jedoch die Rechtsintellektuellen – ein angesichts des auf der Rechten, trotz mancher bemerkenswerten Ausnahme, weit verbreiteten 'Anti-Intellektualismus' nicht unproblematischer Terminus[50] – danach strebten, die demokratische Republik zu überwin-

[48] Kurt Sontheimer, Die Weimarer Demokratie im Banne politischer Ideologien, in: 1933 (II, 76), S. 29–39, hier S. 32ff. In einem früheren Aufsatz behandelt Sontheimer schwerpunktmäßig einige zentrale Elemente des antidemokratischen Denkens, vgl. ders., Antidemokratisches Denken in der Weimarer Republik, in: Der Weg in die Diktatur 1918 bis 1933. Zehn Beiträge. München 1962 ([4]1983: Der Weg ins Dritte Reich 1918–1933), S. 47–69. Diesem Themenbereich ist außerdem die exemplarische Analyse einer rechten Zeitschrift der Weimarer Zeit gewidmet: K. Sontheimer, Der Tatkreis, in: Von Weimar zu Hitler (I, 59), S. 197–228.

[49] Sontheimer, Weimarer Demokratie (II, 48), S. 34.

[50] Bracher (II, 22), S. 24, wobei für ihn die „Rechtsintellektuellen der 'Konservativen Revolution' [. . .] eine eher exzeptionelle Erscheinung" darstellen. Zum Selbstverständnis der 'Konservativen Revolutionäre' und im

den, wollten die Linksintellektuellen diese erst herstellen. Gewiß, ihre an Idealvorstellungen orientierte Kritik machte kaum Unterschiede zwischen Anhängern und Gegnern der Weimarer Republik, und manches Verdikt fiel ungerecht aus. Es läßt sich auch mit plausiblen Gründen die Auffassung vertreten, daß die Linksintellektuellen ebenso zu den „geistigen Totengräbern" der ersten deutschen Demokratie gehörten wie die „konservativen Intellektuellen". Aber die „Gleichung", die beiden intellektuellen Richtungen gleiche Schuldanteile am „Scheitern" der Weimarer Republik unterstellt, ist schlicht „falsch"[51]. Richtig ist lediglich, daß, da sich die „Weimarer Demokraten" und die „Vernunftrepublikaner" in der Minderheit befanden, das Gros der deutschen „Intelligenz" in einer prinzipiellen Opposition zur Republik stand.

Das antidemokratische Denken der Intelligenz beschränkte sich natürlich nicht auf die in diesem Kontext meist in den Vordergrund gerückten Schriftsteller und Künstler[52], sondern erstreckte sich

Hinblick auf ihr Verhältnis zum Nationalsozialismus siehe Hermann Rauschning, Die konservative Revolution. Versuch und Bruch mit Hitler. New York 1941.

[51] Sontheimer, Weimarer Demokratie (II, 48), S. 34. Außerordentlich kritisch äußert sich Bracher (II, 22), S. 22–25, zur Rolle der Linksintellektuellen.

[52] Vgl. dazu die – allerdings überwiegend den Folgen gewidmete – Arbeit von Reinhard Merker, Die bildenden Künste im Nationalsozialismus. Kulturideologie, Kulturpolitik, Kulturproduktion. Köln 1983; und zu den Opfern derartiger Kunstpolitik vgl. die ausgezeichnete Darstellung des Martyriums von Ernst Barlach durch Ernst Piper, Ernst Barlach und die nationalsozialistische Kunstpolitik. Eine dokumentarische Darstellung zur 'Entarteten Kunst'. München 1983. Für die Literatur – implizit auf das Problem des antidemokratischen Denkens Bezug nehmend – siehe u. a. Klaus Vondung, Der literarische Nationalsozialismus. Ideologische, politische und sozialhistorische Wirkungszusammenhänge, in: Die deutsche Literatur im Dritten Reich. Themen, Traditionen, Wirkungen, hrsg. von Horst Denkler und Karl Prümm. Stuttgart 1976, S. 44–65. Und Ernst Loewy, Literatur unterm Hakenkreuz – Das Dritte Reich und seine Dichtung. Frankfurt a. M. 1983 (^{1}1966), ein noch immer sehr gutes Werk, das erkennbar macht, daß der NS-Ideologie, obwohl eklektischer Natur, eine gewisse Kohärenz nicht fehl-

auch auf die Wissenschaftler[53]. Und unter diesen kam den Historikern, die sich ja professionell mit der Aufarbeitung der Vergangenheit befaßten, besondere Bedeutung zu.

Im Hinblick auf eine Analyse der Beziehungen zwischen Geschichtswissenschaft, Weimarer Republik und Nationalsozialismus forderte Hans Rothfels Mitte der sechziger Jahre[54] die Berücksichtigung ganz spezifischer Phänomene. Er dachte etwa an die Wirkungen eines übersteigerten Nationalismus, die Deutschtumsmetaphysik der Jahre 1914/15, die Kriegszielagitation der Alldeutschen im Ersten Weltkrieg, den Versailler Vertrag, die Dolchstoßlegende und den Umbruch, den das Jahr 1918 herbeiführte[55]. Die Geschichtswissenschaft, so Rothfels, stand insbesondere im „Schatten der Herausforderung" durch die Bestimmungen des Friedensvertrages und unter dem Eindruck des – „Deutschland verdammenden" – Artikels zur Kriegsschuldfrage[56].

te; ein Buch, das die Wegebereiter, die Helfer und die Opportunisten nennt, das den Verrat am Geist dokumentiert – und erklärt.

[53] Als Spezialstudie siehe Alan D. Beyerchen, Wissenschaftler unter Hitler. Physiker im Dritten Reich, mit einem Vorwort von Karl Dietrich Bracher. Frankfurt a. M., Berlin, Wien 1982 (engl. 1977), zum Umfeld der Machtergreifung S. 29–35. Als Überblick – sowohl für die Natur- als auch die Geisteswissenschaften – vgl. den Sammelband: Deutsches Geistesleben und Nationalsozialismus. Eine Vortragsreihe der Universität Tübingen mit einem Nachw. von Hermann Diem, hrsg. von Andreas Flitner. Tübingen 1965. Als Ergänzung für den Bereich der Rechtslehre ist hinzuweisen auf Andreas Kaiser, Die Staatsrechtslehre als Wegbereiter und Förderer der Machtübertragung vom Januar 1933. Das Beispiel Carl Schmitt, in: 1933 – Wege zur Diktatur, hrsg. von der Staatlichen Kunsthalle Berlin. Berlin 1983, S. 218ff. Siehe insgesamt zur Haltung der deutschen Intellektuellen auch den Literaturbericht von Döring (Anh. 1).

[54] Hans Rothfels, Die Geschichtswissenschaft in den dreißiger Jahren, in: Deutsches Geistesleben (II, 53), S. 90–107. Zu diesem Thema grundlegend Karl Ferdinand Werner, Das NS-Geschichtsbild und die deutsche Geschichtswissenschaft. Stuttgart, Berlin, Köln, Mainz 1967.

[55] Rothfels (II, 54), S. 93f.

[56] Ebd., S. 96. Rothfels merkte damals zur Kriegsschuldfrage an, daß an den bis dahin vorgelegten Forschungsergebnissen zwar „einiges zu

Zusammenfassend[57]: „Unter solchen Einflüssen war die Geschichtswissenschaft stärker, als es an sich schon in ihrer Natur liegt, rückwärtsgewandt, nämlich im Sinne der wirklichkeitsfremden Glorifizierung eines verlorenen status quo ante, sei es der deutschen Großmachtstellung, sei es der bürgerlichen Sekurität, sei es der weitgehend obrigkeitlichen Regierungsform. Es kann nicht bezweifelt werden, daß in der dem republikanisch-demokratischen Staatswesen wie dem parlamentarischen System gegenüber scharf ablehnenden Haltung vieler Historiker ein Punkt der Affinität zur NS-Propaganda bestand."

Georg Iggers[58] erkennt innerhalb der deutschen Geschichtswis-

modifizieren sein" werde, dies aber „keineswegs so weitgehend wie es eine neue, nunmehr von einem deutschen Historiker vertretene Kriegsschuldanklage" wolle, ebd. S. 96. Diese Feststellung deutet durchaus repräsentativ an, in welchem Maße die Geschichtswissenschaft in der Frage der Kriegsschuld auch nach 1945 befangen war – und ist. Der – in qualifizierender Absicht – ungenannte Historiker ist Fritz Fischer, der Anfang der sechziger Jahre sein nach wie vor umstrittenes, aber ohne jeden Zweifel epochemachendes Werk vorlegte: 'Griff nach der Weltmacht. Die Kriegszielpolitik des kaiserlichen Deutschland 1914/18'. Düsseldorf 1961. Zu dem heftigen Streit, der sich um die darin vertretenen Thesen entspann – und der inhaltlich auch verschiedene Themenbereiche der Hitlerinterpretation tangierte –, vgl. jetzt: Fritz Fischer, Juli 1914: Wir sind nicht hineingeschlittert. Das Staatsgeheimnis um die Riezler-Tagebücher. Eine Streitschrift. Hamburg 1983. Ausführlich zu den von Fischer vorgetragenen Thesen und ihren Folgen: Imanuel Geiss, Die Fischer-Kontroverse. Ein kritischer Beitrag zum Verhältnis zwischen Historiographie und Politik in der Bundesrepublik, in: ders., Studien über Geschichte und Geschichtswissenschaft. Frankfurt a. M. 1972, S. 108–198.

[57] Rothfels (II, 54), S. 94. Zur Kritik der marxistisch-leninistischen Historiographie an derartigen Interpretationsansätzen vgl. Wolfgang Ruge, zur Geschichte der Weimarer Republik von 1919 bis 1933, in: Kritik der bürgerlichen Geschichtsschreibung, Handbuch, hrsg. von Werner Berthold, Heinz Heitzer, Gerhard Lozek, Helmut Meier und Walter Schmidt. 4., neu bearb. und erweit. Aufl. Köln 1977, S. 317–333, hier vor allem S. 320–324. Der Beitrag ist weitgehend identisch mit Ruge (Anh. 1).

[58] Georg G. Iggers, Deutsche Geschichtswissenschaft. Eine Kritik der traditionellen Geschichtsauffassung von Herder bis zur Gegenwart. Mün-

senschaft zwei „Ideenströmungen“, die aus dem Kaiserreich in die Republik liefen. Die quantitativ mächtigere umfasse jene Historiker, die das Vorkriegssystem unterstützt hatten, und die nach 1918 „wacker“ gegen den neuen demokratischen Staat „fochten“. Zur zweiten Gruppe zählt er Männer wie Meinecke[59], die sich zwar als „Herzensmonarchisten“ verstanden hätten, aber dazu durchrangen, Vernunftrepublikaner zu werden. Von diesen sei die Weimarer Republik als eine „Notwendigkeit“ anerkannt worden, zu der jede Alternative fehlte. Konsequenterweise unterstützten sie den neuen Staat, allerdings nicht auf „ideologischer Basis“.

Sehr klar formuliert Hans-Ulrich Wehler[60] den Sachverhalt, wenn er zum einen feststellt, daß viele Historiker nach der Nieder-

chen 1971 (engl. 1968), S. 296ff., aber auch S. 295–310 insgesamt zur Historiographie der Zwischenkriegszeit bis 1933; zur Zeit des Dritten Reiches ebd., S. 318–328. Für die marxistisch-leninistische Sicht der sogenannten bürgerlichen Geschichtsschreibung vgl. ‘Kritik’ (II, 57), passim; und Schleier (Anh. 4), insgesamt, dessen ungemein materialreiche Untersuchung natürlich tendenziös, aber allemal lesenswert ist.

59 Zur Auseinandersetzung mit Meinecke vgl. Iggers (II, 58), S. 287–294; Imanuel Geiss, Kritischer Rückblick auf Friedrich Meinecke, in: ders., Studien (II, 56), S. 89–107; und Ernst Schulin, Friedrich Meinecke, in: Deutsche Historiker Bd. I, hrsg. von Hans-Ulrich Wehler. Göttingen 1971, S. 39–57.

60 Hans-Ulrich Wehler, Zur Lage der Geschichtswissenschaft in der Bundesrepublik 1949–1979, in: ders., Historische Sozialwissenschaft und Geschichtsschreibung. Studien zu Aufgaben und Traditionen deutscher Geschichtswissenschaft. Göttingen 1980, S. 13–41, hier S. 15ff. Anders angelegt ist der – insbesondere den Forschungsthemen gewidmete – Überblick von Imanuel Geiss, Die westdeutsche Geschichtsschreibung seit 1945, in: JbIDG 3 (1974), S. 417–455. In diesem Zusammenhang ist auf zwei weitere – speziell der historischen Standortbestimmung Hitlers und des Dritten Reiches gewidmete – Forschungsberichte zu verweisen: Klaus Hildebrand, Hitlers Ort in der Geschichte des preußisch-deutschen Nationalstaates, in: HZ 217 (1973), S. 584–632; und Wolfgang Wippermann, ‘Deutsche Katastrophe’ oder ‘Diktatur des Finanzkapitals’? Zur Interpretationsgeschichte des Dritten Reiches im Nachkriegsdeutschland, in: Die deutsche Literatur (II, 52), S. 9–43.

lage im Weltkrieg 1914/18 im „Widerstand gegen den Versailler Frieden, gegen die 'Kriegsschuldlüge', gegen die ungeliebte, wenn nicht verhaßte Republik [...] zu einem neuen Konsens" fanden, und zum anderen ausführt, daß diese, ohne Mitglieder der NSDAP zu sein, sich mit dem Regime Hitler deshalb so mühelos zu arrangieren vermochten, weil sie „Vorurteile, Ressentiments und Ziele, die in der diffusen politischen Ideologie des Nationalsozialismus eine wichtige Rolle spielten", teilten.

Es dürfte nach dem bisher Gesagten davon auszugehen sein, daß das antidemokratische Denken eine gewichtige Determinante hinsichtlich der Ermöglichung Hitlers ausmachte. Ebenso eindeutig ist, daß es sowohl seitens der Linken als auch der Rechten artikuliert wurde. Sobald jedoch die Frage nach den Konsequenzen gestellt wird, welche die intellektuellen Anfeindungen von links und rechts für die Republik hervorriefen, kann Sontheimer zugestimmt werden[61]: „Der antidemokratische Geist der Rechten hat maßgeblich zum Scheitern der Weimarer Republik beigetragen, der scharfzüngige kritische Geist der Linken[62] hat die der Unterstützung bedürftigen Vertreter der Weimarer Demokratie zwar kaum anzuspornen und zu ermuntern vermocht, doch war er sicherlich nicht in der gleichen Weise ursächlich für das schließliche Scheitern der Republik wie der oppositionelle Geist von rechts." Außerdem stehe nun einmal fest, daß aus Weimar nicht ein wie auch immer geartetes linkes Regime hervorgegangen sei, sondern der „Führerstaat" Hitlers, der seine Existenz „weitgehend durch die auf der Rechten entwickelten Ideen" gerechtfertigt habe[63].

Dennoch, die Rückwirkungen der Revolution, die Folgen des Friedensvertrages und das antidemokratische Denken leisteten zwar einen erheblichen Beitrag zur Kanzlerschaft Hitlers, da sie einen bemerkenswerten Teil der deutschen Gesellschaft – vor dem 30. Ja-

[61] Sontheimer, Weimarer Demokratie (II, 48), S. 34.

[62] Vgl. dazu u. a. die Auswahl in: Kurt Tucholsky und Deutschlands Marsch ins Dritte Reich, hrsg. von Mary Tucholsky und Friedrich Lambart. Berlin 1983.

[63] Sontheimer (II, 47), S. 15.

nuar 1933 allerdings niemals die Mehrheit – für ein derartiges Regime disponiert machten, aber keine dieser Determinanten hätte Hitlers Aufstieg von sich aus verursachen können.

Dazu bedurfte es der politisch-wirtschaftlichen Krise in ihrer ganzen Komplexität. Nicht etwa, daß die Republik zu irgendeinem Zeitpunkt uneingeschränkt stabil gewesen wäre, doch immerhin meisterte sie alle Anfechtungen ihrer Anfangsphase, überstand schließlich sogar das „Sturmjahr 1923", wenn auch mit Mühen[64]. Aber Inflation, Ruhrbesetzung, Putschversuche von rechts und links, diese Problemmischung hätte selbst weniger labile Staaten zu erschüttern vermocht. Darüber hinaus war die Demokratie belastet durch die Tatsache, daß das Wechselspiel der parlamentarischen Kräfte nachhaltig gestört blieb. Die Parteien besaßen geradezu unüberwindbare Schwierigkeiten, regierungsfähige Mehrheiten zu bilden. Als die Weimarer Koalition aus SPD, Zentrum und Deutscher Demokratischer Partei 1920 ihre Mehrheit verloren hatte, regierten – ausgenommen ein kurzer Zeitraum 1923 – zunächst Minderheitsregierungen. Erst 1928 entstand eine Große Koalition, die unter dem sozialdemokratischen Kanzler Hermann Müller bis zum März 1930 im Amt blieb[65]. Davor lagen fünf Jahre, in denen verhältnismäßig häufig wechselnde bürgerliche oder rechte Minderheitskabinette regierten, die aber insgesamt gesehen durchaus als eine Phase beruhigender, stabilisierender und politisch normalisierender Tendenzen zu bezeichnen sind. Die Deutschen schienen sich an ihre Republik zu gewöhnen[66].

Bedeutete dies eine Absage an den Radikalismus? Und wie stellte sich die NSDAP, die hier ja interessiert, in jenen Jahren dar? Zur Entwicklung der Partei Hitlers bis zum Januar 1933 liegen mehrere – methodisch unterschiedlich konzipierte – Untersuchungen vor[67],

[64] Vgl. Bracher (II, 25), S. 124f.

[65] Dazu der Überblick von Heinrich August Winkler, Spielräume der Sozialdemokratie – Zur Rolle der SPD in Staat und Gesellschaft der Weimarer Republik, in: 1933 (II, 76), S. 61–75, hier vor allem S. 67–72.

[66] Bracher (II, 22), S. 19.

[67] Als Auswahl dazu: Theodore Abel, The Nazi Movement (1920–1933).

die in allen Einzelheiten nachvollziehen, wie aus dem „Trommler" Adolf Hitler der „Führer" wurde[68]. Darauf soll und kann an dieser Stelle nicht erneut in extenso eingegangen werden. Es muß genügen, einige der Ergebnisse und Charakteristika des innerparteilichen Entwicklungsprozesses aufzuzeigen, die grundsätzliche Aussagen über das nationalsozialistische System implizieren. So zum Beispiel die Feststellung von Wolfgang Horn[69], daß Hitler schon beim Auf-

Why Hitler Came to Power. New York 1966 (im wesentlichen identisch mit dem Titel in Anh. 9); Wolfgang Horn, Der Marsch zur Machtergreifung. Die NSDAP bis 1933. Königstein i. Ts., Düsseldorf 1980; es handelt sich um den unveränderten Nachdruck von: ders., Führerideologie und Parteiorganisation in der NSDAP (1919–1933). Düssldorf 1972; weitere relevante Literatur und kritische Würdigung einiger der hier vorgestellten Titel bei Horn, 'Hitler und die NSDAP' sowie 'Geschichte und Struktur' (Anh. 1); Maser (Anh. 3); Pätzold/Weißbecker (I, 52), repräsentativ für die marxistisch-leninistische Geschichtsschreibung, wobei auch die Zeit des Zweiten Weltkrieges berücksichtigt ist; James M. Rhodes, The Hitler Movement. A Modern Millenarian Revolution. Stanford/Calif. 1980; Wolfgang Schäfer, NSDAP. Entwicklung und Struktur der Staatspartei des Dritten Reiches. Hannover und Frankfurt a. M. 1956; Albrecht Tyrell, Vom 'Trommler' zum 'Führer'. Der Wandel von Hitlers Selbstverständnis zwischen 1919 und 1924 und die Entwicklung der NSDAP. München 1975; ders., Führer befiehl . . . Selbstzeugnisse aus der 'Kampfzeit' der NSDAP. Dokumentation und Analyse. Königstein i. Ts., Düsseldorf 1979 ([1]1969). Tyrell publiziert in diesem Buch zahlreiche bis zum Erscheinen seiner Dokumentation nur in Archiven zugängliche Quellen zur Geschichte der NSDAP bis 1933. Die Arbeit stellt eine Vorstufe zum oben zitierten Titel – „Vom 'Trommler' . . ." dar. Vgl. außerdem Detlef Lehnert, Auf dem Weg zur 'nationalen Volksgemeinschaft'? Die Durchsetzung der NSDAP als republikfeindliche Sammlungsbewegung im Parteiensystem und in der politischen Öffentlichkeit, in: Warum gerade (II, 20), S. 12–67.

[68] Vgl. Albrecht Tyrell, Wie er der 'Führer' wurde, in: Hitler heute (Vw. 5), S. 20–48, dort Zusammenfassung seiner Thesen; und ebd., S. 49–67, zu deren Diskussion. Insbesondere die Identität von Politik und Propaganda, die Tyrell bei Hitler konstatiert, provozierte Mißverständnisse und Widerspruch.

[69] Horn, Der Marsch (II, 67), S. 433 f.

bau der Partei „von seiner Rolle als Integrator“ ausgegangen sei. Als entscheidend hebt Horn hervor, „daß der Zuschnitt auf den ‘Führer’ die verbindliche Leitlinie war, an der sich die verschiedenen Kräfte in der Partei wechselseitig ausbalancierten. Führerideologie und Führerprinzip bedingten einander und sicherten Hitler die Dominanz über die NSDAP, zugleich auch die Möglichkeit, unterschiedliche politische Aktionstendenzen innerhalb der Partei in der Verfolgung seines Machtwillens zu bündeln.“

Albrecht Tyrell konstatiert in bezug auf die in der Forschung kontrovers diskutierte Frage, welche Bedeutung Hitlers Person beim Weg zur ‘Machtergreifung’ zukomme[70]: „Zweifellos ließe man wichtige und aufschlußreiche Aspekte der Ideologie und des Herrschaftssystems unbeachtet, wenn man etwa den Nationalsozialismus allein in Hitler personifiziert sähe“, denn der Nationalsozialismus sei eine „Massenbewegung mit eigener Dynamik und vielen, zum Teil auch widersprüchlichen Zügen“ gewesen. Es bestehe aber kein Zweifel, daß „Hitler in allen Stadien der Entfaltung der NSDAP zwischen 1921 und 1945 die Zentralgestalt war, die innerhalb der Partei und seit 1933 auch im staatlichen Bereich die ausschlaggebende Entscheidungsbefugnis in allen Fragen besaß und ausübte“. Die NSDAP funktionierte nicht allein nach dem Prinzip von Befehl und Gehorsam, aber selbst dort, wo andere Wechselbeziehungen zwischen „Führer und Gefolgschaft“ zur Wirkung gelangten, führte Hitler, wies er vor und nach 1933 die Richtung. Folgt man den Ergebnissen verschiedener Untersuchungen sowohl aus der

[70] Nach Albrecht Tyrell, Die NSDAP als Partei und Bewegung – Strategie und Taktik der Machtergreifung, in: 1933 (II, 76), S. 98–122, hier S. 99; unmittelbar dazu ders., Voraussetzungen und Strukturelemente des nationalsozialistischen Herrschaftssystems, in: Nationalsozialistische Diktatur (II, 86), S. 37–72, auf diesem Aufsatz baut der obige Beitrag – ‘Die NSDAP . . .’ – direkt auf. Was die Begriffsbildungen ‘Machtergreifung’ oder ‘Machtübernahme’ angeht, so wurden beide von den Nationalsozialisten angewandt. Vgl. direkt dazu Norbert Frei, ‘Machtergreifung’. Anmerkungen zu einem historischen Begriff, in: VfZG 31 (1983), S. 136–145. Dieser hält es durchaus für angemessen, beide Begriffe zu gebrauchen, wobei er dem hier bevorzugten Terminus ‘Machtübernahme’ den Vorrang gibt.

Zeit vor als auch nach 1945, so wußte er auch recht genau wohin[71], und dies seit 1920/21. In diesem Kontext ging Hitler, was die zeitgenössische Literatur ebenfalls schon betont hat, von Anfang an davon aus, daß dem Aufbau einer deutschen Weltmachtstellung die Errichtung einer dieser Zielsetzung genügenden innenpolitischen Basis vorherzugehen hatte[72].

Im Hinblick auf die Ermöglichung Hitlers war dessen innerparteilicher Aufstieg zum unangefochtenen Führer der Bewegung eine Sache, der innenpolitische Erfolg eine andere, auch wenn sich dann Ende der zwanziger Jahre zeigen sollte, wie sehr beides miteinander verwoben war. Hitler wäre ohne diese NSDAP und ihre verschiedenen Organisationen, vor allem die SA, eben nicht der Politiker gewesen, als der er damals seinen Gesprächspartnern gegenübertrat. Doch davon einmal abgesehen ist es eine Tatsache, daß die nationalsozialistische Bewegung im Sinne einer Partei in der Zeit von 1925, als sich die NSDAP nach Hitlers Entlassung aus der Haft neu konstituierte, bis 1928, als sie im Mai bei den Reichstagswahlen lediglich 2,6 Prozent der abgegebenen Stimmen errang, eine politische Quantité négligeable darstellte. Daran hätte sich, wie Eberhard Jäckel lapidar anmerkte, bis zum Jahr 1932 auch nichts ändern müssen[73].

Da sich jedoch etwas änderte, stellt sich die 'große Doppelfrage' der ersten deutschen Demokratie am Ende der zwanziger Jahre neu. Welche zusätzlichen Determinanten kamen 1929/30 ins Spiel, die das Scheitern der Republik und den erfolgreichen Griff Hitlers nach der totalen Macht im Staat begreiflich machen?

[71] Die Zielgerichtetheit Hitlerscher Politik und der nationalsozialistischen Bewegung ist einer der Punkte, an dem die Meinungen der Historiker auseinandergehen. Zu abweichenden Urteilen vgl. u. a. Broszat (II, 8); oder Peter Diehl-Thiele, Partei und Staat im Dritten Reich. Untersuchungen zum Verhältnis von NSDAP und allgemeiner innerer Staatsverwaltung 1933–1945. München 1969. Auf das Thema ist im Kapitel 'Aspekte einer Herrschaft', S. 264–301 und S. 362–366, zurückzukommen.

[72] Dazu Tyrell, Die NSDAP (II, 70), S. 104ff.

[73] Nach Eberhard Jäckel, Der Machtantritt Hitlers – Versuch einer geschichtlichen Erklärung, in: 1933 (II, 76), S. 123–139, hier S. 134.

Eine dieser Determinanten bestand sicherlich in der Protektion, die Hitler jetzt wieder zuteil wurde. Wie einst in Bayern vor dem November 1923 interessierten sich nationalkonservative, antirepublikanische Gruppen für die NSDAP. Der Name Alfred Hugenberg darf in diesem Zusammenhang nicht fehlen. Aufgrund seiner politischen Ideen und Zielsetzungen war Hugenberg ein idealer Partner für den Führer der NSDAP – und umgekehrt. Hitler, der im Gegensatz zu Hugenberg sozialreaktionärer Absichten nicht verdächtig zu sein schien, dessen Vorstellungen von einer Volksgemeinschaft jedoch mit den Intentionen Hugenbergs in Übereinstimmung gebracht werden konnten, sollte diesem und 'seiner' DNVP die angestrebte Massenbasis schaffen. Im Gegenzug vermochte Hugenberg Hitler ein Entree in jene elitären Gesellschaftskreise vorzubereiten, von denen die wirtschaftliche und politische Macht kontrolliert oder beeinflußt wurde. Vor allem stellte Hugenberg den Nationalsozialisten die Agitationsinstrumentarien seines Presseimperiums zur Verfügung[74].

Als Hitler dann im Sommer 1929 als Partner von Hugenberg, Stahlhelmführer Seldte und Justizrat Claß in der Aktionsgemeinschaft 'Reichsausschuß' gegen den Young-Plan auftreten durfte, hatte er eine wichtige Schwelle auf dem Weg zu seiner politischen Rehabilitierung überschritten. Dabei erwies es sich als völlig unerheblich, daß dieses republikfeindliche Gremium Ende 1929 im Rahmen eines Volksbegehrens eine deutliche politische Abfuhr erlebte. Für Hitler zählte, daß er im Verlaufe der mehrere Monate dauernden Kampagne politisch wieder hoffähig geworden war. Der bayerische Provinzpolitiker, lange Zeit mit dem Stigma des gescheiterten Putschisten versehen, erhielt erneut Kredit. Und dank der

[74] Dazu Heidrun Holzbach, Das 'System Hugenberg'. Die Organisation bürgerlicher Sammlungspolitik vor dem Aufstieg der NSDAP. Stuttgart 1981, S. 257f. Im Mittelpunkt dieser Untersuchung steht jener Hugenberg, der danach trachtete, die Führung der gesamten bürgerlichen Rechten zu übernehmen, während Hugenberg als Repräsentant der Industrie – der Aspekt, unter dem er üblicherweise betrachtet wird – etwas in den Hintergrund tritt.

Zeitungen Hugenbergs erreichte seine antidemokratische Propaganda endlich das große Publikum[75].

Diese Entwicklung trat in eben jenem Zeitraum ein, als sich im Umfeld einer Agrar- und der allgemeinen Wirtschaftskrise die – wie retrospektiv zu erkennen ist – Peripetie in der 'Stabilitätsphase' der Republik ankündigte[76]. Wahlsoziologische Untersuchungen zei-

[75] Richard Freyh, Stärke und Schwäche der Weimarer Republik, in: Die Weimarer Republik, hrsg. von Walter Tormin. Hannover [11]1977, S. 121–164, hier S. 153.

[76] Da es an dieser Stelle nicht um die Analyse von Existenzbedingungen und Faktoren für den Niedergang der Weimarer Republik geht, können die in der Literatur in diesem Kontext gebrauchten Argumente nur selektiv wiedergegeben werden. In allgemeiner Form sei deshalb ergänzend auf folgende wichtige Titel aufmerksam gemacht: Industrielles System und politische Entwicklung in der Weimarer Republik. Verhandlungen des Internationalen Symposiums in Bochum vom 12.–17. Juni 1973, hrsg. von Hans Mommsen, Dietmar Petzina und Bernd Weisbrod. Düsseldorf 1974 (inzwischen als Taschenbuch erhältlich); Auf dem Weg ins Dritte Reich. Kräfte, Tendenzen, Strömungen, hrsg. von Oswald Hirschfeld. Bonn 1981 (es handelt sich um die Veröffentlichung der Beiträge zu einer achtteiligen Sendung des Süddeutschen Rundfunks und des Senders Freies Berlin); Weimar, Selbstpreisgabe einer Demokratie. Eine Bilanz heute, hrsg. von Karl Dietrich Erdmann und Hagen Schulze. Düsseldorf 1980; Die Weimarer Republik. Belagerte Civitas, hrsg. von Michael Stürmer. Königstein i. Ts. 1980. Die genannten Sammelbände reflektieren den Forschungsstand über die Weimarer Republik in repräsentativer Weise. Nach wie vor wird kontrovers diskutiert, ob das Ende der Republik zwangsläufig eintrat oder ob Hitlers Machtübernahme das Ergebnis von Versäumnissen und der Einflußnahme bestimmter Personen sowie Gruppen gewesen ist. Das soll nicht heißen, daß sich seit den fünfziger Jahren nichts geändert hätte, bedeutet jedoch konkret, daß eine allgemein befriedigende Antwort auf die bekannte 'Doppelfrage' an die Geschichte Weimars noch aussteht. Diesen Eindruck bestätigt die Lektüre der Aufsätze in dem – aus einer Vorlesungsreihe an der Universität Tübingen hervorgegangenen – Sammelband: 1933. Wie die Republik der Diktatur erlag, hrsg. von Volker Rittberger. Stuttgart, Berlin, Köln, Mainz 1983, vgl. unmittelbar dazu die 'Editorische Nachlese' des Herausgebers, ebd., S. 217–221. Außerordentlich nützlich sind auch die beiden – mit kenntnisreichen Einführungen versehenen und sich inhaltlich ideal ergänzenden – Dokumentationen:

gen, daß die NSDAP bei den Reichstagswahlen 1928 in Wahlkreisen, in denen es überdurchschnittlich viele Beschäftigte in der Landwirtschaft gab, oft auch über ihrem durchschnittlichen Stimmenanteil liegende Resultate erzielte. Für den Aufstieg der NSDAP könnte somit die Agrarkrise eine Art Pilotfunktion besessen haben. Dabei steht allerdings fest, daß der sogenannte Agrarprotest vor dem „Einbruch der Weltwirtschaftskrise [. . .] in seiner nationalsozialistischen Verwertungsform lokalisierbar und eingegrenzt" blieb[77].

Seit dem Winter 1929/30 führte schließlich die Weltwirtschaftskrise, die mit dem am 29. Oktober 1929 in Wall Street sich ereignenden Bankenzusammenbruch unmittelbar verbunden ist, sich aber bereits vorher angekündigt hatte, auch in Deutschland, wo man zunächst wenig von der bedrohlichen Lage spürte, zu einem drastischen Ansteigen der Arbeitslosigkeit[78]: im Jahr 1929 gab es 1 899 000 Erwerbslose, 1930 waren es 3 076 000, 1931 schon 4 520 000, 1932 kam es zum Höchststand von 5 603 000 Arbeitslosen. Ihre Zahl sank dann 1933 auf 4 804 000.

Nunmehr sollte sich zeigen, in welchem Umfang Hitlers Partei aus der Krise Nutzen zog. Die NSDAP vegetierte nicht mehr, sie florierte, und dies in dem Maß, wie sich die wirtschaftliche Situation verschärfte. Der Feldzug gegen den Young-Plan hatte Hitler im Hinblick auf die Ende 1929 entstehende Lage in eine vorteilhafte Ausgangsstellung für den Kampf um die Gunst der Wähler gebracht. Ein aus seiner Sicht glückliches Koinzidenz. Die Nationalsozialisten präsentierten sich im Angesicht der Krise als dynamische und zu-

Die ungeliebte Republik. Dokumentationen zur Innen- und Außenpolitik Weimars 1918–1933, hrsg. von Wolfgang Michalka und Gottfried Niedhart. München 1980; und: Die Republik von Weimar. Bd. 1: Das politische System; Bd. 2: Das sozialökonomische System, hrsg. von Jens Flemming, Claus-Dieter Krohn, Dirk Stegmann und Peter-Christian Witt. Düsseldorf, Königstein i. Ts. 1979.

[77] Nach Eike Hennig, Die weltwirtschaftliche Konstellation am Ende der Weimarer Republik – Weltwirtschaftskrise und der Aufstieg des Faschismus im internationalen Vergleich, in: 1933 (II, 76), S. 40–60, insbes. S. 43–47, Zit. S. 46, und S. 55–59; außerdem Borchardt (II, 131).

[78] Hennig (II, 77), S. 52.

packende oppositionelle Kraft[79]. Was ihre eigentliche Attraktivität ausmachte, das ist im Detail weniger leicht begründbar als im großen ganzen[80]: „Es war in seiner negativen Form ein Versprechen, es anders zu machen, in seiner positiven Form, es besser zu machen." Schon Zeitgenossen hatten Hitlers Propaganda ein Programm 'der Antis' und seine Bewegung ein Sammelbecken der Unzufriedenen genannt, und mit diesen Merkmalen mag sich der Zulauf bestimmter Wähler erklären lassen. Aber derartige Charakteristika sagen direkt nichts aus über das Verhältnis zwischen Hitler und den etablierten Machteliten, auf die es hinsichtlich der Protektion letztlich ankam.

Doch zunächst ist noch einmal auf die Interdependenz von Weltwirtschaftskrise und Aufstieg der NSDAP zurückzukommen. Weitgehend anerkannt ist mittlerweile die Tatsache, daß die „Wirtschaftskrise die entscheidende Polarisierung brachte, die der Demokratie den Todesstoß versetzte". Ebenso unbestritten dürfte es sein, daß es durch die wirtschaftliche Notlage zur Radikalisierung im Innern kam, wobei die antirepublikanischen Extremisten politische Terraingewinne verzeichneten. Allerdings steht darüber hinaus zweifelsfrei fest, daß die Krise „allein nicht ausgereicht [hätte], um das demokratische durch ein autoritäres und dann diktatorisches System zu ersetzen"[81]. Der internationale Vergleich deutet denn auch an[82], daß die „Wendung zum Politikvertrag zwischen NS-Oligarchie und Machteliten eher als Ausnahme [im Rahmen der internationalen Entwicklung; d. Verf.] zu begreifen ist. Traditionelle Deutungsmuster, verfassungsrechtliche Einbruchstellen (Artikel 48, Wahlrecht), Schwächen des Parteiensystems und die revisionisti-

[79] Vgl. Broszat (II, 8), S. 17f.

[80] David Schoenbaum, Die braune Revolution. Eine Sozialgeschichte des Dritten Reiches. Mit einem Nachw. von Hans Mommsen. München 1980, S. 30 (engl.: New York 1966).

[81] Hans-Hermann Hartwich, Parteien und Verbände in der Spätphase der Weimarer Republik – Wirtschaftskrise und Polarisierung, in: 1933 (II, 76), S. 76–97, hier S. 93f.

[82] Nach Hennig (II, 77), S. 58f.; der Autor vertritt dabei die These, daß die „politische Arbeitsteilung von Machteliten und der NS-Führungsspitze [...] auf den Eigentümlichkeiten des deutschen 'Sonderweges'" beruhe.

schen Verfassungsmodelle der Machteliten spielen bezüglich der nationalsozialistischen Krisenlösung eine bedeutendere Rolle als die ökonomischen Krisenfaktoren Arbeitslosigkeit und Kostendruck."

Insgesamt ist wohl davon auszugehen, daß die Weltwirtschaftskrise die innenpolitische Entwicklung zwischen 1929 und 1933 zwar stark prägte, aber als Wirkungsfaktor im Rahmen der nationalsozialistischen Machtübernahme nur relative Bedeutung im Sinne einer indirekten Einflußnahme besaß: eine Initialzündung, die ein vorhandenes – potentiell explosives – politisches Gemisch entzündete. Alles in allem scheint sicher zu sein, daß die Folgen der Krise die „soziale und psychologische Situation aufs bedrohlichste" veränderten und das politische Leben zerstörten[83]. Dies weckte die latent vorhandene „Angst vor einer Revolution", die nach 1918 nie gänzlich verschwunden war, zu neuem Leben und „rief den Massenzulauf zu dem charismatischen Führer der NSDAP hervor"[84]. In der Tat entwickelte sich die NSDAP ja erst nach 1929 zur Massenpartei, als sie durch die Krise die Chance erhielt, „mit ihrem politischen Programm und ihrer Aktivität den Pferch des radikalen Außenseiters zu verlassen"[85]. Das Aufkommen der ökonomischen Krise habe Hitler Stimmen gebracht, die „vor allem aus den bürgerlichen Parteien, namentlich aus dem konservativen und liberalen Lager, aus mittelständischen und regionalen Splitterparteien sowie aus den großen Gruppen der bisherigen Nicht- und Jungwähler" gekommen seien[86]. Die Motive dieser Wähler hätten ihren Ursprung im Ver-

[83] Bracher (II, 22), S. 27.

[84] Jäckel (II, 73), S. 138.

[85] Tyrell, NSDAP (II, 70), S. 112.

[86] Winkler (II, 30), S. 14; siehe unmittelbar dazu auch die in I, 48, 126 und 179 zitierten Literatur, dort auch zur Thesendiskussion. Winklers Resümee ist ernsthaft nicht in Frage zu stellen. Vgl. dazu die affirmativen Sehweisen von Broszat (II, 8), S. 14; Hans Mommsen, Aufstieg der NSDAP und nationalsozialistisches Herrschaftssystem: Eine Problemskizze, in: Hitlerwelle (Vw. 11), S. 14–59, hier zur sozialen Struktur der NSDAP, S. 20f., gleichzeitig Diskussion der wichtigsten Forschungsergebnisse; Lothar Kettenacker, Sozialpsychologische Aspekte der Führer-Herrschaft, in: Führerstaat (Vw. 17), S. 98–132, hier S. 108ff.; erneut veröffentlicht in: National-

druß mit der Republik, im Verlangen nach autoritärer Führung und nationaler Stärke, in der Sehnsucht nach der „Volksgemeinschaft", in der Sorge um die Wahrung der Besitzverhältnisse und natürlich auch in der Hoffnung auf „Arbeit und Brot" [87] besessen. Doch um es erneut hervorzuheben, die „wirtschaftliche Misere hat zwar den Boden für den schließlichen Erfolg Hitlers bereitet, ist aber für das Ereignis des 30. Januar 1933 nicht ausschlaggebend gewesen" [88]. Dazu bedurfte es neben der Wirtschafts- noch der Staatskrise [89] mit den ihr immanenten besonderen Wirkungsfaktoren, womit die Erörterung auf die Frage nach der Rolle zurückgeführt ist, die bestimmte Personen und die Machteliten ganz allgemein im Rahmen des Machtantritts spielten. Es liegt nahe, zunächst nach der Industrie zu fragen, denn deren Interessen waren von der Doppelkrise unmittelbar betroffen.

Dabei beschränken sich die Ausführungen, da es ja um den Beitrag

sozialistische Diktatur 1933–1945. Eine Bilanz, hrsg. von Karl Dietrich Bracher, Manfred Funke und Hans-Adolf Jacobsen. Bonn 1983, S. 97–131; künftig zitiert nach dem Abdruck in 'Führerstaat'. Insgesamt geht es Kettenacker um eine definitorische Eingrenzung des „Phänomen[s] der Führerherrschaft" (S. 103), wobei er u. a. die oben referierte Struktur der NSDAP bestätigt, aber der „Affinität zwischen Mittelstand und Nationalsozialismus" nicht mehr nur unter „sozio-ökonomischen Gesichtspunkten" sieht, sondern „Ansatzpunkte zu einer weiter ausgreifenden, sozialpsychologischen Betrachtungsweise" berücksichtigt wissen will (S. 108f.).

[87] Vgl. Winkler (II, 30), S. 14.

[88] Wolfgang J. Mommsen, 1933: Die Flucht in den Führerstaat, in: Wendepunkte deutscher Geschichte 1848–1945, hrsg. von Carola Stern und Heinrich August Winkler. Frankfurt a. M. 1979, S. 111–138, hier S. 115.

[89] Dazu Broszat (II, 8), S. 13–32; unmittelbar dieser Thematik ist auch der Sammelband gewidmet: Die Staats- und Wirtschaftskrise des Deutschen Reichs 1929-33, hrsg. von Werner Conze und Hans Raupach. Stuttgart 1967. Conze vertritt darin (S. 249) die These, daß Hitlers Kanzlerschaft der „situationsgerechten Logik des geschichtlichen Verhängnisses" entsprochen habe. Im Mittelpunkt seiner Überlegungen steht freilich die Verteidigung der Politik Brünings. Direkt dazu Bracher (II, 38), S. 114, den Conze besonders heftig kritisierte (dort auch weitere Literaturhinweise zu dieser Kontroverse).

der Industrie zur Ermöglichung Hitlers geht, auf die Zeit vor der 'Machtübernahme'. Die Forschung konzentrierte sich lange Zeit fast ausschließlich auf diese Phase, wenn es um die Beziehungen zwischen Nationalsozialismus und Industrie ging. Dietmar Petzina stellte deshalb auch fest[90], daß die Geschichtsschreibung in der Bundesrepublik primär danach frage, wie es zu Hitler kommen konnte, nicht jedoch, wie sich dessen Verhältnis zur Großindustrie nach dem Januar 1933 entwickelte[91]. Er schloß aus diesem Sachverhalt[92] auf eine bestimmte „Auffassung vom Wesen des Nationalsozialismus", die diesen lediglich als eine „Spielart des Totalitarismus" einordne, begründet zwar auf „gesellschaftliche Ursachen", aber keiner „bestimmten gesellschaftlichen Gruppierung" und keinen „konkreten wirtschaftlichen Interessen" zuzuordnen.

Richard Saage[93] meint nicht nur in frühen Arbeiten eine apologetische Tendenz bei der Interpretation der Rolle zu erkennen, welche die Großindustrie im Hinblick auf das Dritte Reich spielte. Deren Vertreter würden geradezu zu Opfern des Faschismus stilisiert oder

[90] Petzina (Anh. 1), S. 483.

[91] Inzwischen hat sich die Forschungslage – nicht zuletzt angeregt von der Auseinandersetzung mit dem Faschismus- bzw. Totalitarismusbegriff – deutlich verbessert. Literaturhinweise und Kommentare zu den diskutierten Thesen finden sich (außer in Vw. 19) u. a. bei: Gillingham (Anh. 1); wichtig – vor allem aufgrund der eigenständigen Forschungsergebnisse – Peter Krüger, zu Hitlers 'nationalsozialistischen Wirtschaftserkenntnissen', in: GG 6 (1980), S. 263–282; Hans-Erich Volkmann, Zum Verhältnis von Großwirtschaft und NS-Regime im Zweiten Weltkrieg, in: Zweiter Weltkrieg und sozialer Wandel. Achsenmächte und besetzte Länder, hrsg. von Waclaw Dlugoborski. Göttingen 1981, S. 87–116; ders., Die NS-Wirtschaft in Vorbereitung des Krieges, in: Deist u. a. (II, 5), S. 177–368. Informativ und die verschiedenen Forschungspositionen klar herausstellend, ders., Politik, Wirtschaft und Aufrüstung unter dem Nationalsozialismus, in: Hitler, Deutschland und die Mächte. Materialien zur Außenpolitik des Dritten Reiches, hrsg. von Manfred Funke. Düsseldorf 1976, S. 269–291; vgl. außerdem die – mit kenntnisreichen Einführungen versehenen – Bibliographien Volkmanns zur 'Wirtschaft im Dritten Reich' (Anh. 2).

[92] Petzina (Anh. 1), S. 483 f.

[93] Saage (Vw. 19), S. 13.

in bezug auf ihre Funktion verharmlost[94]. Als typisch gelten ihm dafür die Untersuchungen von Heinrichsbauer[95], Kannapin[96], Lochner[97] oder Stolper[98].

Konkret geht es um die Unterstützung – insbesondere um die finanzielle – der Industrie für Hitler[99]. Die Diskussion darüber bewegte die Forschung von Anfang an, sie war stets kontrovers, und sie ist noch immer nicht abgeschlossen[100]. Im wesentlichen stehen sich drei Interpretationsrichtungen gegenüber[101]. Deren erste bestreitet, daß es zwischen großindustriellen Interessen und nationalsozialistischer Politik einen „systematischen Zusammenhang" gebe[102]. Die zweite Richtung, die ziemlich genau das Gegenteil be-

[94] Wenn im folgenden Begriffe wie Industrie, Großindustrie oder Industrielle gebraucht werden, ohne daß die Positionenvielfalt in der fachwissenschaftlichen Diskussion immer wieder betont wird, so geschieht das der Einfachheit halber und in Kenntnis der Problematik einer synonymen Anwendung.

[95] August Heinrichsbauer, Schwerindustrie und Politik. Essen 1948.

[96] Hans-Eckhardt Kannapin, Wirtschaft unter Zwang. Anmerkungen und Analysen zur rechtlichen und politischen Verantwortung der deutschen Wirtschaft unter der Herrschaft des Nationalsozialismus im Zweiten Weltkrieg, besonders im Hinblick auf den Einsatz und die Behandlung von ausländischen Arbeitskräften und Konzentrationslagerhäftlingen in deutschen Industrie- und Rüstungsbetrieben. Köln 1966.

[97] Louis Paul Lochner, Die Mächtigen und der Tyrann. Die deutsche Industrie von Hitler bis Adenauer. Dt. Ausg., besorgt von Theodor Büchner unter Mitarbeit von Josef Karl Thiel. Darmstadt ²1955.

[98] Gustav Stolper, Deutsche Wirtschaft 1870–1940. Kaiserreich, Republik, Drittes Reich. Stuttgart 1950.

[99] Das Buch von Hjalmar Schacht, Abrechnung mit Hitler. Hamburg, Stuttgart 1948, hier S. 6f., dient – was nicht überrascht – in erster Linie der Selbstrechtfertigung des Autors, der als einer von jenen, die Hitler Zugang zu industriellen Kreisen verschafften, mehr wissen mußte, als er in seinem Buch mitteilt.

[100] Vgl. dazu den – bei besonderer Berücksichtigung der in der DDR erschienenen Literatur abgefaßten – Aufsatz von Wippermann (II, 60), S. 20–23.

[101] Nach Petzina (Anh. 1), S. 490.

[102] Direkt dazu Saage (Vw. 19), S. 15–19, der sich insbesondere gegen die

hauptet, repräsentieren vorwiegend jene Historiker, die dem marxistisch-leninistischen Ansatz verpflichtet sind. Für sie ist die NSDAP – vereinfacht ausgedrückt – kaum mehr als der „Büttel der Monopolinteressen“ [103]. Vertreter der dritten Position deuten den Nationalsozialismus zwar wie die Marxisten-Leninisten aus den „sozialökonomischen Bedingungen“ heraus, stellen aber im Gegensatz zu diesen die NSDAP keineswegs als total von der Interessenlage der Großindustrie abhängig hin. Hitlers Partei wird vielmehr als ein kraft eigenständiger Zielsetzungen souveräner „Herrschaftsträger“ verstanden, dem sich „seit 1936 auch die Großindustrie unterordnen mußte“ [104].

Einigkeit zwischen den verschiedenen Interpretationsrichtungen besteht also lediglich dahingehend, daß dem Beziehungsgeflecht zwischen Nationalsozialismus und Großunternehmertum bei der Antwort auf die Doppelfrage an die Geschichte der Weimarer Republik wesentliche Bedeutung zukommt. Und so findet sich kaum Widerspruch gegen die mahnende – allerdings sehr pauschale – For-

Thesen von Henry A. Turner, Jr. (mehrere Aufsätze Turners findet man in seinem Sammelband: Faschismus und Kapitalismus in Deutschland. Studien zum Verhältnis zwischen Nationalsozialismus und Wirtschaft. Göttingen 1972) wendet.

[103] Nach Petzina (Anh. 1), S. 490. Repräsentativ für diese Richtung – die sich eng an der auf dem 13. Plenum des Exekutivkomitees der Kommunistischen Internationale im Dezember 1933 erarbeiteten Definition orientiert, gemäß der der Faschismus die „offene, terroristische Diktatur der reaktionärsten, chauvinistischen, am meisten imperialistischen Elemente des Finanzkapitals“ ist (zit. nach Winkler, II, 30, S. 4) – sind die Arbeiten von Czichon (I, 52), und ders., Der Primat der Industrie im Kartell der nationalsozialistischen Macht, in: ARG 10 (1968), S. 168–192. Zur Auseinandersetzung mit dieser Forschungsrichtung vgl. auch Eike Hennig, Industrie und Faschismus. Anmerkungen zur sowjetmarxistischen Interpretation, in: NPL 15 (1970), S. 432–449; siehe außerdem Volkmann, Politik (II, 91), S. 270–275.

[104] Petzina (Anh. 1), S. 491; grundlegend für die Zeit nach der ‘Machtergreifung’ ders., Autarkiepolitik im Dritten Reich. Der nationalsozialistische Vierjahresplan. Stuttgart 1968.

derung von Max Horkheimer[105], daß, wer vom „Kapitalismus nicht reden" wolle, auch vom „Faschismus schweigen" solle. Abgewandelt auf das hier zu behandelnde Thema ließe sich auch sagen, wer vom Nationalsozialismus reden will, darf u. a. von der Industrie nicht schweigen. A. Tyrell, einer der besten Kenner der Geschichte der NSDAP, meinte ebenfalls, daß die Großwirtschaft ebenso wie die Reichswehr zu jenen „Machtträgern" gehörte, welche durch ihr „Verhalten die Berufung Hitlers ins Kanzleramt begünstigt und teils sogar vorbereitet" haben[106]. Zu bestimmen wäre darüber hinaus allerdings, in welchem Umfang, seit wann, wie und mit welchem Erfolgsanteil.

Im Hinblick auf die Wahlergebnisse der NSDAP kann man E. Jäckel in der Auffassung zustimmen, daß millionenfache Wählerbewegungen nicht mit Geldspenden zu erklären seien[107]. Richtig ist sicher auch, daß es wenig hilft, unbestimmt zu behaupten, die Industrie habe Hitler an die Macht gebracht, denn es geht um die Präzisierung. Nachgewiesen werden müßte also, daß die Förderung Hitlers durch die Industrie tatsächlich zu dessen Machtantritt beigetragen habe, der „Vorgang anders nicht erklärt" werden könne. Bei Abwägung aller damals existenten Möglichkeiten sei dies jedoch, so Jäckel, unwahrscheinlich[108].

Andererseits wurde zu bedenken gegeben, daß sich der „Einfluß des Kapitals auf die Politik nicht nur auf kurzfristig-direktem, sondern auch auf langfristig-strukturellem Wege realisieren" könne[109]. Die entscheidende Frage sei in diesem Zusammenhang, „ob es Ende 1932 noch Industriellen-Gruppen gab, die wirksam Alternativ-

[105] Zit. nach Max Horkheimer, Die Juden und Europa, in: Horkheimer u. a. (I, 299), S. 33–53, hier S. 33.

[106] Tyrell, NSDAP (II, 70), S. 119. Vgl. auch Jürgen Bergmann und Klaus Megerle, Wer unterstützte die Nationalsozialisten? Das Verhältnis der gesellschaftlichen Gruppen zur nationalsozialistischen Bewegung, in: Warum gerade (II, 20), S. 146–195, insbes. S. 183–193.

[107] Jäckel (II, 73), S. 135. Zu der hier angedeuteten These von der „politischen Impotenz des Geldes" vgl. Saage (Vw. 19), S. 18.

[108] Jäckel (II, 73), S. 130f.

[109] Saage (Vw. 19), S. 18.

lösungen propagierten, und ob es damals – nach Jahren der Wirtschaftsdepression – überhaupt noch Interessengruppen gab, die der Großindustrie an Mitteln gewachsen oder überlegen waren und daher noch mehr Anteil als diese am Siege Hitlers haben konnten"[110].

Zwischen diesen Positionen ist die bereits angesprochene[111] fachwissenschaftliche Kontroverse, die Dirk Stegmann und Henry A. Turner Jr. miteinander austragen, angesiedelt. Es geht um den methodischen Zugriff und das erkenntnisleitende Interesse. Doch sollen die dabei vorgetragenen Argumente an dieser Stelle nicht vertieft werden[112]. Festzuhalten ist lediglich, daß sich die Aufmerksamkeit der Wissenschaftler im Rahmen derartiger Debatten ganz allgemein auf die Spätphase der Weimarer Republik konzentriert. Dabei ist grundsätzlich anerkannt, daß – auch in jener Zeit – das Verhältnis zwischen Nationalsozialismus und Großindustrie außerordentlich differenziert war und entsprechend sorgfältig zu deuten ist[113].

[110] Joachim Radkau, Industrie und Faschismus, in: NPL 18 (1973), S. 258–264.

[111] Vgl. I, 54.

[112] Neben den bereits genannten Titeln vgl. dazu: Avraham Barkai, Sozialdarwinismus und Antiliberalismus in Hitlers Wirtschaftskonzept. Zu Henry A. Turner Jr. 'Hitlers Einstellung zu Wirtschaft und Gesellschaft vor 1933', in: GG 3 (1977), S. 406–417. Barkai warnt davor, Hitlers Wirtschaftsauffassung zu bagatellisieren, nur weil diese nicht besonders originell sei (direkt dazu Krüger, II, 91), denn die „Wirtschaftsauffassung Hitlers und der NSDAP" war nach Barkai nicht nur „für deren Verhältnis zum deutschen Großunternehmertum, sondern auch für die späteren wirtschaftspolitischen Entwicklungen relevant" (S. 407); ausführlich zu diesem Problemkreis ders., Das Wirtschaftssystem des Nationalsozialismus. Der historische und ideologische Hintergrund 1933–1936. Köln 1977. Zur Kontroverse zwischen Stegmann und Turner vgl. Perz/Safrian (Anh. 1), S. 454 ff., die der Interpretation Stegmanns zuneigen. Wie auch immer der einzelne in dieser Debatte Stellung beziehen mag, grundsätzlich ist festzustellen, daß die fachwissenschaftliche Diskussion des Problems als offen charakterisiert werden muß. Die Quellenlage gestattet bisher keine endgültigen – allseitig überzeugenden – Thesen.

[113] Vgl. dazu Hartwich (II, 81), S. 87 f.; H. Mommsen (II, 86), S. 22, der

Im einzelnen ist zu konstatieren, daß zur Frage einer Finanzierung Hitlers durch die Industrie – dieses Problem dominiert ja die Erörterungen – angesichts der Quellenlage vorläufig nicht einmal „halbwegs Abschließendes" zu sagen ist, wobei freilich die fehlenden Belege nicht als Beweis dafür gelten dürfen, daß es diese Unterstützung nicht gegeben hätte[114].

Gesichert ist schließlich, daß Hitler vor seinem Putsch im November 1923 Geldspenden aus großindustriellen Kreisen empfing[115]. Doch versiegten diese Quellen offensichtlich in der Stabilisierungsphase der Republik. Die NSDAP sah sich auf Selbstfinanzierung angewiesen. 1927 gelang es Hitler, Kontakte zu Emil Kirdorf, einem „Patriarchen des Ruhrreviers", zu knüpfen, und auf dessen Anregung hin verfaßte er die – ganz auf Beruhigung der Großunternehmer abgestellte – Broschüre: 'Adolf Hitler Der Weg zum Wiederaufstieg überreicht von Emil Kirdorf'. Letzterer verteilte diese zweite Schrift Hitlers in Industriekreisen, machte es dem 'Führer' der NSDAP also möglich, seine politischen Vorstellungen mit besten Empfehlungen zu vermitteln. Vage bleiben allerdings Spekulationen darüber, welche genauen finanziellen Konsequenzen die Verbindung zu Kirdorf zeitigte. Gewiß ist, daß bis 1929/30 der „Nationalsozialismus für die Groß- bzw. Schwerindu-

hier Turners Position referiert; W. J. Mommsen (II, 88), S. 125–129, der eine reservierte Haltung der Industrie konstatiert. Hitler sei erst mit seiner Rede im Industrie-Club in Düsseldorf ein „gewisser Durchbruch" gelungen. Was die Geldspenden anbetreffe, so habe sich die NSDAP überwiegend aus Beiträgen ihrer Mitglieder finanziert. Die finanzielle Unterstützung der Wirtschaft habe „niemals wirklich ausschlaggebende Bedeutung" erlangt (S. 128). Auch Broszat (II, 8), S. 30, sieht in erster Linie eine indirekte Einflußnahme der Industrie auf den 30. Januar 1933. Und Neebe (I, 52) stellt lapidar fest (S. 174): „Die Ernennung Hitlers zum Reichskanzler erfolgte bei gespaltener Industriefront."

114 Die folgenden Ausführungen lehnen sich eng an Thomas Trumpp an: Zur Finanzierung der NSDAP durch die deutsche Großindustrie. Versuch einer Bilanz, in: Nationalsozialistische Diktatur (II, 86), S. 132–154, Zit. S. 133.

115 Ebd., S. 135ff.

strie relativ uninteressant“ war. Auch in dieser Hinsicht markierte der Wahlerfolg der NSDAP bei den Reichstagswahlen vom 14. September 1930 eine Wende[116].

Ein Durchbruch fand jedoch noch nicht statt, obwohl einige Großunternehmer – bevorzugt über die Schacht unterstehende ‘Arbeitsstelle Dr. Krämer’ und den ‘Keppler-Kreis’ – den Nationalsozialisten Gelder zukommen ließen. Im übrigen stehen als Spender – um einige wichtige Namen und Gremien zu nennen – fest[117]: Fritz Thyssen, Aufsichtsratsvorsitzender des größten Unternehmens der Schwerindustrie, der Vereinigten Stahlwerke AG; Fritz Springorum, Generaldirektor der AG für Bergbau und Hüttenbetrieb Hoesch-Köln Neuessen; Paul Silverberg, u. a. Vorsitzender des Aufsichtsrates der Rheinischen AG für Braunkohlenbergbau und Brikettfabrikation GmbH; Friedrich Flick, Begründer und Leiter des Flick-Konzerns; hinzu kamen folgende Vereinigungen: die ‘Ruhrlade’, ein im Januar 1928 gegründetes Gremium der Schwerindustrie, das es sich zur Aufgabe gemacht hatte, „konservativ-autoritäre Gruppierungen und nichtsozialistische Parteien bei Wahlkämpfen“ zu unterstützen[118]; der ‘Verein für bergbauliche Interessen’; der ‘Arbeitgeberverband für den Bezirk der Nordwestlichen Gruppe des Vereins Deutscher Eisen- und Stahlindustrieller’; und die I. G. Farbenindustrie AG[119].

Auch Hitlers aufsehenerregender Vortrag im Industrie-Club in Düsseldorf am 26. Januar 1932 löste zwar Beifall, aber keine ‘Geldlawine’ aus. Bei den Reichspräsidentenwahlen im März und April unterstützte die Großindustrie Hindenburg gegen Hitler, bei den Reichstagswahlen im Juli und November desselben Jahres half sie

[116] Ebd., S. 137ff.

[117] Ebd., S. 142, weitere Namen bei Asendorf (II, 127).

[118] Trumpp (II, 114), S. 139.

[119] Zur Geschichte der IG Farben, des größen europäischen Konzerns und gleichzeitig größten Chemieunternehmens der Welt, vgl. Borkin (I, 183). Direkt dazu die bemerkenswerte – nicht unerwartet Widerspruch auslösende – Rezension von Gerd Bucerius, Im Dienst des Diktators. Industrie auf grausamen Abwegen, in: Die Zeit, Nr. 3, 11. 1. 1980, S. 12f.

ihrer „persona gratissima“ [120], Franz v. Papen [121]. Dennoch gab es selbstverständlich Industrielle, die sich – angesichts der beeindruckenden Erfolge der NSDAP – Hitlers rückversicherten [122]. Auch blieben die „großindustriellen Fonds“ der Partei Hitlers seit dem September 1930 nicht verschlossen. Aber bei den Zuwendungen scheint es sich um verhältnismäßig geringe Summen gehandelt zu haben. Jedenfalls vermochten diese am „eklatanten Übergewicht der Selbst- und Auslandsfinanzierung [123] der NSDAP so wenig“ zu ändern „wie an ihrer zunehmenden Verschuldung, welche [. . .] ihren Tiefstand in den letzten Wochen des Jahres 1932 erreichte“ [124].

Den Stimmungsumschwung zugunsten Hitlers führte erst die Kanzlerschaft Schleichers herbei. Die Schwerindustrie begegnete dem General mit größtem Mißtrauen, schienen doch seine Vorstellungen das „Gespenst eines Bündnisses von Reichswehr und Arbeiterklasse gegen das Großunternehmertum“ heraufzubeschwören. In Wirklichkeit ging es um das Konzept der sogenannten ‘Querfront’, hinter der sich gesellschaftspolitische Vorstellungen verbargen, die, ohne Favorisierung einer bestimmten Partei, alle dynamischen sozialpolitischen Potenzen in einer einzigen Formation – unter Führung einer auf die Reichswehr gestützten Regierung – vereinigen wollten. Letztlich scheiterte Schleicher: 1. an der unzureichenden Entschlußkraft von Gregor Straßer, der das innerparteiliche Kräftemessen mit Hitler vermied; 2. an der SPD, die sich bei einer Tolerierung des Generals wegen der dann zu erwartenden Angriffe durch die Kommunisten sorgte, für die die Sozialdemokraten ohnehin ‘Sozialfaschisten’ waren, d. h. die Sozialdemokratie wurde schon seit 1924 von den Kommunisten ganz offiziell als der – so Stalin – ‘gemäßigte Flügel des Faschismus’ bezeichnet, der diesen lange vor Hitler (die Große Koalition galt bereits als faschistisch und die Präsidial-

[120] So Trumpp (II, 114), S. 141.

[121] Ebd., S. 145.

[122] Ebd., S. 146ff.

[123] Dazu außerdem Schulz (I, 227), S. 634–642; vgl. auch die relevanten Literaturhinweise in Anh. 3.

[124] Trumpp (II, 114), S. 148f.

kabinette erst recht) an die Macht gebracht habe; und Schleicher scheiterte 3. an der Verweigerung des Zentrums.

Zwar sympathisierten die Gewerkschaften mit dem General, der immerhin ein attraktives staatliches Arbeitsbeschaffungsprogramm präsentierte, aber da gab es die durch Gerüchte über Verstaatlichungsabsichten der Regierung Schleicher provozierte Nervosität bei den Unternehmern in Kohle, Eisen und Stahl. Es kamen die 'Agrarier' hinzu, die sich um die unter der Bezeichnung 'Osthilfe' firmierenden Subventionen sorgten, welche gerade in einen Skandal wegen Veruntreuung öffentlicher Gelder verwickelt worden waren. Ihnen waren darüber hinaus aber auch jene Tendenzen verdächtig, die eine gewisse Abkehr vom Präsidialstaat anzukündigen schienen. Die 'Kamarilla', bei solchem Hintergrund ganz natürlich, machte Front gegen Schleicher, und das wurde für seinen Sturz entscheidend[125], nachdem es ihm nicht gelungen war, die ursprünglich für eine Regierungsbildung angestrebte Basis zu schaffen.

Wenn also die meisten Großindustriellen das Kabinett Hitler am 30. Januar 1933 wohlwollend akzeptierten, dann auch deshalb, weil sie sich von Schleicher befreit fühlten. Darüber hinaus hegte man die Hoffnung, daß Vizekanzler Papen die Entwicklung schon kontrollieren werde. Als sich diese Annahme als Illusion entpuppte, machten die Großunternehmer schnell ihren Frieden mit Hitler, der sich ja bald als frei von sozialistischem Ehrgeiz erwies. Und insgesamt verweist diese bereitwillige „Kapitulation vor Hitler [. . .] auf den pragmatischen, ja polyvalenten Charakter von Wirtschaftsliberalismus und Kapitalismus, der letztlich jedem politischen System, zu-

[125] Zit. ebd., S. 151, vgl. auch S. 149 ff. Zu Schleicher insgesamt: Friedrich-Karl v. Plehwe, Reichskanzler Kurt von Schleicher. Weimars letzte Chance gegen Hitler. Esslingen 1983, S. 302 ff., zum Scheitern der Republik. Außerdem Andreas Hillgruber, Die Auflösung der Weimarer Republik. Hannover [5]1960, S. 52–65; abgedruckt in: Weimarer Republik (II, 42), S. 165–219, hier S. 203–211; W. J. Mommsen (II, 88), S. 131–135; Winkler (II, 30), S. 12 f.; speziell zur 'Querfront' vgl. Höhne (II, 20), S. 208 ff.; und insbes. Schildt (I, 255), insgesamt zu dieser Konzeption die differenzierteste gegenwärtig vorliegende Untersuchung.

mindest wenn es auf offene Feindseligkeit verzichtet, sich anpassen kann“ [126].

Unbeschadet aller Differenzierungen im Detail, welche die sogenannten ‘makro-’ und ‘mikrohistorischen’ Untersuchungen zu diesem Thema gewiß weiterhin hervorbringen werden, kann man wohl hinsichtlich der Beteiligung der Großindustrie an der nationalsozialistischen ‘Machtübernahme’ festhalten, daß es eine finanzielle Unterstützung der NSDAP durch die Industrie gab, diese scheint gegen Ende 1932 auch nicht unerheblich gewesen zu sein. Doch ihr genauer Umfang bleibt noch unbestimmbar. Historisch bedeutsamer war auf jeden Fall der indirekte Beitrag, den in erster Linie die Schwerindustrie dadurch leistete, daß sie „wesentliche Teile der deutschen Industrie zu einer Radikalisierung nach rechts drängte“ [127]. Sie betrieb damit die Vernichtung demokratischer Potenzen, förderte antidemokratische Kräfte und trug insgesamt dazu bei, das politische System von Weimar zu zerstören. In diesem Verständnis sind die Großunternehmer für die Ermöglichung Hitlers mitverantwortlich, und in einer derartigen Perspektive werden die Industriellen, d. h. deren Verhaltensweisen, zu einer Determinante des 30. Januar 1933. Die Großindustrie hat Hitler nicht ‘gemacht’, aber sie hat ihn indirekt – aus gesellschaftlicher und politischer Sicht betrachtet – vorbereitet, und auf keinen Fall im entscheidenden Moment etwas getan, um ihn zu verhindern. Bei der Interessenlage der Industrie wäre es auch nicht realistisch gewesen, dies zu erwarten. Man sollte das ganz pragmatisch sehen. Schließlich hat ja selbst die KPD die SPD – zwar aus ganz anderen, aber keinesfalls weniger am Eigennutz orientierten Gründen – wesentlich schärfer bekämpft als die offensichtlich hoffnungslos falsch eingeschätzte NSDAP.

[126] Dazu Trumpp (II, 114), S. 151. Vgl. aber auch Becker, Hitlers Machtergreifung (I, 153), S. 24, der auf jene – vor allem der Exportindustrie zugehörenden – Interessenvertreter aufmerksam macht, die den General stützten.

[127] Trumpp (II, 114), S. 152f.; rigoros vertritt die Verschwörungsthese Manfred Asendorf, Nationalsozialismus und Kapitalstrategie, in: 1933 – Wege zur Diktatur (II, 53), S. 126–183, hier S. 165–176. Dort ausführlich zur ‘Arbeitsstelle Dr. Krämer’ (S. 165f.).

Das Zwischenspiel von Mai bis Juli 1932 blieb bekanntermaßen ohne Folgen.

Auch die Amtszeit des Reichskanzlers Brüning wurde vor und nach 1945 unter der Fragestellung, ob sie ein Beitrag zur Vorbereitung des Hitlerschen Machtantritts oder die allein verbleibende Möglichkeit gewesen sei, verfassungskonform – bei der gleichzeitigen Suche nach einer Alternative zum stark angeschlagenen parlamentarischen System – zu regieren, kontrovers diskutiert.

Als dann 1970 die seit Mitte der dreißiger Jahre abgefaßten Memoiren Brünings veröffentlicht wurden[128], erhielten derartige Erörterungen neue Impulse. Das war gerade in jener Zeit, als die den ehemaligen Reichskanzler entschieden verteidigende Literatur[129] eine gewisse Belebung verzeichnete. K. D. Bracher, der sich bei der Kritik Brünings bereits in der Vergangenheit weit vorgewagt hatte, stellte erneut die Frage, ob man es beim „Brüning-Regime mit einem demokratischen Rettungsversuch oder mit der ersten Stufe einer autoritären Umwandlung zu tun habe, die über Papen zu Hitler" führte[130].

Dabei wird im folgenden auf eine ausführliche Auseinandersetzung mit den Bedingungen, unter denen sich Brünings Wirtschafts- und Finanzpolitik entwickelte, das heißt auf die Erörterung der strukturellen Schwächen der deutschen Wirtschaft, des Problems der Überlagerung binnenwirtschaftlicher und weltwirtschaftlicher Krisenfaktoren, verzichtet. Es ist lediglich zu konstatieren, daß sich die Auffassungen in dieser Angelegenheit nicht harmonisieren lassen, weil u. a. das Quellenmaterial sehr unterschiedlich beurteilt wird. Umstritten ist vor allem die Frage, ob sich Brüning bei der Durchführung seiner Wirtschaftspolitik in einer politischen Zwangslage befunden habe oder nicht. Carl-Ludwig Holtfrerich – Repräsentant der einen Interpretationsrichtung – antwortet mit

[128] Heinrich Brüning, Memoiren 1918–1934. 2 Bde. München 1972 ([1]1970).

[129] Z. B. Gottfried Reinhold Treviranus, Das Ende von Weimar. Heinrich Brüning und seine Zeit. Düsseldorf, Wien 1968.

[130] Bracher (II, 38), S. 114; dort weitere Literaturhinweise.

einem Nein oder „wohl nicht". Knut Borchardt, Wortführer der Gegenrichtung, hält die von Holtfrerich angezogenen Belege für nicht ausreichend, um die These zu beweisen, er vertritt nachdrücklich die Existenz einer Zwangslage und meint, daß beweisbar nur folgendes sei:

1. Habe es bis „Mitte 1932 im Umfeld Brünings keine politische Kraft gegeben, die in Richtung auf eine fundamental andere Wirtschaftspolitik gewirkt" habe.

2. „Keiner der noch während der Regierungszeit Brünings bekanntgewordenen Pläne" sei nach „Art und Umfang geeignet" gewesen, das „konjunkturelle Schicksal rasch und nennenswert zu ändern".

3. „Der Anteil der tatsächlichen Wirtschaftspolitik Brünings an der Erklärung des – negativ bewerteten – Krisenverlaufs" sei „wahrscheinlich weniger beträchtlich, als dies meist unterstellt" werde[131].

Auch unter außenpolitischen Aspekten wird und wurde betont,

[131] Knut Borchardt, Noch einmal: Alternativen zu Brünings Wirtschaftspolitik? In: HZ 237 (1983), S. 67–83, Zit. S. 82f.; B. antwortet damit auf Carl-Ludwig Holtfrerich, Alternativen zu Brünings Wirtschaftspolitik in der Weltwirtschaftskrise? In: HZ 235 (1982), S. 605–631 (als eigenständige Veröffentlichung: Wiesbaden 1982), Zit. S. 631. Zur Genesis dieser Auseinandersetzung und zum Forschungsstand hinsichtlich der Brüningschen Wirtschaftspolitik siehe die Literaturhinweise in diesen beiden Aufsätzen, und speziell zu Borchardts Thesen dessen Sammelband: Wachstum, Krisen, Handlungsspielräume der Wirtschaftspolitik. Studien zur Wirtschaftsgeschichte des 19. und 20. Jahrhunderts. Göttingen 1982. Zur Debatte über die deutsche Wirtschaftspolitik in der Zeit der Weltwirtschaftskrise und der Präsidialkabinette vgl. außerdem Gessner (I, 5), S. 18–30. Insbesondere sind auch die in der Reihe 'Quellen zur Geschichte des Parlamentarismus und der politischen Parteien' erschienenen Editionen über die Zeit Brüning zu berücksichtigen: Staat und NSDAP 1930–1932. Quellen zur Ära Brüning. Eingel. von Gerhard Schulz. Bearb. von Ilse Maurer und Udo Wengst. Düsseldorf 1977; und: Politik und Wirtschaft in der Krise 1930–1932. Quellen zur Ära Brüning. Eingel. von Gerhard Schulz. Bearb. von Ilse Maurer und Udo Wengst unter Mitw. von Jürgen Heideking. 2 Teile. Düsseldorf 1980. Für die folgenden Ausführungen vgl. dort Gerhard Schulz, Stationen und Perspektiven der Regierung Brüning, in: Politik und Wirtschaft in der Krise (s. o.), S. LIV–LXXXVIII.

daß der Regierung Brüning, die auf finanz- und wirtschaftspolitischem Gebiet eben nicht mehr souverän zu handeln vermocht habe, der Handlungsspielraum fehlte, um eine „grundsätzliche Kurswende in ihrer zwangsläufig krisenverschärfenden Deflationspolitik", die im übrigen in erster Linie das Werk von Reichsbankpräsident Luther gewesen ist, vor dem „vorzeitigen Ende der Reparationen" durchzusetzen. Damit ist ein Stichwort gefallen, das für die Interpretation der Brüningschen Politik zentrale Bedeutung gewonnen hat. Allerdings scheint es angebracht zu sein, Brüning, dessen grundsätzliche Einstellung zu den Reparationsverpflichtungen aus mehreren Gründen ablehnend gewesen ist, nicht als sozusagen programmatisch handelnden Politiker darzustellen. Jedenfalls hob Gerhard Schulz, auf der Basis offizieller Akten argumentierend, hervor, daß von der Grundhaltung des Reichskanzlers keine „lineare Entwicklung zur Reparationspolitik der Jahre 1930–32" geführt habe. Diese sei vielmehr „infolge des Zusammenwirkens mehrerer Faktoren in mehreren Phasen zu Ergebnissen" gelangt, die in der gegebenen „Form weder von langer Hand verfolgt wurden noch sobald angestrebt werden konnten" [132].

Für die Initiierung der eigentlichen Reparationspolitik ist u. a. zu berücksichtigen, daß sich seit dem Ende des Jahres 1930 der „Gegensatz zwischen den autarkistischen Tendenzen der agrarischen Interessenten und dem Export- und Freihandelspostulat der Industrie" laufend verschärfte. In dieser Situation habe sich die Regierung Brüning dann entschlossen, „außenpolitisch aktiv zu werden, die Revision der Reparationsverpflichtungen anzubahnen, über die es im Innern keine nennenswerten Differenzen im Grundsatz mehr gab, und dem Primat dieser Entscheidung die innere Wirtschaftspolitik unterzuordnen" [133].

Nun steckte in dem Kalkül der Regierung Brüning – den Siegermächten, soweit diese Reparationen beanspruchten, durch eine konsequente Erfüllungspolitik zu demonstrieren, daß das Deutsche

[132] Dazu Becker, in: Hitlers Machtergreifung (I, 153), S. 14ff., Zit. S. 15; und Schulz (II, 131), S. LVI und Zit. S. LIX.

[133] Schulz (II, 131), S. LXXIV.

Reich mit den Zahlungen objektiv überfordert war, was dann die Erledigung der Reparationsangelegenheit ermöglichen sollte – zweifelsfrei eine gewisse Logik: insbesondere angesichts der Kreditabhängigkeit des Reiches, der nur der ausländische Kapitalmarkt zu genügen vermochte. Doch so wie sich die Weltwirtschaft und der Haushalt des Deutschen Reiches zu Beginn der dreißiger Jahre entwickelten, implizierte diese Zielsetzung letztendlich eine rigorose Deflationspolitik, deren Durchsetzung alles der Notwendigkeit von Einsparungen im Innern nachordnete.

Wegen der unbeirrten Beibehaltung dieses Kurses wird Brüning vor allem kritisiert. Seit Mitte 1931 habe nämlich die Möglichkeit bestanden, Mittel für Arbeitsbeschaffungsprogramme freizumachen, der Konjunktur mit Finanzspritzen zu helfen. Da es dem Reichskanzler jedoch nicht nur um die – mit dem vom amerikanischen Präsidenten Hoover im Juni 1931 erklärten einjährigen Moratorium für zwischenstaatliche Schulden erreichte – Aufschiebung der Schuldentilgung, sondern um die definitive Beseitigung der Reparationslasten ging, Brüning also eventuell vorhandene Spielräume überhaupt nicht zu nutzen versucht habe, wurde zu seiner Wirtschafts- und Finanzpolitik festgestellt[134]: „Seit dem Sommer 1931 war Brünings Sparkurs [. . .] nicht mehr aus ökonomischen Sachzwängen, sondern nur noch aus seinen politischen Zielsetzungen heraus zu erklären. Zu diesen Zielen gehörte aber sehr viel mehr als bloß die endgültige Lösung des Reparationsproblems. Die Senkung der Lohnkosten sollte Deutschland Exportvorteile gegenüber seinen wichtigsten Konkurrenten verschaffen und den deutschen Anspruch auf einen Großmachtstatus materiell untermauern." Dabei habe Brüning, wie K. D. Bracher unterstreicht, in den Bahnen preußisch-deutscher Staatstradition gedacht. Er ging also vom Primat der Außenpolitik aus, zeigte sich insbesondere aufgrund dieser Tatsache zu einer anderen als der von ihm gewählten Methode der Krisenstrategie nicht bereit.

Vielleicht war Brüning durch seine Persönlichkeitsstruktur in die-

134 Winkler (II, 30), Zit. S. 11; und zum Politikverständnis Brünings und dessen Staatsidee Bracher (II, 38), S. 116ff.

sem Rahmen zusätzlich belastet[135]. Jedenfalls erwies er sich bei alldem als extrem insensibel gegenüber der Massenverelendung. Man brachte das – meist bewundernd angemerkt – in einen erklärenden Zusammenhang mit seiner 'asketischen Lebensweise'. Allerdings, diese anerzogene oder angeborene, auf jeden Fall aber freiwillige Neigung zur Askese hatte andere Voraussetzungen als die vom Hunger erzwungene 'asketische Lebensweise' in den Arbeitersiedlungen. Ohne jedes Wenn und Aber wurde die „Hoffnungslosigkeit der sozialen Situation der Wirtschaftskrise" durch Brünings „Krisenstrategie so verhängnisvoll verschärft", daß die „Politik überhaupt außer Kontrolle geriet: politisch wie ökonomisch"[136]. Doch das muß nicht mehr vertieft werden, denn auf die unglückselige Interdependenz zwischen wirtschaftlicher Verelendung und innenpolitischer Radikalisierung wurde ja bereits hingewiesen. Auch in diesem Kontext gehörte Brünings Kanzlerschaft sicherlich zu den Determinanten, die zu Hitlers Ermöglichung beitrugen.

Allein, nicht darum ging es nach dem Erscheinen der Brüningschen Memoiren, zumindest nicht allein darum, sondern vor allem um die restaurativen Staatsvorstellungen des Reichskanzlers[137]. Es ging, wie es Christoph Lindenberg pointiert ausdrückte, um dessen Beitrag zur „Zertrümmerung der republikanischen Institutionen"[138]. Zur Debatte steht damit jener präsidial-autoritäre politische Kurs, den Brüning seit März 1930 steuerte. Dieser war nicht – wie lange Zeit angenommen – das zwangsläufige Ergebnis einer akuten Krisenlage. Vielmehr ist er nach K. D. Bracher schon „ein Jahr vorher mit Schleicher und noch konkreter um Weihnachten 1929 mit Groener, Meißner, Treviranus und Hindenburg selbst geplant worden – also lange vor dem Zusammenbruch der Großen

[135] Dazu Karl Dietrich Erdmann, Die Weimarer Republik. 9., neu bearb. Aufl. München 1980, S. 285f. und S. 278–295 (insgesamt zu Brüning).

[136] Nach Christoph Lindenberg, Die Technik des Bösen. Zur Vorgeschichte und Geschichte des Nationalsozialismus. Stuttgart [2]1979, S. 106.

[137] Vgl. dazu W. J. Mommsen (II, 88), S. 116ff.; und Winkler (II, 30), S. 11. Zur Politik Brünings gegenüber der radikalen Rechten und zu seinem Verhältnis zu Hitler vgl. Schulz (I, 227), S. 513–688 passim.

[138] Lindenberg (II, 136), S. 91.

Koalition und wohl nicht ohne Wirkung auf ihr Schicksal". Und G. Schulz konstatierte in einem vorläufigen „Schlußwort zu Brüning", den er als Reichskanzler nicht als „wegweisende Persönlichkeit" einstuft, der sein Amt aber auch nicht „ohne Ideen und ohne Zielstrebigkeit" geführt habe[139]: „Er wünschte eine Restauration der außenpolitischen Unabhängigkeit und schließlich des internationalen Prestiges und der europäischen Machtstellung Deutschlands, mit der Unterstützung von Parteien, die *Brüning* als Instrumente einer Umwandlung der Verfassung einzusetzen gedachte, für die er auch den Reichspräsidenten sich geneigt zu halten versuchte, der von Haus aus einer stabilen konservativen Regierung der nationalen Rechten gerne den Vorzug gegeben hätte vor einem autoritären Experiment mit oder ohne Änderung der Reichsverfassung."

Brüning verdankte sein Amt, was für das Verständnis seines politischen Verhaltens – die „Erhaltung der Verbindung zum Reichspräsidenten und des Einvernehmens mit ihm" sei zunehmend deutlich als „politische Leitlinie" des Reichskanzlers hervorgetreten – ebenso wie für die historische Einordnung seines Schicksals nicht unmaßgeblich ist, in hohem Maße den autoritär eingestellten Beratern Hindenburgs und dem politischen Einfluß hoher Generäle der Reichswehr[140]. Als er dann schließlich versuchte, von „demokratischer Innenpolitik unabhängig" zu werden, nahm seine Abhängigkeit von diesem Personenkreis weiter zu: „Teils bewußt, teils unbewußt ist er so vom vermeintlichen Retter der Republik zum ersten ihrer Liquidatoren geworden." Der Staat von Weimar war, so Bracher, durchaus noch zu retten, als Brüning Kanzler wurde. Erst die danach einsetzende „Intrigenherrschaft" habe das „Machtvakuum von 1932 und die Chance für die nationalsozialistische Machtergreifung hinterlassen"[141]. Man wird ihm zugestehen müssen, daß er ein derartiges Ergebnis nicht anstrebte. Es muß auch kaum erneut an den Beitrag erinnert werden, den die im Parlament vertretenen Parteien zur Herbeiführung der Funktionsunfähigkeit des Reichstages leisteten.

139 Bracher (II, 38), S. 117; und Schulz (II, 131), S. LV u. S. LXXXVII.

140 Schulz (II, 131), S. LXXXVI; vgl. in diesem Zusammenhang auch ders., (I, 227), S. 529–539, vor allem S. 558f.

141 Bracher (II, 38), S. 118.

Was hier interessiert, ist jener Brüning, der die „Umwandlung der parlamentarischen Parteiendemokratie in eine autoritäre Monarchie unter der Regentschaft Hindenburgs" betrieb[142]. Für den Reichskanzler war das parlamentarische System „nicht nur vorübergehend außer Kraft gesetzt; seine Abschaffung sollte definitiv sein"[143]. In dieser politischen Vorstellungswelt findet sich wahrscheinlich auch die Erklärung für die „Leichtigkeit", mit der sich Brüning zu der – von langer Hand vorbereiteten – „antiparlamentarischen Konstruktion eines Präsidialkabinetts mit der Waffe des Artikels 48 und der Reichstagsauflösung überreden ließ"[144]. Gewiß, er blieb bemüht, seine Notstandsregierungen an im Parlament vertretene Parteien anzulehnen. In der Tat, erst der „bedenkenlose Papen hat forsch die Hürde zur antiparlamentarischen Präsidialdiktatur genommen und ist schließlich auf die Führerdiktatur losgaloppiert". Dennoch, die „erste Stufe dieser Entwicklung" ermöglichte Brüning[145]. Eben diesen Eindruck hat die 'Weltbühne' bereits 1930/31 – im Sinne einer Prognose – präzise formuliert[146].

[142] Ebd., S. 118f.; vgl. auch Becker, in: Hitlers Machtergreifung (I, 153), S. 16, der die außergewöhnliche Bedeutung der restaurativen Lösung der Staatskrise relativiert, indem er sie als „im Horizont der Zeitgenossen" liegend qualifiziert. Das ist ein historisches Faktum. Problematisch scheinen jedoch Verallgemeinerungen zu sein. Denn daß es dem Reichspräsidenten Ebert um die Erhaltung der Demokratie ging, während Brüning ein vom Parlament gelöstes Rechtsregime anstrebte, beider Einstellung zum demokratischen Parlamentarismus also fundamental verschieden war, ist ebenfalls unbestreitbar.

[143] Winkler (II, 30), S. 11.

[144] Bracher (II, 38), S. 119. Zu Bedeutung, Funktion und Abhängigkeit des Artikels 48 im Rahmen der Reichsverfassung vgl. den ausgezeichneten Überblick bei Jäckel (II, 73), S. 124f.; und Erdmann (II, 135), S. 122f.

[145] Bracher (II, 38), S. 120; vgl. auch Jäckel (II, 73), S. 131, der, um die spezifische Problematik der Antwort auf die Frage, ob Brüning die abschüssige Bahn zum 30. Januar 1933 freigegeben habe, zu demonstrieren, auf „Hindenburgs undemokratische Grundhaltung" und die Unfähigkeit des Reichstages verweist, regierungsfähige Mehrheiten zustande zu bringen.

[146] Vgl. dazu Gerhard Schreiber, Hitler in der 'Weltbühne' – 1923 bis 1933; in: Die nationalsozialistische Machtergreifung (I, 112).

Für seine Partner in der Umgebung des Reichspräsidenten fiel die Politik Brünings allerdings noch „nicht 'rechts' genug" aus. Außerdem entsprach es ihren Vorstellungen sowenig wie jenen der konservativen Exponenten in der „Schwerindustrie, Großlandwirtschaft und Reichswehr", daß er durchgehend um die Tolerierung durch die SPD bemüht blieb. Brüning wurde also gestürzt[147]. Die einer – gemessen am Sinn der Verfassung – mißbräuchlichen Praxis anheimgefallene Präsidialgewalt richtete sich erst gegen ihren eigenen Protegé, verhalf anschließend der „Papen-Schleicher-Oligarchie" in den Sattel und diente am Ende der „illusionsträchtigen Stützung des Hitler-Papen-Regimes mit den Notverordnungen des Februar 1933 – den eigentlichen Voraussetzungen des fatalen Ermächtigungsgesetzes". Es spricht also manches für die Ansicht, daß hier eine „objektive Kontinuität" vorliege und das Jahr 1930 für die Geschichte der Weimarer Republik einen „entscheidenden Einschnitt" markiere[148].

Um das Spektrum der Determinanten, die zu Hitlers Ermöglichung beitrugen, abzurunden, sollen noch einige weitere in der wissenschaftlichen Erörterung befindliche Bestimmungsfaktoren des 30. Januar 1933 thesenartig präsentiert werden.

Für die Reichswehr, auf die sich die „Diktatur des Präsidenten" in der Endphase Weimars stützte[149], wurde bereits frühzeitig gesagt, daß sie eine der Komponenten bei Hitlers Machtantritt darstellte. Das Thema ist kompliziert[150] und die vorhandene Literatur sehr

[147] Winkler (II, 30), S. 11. Ausführlich zum Sturz Brünings Schulz (I, 227), S. 679–688, insbes. S. 687f.; und Erdmann (II, 135), S. 291 bis 295.

[148] Bracher (II, 38), S. 119f. Außer den bereits genannten Abhandlungen zu dieser Zeit des Übergangs sei noch auf die Darstellungen von Eugene Davidson, Wie war Hitler möglich? Der Nährboden einer Diktatur. Düsseldorf, Wien 1980 (New York 1977); und Wolfgang Niess, Machtergreifung '33. Beginn einer Katastrophe. Stuttgart 1982, hingewiesen.

[149] Nach Erdmann (II, 135), S. 123.

[150] Einen guten Überblick zu den verschiedenen Interpretationsmustern bietet Hans-Otto Mühleisen, Die Rolle des Militärs bei der Machtübernahme der Nationalsozialisten, in: 1933 – Fünfzig Jahre danach (II, 39),

umfangreich[151]. Man kann also auf beschränktem Raum lediglich resümieren.

Im Hinblick auf die Rolle, welche die Reichswehr schließlich im Umfeld der nationalsozialistischen Machtübernahme spielte, ist zu berücksichtigen, daß diese „Militär-Elite“ sich nach der Niederlage im Ersten Weltkrieg nicht bereit fand, der ihrem traditionellen Selbstverständnis entstammenden Ambition einer „politisch-professionellen“ Doppelfunktion zu entsagen, was bedeutet hätte, daß sie sich auf die Aufgaben einer rein professionellen militärischen Elite zurückgezogen hätte[152].

Die Spitzen der Reichswehr bemühten sich um politische Einflußnahme. Ihre selbst in wissenschaftlichen Untersuchungen mitunter als unpolitisch apostrophierte 'Staat-im-Staate-Mentalität' war höchst politisch. Jene Militärs, die dazu in der Lage waren, beeinflußten das Schicksal Weimars. Und – so wurde interpretiert[153] –

S. 25–47. Dazu demnächst in der Reihe 'Erträge der Forschung' Manfred Messerschmidt, Militär und Politik in der Weimarer Republik.

[151] Vgl. die Literaturhinweise in: I, 104, 255 und 261 sowie die einschlägigen Literaturberichte in Vw. 12. Ergänzend ist aufmerksam zu machen auf Francis L. Carsten, Die Reichswehr und die Diktatur, in: Von Weimar zu Hitler (I, 59), S. 169–196; ders., Reichswehr und Politik 1918–1933. Köln, Berlin 1964; und auf den Sammelband: Militär und Militarismus in der Weimarer Republik. Beiträge eines internationalen Symposiums an der Hochschule der Bundeswehr Hamburg am 5. und 6. Mai 1977, hrsg. von Klaus-Jürgen Müller und Eckardt Opitz. Düsseldorf 1978.

[152] Unter Verwendung neuester Literatur dazu ausführlich Klaus-Jürgen Müller, Armee (I, 104), S. 21–30; eine gedrängte, entscheidende Fragen präzise heraushebende Zusammenschau des Problemkreises Militär – Republik – Nationalsozialismus enthält Müllers Beitrag: Selbstvernichtung einer Militär-Elite. Die 'Entente' der Armee mit dem Hitler-Regime, in: DP, Nr. 4–5, 29. 1./5. 2. 1983, S. 14.

[153] So J. Becker, in: Hitlers Machtergreifung (I, 153), S. 13f.; vgl. Broszat (II, 8), S. 24ff., der die innerstaatliche Machtexpansion der Reichswehr zutreffend charakterisiert. Vernachlässigt wird in der Literatur meist die Rolle der Marine. Lange Zeit konnte sich so ein apologetisches Bild von diesem zutiefst demokratiefeindlichen und außenpolitisch – bereits in der Zeit der Weimarer Republik – weit über revisionistische Ziele hinausplanenden

da es eine Tatsache sei, daß die „Stellung und Rolle des Militärs in der Weimarer Republik von der preußischen Tradition geprägt waren, ging die Republik letztlich an den politischen Vorbelastungen aus der Entwicklung der preußischen Militärmonarchie zugrunde". Unter jenen Kräften, die zum Untergang des Weimarer Systems beitrugen, kommt nach dieser Deutung der Reichswehr ein außerordentlich hoher Anteil an der Zerstörung des demokratischen Staates zu. Individuelle und strukturelle Faktoren werden in einer solchen Erklärung miteinander verbunden[154]. Das Militär überragt so gesehen – bedeutungsmäßig – die zweite „Säule obrigkeitsstaatlicher Tradition", das Berufsbeamtentum, bei weitem. Beide Gruppen fochten offen an der antidemokratischen Front[155]. Nur, die Tatsache, daß man einen anderen Staat anstrebte, heißt noch nicht, daß von Anfang an Hitler gewollt wurde. Sie brachte es aber mit sich, daß die Militärs zunächst indirekt und dann in der konkreten Situation 1932/33 auch direkt zu seinem Aufstieg beitrugen.

Es sei wiederholt, Hitler benötigte Protektion, er brauchte die Eliten, um die Schwelle zur Macht überschreiten zu können. Von

Wehrmachtteil, d. h. seiner Führung, halten. Zur Korrektur vgl. Carl-Axel Gemzell, Raeder, Hitler und Skandinavien. Der Kampf für einen maritimen Operationsplan. Lund 1965; Dülffer (II, 4); Gerhard Schreiber, Thesen zur ideologischen Kontinuität in den machtpolitischen Zielsetzungen der deutschen Marineführung 1897 bis 1945, in: Militärgeschichte. Probleme – Thesen – Wege. Im Auftrag des Militärgeschichtlichen Forschungsamtes aus Anlaß seines 25jährigen Bestehens ausgewählt und zusammengestellt von Manfred Messerschmidt, Klaus A. Maier, Werner Rahn und Bruno Thoß. Stuttgart 1982, S. 260–280; und ders. (II, 210).

154 Dies in aller Deutlichkeit nachzuweisen, ist u. a. das Verdienst des Aufsatzes von Müller, Armee (I, 104), insgesamt.

155 Vgl. Broszat (II, 8), S. 27ff. Grundlegend zur Beamtenschaft im nationalsozialistischen Deutschland: Hans Mommsen, Beamtentum im Dritten Reich. Mit ausgewählten Quellen zur nationalsozialistischen Beamtenpolitk. Stuttgart 1966; vgl. auch Hans Buchheim, Nationalsozialismus und Beamtenschaft, in: Ritter u. a. (II, 45), S. 24–31; und Peter Diehl-Thiele, Die Verwaltungsbürokratie wurde gefügig, in: Nationalsozialistische Herrschaft (II, 30), S. 28–31.

sich aus war er dazu vor dem 30. Januar 1933 zu keinem Zeitpunkt fähig. Wird nun nach den Motiven der Reichswehrführung gefragt, aus denen heraus sie Hitler half, so ist dem Urteil von Klaus-Jürgen Müller zuzustimmen, der ganz sachlich konstatiert[156]: „Das neue Regime schien [. . .] das zu erreichen, was sich die alten Eliten allein nicht mehr zutrauten: die nationalistische Integration der überwältigenden Mehrheit der Nation und die Unterdrückung des verbleibenden Restes. Die Reichswehr entging damit erstens dem gefürchteten innenpolitischen Machtkampf; sie durfte ihre zunehmend prekär gewordene Situation wieder als stabilisiert ansehen. Zweitens schienen mit der Integration der Nation unter Hitlers Regierung auch die Voraussetzungen für eine umfassende Lösung der Probleme gegeben, welche der 'technisch-industrielle Krieg' der Gegenwart stellte. Drittens mochte man glauben, durch die vermeintliche Neufundierung ihrer quasi-autonomen politischen Machtstellung sei die führende Rolle der Armee gesichert." Sofern dieses Kalkül aufging, waren die innenpolitischen Voraussetzungen geschaffen, die zur „Realisierung der außen- und machtpolitischen Zielsetzungen" hergestellt werden mußten. Hitler schien dafür unter den damaligen Bedingungen für sie unverzichtbar zu sein. Dies galt insbesondere seit dem Zeitpunkt, als die NSDAP eine Massenpartei geworden war, die das Stimmenpotential der nationalen Rechten auf sich vereinigt hatte.

Allerdings wäre es ein Mißverständnis, wenn man die Führung der Reichswehr als in sich homogenen Machtblock verstünde. Diesen stellte sie sowenig dar wie die SPD, das Zentrum oder die Gewerkschaften. So befürwortete die Fraktion Beck–Blomberg–Reichenau z. B. die Koalition mit der nationalsozialistischen Massenbewegung, während die Gruppe Schleicher–Hammerstein diese ablehnte.

Eine andere Determinante, die schon in der zeitgenösssischen Literatur in den Mittelpunkt gerückt wurde, ist der Antisemitismus der Hitler-Bewegung[157]. In gewissem Widerspruch zum Urteil

[156] Müller, Armee (I, 104), S. 30–33, Zit. S. 32f.

[157] Vgl. dazu insgesamt Kap. 'Antisemitismus und Rassismus', S. 103–127.

zeitnaher Beobachter, die dem antisemitischen Element innerhalb der nationalsozialistischen Propaganda einen recht hohen Motivationswert hinsichtlich der Wähler der NSDAP zugestanden, wird in der zeitgeschichtlichen Forschung u. a. die These vertreten, daß der Antisemitismus zwar für die „Binnenintegration der nationalsozialistischen Bewegung" entscheidend gewesen sei, für die „Mobilisierung von Wählern" habe er hingegen „weniger im Vordergrund" gestanden. Nun haften Wahlmotivforschungen damals wie heute spezifische Unsicherheiten an, und man wird deshalb diese These nicht einfach zurückweisen können. Zweifellos gab es Phasen, in denen die antisemitischen Parolen nicht im Zentrum der nationalsozialistischen Propaganda standen. Aber was besagt das eigentlich über die Motivation der Wähler durch den Antisemitismus, wo doch die antisemitischen Zielsetzungen der NSDAP – wie im ersten Teil dieser Arbeit dargelegt – in zahlreichen Zeitungen, Büchern und Broschüren nachzulesen waren. Vielleicht gibt es in diesem Bereich tatsächlich Grauzonen, die der Forschung unzugänglich bleiben. Andererseits hat z. B. H. Greive nicht nur erneut darauf aufmerksam gemacht, daß zeitgenössische Beobachter die „zumindest latente Attraktivität des nationalsozialistischen Antisemitismus" bestätigen, sondern auch dargelegt, daß der Antisemitismus ein „wesentliches Moment" im Rahmen des Erfolgs der NSDAP zwar „überhaupt nur in Relation oder besser Korrelation mit andern Stoßrichtungen des Nationalsozialismus gewesen" sei, diese aber hätten ihrerseits, was Greive als entscheidend betrachtet, die „zeitgerechte Kraft der Überzeugung und des Mitreißenden" erst gewonnen durch die „Vermengung mit der dumpfen Furcht vor allem, was 'jüdisch' hieß". Und insgesamt kommt er zu dem – der oben zitierten These entgegenstehenden – Ergebnis, es spreche „mehr dafür als dagegen, daß der konkrete, wirkliche Antisemitismus der Zeit, der etwas ganz anderes war als eine abstrakte, isolierte Ablehnung des Judentums, so real er sich gegen Juden und Judentum wandte, zur Breitenwirksamkeit des Nationalsozialismus erheblich beigetragen hat"[158].

[158] Heinrich August Winkler, Die deutsche Gesellschaft der Weimarer Republik und der Antisemitismus, in: Die Juden als Minderheit in der

In solchem Kontext ist auch auf eine Deutung dieses schwierigen Komplexes kurz einzugehen, die – mit Anklängen an die zeitgenössische Sicht, aber mit anderem Zugang als Greive – davon ausgeht, daß die Resonanz antisemitischer Propaganda in der Zwischenkriegszeit nicht anhand vordergründiger Momente zu erklären sei, sondern konstatiert, daß es beim modernen Antisemitismus in der „Tiefe" um weit mehr gegangen sei, nämlich um die „Zerstörung des Geistes". Die Juden, mit „all ihren Leistungen, die die Ohnmacht kompensieren und über die Diskriminierung scheinbar triumphieren", seien zum *Symbol* geworden, zum „Symbol des Geistes schlechthin", und genau darum habe sie der „Haß" getroffen. Aus solcher interpretatorischer Perspektive handelte es sich um Verdrängungsvorgänge. Das 'Symbol' habe man benötigt, „um darauf hinzulenken und so den Selbsthaß, die Selbstzerstörung als Aggression gegen das angeblich Fremde vor sich selbst zu verbergen". Zusammenfassend[159]: „Darum brauchte die Zerstörung des Geistes den Antisemitismus. Darum meinte die schauerliche 'Endlösung der Judenfrage' am Ende: *die Erlösung vom Geist*."

Aufs engste verflochten war der Antisemitismus in der national-

Geschichte, hrsg. von Bernd Martin und Ernst Schulin. München ²1982, S. 271–289, hier S. 286. Und Greive (I, 166), S. 142ff. Zur innenpolitischen Funktion des Antisemitismus vgl. u. a. Broszat (II, 8), S. 34. Im Hinblick auf die Schlagwörter von der sogenannten überfremdeten Kultur oder den undeutschen kulturellen Kräften siehe Bracher (II, 22), S. 26. Zur Frage, ob der Antisemitismus Hitlers seinen Ursprung in der Zeit vor oder nach dem Ersten Weltkrieg habe, vgl. auch die Beiträge von David Irving, Eberhard Jäckel, Sebastian Haffner und Werner Maser, in: Hitler heute (Vw. 5), S. 57–62; sehr konzentriert dazu Hillgruber, Tendenzen (Vw. 12), S. 606–611.

[159] Nach Krockow (II, 44), S. 133ff.; direkt dazu auch die verwandte Gedankenführung Heinrich Manns (I, 233); vgl. außerdem die drei „Grundelemente", die Wilhelm Röpke – 1933 Ordinarius für Nationalökonomie in Marburg – wenige Tage nach Hitlers Machtantritt formulierte, um diesen zu erklären. In ihnen wird die „Irrationalität" als einer der Gründe angeführt, die den „Sieg der Barbarei" möglich machten; abgedruckt in: Die 'Machtergreifung' (I, 123), S. 24f.

sozialistischen Ideologie mit dem Antikommunismus. Greive stellt dazu fest: „Geschichtlich wirksam war der Antisemitismus als verlogener Antikapitalismus (und umgekehrt) und der wirkliche Antikommunismus und Antibolschewismus als Antisemitismus (und umgekehrt), d. h. als nationale Erhebung gegen die drohende Unterjochung durch das Weltjudentum." Und Hitler strapazierte in seinen Reden zielgerichtet die 'bolschewistische Gefahr', die es de facto nicht gab, um Ängste zu schüren, die es sehr wohl gab, insbesondere – aber nicht nur – als Folge der Propaganda von rechts. Dabei dürfte der Antikommunismus Hitler in erster Linie Stimmen bei jenen gebracht haben, die zwar noch nicht verelendet waren, aber die Verelendung fürchteten. Dies ist jedoch nur die eine Seite der Angelegenheit. Die andere ist in der Tatsache zu sehen, daß die KPD im November 1932 zwar 16,9 Prozent der abgegebenen Stimmen erhalten hatte, was nicht unbedeutend war, aber zugleich einen Stimmenzuwachs von lediglich 3,8 Prozent gegenüber dem September 1930 dokumentiert. Angesichts dieser minimalen Gewinne und eingedenk der heillosen Zerstrittenheit der deutschen Linken kann also – auch von den Wahlprozenten her gesehen – weder absolut noch von der Tendenz ausgehend betrachtet die Rede davon sein, daß 1932 eine bolschewistische Bedrohung existierte. Eine andere Frage ist es, ob subjektive Bedrohungsgefühle gegeben waren, die sich ja gemeinhin nicht an rationalen Analysen orientieren. Nur, die These, die NSDAP sei die einzige Alternative zum Kommunismus gewesen, ist – objektiv – unhaltbar[160].

Es läßt sich aus solcher Sicht durchaus die Meinung vertreten, daß in diesem Fall nicht eigentlich der Antikommunismus als Bestimmungsfaktor zu benennen wäre, sondern die nationalsozialistische Propaganda, der zweifellos eine herausragende Bedeutung hinsicht-

[160] Greive (I, 166), S. 143; und allgemein dazu die resümierenden, den Forschungsstand reflektierenden Aussagen bei: Jäckel (II, 73), S. 136f.; W. J. Mommsen (II, 88), S. 127; und Heinrich August Winkler, Legenden um Hitler. Berlin 1963, S. 54ff., und ebd., S. 54–68 insgesamt zu den historischen Gründen für Hitlers Antikommunismus: Diese entstammten seiner Rasse- und Lebensraumvorstellung.

lich des Umsetzens von 'Determinanten' in Wählermotivation ganz allgemein zuerkannt werden muß.

Die bisherigen Ausführungen versuchten, Bestimmungsfaktoren für die Entwicklung zum 30. Januar 1933 aufzuzeigen, wobei einerseits die chronologische und andererseits die inhaltliche Verklammerung deutlich werden sollte. Konstitutiv scheinen für manches – unbeschadet der Stabilisierungsphase der Republik, die freilich stets mit Unsicherheiten belastet blieb – die Revolution, der Friedensvertrag und das u. a. auf solchem Hintergrund gedeihende antidemokratische Denken gewesen zu sein.

Für sich allein genommen hätten diese Komponenten Hitler jedoch weder mächtig noch möglich gemacht. Der sehr unterschiedliche Anklang, den seine Partei bis 1923, von 1925 bis 1928 und seit 1929 fand, demonstriert dies in überzeugender Weise[161]. Am Ausgang der zwanziger Jahre traten neue Momente hinzu: ökonomische, politische, personelle und strukturelle Veränderungen (die hier in Rede stehende Anwendung des Artikels 48 der Reichsverfassung hatte unter Hindenburg mit der vergleichbaren Praxis in der Amtszeit Eberts nur bei vordergründig-formalistischer Interpretation Gemeinsamkeiten).

In der Retrospektive wird deutlich, daß man Hitlers Erfolg, im Gegensatz zu seinen „Leistungen“[162], nicht zu personalisieren vermag. *Hitler wurde mächtig* aufgrund der wirtschaftlichen, politischen und gesellschaftlichen Krise sowie durch die Reaktion seiner Gegenspieler auf diese. Er bündelte die aus der Krisensituation resultierenden Bedürfnisse, Sorgen und Erwartungen in seiner Person und reflektierte sie verstärkt auf seine Anhänger. Insgesamt bewirkte er damit einen gesellschaftlichen Dramatisierungseffekt, der hinsichtlich seiner Gefolgschaft sowohl integrativ als auch mobilisierend Einfluß nahm[163]. Dies trug zunächst wesentlich zur Festi-

[161] Vgl. dazu auch Haffner (I, 127), S. 67–73, der in einigen Punkten die Akzente anders setzt.

[162] Ebd., S. 66f., wo Haffner zutreffend darauf hinweist, daß zwischen „Erfolgen“ und „Leistungen“ zu unterscheiden ist.

[163] Siehe dazu die in anderem Zusammenhang vorgetragenen Anmerkungen von Broszat (Vw. 7), S. 9f., zum 'Sozialcharakter'.

gung der innerparteilichen Stellung Hitlers und ab 1928/29 zum Aufstieg der NSDAP bei. Hier lag eine eigenständige Leistung Hitlers vor, der konsequent das historische Angebot nutzte, das darin bestand, daß, in einer „Krisensituation, eine Masse von organisationsunfähigen Menschen [...], die außerstande sind, ihre Interessen selbst zu organisieren", in ihm die „Inkarnation ihrer Aspirationen entdecken und ihm nachlaufen"[164]. Dazu trug eben Hitlers Selbstdarstellung entscheidend bei. Dem Führer der NSDAP wuchs darüber hinaus Macht zu, weil er Protektion besaß. Doch gerade diese wichtige Förderung hatte eine Vorbedingung: Hitler mußte erst politisches Gewicht erlangen, um sie zu erhalten.

Wenn man nun danach fragt, wie er dieses gewann, so ist Hitler selbst als Determinante einzuführen. Denn trotz aller Vorbehalte gegenüber einer zu rigorosen Personalisierung des geschichtlichen Prozesses: *Hitler war nicht austauschbar.* Dabei ist es eine eher akademische Frage, ob er in diesem Rahmen als „charismatischer Führer" bezeichnet werden sollte oder nicht. Gegen den Begriff, der Max Webers Herrschaftstypologie entstammt, wurden begründete Vorbehalte angemeldet. Dies gilt sowohl in allgemeiner als auch spezieller Hinsicht, das heißt für seine Anwendbarkeit auf Hitler[165]. Da der Terminus jedoch in die Fachliteratur eingegangen ist, wird er hier – ohne die definitorischen Probleme zu vertiefen – als solcher auch akzeptiert. Die „Bedeutung des Faktors Hitler für den Aufstieg des Nationalsozialismus" ist grundsätzlich anerkannt[166]. Der 'Führer' der NSDAP erlangte sie u. a. durch eine konsequente Personalisierung des Politischen. Momente, die sich nicht personalisieren ließen, wurden als wesensmäßig unpolitisch ausgeklammert. Hitler

[164] Zit. nach Iring Fetschers Diskussionsbeitrag zu: Das Interesse an Hitler, Informationsbedürfnis, Trauma oder Nostalgie? In: Hitler heute (Vw. 5), S. 192–228, hier S. 218.

[165] Dazu Horn, Der Marsch (II, 67), S. 14f.; vgl. ebenfalls die – grundsätzlichen – Ausführungen von Bracher (Vw. 4), S. 84f., zum „charismatisch stilisierten Führerkult". Zum Begriff außerdem Karl Dietrich Erdmann, Deutschland unter der Herrschaft des Nationalsozialismus 1933–1939. 9., neu bearb. Aufl. München 1980, S. 43f.

[166] Tyrell, Wie er der 'Führer' wurde (II, 68), S. 24.

appellierte an eine Politik, die sich auf die „Analogie mit persönlicher Erfahrung" gründete, an eine politische Vorstellungswelt, aus der sich in Deutschland seit dem 19. Jahrhundert die Idee der 'charismatischen Persönlichkeit' im Verständnis eines Brenn- und Endpunktes aller Hoffnungen entwickelt hatte[167].

Mag sein, daß die Deutschen für diese Art von Führertum und Politik „nationalpsychologisch" vorgeformt waren. Hitler hätte dann diese Rolle nur „aufzunehmen" brauchen. Wenn er sie jedoch mit so überzeugendem Erfolg spielte, dann beruhte das auf ungewöhnlichen propagandistischen Fähigkeiten, auf einer überdurchschnittlichen Suggestivkraft und letztendlich auf dem schon wiederholt angesprochenen rhetorischen Talent. Es kam hinzu, daß er seine „demagogische Aggressivität" auf sehr geschickte Weise mit einem 'heiligen Ernst' in seinem Auftreten verband, der seine charismatische Aura noch verstärkte[168].

Um allerdings die emotionale Wirkung in praktische Politik umsetzen zu können, war es erforderlich, zur 'Führerideologie' – der „Gleichsetzung der 'Idee' mit der Person des 'Führers'" – ein „organisatorisches Pendant" zu schaffen, also die Prinzipien des Führergedankens in Organisationsstrukturen der NSDAP umzusetzen[169]. Dies gelang, und man hat festgestellt, daß diese Partei „ganz und gar Hitlers Schöpfung" gewesen sei[170]. Außerdem entwickelte sie sich zur „Volkspartei" – der einzigen, die es vor 1933 gab; selbst das Zentrum und die BVP (Bayerische Volkspartei) können wegen ihrer Wählerrekrutierung in den katholischen Bevölkerungskreisen nicht

[167] Stern (Vw. 15), S. 153f. und S. 161.

[168] Broszat (II, 8), S. 40f.; ähnlich Raymond Aron, Noch einmal: Hitler. Wie haltbar ist die Totalitarismus-Theorie? In: Der Monat 278 (1981), H. 1, S. 42–55, hier S. 47.

[169] Horn, Der Marsch (II, 67), S. 12.

[170] Haffner (I, 127), S. 35; vgl. aber unmittelbar dazu den differenzierten Überblick von Tyrell, Die NSDAP (II, 70), S. 109ff., der die Verdienste Hitlers um Wachstum der NSDAP und innerparteiliche Integration der Mitglieder bestätigt, obwohl Erschütterungen nie zu vermeiden waren; ebd., S. 115ff., zum Anteil, den die Nationalsozialisten – unter dem Vorzeichen eines originären Beitrags – an Hitlers Machtantritt hatten.

als wirkliche Volksparteien eingestuft werden. Erlangt haben die Nationalsozialisten ihre – alle Bevölkerungsgruppen umfassende – Wählerbasis vor allem durch zwei Faktoren: den extremen Nationalismus und den konsequent auf die charismatische Persönlichkeit Hitler bezogenen Führerkult[171].

Diese Partei, die als eine „fast religiöse Bewegung“ bezeichnet wurde[172], stellte die wichtigste Voraussetzung dafür dar, daß Hitler um die Jahreswende 1932/33 doch noch eine Chance erhielt, an die Macht zu kommen. Dennoch reicht all das Gesagte nicht aus, um seinen Machtantritt verständlich zu machen. Wird nämlich vor dem Hintergrund des bisher Erörterten die Gesamtfrage nach dem 'Warum' gestellt, so zeigt sich, daß Hitler aufgrund der historischen Entwicklung gegen Ende der zwanziger Jahre zwar möglich werden konnte, aber eben keinesfalls unvermeidbar sein mußte[173]. Zu

[171] Winkler (II, 30), S. 13.

[172] Jäckel (II, 73), S. 136f.

[173] Ganz allgemein wäre an dieser Stelle noch ergänzend auf die 'äußeren Determinanten' hinzuweisen, die im Kontext der auswärtigen Politik zum Tragen kamen. Es sei nur an Mussolini erinnert. Lindenberg (II, 136), S. 106f., spricht in diesem Rahmen – auf das Ausland bezogen – von der „Verantwortungslosigkeit der Mithandelnden“ als einem dritten Vakuum, das (zusammen mit der „Hoffnungslosigkeit der sozialen Situation“ und der „Urteilslosigkeit der führenden Wissenschaftler Deutschlands“) Hitler zur Wirkung kommen ließ. Das Thema wurde bereits im I. Teil wiederholt angesprochen, soweit die westlichen Demokratien betroffen sind (vgl. außerdem: The Fascist Challenge and the Policy of Appeasement, ed. by Wolfgang J. Mommsen and Lothar Kettenacker. London, Boston, Sydney 1983). Auf die Rolle, die Stalin in solchem Zusammenhang spielte, machten u. a. aufmerksam: Klaus Kellmann, Die UdSSR und Hitlers Aufstieg zur Macht, in: GWU 34 (1983), S. 50–65, mit guter Diskussion der bis jetzt zu dieser Frage erarbeiteten Thesen (S. 59–63). Wichtig sind für diese Problematik außerdem die Arbeiten von Klaus Hildebrand, Das Deutsche Reich und die Sowjetunion im internationalen System 1918–1932. Legitimität oder Revolution? In: Die Weimarer Republik, hrsg. von M. Stürmer (II, 76), S. 38–62 (als eigenständige Veröffentlichung: Wiesbaden 1977); und Thomas Weingartner, Stalin und der Aufstieg Hitlers. Die Deutschlandpolitik der Sowjetunion und der Kommunistischen Internationale 1929–1934. Berlin 1970, der die faktische,

diesem Problem wurden recht unterschiedliche Thesen vorgetragen, die in folgenden Aussagen repräsentiert sind:

Hitler, so Hans-Ulrich Wehler[174], sei „wegen der Zähmungsillusionen der traditionalen Machteliten, dank der Steigbügelhalter aus dem Großagrariertum, der Bürokratie, der Schwerindustrie, der Reichswehr, der protestantischen Geistlichkeit und Professorenschaft" auf den Stuhl des Reichskanzlers gelangt. „Klassen- und Gruppenegoismus" dieser Eliten spielten im Rahmen seines Aufstiegs eine wesentlichere Rolle als die Wirtschaftskrise, und die entscheidenden Ursachen müßten in den nationalhistorischen Eigenheiten gesucht werden.

Diese 1983 vorgenommene Interpretation korrespondiert weitgehend mit der von Alan Bullock aus dem Jahr 1953[175]. Danach kam Hitler „nicht durch eine unaufhaltsame revolutionäre oder nationale Bewegung an die Macht", auch nicht „durch einen populären Wahlsieg, sondern aufgrund eines schoflen politischen Paktierens mit der 'alten Verbrecherclique', die er in früheren Monaten rücksichtslos angegriffen hatte". Hitler habe die „Macht nicht ergriffen", er sei „durch Hintertreppenintrigen in sein Amt geschoben worden". Dieser Erfolg war keineswegs unvermeidbar. Papen bot Hitler eine günstige Gelegenheit, als die NSDAP ihren „äußersten Tiefstand" seit 1930 erreicht hatte. Letztlich bewahrten zwei Faktoren Hitler davor, sich zwischen dem Absinken in politische Bedeutungslosigkeit und einer gewaltsamen Machteroberung entscheiden zu müssen: die „Uneinigkeit und mangelnde Tatkraft derer, die gegen ihn

wenn auch ungewollte Mitverantwortung Stalins für Hitlers Aufstieg erstmals ganz klar herausarbeitete. Zur 'Komintern' vgl. außerdem Poulantzas (I, 2) und Pirker (I, 2).

174 Hans-Ulrich Wehler, 30. Januar 1933 – Ein halbes Jahrhundert danach, in: AuZ B 4–5/83, 29. 1. 1983, S. 43–54, hier S. 52 f.; abgedruckt in: Nationalsozialistische Herrschaft (II, 30), S. 94–105.

175 Alan Bullock, Hitler. Eine Studie über Tyrannei. Kronberg i. Ts. 1977, S. 235 (London ¹1953). Fast identisch ist die Position Walther Hofers, in: Der Nationalsozialismus. Dokumente 1933–1945, hrsg., eingel. und dargestellt von Walther Hofer. Überarb. Neuausg. Frankfurt a. M. 1982, S. 14.

opponierten“, und die „Bereitwilligkeit der deutschen Rechten, ihn als Regierungspartner zu akzeptieren“.

Eine starke Einflußnahme der präsidialen Kamarilla (Staatssekretär Meißner, Hindenburgs Sohn Oskar, Papen und – vor seiner Kanzlerschaft – Schleicher) auf das Schicksal der Republik betonte auch der ehemalige Reichsminister Treviranus[176]. Für ihn hätte die Reichsverfassung als „Sachgebilde nicht scheitern“ können; daß sie dennoch überrollt wurde, sei „ausschließlich“ auf die „Machenschaften in der Umgebung des Reichspräsidenten“ und auf die „Kurzsichtigkeit der beteiligten Parteiführer“ zurückzuführen. Der Stuhl des Reichskanzlers, so Albrecht Tyrell[177], sei Hitler „ausgeliefert worden, ohne daß das bis in die letzten Tage hinein unabwendbar gewesen wäre“. Und nach Wolfgang J. Mommsen[178] ist die „Machtergreifung [. . .] zu keinem Zeitpunkt vor dem 30. Januar 1933 unabwendbar gewesen, ja, sie hätte bei entschlossener Gegenwehr[179] auch danach noch gestoppt werden können“. Heinrich August Winkler meint ebenfalls[180], daß Hitlers Machtantritt lediglich möglich wurde, weil „Teile der alten Führungsschicht, die Zugang zum Reichspräsidenten hatten, einen radikalen Bruch mit dem ‘System’ von Weimar wünschten und weil ein solcher Bruch einen

[176] Vgl. dazu die Stellungnahme von G. R. Treviranus zum Erscheinen der Brüning-Memoiren, in: Die Zeit, Nr. 15, 9. 4. 1971, S. 17.

[177] Tyrell, Die NSDAP (II, 70), S. 117f.

[178] W. J. Mommsen (II, 88), S. 115f.

[179] Mommsen (ebd.) spielt dabei auf die durch den ‘Bruderkampf’ paralysierten deutschen Arbeiterparteien an. Direkt dazu die Zusammenfassung des Forschungsstandes und die Thesen von Helga Grebing, Flucht vor Hitler? Historiographische Forschungsergebnisse über die Aussichten des Widerstandes der Arbeiterbewegung gegen die nationalsozialistische Machtübernahme, in: AuZ B 4–5/83, 29. 1. 1983, S. 26–42, dort auch eine intensive Erörterung der Bedeutung des sogenannten Preußenschlages vom 20. Juli 1932. Dieses hinsichtlich des Niederganges der Weimarer Republik entscheidende Ereignis soll hier nicht erneut diskutiert werden, vgl. dazu die Hinweise auf Schulze (I, 182), der entschieden die These vertritt, daß sich Hitler bis zuletzt hätte vermeiden lassen; und Winkler (II, 65), hier S. 72f.

[180] Winkler (II, 30), S. 15; ähnlich Broszat (II, 8), S. 23f. und S. 31f.

Rückhalt in den Massen brauchte". Das Hervorheben dieser Absicht konservativer Machtträger ist deshalb so wichtig, weil es aufgrund einer derartigen Zielsetzung – angesichts der innenpolitischen Bedingungen – im Januar 1933 in der Tat eben nur einen einzigen Kandidaten für den Ausweg aus der Doppelkrise der Republik gab: Hitler!

Manchen Vorbehalt gegenüber herkömmlichen Deutungen meldet Joachim C. Fest an[181]. Auch für ihn war Hitler keine zufällige Erscheinung, aber die an sich vorhandenen Möglichkeiten, ihn zu verhindern, seien durch „Zufall, Leichtsinn und Unglück" zunichte gemacht worden. Doch davon einmal abgesehen, habe es eine „Fülle machtvoller Tendenzen teils historischer, teils politischer Natur" gegeben, die auf den 30. Januar hindrängten. Den Intrigen, auch denjenigen Papens, komme vor solchem Hintergrund eine „vergleichsweise beiläufige Bedeutung" zu. Sie beeinflußten zwar die Umstände, „unter denen die Republik scheiterte", aber bewirkten nicht eigentlich deren Ende. Es gab dennoch keine Unausweichlichkeiten, denn bei „entschlossenen Gegenspielern" wäre Hitler kaum erfolgreich gewesen. Zudem sei die Machtübernahme ohne die Beihilfe der Kamarilla schwer vorstellbar, habe dem Nationalsozialismus seit dem Sommer 1932 doch eindeutig die Kraft gefehlt, den entscheidenden letzten Schritt allein zu tun. Kurzum: Hitlers „Ge-

[181] Fest (Vw. 7), S. 508f. An anderer Stelle kommt Fest auf den Einfluß der Wirtschaftskrise beim Aufstieg Hitlers zu sprechen. So unbestritten dieser ist, so unrichtig ist es, zu behaupten (S. 377), der Bankenkrach vom Oktober 1929 hätte „insbesondere in Deutschland verheerende Wirkungen hervorgerufen", weil es *augenblicklich* zum Abzug ausländischer Anleihen gekommen wäre. Es ist längst nachgewiesen, daß es erst nach dem Wahlerfolg der NSDAP im September 1930 zu einem größeren Abfluß ausländischer Gelder kam. Eine zweite massive Flucht – sowohl deutschen als aus ausländischen Kapitals – stand in direktem Zusammenhang mit Brünings Reparationspolitik. Die Gelder wurden insbesondere im Juni/Juli 1931 ins Ausland gebracht, nachdem Brüning Anfang Juni den bevorstehenden Staatsbankrott und die Einstellung der Reparationen in die Diskussion gebracht hatte. Vgl. dazu: Hermann Graml, Europa zwischen den Kriegen. München 1969, S. 242f. und S. 251ff.

genspieler schoben ihm alles zu“ [182]. Man ist versucht, an das Bonapartismusmodell [183] zu denken, wenn Fest resümiert: „Im ganzen waren die Kräfte der Gegenseite bis zuletzt zweifellos größer als die seinen; doch indem sie sich gegeneinander kehrten, hoben sie sich selber auf.“

Indirekt ist damit das „Gleichgewicht der führenden Klassen“ als Vorbedingung des Hitlerschen Machtantritts thematisiert. Eberhard Jäckel hat diesen Ansatz weiterentwickelt [184]. Hitlers Regime, das eine Art klassengelöster Alleinherrschaft darstelle, müsse aus dem „Patt“ der beiden großen gesellschaftlichen Gruppierungen in Deutschland erklärt werden. Aus dieser Lage habe sich 1930 die „Regierungsunfähigkeit der Parteien“ ergeben, die 1932 in die „Unregierbarkeit des Staates“ mündete, welche wiederum 1933 zum

[182] Dazu Schulz (I, 227), S. 689–715, zu den gegen Hitler gerichteten Kräften. In bezug auf die Erklärungsmöglichkeiten für Hitlers Machtantritt (ebd., S. 752) sieht Schulz manches wie Fest. Er betont aber insbesondere Hitlers intuitives Gefühl für „Macht, für den Gewinn an Macht und das Fehlen von Macht“.

[183] Dazu u. a. Jost Dülffer, Bonapartism, Fascism and National Socialism, in: JCH 11 (1976), No. 4, S. 109–128; und Axel Kuhn, Das faschistische Herrschaftssystem und die moderne Gesellschaft. Hamburg 1973, S. 102–113, zur Bonapartismustheorie von Karl Marx als Vorbild im Rahmen der Entwicklung der Faschismustheorie. Zu diesem Thema vgl. außerdem Wolfgang Wippermann, Die Bonapartismustheorie von Marx und Engels. Stuttgart 1983. Hinzuweisen ist dabei auch auf August Thalheimers Untersuchung ‘Über den Faschismus’, in der er es 1930 unternahm, die Marxschen Erkenntnisse im Rahmen der Analyse der Herrschaft von Napoleon III. für die Interpretation des Faschismus heranzuziehen. Der Aufsatz – ursprünglich veröffentlicht in: Gegen den Strom 3 (1930) – ist gekürzt publiziert in: Otto Bauer, Herbert Marcuse und Arthur Rosenberg, Faschismus und Kapitalismus. Theorien über die sozialen Ursprünge und die Funktion des Faschismus, hrsg. von Wolfgang Abendroth. Frankfurt a. M., Wien 1967, S. 19–38.

[184] Jäckel (II, 73), S. 132f. und S. 136ff.; eine Vorstudie stellt dessen Aufsatz dar: Hitler und die Deutschen. Versuch einer geschichtlichen Erklärung, in: Intellektuelle im Bann des Nationalsozialismus, hrsg. von Karl Corino. Hamburg 1980, S. 7–25.

„Machtantritt Hitlers“ führte. Insgesamt habe es sich bei dem Kräftemessen der beiden Gruppen um einen langfristigen historischen Prozeß gehandelt, der bereits vor dem Ersten Weltkrieg einsetzte, doch sei das Ringen zwischen auf- und absteigender Klasse von zwei „kurzfristigen exogenen Ereignissen“ beeinflußt worden: der Niederlage im Weltkrieg, die u. a. das Entstehen der NSDAP zur Folge hatte, und der Weltwirtschaftskrise, welche erneut die Revolutionsangst heraufbeschwor und den Zulauf zur NSDAP verstärkte. „In diesem Augenblick“, so Jäckel, „überantworteten einige einzelne“ Hitler den „Staatsapparat, in dessen Besitz sie als Folge von dessen Verselbständigung geraten waren. Sie handelten ohne Auftrag, aber doch im Interesse der alten Klasse.“

Gegenüber den bisherigen Analysen muten Thesen wie die, daß Hitler, „wenn auch indirekt, an die Macht gewählt“ worden sei[185], recht sophistisch an. Monokausal und wenig überzeugend wirkt die Erklärung des 30. Januar 1933 mit dem aus der Krise resultierenden Fatalismus[186], denn die Ergebnisse wahlsoziologischer Untersuchungen stehen dem entgegen. Und die Annahme, die Republik sei schon 1930 'am Ende' gewesen[187], scheint die Entwicklung in diesem Jahr, so wichtig sie für das Schicksal Weimars auch gewesen bzw. geworden ist, doch überzubewerten. Insbesondere müßte präzise gesagt werden, was dieses 'Ende' inhaltlich ausmachte, welche zukunftsbezogene Qualität ihm zugesprochen wird, ob 1930 tatsächlich – was man zunächst annehmen könnte – in einem deterministischen Zusammenhang mit dem gesehen wird, was dann 1933 eintrat.

Vieles spricht doch eher für die Richtigkeit der Antwort, die Hagen Schulze auf die komplizierte Frage nach den Ursachen für das Scheitern der Republik gab[188]: „Bevölkerung, Gruppen, Parteien und einzelne Verantwortliche haben das Experiment Weimar scheitern lassen, weil sie falsch dachten und deshalb falsch handelten.

[185] So Schoenbaum (II, 80), S. 19.

[186] Vgl. Davidson (II, 148), S. 467.

[187] Haffner (I, 127), S. 68f.

[188] Schulze (I, 34), S. 425.

Auch auf dem Umweg über die Strukturanalyse gelangt man so zu dem Schluß, daß Weimar nicht schicksalhaft oder bedingt durch anonyme Sachzwänge scheitern mußte – die Chance der Gruppen wie der einzelnen, sich für Weimar zu entscheiden und dem Gesetz der parlamentarischen Demokratie zu gehorchen, nach dem man angetreten war, hat immer bestanden."

Auch K. D. Bracher geht davon aus, daß Hitler nicht zwangsläufig an die Macht gekommen ist, er sei vermeidbar gewesen. Unterstrichen wird die entscheidende Rolle, welche die Kamarilla spielte. Er betont darüber hinaus, daß Hitler nicht nur Präsidialkanzler geworden sei, als die NSDAP in „krisenreichen Rückgangserscheinungen" gesteckt habe, sondern auch die Talsohlen der „Wirtschaftskrise und der Arbeitslosigkeit schon durchschritten, das Reparationsproblem im deutschen Sinne gelöst und eine weitergehende Revision der Versailler Bestimmungen abzusehen" gewesen seien. Jedenfalls stehe fest, daß der noch in der „Republik angebahnte Wiederaufstieg" in der Folgezeit ganz der „nationalsozialistischen Propaganda und der Heilsbotschaft des 'Dritten Reiches' zugute" kam[189]. Erinnert sei dabei daran, daß verschiedene Historiker davon ausgehen, daß Hitler bei einem früheren Amtsantritt – etwa 1931 – mit hoher Wahrscheinlichkeit an den Aufgaben der Krisenbewältigung gescheitert wäre.

Zu bedenken bleibt bei allen Erörterungen dieser Art, daß nicht die „ökonomische Verursachung, sondern die Form und die Folgen des politischen Reagierens" erklären, „warum es in Deutschland so und nicht anders gekommen ist – aber nicht notwendig kommen mußte". Bracher stellt damit die Verbindung her zur „Dauerkrise

[189] Bracher (II, 22), S. 29. In diesem Zusammenhang ist auf zwei Untersuchungen hinzuweisen, in denen zum einen die Außenpolitik der Weimarer Republik unter dem Aspekt des Neubeginns oder der Kontinuität und zum anderen unter dem Gesichtspunkt des Übergangs zu Hitler – aus der Binnen- und Außensicht – interpretiert werden: Peter Krüger, Deutsche Außenpolitik in der Weimarer Republik. Darmstadt 1984; und Günter Wollstein, Vom Weimarer Revisionismus zu Hitler. Das Deutsche Reich und die Großmächte in der Anfangsphase der nationalsozialistischen Herrschaft in Deutschland. Bonn 1973.

der internationalen Politik", die den von gesellschaftlichen und geistigen Potenzen herbeigeführten Prozeß der „Auflösung und Umgruppierung der politischen Ordnungen" seit 1917 begleitet habe. Insgesamt wirkten „europäische und besondere deutsche Faktoren" zusammen: Eines der Ergebnisse war die *deutsche Diktatur*[190].

Wenn dem Problem der Ermöglichung Hitlers so weiter Raum zugestanden worden ist, dann deshalb, weil die Fragen an diese 'Ermöglichung' die Fundamente der Hitlerschen Herrschaft bloßlegen. Daher sollen an dieser Stelle auch noch einmal kaleidoskopisch die wesentlich erscheinenden Fragestellungen resümiert werden, über die man sich dem Thema der Etablierung Hitlerscher Herrschaft annähern könnte.

Vor dem Hintergrund der obigen Ausführungen muß die Frage lauten: Wer und was hat Hitler wodurch möglich gemacht? War es die Akzeptation eines als 'Markenzeichen' der Demokratie verstandenen uneingeschränkten Wertrelativismus; oder die Tatsache, daß mit Hindenburg das Instrumentarium des Artikels 48 der Reichsverfassung, das an sich der Stabilisierung des Staates dienen sollte, in die Hand eines Mannes geriet, der – einer vordemokratischen Epoche entstammend – zur Demokratie ein gebrochenes Verhältnis hatte; war es etwa der Zeitgeist schlechthin, der es erlaubte, die Verfassung mit dem Blick auf autoritäre Regierungsformen zu manipulieren; was trugen die antiliberalen Traditionen, der Antisemitismus, die Frontstellung der Jugend gegen das republikanisch-demokratische Staatswesen oder der Irrationalismus in der Kultur und Politik Weimars zum Niedergang, der Hitlers Aufstieg war, bei; wurden die Optionen von Schwerindustrie und Agrariern ausschlaggebend, und wann; wieviel Voluntarismus oder Zwangsläufigkeit steckte in den Maßnahmen der Handelnden; kam es zur Flucht in den autoritären Ausweg, weil man sich scheute, in der Krise parlamentarische Verantwortung zu übernehmen; existierte eine Wechselwirkung zwischen der Attraktivität Hitlerscher Zukunftsverheißungen und dem Faktum, daß Deutschland innenpolitisch betrachtet ein Interventionsstaat war, der in der Krise die in seine Führung gesetzten

[190] Bracher (II, 22), S. 31.

Erwartungen nicht zu erfüllen vermochte; lag das Scheitern der Republik bereits darin begründet, daß sie bei ihrer Geburt nur wenig Sympathie erlebte; war die Demokratie am Ende – inhaltlich gesehen – nie existent?

Eine 'Internationale Konferenz zur nationalsozialistischen Machtübernahme: 1933 – Deutschlands Weg in die Diktatur', die vom 13. bis zum 15. Januar 1983 in Berlin stattfand, stellte erneut unter Beweis, daß auf diese und andere Fragen zur Genesis des nationalsozialistischen Machtantritts noch immer außerordentlich unterschiedliche Antworten gegeben werden. Aber als Tendenz läßt sich festhalten, daß wohl eine Mehrheit der Historiker die Handlungsspielräume vor 1933 nicht in einem Maße beschnitten sieht, das die Entwicklung zum 30. Januar zum unvermeidbaren Ergebnis machte.

Einigkeit besteht darüber, daß die eigentliche 'Machtergreifung' erst nach dem Machtantritt im Januar einsetzte. Sie vollzog sich in einzelnen Schüben, wobei der Prozeß im August 1934 zwar im wesentlichen, aber keineswegs definitiv beendet war. Immerhin, damals wurde die Reichswehr – nach Hindenburgs Tod – auf Hitler, der als 'Führer und Reichskanzler' nunmehr das Amt des Reichspräsidenten und des Regierungschefs in Personalunion bekleidete, persönlich vereidigt.

Versucht man die verschiedenen Antworten auf die zahlreichen Warum-Fragen zum Aufstieg des Nationalsozialismus zur Macht zu gewichten und zusammenzufassen, so dominiert der Eindruck, daß Hitler nicht in erster Linie in der 'Logik' der historischen Situation, sondern viel eher – und das heißt eben nicht nur – im 'Paralogismus' des egoistischen machtpolitischen Kalküls der Einfluß ausübenden traditionellen Machteliten angelegt gewesen ist.

Eine derartige Feststellung schließt auch einen Hinweis zur Beantwortung der Frage ein, wessen Hitler letztendlich gewesen sei. Gewiß war er nicht der Agent dieser Eliten, die meinten, ihn benutzen zu können, während es vielmehr so war, daß er sie gebrauchte, solange er ihrer noch bedurfte.

Ergänzend ist außerdem anzumerken, daß bei diesen Erörterungen über einzelne Determinanten der Ermöglichung Hitlers bewußt darauf verzichtet worden ist, die verfahrenstechnischen Gesichtspunkte der 'Machtübernahme' im Kontext der mit ihr einhergehenden politischen Absprachen zu analysieren. Für diesen Forschungsbericht wären relevante Erkenntnisse über das bisher Gesagte hinaus nicht zu erwarten gewesen. Es kommt hinzu, daß die Vorgänge bereits vor Jahren eine – bis heute nicht übertroffene – Darstellung fanden[191].

Aufgrund ähnlicher Erwägungen wurde auch von einer Auseinandersetzung mit der 'Legalitätsfrage' abgesehen. Zu ihr hat man das Wesentliche ebenfalls schon in den fünfziger Jahren gesagt: Eine auf die formalen Gesichtspunkte ausgerichtete Argumentation verfälsche – so wurde mit Recht festgehalten – den „wahren Charakter dieses Regierungswechsels", dessen „Geist" sei nämlich dem „Sinne der Verfassung gänzlich zuwider" gewesen. Im übrigen aber – so auch bereits die zeitgenössischen Kommentare – hätten „durchaus unverantwortliche, außerverfassungsmäßige Exponenten politischer und wirtschaftspolitischer" Interessen Hitler die Macht zugespielt. Gerade die Nationalsozialisten mokierten sich dann ja auch über das große Gewicht, das dem äußerlich korrekten Ablauf des Machtantritts beigemessen worden ist, obwohl bekannt war, daß Hitler nicht daran dachte, sich an jene Weimarer Verfassung zu halten, auf die er seinen Eid ablegte[192].

191 Ausführlich dazu Bracher (I, 5), S. 600–638; vgl. auch Höhne (II, 20) und Janßen (II, 21) sowie den konzentrierten Überblick von Alan John Percivale Taylor, Hitler's Seizure of Power, in: ders., Europe: Grandeur and Decline. London 1974, S. 204–219.

192 Bracher (I, 5), S. 638. Ausführlich diskutiert diese Frage Eduard Schaefer, Zur Legalität der nationalsozialistischen 'Machtergreifung', in: GWU 17(1966), S. 536–554. Nach Schaefer ist die Behauptung, Hitler sei legal an die Macht gelangt, zwar im Rahmen einer rigoros rechtspositivistischen Argumentation möglich, doch wird sie unhaltbar, sobald man den Geist der Weimarer Verfassung als Maßstab heranzieht. Die „Legalität der nationalsozialistischen Machtergreifung" sei lediglich eine – weit verbreitete – Legende. In „Wahrheit" müsse der Vorgang „illegal" genannt werden (S. 553f.).

2. *Hitler und die Kontinuität in der deutschen Geschichte*

Im Hinblick auf das Kontinuitätsproblem ist zunächst allgemein anzumerken, daß eine solche Fragekategorie zwar für die Geisteswissenschaften grundsätzliche – hier nicht zu diskutierende – Schwierigkeiten impliziert[193], aber als integraler Bestandteil historischer Forschung weitgehend akzeptiert ist, wobei die Meinungen über den Stellenwert des Kontinuitätsproblems allerdings differieren[194].

Auf Hitlers Machtantritt bezogen, stehen die Fortsetzung oder der Bruch deutscher Geschichte im 19. und 20. Jahrhundert schlechthin[195] sowie in der Zeit der Weimarer Republik speziell[196] zur Debatte. Involviert sind in diesem Fall nicht allein inhaltlich-interpretatorische, sondern auch methodische Probleme, denn man kann sich zwischen politikgeschichtlichem, strukturgeschichtlichem oder ideologiegeschichtlichem Zugang entscheiden. Im Grunde geht es jedoch bei allen diesen Ansätzen um Antworten auf die Frage, mit welcher Folgerichtigkeit das Dritte Reich entstehen konnte – es sei erneut betont, nicht entstehen mußte!

Ein in diesem Zusammenhang ebenso heftig wie kontrovers diskutiertes Thema ist das des deutschen 'Sonderweges', ein Stichwort, das für die Auffassung steht, daß der Nationalsozialismus

[193] U. a.: Kontinuität – Diskontinuität in den Geisteswissenschaften, hrsg. und eingel. von Hans Trümpy. Darmstadt 1973.

[194] Vgl. Hans Michael Baumgartner, Kontinuität und Geschichte. Zur Kritik und Metakritik der historischen Vernunft. Frankfurt a. M. 1972; und direkt zur NS-Machtübernahme die kritischen Überlegungen von Thomas Nipperdey, 1933 und die Kontinuität der deutschen Geschichte, in: HZ 227 (1978), S. 86–111.

[195] Dazu u. a. der Sammelband: From Bismarck to Hitler. The Problem of Continuity in German History, ed. by John C. G. Röhl. London 1970.

[196] Als frühe Beiträge vgl. Ludwig Zimmermann, Die Weimarer Republik, in: Kontinuität und Tradition, ihre Problematik in der neueren deutschen Geschichte und Gegenwart. Frankfurt a. M., Berlin, Bonn 1956, S. 47–56; und ebd., S. 9–16: G. Adolf Rein, Zum Problem der historischen Kontinuität.

nicht aus den Umständen zu erklären sei, die in den Jahren zwischen 1918 und 1933 herrschten, sondern aus der Tiefe der deutschen Geschichte komme. Unter strukturgeschichtlichem Vorzeichen wird angeführt, daß Defizite in der staatspolitischen Modernisierung der Gesellschaft, insbesondere das Fehlen von Liberalisierung und Demokratisierung als Konsequenz der erfolglosen bürgerlichen Revolution, insgesamt zur Bewahrung traditioneller Elemente geführt hätten, während gleichzeitig ein rasanter wirtschaftlicher „Fortschritt mit gravierenden sozialpolitischen Folgen" einsetzte. Von solchen Perspektiven ausgehend, bemühte sich die Geschichtswissenschaft, in dem Beziehungsgeflecht von „offenen Konflikten und der spannungsreichen Koexistenz von Altem und Neuem" jene Elemente herauszuarbeiten und zu definieren, die gemeinsam mit den „unmittelbaren Folgen des Ersten Weltkriegs und der Weltwirtschaftskrise den Aufstieg des Nationalsozialismus" ermöglicht hatten [197].

Dieser Fragenkomplex war neu, nicht dagegen der Terminus 'Sonderweg', der seit langem etabliert gewesen ist. Vor 1945 benutzten ihn die Zeitgenossen sogar mit gewissem Stolz, um die 'deutsche Lebensart' – d. h. deren Besonderheiten beim historischen Vergleich mit anderen Völkern – zu kennzeichnen [198]. Erst nach dem Ende des Zweiten Weltkrieges hat man das Denkmodell im oben zitierten Verständnis neu interpretiert, d. h. im Sinne eines methodischen Zugriffs zur Analyse der Ursache für den Weg in die 'Katastrophe' eingesetzt. Vor allem lösten sich die Historiker, die einen derartigen

[197] Hans-Ulrich Wehler, 'Deutscher Sonderweg' oder allgemeine Probleme des westlichen Kapitalismus? In: ders. (I, 51), S. 19–32, hier S. 19f.

[198] Siehe u. a. Bernd Faulenbach, Ideologie des deutschen Weges. Die deutsche Geschichte in der Historiographie zwischen Kaiserreich und Nationalsozialismus. München 1980; ders., 'Deutscher Sonderweg'. Zur Geschichte und Problematik einer zentralen Kategorie des deutschen geschichtlichen Bewußtseins, in: AuZ B 33/81, 15. 8. 1981, S. 3–21; und ders., Deutsche Geschichtswissenschaft zwischen Kaiserreich und NS-Diktatur, in: Geschichtswissenschaft in Deutschland. Traditionelle Positionen und gegenwärtige Aufgaben, hrsg. von Bernd Faulenbach. München 1974, S. 66–85; und ebd., S. 86–96: Karl Ferdinand Werner, Die deutsche Historiographie unter Hitler.

Ansatz verfolgten, von der bislang primär geistes- oder ideengeschichtlich orientierten Deutung der deutschen Vergangenheit. Damit verbunden mußte nach den aus der nationalen Geschichte stammenden Hypotheken gefragt werden, d. h., Kaiserreich und auch die Weimarer Republik wurden aus entsprechend veränderter Sicht untersucht[199].

Sehr frühzeitig ergaben sich dabei Schwierigkeiten im definitorischen Bereich. Und im Verlaufe der neuerdings geführten Diskussion sprach sich u. a. Karl Dietrich Bracher, der in seinem Standardwerk über die Weimarer Republik den Begriff 'Eigenweg' zur Charakterisierung der Besonderheiten der deutschen geschichtlichen Entwicklung eingeführt hat[200], dafür aus, auf die Zeit vor Hitlers Machtantritt lediglich den Terminus 'Sonderbewußtsein' anzuwenden, da es erst die Ereignisse nach 1933 rechtfertigten, von einem deutschen 'Sonderweg' zu reden[201]. Freilich, damit war zwar eine Zäsur benannt, aber das Definitionsproblem an sich nicht gelöst. Denn ebenso wie dem 'Sonderweg' logischerweise ein 'Normalweg' als Alternative gegenüberstehen muß[202], verlangt die Vorstellung vom 'Sonderbewußtsein' als Vergleichsgrundlage ein – als normal definiertes – Pendant[203].

Unter methodischen Gesichtspunkten fordern inzwischen fast alle beteiligten Parteien eine komparative Geschichtsschreibung. Denn – mit H.-U. Wehler[204] – nur diejenigen „Ergebnisse, welche

[199] Dazu Wehler (II, 197), S. 19.

[200] Bracher (I, 5), S. 3–10.

[201] Vgl. Deutscher Sonderweg – Mythos oder Realität? München, Wien 1982 (mit Referaten von: Karl Dietrich Bracher, Horst Möller, Thomas Nipperdey, Ernst Nolte, Kurt Sontheimer und Michael Stürmer), S. 46 und S. 53.

[202] Dazu Nolte (II, 201), S. 34, der die Sonderwegs-These zurückwies. Anders Sontheimer (ebd., S. 27–33) und Stürmer (ebd., S. 40–45); vgl. außerdem: Kurt Sontheimer, Ein deutscher Sonderweg? In: Die Identität der Deutschen, hrsg. von Werner Weidenfeld. Bonn 1983, S. 324–335.

[203] Nipperdey (II, 201), S. 57.

[204] Wehler (II, 197), S. 30; kritisch zu Wehler Nipperdey (II, 201), S. 20, der dessen Argumentation „tautologisch" nennt.

das scharfe Säurebad des Vergleichs [...] überstehen, geben verläßliche Auskunft über den transnationalen oder nationalen Charakter von Problemen". Dabei erkennt Wehler für die neuere deutsche Geschichte in den Resultaten vergleichender Untersuchungen eine Bestätigung der – nach seiner Auffassung – empirisch wiederholt abgesicherten Interpretation, derzufolge primär „spezifisch deutsche Bedingungen", und nicht die zwar „ebenfalls vorhandenen, aber weniger wirksamen westlich-gemeineuropäischen Antriebskräfte und Einrichtungen" auf den 'deutschen Sonderweg' führten. Es sei offensichtlich, daß die Entwicklung zur nationalsozialistischen 'Machtübernahme' ohne diese speziellen Voraussetzungen deutscher Geschichte, die in anderen Staaten in einer vergleichbaren Anordnung fehlten, nicht einmal „ansatzweise" erklärt werden könne[205].

Eben das ist es, was angelsächsische Historiker Anfang der achtziger Jahre – mit einigen bedenkenswerten Argumenten – wieder in Frage zu stellen versuchten. Insgesamt sieht es jedoch nicht so aus, als ob sie das Interpretationsmodell des deutschen 'Sonderwegs' überzeugend zu widerlegen vermöchten[206]. Ihre Kritik – wie

[205] Wehler (II, 197), S. 29; und zentral für dessen vom Primat der Innenpolitik ausgehende Beweisführung für die Kontinuitätsthese, ders., Krisenherde des Kaiserreichs 1871–1918. Studien zur deutschen Sozial- und Verfassungsgeschichte. Göttingen 1970.

[206] Dezidiert wird diese Kritik vorgetragen von David Blackbourn und Geoff Eley, Mythen deutscher Geschichtsschreibung: Die gescheiterte bürgerliche Revolution von 1848. Frankfurt a. M., Berlin, Wien 1980; Zurückweisung der Kritik – mit Literaturhinweisen zur Forschungskontroverse – bei Wehler (II, 197), S. 21–32; direkt dazu außerdem Robert G. Moeller, Die Suche nach der Kontinuität in der modernen deutschen Geschichte, in: NPL 27 (1982), S. 430–438. Skeptisch steht der Sonderwegsthese Arno Mayer, The Persistence of the Old Regime. Europe to the Great War. London 1981, gegenüber. In eindeutiger, allerdings sehr umstrittener Form argumentiert gegen die Sonderwegsthese David P. Calleo, Legende und Wirklichkeit der deutschen Gefahr. Neue Aspekte zur Rolle Deutschlands in der Weltgeschichte von Bismarck bis heute. Bonn 1981. Ohne die Problematik des Sonderwegs zu vertiefen, macht Gordon A. Craig deutlich, daß er Hitler nicht im Kontinuum der deutschen Geschichte sieht, vgl. ders., Deutsche

könnte es angesichts der seit langem geführten fachwissenschaftlichen Diskussion anders sein – ist auch keineswegs neu[207], zumindest nicht vom Ansatz her. Theodor Schieder schrieb zum Beispiel anläßlich des 30. Jahrestages von Hitlers Machtübernahme[208], daß eine Deutung, die das Dritte Reich als folgerichtiges Ergebnis deutscher Tradition oder des Nationalcharakters der Deutschen dar-

Geschichte 1866–1945. Vom Norddeutschen Bund bis zum Ende des Dritten Reiches. Ein historisches Porträt. München 1981; und ders., Über die Deutschen. München, 3., verb. Aufl. 1982, auch in diesem Essayband ist das Kontinuitätsproblem thematisiert, aber nicht analytisch behandelt; dazu die ausführliche Rezension von Georg Wolff, in: Der Spiegel 37 (1983), Nr. 5, 31. 1. 1983, S. 173–177. Gestützt wird die Theorie vom Sonderweg von Fritz Stern, Das Scheitern illiberaler Politik. Studien zur politischen Kultur Deutschlands im 19. und 20. Jahrhundert. Frankfurt a. M., Berlin, Wien 1974; und Hans-Jürgen Puhle, Zur Legende von der 'Kehrschen Schule', in: GG 4 (1978), S. 108–119. Zur Person und Wirkungsgeschichte von Eckart Kehr, der zur „sozialgeschichtlich erfaßbaren Grundschicht der Kontinuitäten deutscher Geschichte vorzudringen" versuchte, vgl. H.-U. Wehler, in: Eckart Kehr, Der Primat der Innenpolitik. Gesammelte Aufsätze zur preußisch-deutschen Sozialgeschichte im 19. und 20. Jahrhundert, hrsg. und eingel. von Hans-Ulrich Wehler. Mit einem Vorw. von Hans Herzfeld. 2., durchges. Aufl. Berlin 1970, S. 1–29, Zit. S. 27f.; und ders., Eckart Kehr, in: Deutsche Historiker (II, 59), S. 100–113. Kritisch zu den „Kehrites" äußert sich Nipperdey (II, 201), S. 23. Er wendet sich vor allem gegen die Neigung, alle Sachprobleme auf „Herrschaftssicherung hin zu funktionalisieren". Zu diesem Problem auch Geoff Eley, Die 'Kehrites' und das Kaiserreich: Bemerkungen zu einer aktuellen Kontroverse, in: GG 4 (1978), S. 91–107.

207 Zurückgewiesen werden die Thesen von Blackbourn, Eley und Calleo durch Wehler (II, 197), S. 21–25. Verhältnismäßig positiv rezensierte dagegen Hildebrand Calleo, wobei er insbesondere den außenpolitischen Interpretationsansatz begrüßt, vgl. ders., Staatskunst oder Systemzwang? Die 'deutsche Frage' als Problem der Weltpolitik, in: HZ 228 (1979), S. 624–644.

208 Theodor Schieder, Zum Problem (Anh. 1), S. 19–27, hier S. 19f.; und ders., Das Deutsche Reich in seinen nationalen und universalen Beziehungen 1871 bis 1945, in: Reichsgründung 1870/71. Tatsachen, Kontroversen, Interpretationen, hrsg. von Theodor Schieder und Ernst Deuerlein. Stuttgart 1970, S. 422–454.

stelle, der historischen Wirklichkeit so wenig entspreche wie jene, die Hitler zu einem zufällig die Bühne der Weltpolitik betretenden alleszerstörenden Dämon mache. Nach Schieder reicht der Kontinuitätsbegriff einfach nicht mehr aus, „um ein die Kontinuität durchbrechendes revolutionäres Phänomen wie die nationalsozialistische Revolution in seiner historischen Bedeutung zu verstehen“. Seine zweite – ebenfalls nicht absolut neue, aber zentrale – These besagt, daß der Nationalsozialismus „nur als universalhistorische Erscheinung“ begreiflich werde. Dies bedeute nicht, daß dieser keine genuin deutschen Charakteristika besessen habe. Doch dessen unbeschadet sei es erforderlich, ihn insgesamt als Ergebnis der „europäisch-abendländischen Entwicklung in der Phase der modernen Industriegesellschaft“ zu deuten.

Damit wären einige der wesentlichen Aspekte und Argumente innerhalb der Diskussion über den Problemkreis ‘Kontinuität’ und ‘Sonderweg’ angedeutet. Gegenwärtig gibt es kaum Hinweise auf eine Annäherung zwischen den Befürwortern und den Gegnern einer derartigen Geschichtsinterpretation. Aber vielleicht ist eine konvergierende Entwicklung doch nicht ganz auszuschließen. So hob kürzlich Thomas Nipperdey, obwohl er der Sonderwegstheorie skeptisch gegenübersteht, hervor[209]: „Sonderweg ja, aber stärkere Betonung gemeinbürgerlicher Züge und andere Akzentuierung der Kernelemente des Sonderwegs.“ Das könnte ein Ausgangspunkt sein. Impliziert wäre etwas weniger nationalgeschichtliche Nabelschau zugunsten der stärkeren Berücksichtigung des internationalen – nicht nur außenpolitischen – Kontextes. Unterstrichen ist damit die Notwendigkeit einer vergleichenden Geschichtsbetrachtung. Verlangt wäre außerdem, den Blick nicht starr auf die Belastungsfaktoren der deutschen Geschichte und ihre Transporteure, die Eliten[210], zu fixieren. Vielmehr sollte dort, wo es angebracht erscheint,

[209] Nipperdey (II, 201), S. 24.

[210] Damit soll keine Relativierung der Rolle angedeutet sein, welche die Machteliten spielten, sondern die Notwendigkeit in Erinnerung gerufen werden, von Fall zu Fall zu entscheiden, nicht zu schnell zu verallgemeinern. Zur Position des Verfassers, der entschieden die Kontinuitätsthese vertritt,

die Funktion, das Verhalten oder die Einflußnahme der allgemeinen Öffentlichkeit in die Deutung einbezogen werden. In diesem letzteren Sinne kann – konkret die Hitler-Interpretation betreffend – der methodische Zugriff von J. P. Stern verstanden werden, der die „Probleme der Hitler-Forschung als Problem der Hitler-Rezeption" bezeichnete[211]. Auch wenn dies kaum die Totalansicht der Interpretation Hitlers als „öffentliche Erscheinung" zu liefern vermag, ein wesentlicher Bezugspunkt ist damit jedenfalls angesprochen.

Trotz aller dieser Unabgeklärtheiten steht jedoch fest, daß die Frage nach der Kontinuität in der deutschen Geschichte von Bismarck bis zu Hitler eine der „fruchtbarsten Provokationen für die Geschichtswissenschaft" bedeutete[212]. Und dies, obwohl apologetische Rückfälle und emotionale Schuldzuweisungen immer wieder das legitime Anliegen, Ursachen oder Strukturen der historischen Entwicklung zu bestimmen, zu diskreditieren versuchten[213].

Gleichzeitig erfuhr die Hitler-Interpretation auf methodischem Gebiet – nicht zuletzt angeregt von Fragestellungen der stark theoretisch orientierten Faschismusforschung – innovierende Impulse. Sowohl die Sehweisen der deutschen Sonderentwicklung[214] als auch die Bestimmung präfaschistischer Kontinuitätslinien im Rahmen geistesgeschichtlicher, strukturgeschichtlicher oder marxistischer Ansätze[215] hatten Relativierungen hinzunehmen, die wiederum die

vgl.: Gerhard Schreiber, Revisionismus und Weltmachtstreben. Marineführung und deutsch-italienische Beziehungen 1919 bis 1944. Stuttgart 1978.

211 Stern (Vw. 15), S. 146.

212 Alf Lüdtke, Zur Kontinuitätsfrage. Schwierigkeiten mit Konzeption und Methode, in: ARG 70 (1972), S. 105–116, Zit. S. 105. Zu der in diesem Kontext nach dem Ende des Dritten Reiches geführten Diskussion – vor allem im Hinblick auf die 'Schuld' am NS-Machtantritt und am Zweiten Weltkrieg – siehe die differenzierte Untersuchung von Barbro Eberan, Luther? Friedrich 'der Große'? Wagner? Nietzsche? . . .? . . .? Wer war an Hitler schuld? Die Debatte um die Schuldfrage 1945–1949. München 1983.

213 Lüdtke (II, 212), S. 109, zur Fischer-Kontroverse.

214 Vgl. Saage (Vw. 19), S. 97–106.

215 Ausführlich dazu Thamer/Wippermann (Vw. 19), S. 1–21, insbes. S. 3–7.

hier interessierende Lokalisation Hitlers innerhalb der deutschen Geschichte notwendigerweise berühren[216].

Zur Entwicklung der Deutungen: Eine Feststellung wie die, daß der „Sieg der NSDAP und die Errichtung des Dritten Reiches [. . .] nur die logische Konsequenz aus der vorherrschenden Strömung in der deutschen Geschichte" gewesen seien[217], mag man zwar vertreten, sie geht aber grundsätzlich nicht über das hinaus, was einzelne Autoren bereits vor dem Ende der Herrschaft Hitlers gesagt hatten. Dabei wurden eine grobschlächtige Interpretation des preußisch-deutschen Militarismus und seines Wirkens in der deutschen Geschichte[218], die geistige und ideologische Verfassung der Deut-

[216] Als frühe Erörterung vgl. den Literaturbericht von Karl Dietrich Bracher, Zur Geschichte des 'Dritten Reiches', I. Geschichte und Geistesgeschichte, in: NPL 2 (1957), Sp. 97–106; ferner: Hildebrand, 'Fall Hitler' (Vw. 12); und ders. (II, 60); Michalka (Vw. 6); hingewiesen sei bereits hier auf Andreas Hillgruber, Kontinuität und Diskontinuität in der deutschen Außenpolitik von Bismarck bis Hitler. Düsseldorf [3]1971; Fritz Fischer, Zum Problem der Kontinuität in der deutschen Geschichte von Bismarck zu Hitler, in: ders., Der Erste Weltkrieg und das deutsche Geschichtsbild. Beiträge zur Bewältigung eines historischen Tabus. Düsseldorf 1977, S. 350–363; und Henryk Wereszycki, From Bismarck to Hitler. The Problem of Continuity of Historical Development from the Second to the Third Reich, in: Polish Western Affairs 14 (1973), 1, S. 19–32.

[217] So Imanuel Geiss, Zur Vorgeschichte des Dritten Reiches, in: ders., Studien (II, 56) S. 67–88, hier S. 86. Und im Rahmen einer Interpretation machtpolitischer Momente, ders., Das Deutsche Reich und die Vorgeschichte des Ersten Weltkrieges. München, Wien 1978, S. 26.

[218] Zum Preußen-Problem in der deutschen Geschichte im Kontext der nationalsozialistischen Zeit: Eberhard Kessel, Adolf Hitler und der Verrat am Preußentum, in: AuZ B 46/61, 15. 11. 1961, S. 649–661; Wolfgang Michalka, Nationalsozialismus und Preußen. Ein Beitrag zur Frage der Kontinuität und/oder Diskontinuität in der neueren deutschen Geschichte, in: Mitteilungen der Gesellschaft der Freunde der Universität Mannheim 26 (1977), S. 29–39; Schlenke (I, 249); Wippermann (I, 252); auch Rudolf Augstein, der die verschiedenen Analogien und die Unterschiede zwischen dem preußischen König und Hitler überzeugend erhellt: Preußens Friedrich und die Deutschen. Frankfurt a. M. 1971 ([1]1968). Vgl. außerdem den – nicht

schen, ihre gesellschaftlichen Besonderheiten, das System des Obrigkeitsstaates und imperialistische Traditionen argumentativ strapaziert, um über Karl den Großen, Luther, Friedrich den Großen, Bismarck, Wilhelm II. und Hitler den Bogen ungebrochener Kontinuität oder determinierter Evolution zu schlagen. Über die Unhaltbarkeit einer derartigen Erklärung für das Dritte Reich muß man nicht diskutieren. Natürlich gibt es im machtpolitischen, im ideologiegeschichtlichen, im innenpolitischen oder im sozialen Bereich Kontinuitätsstränge, welche die deutsche Geschichte des 19. mit derjenigen des 20. Jahrhunderts, die das Dritte Reich mit dem Kaiserreich oder auch Preußen verbinden. Von einem bestimmten Zeitpunkt an ist wohl ebenfalls von einer Disposition eines erheblichen Teils der deutschen Gesellschaft für eine Hitlersche Lösung der nationalen Probleme zu sprechen. Dennoch läßt sich nicht behaupten, daß die deutsche Geschichte sozusagen unausweichlich in Hitlers Staat münden mußte.

Aber derartige Thesen, gemäß denen eben letztendlich alles auf Hitler zugelaufen sei und eine Art „Stammbaum des Bösen" entstand[219], wurden nach 1945 durchaus vertreten. So von William L. Shirer[220], dessen Werk international großes Aufsehen erregte, von William M. McGovern[221], der sich noch vor Shirer mit einer extrem deterministischen Interpretation profiliert hatte, oder von einem der

direkt auf die Verbindungen zwischen Preußen und dem Dritten Reich bezogenen – Literaturbericht von Günter Wollstein, Preußen – Literatur zur Geschichte des 'aufgehobenen' Staates im 'Preußenjahr' und in dessen Umfeld, in: MGM 33 (1983), S. 91–116.

[219] Fest (Vw. 7), S. 516.

[220] William L. Shirer, Aufstieg und Fall des Dritten Reiches. Herrsching o. J. (Köln, Berlin [1]1961; engl. London 1960); zur Kontroverse über die Thesen Shirers vgl. Klaus Epstein, Shirer's History of Nazi Germany, in: RP 23 (1961), S. 230–245; W. L. Shirer, Zur deutschen Kritik an 'Aufstieg und Fall des Dritten Reiches', in: BdiP 7 (1962), S. 707f.; und direkt dazu Borries (Anh. 1); sowie Martin Broszat, William Shirer und die Geschichte des Dritten Reiches, in: HZ 196 (1963), S. 112–123.

[221] William Montgomery McGovern, From Luther to Hitler. The History of Fascist-Nazi Political Philosophy. London 1946.

'Meister' der Hitlerschen Ahnentafel, der sich bereits in den dreißiger Jahren mit – damals als politisch-historische Schriften durchaus beachtenswerten – themenrelevanten Büchern hervorgetan hatte[222]: Edmond Vermeil[223]. Man publizierte – und man provozierte. Im übrigen war jedoch diese Form der Geschichtsdarstellung kein Privileg westlicher Historiker[224]. Bemerkenswerter ist, daß parallel dazu frühzeitig erheblich differenziertere, ideengeschichtlich angelegte Analysen des Dritten Reiches entstanden[225].

Noch ehe es zur massiven Reaktion der Zunft auf die obige – zumindest teilweise eher pamphlethafte – Herausforderung kam, schrieb Friedrich Meinecke, den die einen als den „Nestor der bundesrepublikanischen Geschichtsschreibung“[226], die anderen als den „historisierenden Schamanen seiner Klasse“[227] bezeichnen, für eine desorientierte Gesellschaft sein geradezu programmatisch betiteltes Werk 'Die deutsche Katastrophe'[228]. Das Buch wirkte in der Tat „prophylaktisch“[229], denn es gab eine Art Interpretationsraster an die Hand, nach dem in den folgenden Jahren auch verfahren wurde.

Vor allem Meineckes im Rückblick auf den „geschlagenen Hitlerismus“ getroffene Feststellung, es sei eine „ganz singuläre und in nicht geringem Grade zufällige Verkettung von Ursachen“ gewesen, die zum 30. Januar 1933 geführt habe, also keinerlei „pressende

[222] Vgl. Anh. 9; ausführlich zu Vermeil: Aycoberry (I, 2), S. 68 bis 73.

[223] Edmond Vermeil, L'Allemagne contemporaine sociale, politique, culturelle, Vol. 2: La République de Weimar et le Troisième Reich. 1918–1950. Paris 1953.

[224] Zu entsprechenden polnischen und sowjetischen Arbeiten vgl. Wippermann (II, 60), S. 13.

[225] U. a. Jean Frederic Neurohr, Der Mythos vom Dritten Reich. Zur Geistesgeschichte des Nationalsozialismus. Stuttgart 1957; vgl. die positive Besprechung durch Bracher (II, 216), Sp. 101–106.

[226] Michalka (Vw. 6), S. 160.

[227] Geiss (II, 59), S. 107.

[228] Meinecke (II, 31).

[229] Lüdtke (II, 212), S. 105.

Notwendigkeit“[230], wirkte und wirkt nach, wie die oben gemachten Ausführungen zeigen können. Gleiches gilt für die These, der in die ‘deutsche Katastrophe’ führende Nationalsozialismus sei „keine bloß aus deutschen Entwicklungskräften abzuleitende Erscheinung“ gewesen, sondern müsse – unbeschadet der Tatsache, daß er eine „Entartungserscheinung“ des deutschen Wesens darstelle – auch als gesamteuropäisches Phänomen verstanden werden, habe er doch „bestimmte Analogien und Vorstufen in den autoritären Systemen der Nachbarländer“[231]. Fairerweise sollte darin lediglich eine Einschränkung im Rahmen der ‘Schuldfrage’, nicht eine Exkulpation – oder der Versuch zu ihr – gesehen werden. Denn Meinecke sprach sehr klar von der Hypothek, die der „üble Borussismus und Militarismus“ für den Staat Bismarcks bedeutete. Auch sah er in Bismarcks staatsmännischer Leistung etwas, das auf der „Grenze zwischen Heilvollem und Unheilvollem“ lag und das sich dann in Richtung des letzteren entwickelte. Angesichts zweier Weltkriege fragte er schließlich, ob nicht „Keime des späteren Unheils“ im Reiche Bismarcks von „vornherein wesenhaft“ gesteckt hätten[232]. Vieles in den Darlegungen Meineckes blieb noch personalisiert. Aber auf die Zeit Wilhelms II. bezogen schreibt er[233]: Damals sei man mit „harter Herrennatur“ all dem entgegengetreten, was die bestehenden „Machtverhältnisse zwischen Arbeiterschaft, Arbeitgebern und Staatsbehörden, zwischen den Polen der Ostprovinzen, den Dänen Nordschleswigs und dem Staate in freiem und humanem Geiste umzubilden“ sich anschickte. „Die Hakatisten in Posen und Westpreußen, die Scharfmacher der Großindustrie, die junkerlichen Bureaukraten in den Ministerien und Provinzialregierungen, das waren die konkreten Träger dieses innerpolitischen Machtsystems, dessen Kompliment nach außen [. . .] jene alldeutsche Bewegung“ geworden sei. Meinecke sieht in diesem Rahmen eine direkte Kontinuität: „Man mag nun die Unterschiede des damaligen unsozialen

230 Meinecke (II, 31), S. 138.
231 Ebd., S. 9.
232 Ebd., S. 26.
233 Ebd., S. 39.

Herrengeistes von dem späteren Nationalsozialismus Hitlers noch so stark betonen, – im großen Zusammenhang gesehen war er doch eine Vorstufe zu ihm."

Historiographisch konfigurierend wirkte Meinecke darüber hinaus mit seinen Ausführungen zum „dämonischen Ich" Hitlers[234] – auf die darin eingeschlossene Problematik muß nicht erneut eingegangen werden[235] – und durch ansatzweise totalitarismustheoretische „Vergleiche zwischen dem Kommunismus und dem Faschismus"[236], wobei er freilich nicht so weit ging wie Tete Harens Tetens[237].

Wie auch immer man im einzelnen gegenüber Meineckes Geschichtsbild Position beziehen mag, es läßt sich kaum behaupten, daß die von ihm 1946 veröffentlichte Interpretation der jüngsten Vergangenheit auf ein angeschlagenes nationales Selbstbewußtsein ausschließlich balsamische Wirkung haben konnte.

Noch irritierender mußte für nationalkonservative Geister die Sicht Ludwig Dehios sein. In einer Zeit, in der restaurative Strömungen wieder mächtig wurden, griff er die „Entartungen deutscher Machtpolitik" und zugleich die „ideologischen Schwachstellen der deutschen Historiographie" entschlossen an. Allerdings schien Dehio noch davor zurückzuschrecken, die „inneren Strukturprobleme und Fehlentwicklungen" des Deutschen Reiches zu kritisieren. Ihm ging es vorrangig um außen- oder machtpolitische Fragestellungen[238].

Dehio sah Kontinuitäten in der preußisch-deutschen Geschichte, insbesondere im Hinblick auf eine repressive Herrschaftstechnik und das außenpolitische Expansionsstreben[239]. Aber darüber hinaus spielt bei ihm der europäische Einfluß eine dominierende Rolle.

[234] Ebd., S. 90; aber auch S. 87–104 insgesamt.

[235] Vgl. das 'Vorwort' dieser Arbeit.

[236] Dazu Wippermann (II, 60), S. 14f. und S. 23ff., Zit. S. 15.

[237] Tetens, Christentum (I, 28).

[238] Zit. Wehler (II, 60), S. 20 und S. 306, Anm. 18.

[239] Siehe insbes. Ludwig Dehio, Der Zusammenhang der preußisch-deutschen Geschichte 1640–1945, in: Gibt es ein deutsches Geschichtsbild? Hrsg. von Karl Forster. Würzburg 1961, S. 65–91. Zu Dehio vgl. auch

Die Grundidee seiner Interpretation besagt, daß die Katastrophe des Dritten Reiches den Schlußpunkt in der Geschichte des europäischen Staatensystems bildet, die sich ihm als eine Zeit der Hegemonialkämpfe der Großmächte Europas vom ausgehenden 15. bis in die erste Hälfte des 20. Jahrhunderts darstellt. So gesehen steht für Dehio[240] das Ende des Zweiten Weltkrieges – des „letzten Hegemonialkampfes" – vollkommen in der Traditon des Ablaufschemas der voraufgegangenen europäischen Kriege der Neuzeit. Erneut sei der „Ansturm der festländischen Vormacht auf die Höhe der Hegemonie" zurückgewiesen worden. Jedoch habe das Deutsche Reich diesen Versuch teurer bezahlen müssen als jede andere Macht zuvor, denn 1945 sei ein „Äußerstes" eingetreten: Der „Verlierer verlor seine politische Existenz und gefährdete seine physische". Außerdem habe Hitler das Ende des alten Europa herbeigeführt: Dieses sei vermutlich außerstande, einen neuen Hegemonialkampf zu „gebären". Das „große Spiel", das in der Neuzeit erst Europa und dann die Welt in Atem gehalten habe, sei ausgespielt. Dies zeige sich sowohl im „Schicksale der hegemonialen Vormacht" als auch in dem des „säkularen Gegners der jeweiligen Vormacht", d. h. des europäischen Staatensystems. Der Aggressor bezahlte seinen Angriff, der Verteidiger seinen „letzten Triumph" mit dem Leben. Es sei, so Dehio, „als ob sich Duellanten wechselweise durchbohrt hätten".

Mit Berechtigung hat man darauf hingewiesen, daß Dehio in mancher Hinsicht als Vorgänger der Geschichtsinterpretation von Fritz Fischer zu bezeichnen ist, auch wenn er die Entwicklung zwischen 1914 und 1939 nicht so stringent deutet wie dieser. Doch der Nachdruck, mit dem er den „imperialistischen Anwandlungen in der Geschichte des zweiten deutschen Kaiserreiches" nachgegangen sei, und die Hervorhebung der Bedeutung, die einem schwindenden Grenzbewußtsein der deutschen Führung zukommen, deuten einen

Volker R. Berghahn, Ludwig Dehio, in: Deutsche Historiker Bd. IV, hrsg. von Hans-Ulrich Wehler. Göttingen 1972, S. 97–116.

[240] Ludwig Dehio, Gleichgewicht oder Hegemonie. Betrachtungen über ein Grundproblem der neueren Staatengeschichte. Krefeld 1948; Zit. 'Volksausgabe', Krefeld 1962, S. 228f.

verwandten Zugang an[241]. Wenn hingegen A. J. P. Taylor[242] Dehio für seine These in die Pflicht zu nehmen versucht, daß Hitler nicht viel mehr als ein machtpolitisch kalkulierender deutscher Revisionspolitiker gewesen sei, der den herkömmlichen Rahmen nicht sprengte[243], so geschieht dies unzulässigerweise. Auf den Unterschied zwischen der Politik Hitlers und derjenigen seiner Vorgänger machte Dehio nämlich nachdrücklich aufmerksam[244]. Bedenkenswerter sind kritische Anmerkungen, die hervorheben, daß Dehio, der Hitler zwar als Personifizierung der 'Dämonie des dritten Grades' oder als 'satanisches Genie' bezeichnet[245], letzten Endes nicht zu erklären vermöge, „warum Hitlers Name bis heute mit dem Begriff Auschwitz in eins genannt werden" müsse[246]. Hier treten in der Tat die Grenzen des hegemonialpolitischen Ansatzes zutage.

Wegen der Vernachlässsigung der Herrschaftstechnik meldete Theodor Schieder Vorbehalte gegenüber Dehio an. Dieser verwische – im Rahmen seiner insgesamt einleuchtenden Deutung – das „Spezifische der nationalsozialistischen Machttechnik, ihren totalitären Charakter, ihren Terrorismus, ihren Versuch, eine entgliederte und aufgelöste Massengesellschaft durch einen politischen Apparat, die alle Lebensbereiche durchdringende Partei, zu reorganisieren"[247]. Gerade in diesem Faktum müsse jedoch, jenseits eines rein außenpolitischen Verständnisses, das entscheidende „– durchaus negativ zu bewertende – Charakteristikum der nationalsozialistischen Ära" gesehen werden.

Ganz gewiß ist zu berücksichtigen, daß auch im politischen System des Dritten Reiches Inneres und Äußeres zusammengehören, schließlich hat Hitler die Bedeutung, die der Schaffung einer ge-

241 Vgl. Hans Herzfeld, Machtergreifung und Kontinuität des Imperialismus, in: AuZ B 5/63, 30. 1. 1963, S. 3–8, hier S. 4.

242 Taylor (I, 101).

243 Vgl. Hildebrand, 'Fall Hitler' (Vw. 12), S. 380; Michalka (Vw. 6), S. 162.

244 Dazu Herzfeld (II, 241), S. 4.

245 Dehio (II, 41), S. 30.

246 Hildebrand, 'Fall Hitler' (Vw. 12), S. 380.

247 Th. Schieder (Anh. 1), S. 27.

sicherten Basis im innenpolitischen Bereich für die Verwirklichung seiner außenpolitischen Zielsetzungen zukam, bereits in seinen Schriften wiederholt betont.

Zu den Protagonisten des Protestes, mit dem die Geschichtswissenschaft – neben den großen Diskussionsbeiträgen seitens Meineckes und Dehios – auf die Provokation durch die Kontinuitätsthese reagierte, gehörte Gerhard Ritter. Die Behauptung, es habe eine scharfe Trennlinie zwischen Hitler und der sogenannten normalen Entwicklung Deutschlands gegeben, die These, daß Hitler einen 'Betriebsunfall' innerhalb der nationalen Vergangenheit darstelle, Redewendungen wie jene vom Rätsel oder Dämon Hitler, die Deklarierung des Nationalsozialismus zum Import aus Österreich oder zu einer Konsequenz der gesamteuropäischen Entwicklung seit der Revolution in Frankreich, all das zählte zum Repertoire des Widerspruchs[248]. Ritters Geschichtsdeutung ist dennoch – trotz der berechtigten Vorbehalte gegen ihre apologetischen Neigungen – mehr gewesen als ein durchsichtiger Versuch, die deutsche Vergangenheit zu rehabilitieren[249]. Gleiches können andere – ebenfalls nationalen Traditionen verpflichtete – Historiker wie Hans Herzfeld[250] oder Hans Rothfels[251] für sich beanspruchen, die ähnlich wie Ritter argumentierten.

Im Hinblick auf ihre Beantwortung der Frage nach den Kontinuitätslinien von Bismarck zu Hitler kommentierte allerdings Alf

[248] Vgl. zu Gerhard Ritter u. a.: Europa und die deutsche Frage. Betrachtungen über die geschichtliche Eigenart des deutschen Staatsdenkens. München 1948; d. i. Vorläufer von: Das deutsche Problem. Grundfragen deutschen Staatslebens gestern und heute. München 1962; ders., Die Dämonie der Macht. Betrachtungen über Geschichte und Wesen des Machtproblems im politischen Denken der Neuzeit. München [6]1948, insbes. S. 90–163; ders., Geschichte als Bildungsmacht. Ein Beitrag zur historisch-politischen Neubesinnung. 2., erweit. Aufl. Stuttgart 1947.

[249] Iggers (II, 58), S. 347; und S. 339–347, insgesamt zu Ritter; sowie Andreas Dorpalen, Gerhard Ritter, in: Deutsche Historiker (II, 59), S. 86–99.

[250] Dazu Michalka (Vw. 6), S. 160f.

[251] Vgl. Hildebrand, 'Fall Hitler' (Vw. 12), S. 189f.

Lüdtke das Vorgehen der „altliberal-konservativen Restaurateure des Wissenschaftsbetriebes um Gerhard Ritter und Hans Rothfels" dahin, daß diese die Frage wortwörtlich genommen und „damit entschärft" hätten. Indem sie den „Blick auf die Deszendenz der Führer, der Ideen und Institutionen" lenkten, blieben die wirklich entscheidenden Momente verdunkelt: „Die sozialen wie ökonomischen Bedingungen und Funktionen ihrer Herrschaft." [252] Zwar entstanden bereits in den ausgehenden fünfziger Jahren Diskussionen über strukturgeschichtliche Interpretationsmöglichkeiten [253], aber trotz der bemerkenswerten Vorgaben aus der Zeit vor 1945 kam es erst in den sechziger Jahren zu einer Auseinandersetzung mit der funktionalen Kontinuität von Machteliten und Herrschaftsbedingungen. Nun wurden andere als rein ideologiegeschichtliche und außenpolitische Fragestellungen untersucht, die etwa auch bei Meinecke und Dehio noch im Vordergrund gestanden hatten.

Den Umschwung zu einer kritischen Geschichtsschreibung des 19. und 20. Jahrhunderts leitete dann – darüber herrscht weitgehend Einigkeit [254] – Fritz Fischers großes Werk 'Griff nach der Weltmacht' ein [255]. Dabei ist die gewaltige Wirkung, die Fischer mit seinem Buch – indirekt auch auf die Hitler-Forschung – ausübte, auf den ersten Blick nicht ohne weiteres zu verstehen. Methodisch ging er ja zunächst verhältnismäßig konventionell vor, erst später stellte Fischer „sozioökonomische Faktoren zur Erklärung politischer Entscheidungen immer deutlicher heraus und erweiterte damit die Dimensionen der Politikgeschichte" [256]. Und was die Kontinuitätsfrage anbelangt, so hatte er sich im 'Griff nach der Weltmacht' mit Andeutungen und Hinweisen auf relevante Elemente innerhalb der Entwicklung vom Kaiserreich zum Dritten Reich – eingeschlossen

[252] Lüdtke (II, 212), S. 105.

[253] Dazu Wehler (II, 60), S. 21f., Literaturhinweise S. 306f., Anm. 20; und Lüdtke (II, 212), S. 105–108.

[254] Vgl. u. a. Hildebrand (I, 290), S. 190; Lüdtke (II, 212), S. 108ff.; Michalka (Vw. 6), S. 165f.; Wehler (II, 60), S. 23ff.

[255] Fischer (II, 56).

[256] So Wehler (II, 60), S. 24.

die Politik Stresemanns – begnügt. Erst Jacques Droz und Hajo Holborn haben die Kontinuitätslinien in Fischers Geschichtsbild „mit aller Nachdrücklichkeit herausgearbeitet und darauf hingewiesen, daß damit ein Politikum geschaffen sei“ [257].

Das traf zu, denn Fritz Fischer blies mit seinen Thesen – gewollt oder ungewollt – zum Sturm auf die traditionellen Bastionen der deutschen Historiographie. Die intellektuelle Reaktion war deprimierend [258]: „Es ging einmal mehr um 'Schuld' und nicht um Ursachen oder 'Strukturen'.“ Zumindest in den meisten Fällen verhielt es sich so [259], und noch immer scheint manch einer in der Auseinandersetzung mit diesem Thema der Versuchung nicht widerstehen zu können, emotionale Betroffenheit als wissenschaftliches Argument in die Debatte einzubringen [260].

Dennoch, die Diskussion des Kontinuitätsproblems in der deutschen Geschichte des 19. und 20. Jahrhunderts wurde mit den Forschungen der sogenannten Fischer-Schule [261] innerhalb der deutschen Geschichtswissenschaft definitiv etabliert. Ein wesentliches Merkmal des interpretatorischen Ansatzes dieser Historiker ist es, daß sie – in der Tradition von E. Kehr [262] – vom Primat der Innenpolitik ausgehen. Alles in allem wurden dabei (unabhängig von den speziellen Ergebnissen, welche die Analyse der Politik Bismarcks aus der methodischen Perspektive des bonapartistischen oder caesaristischen Erklärungsmodells erbrachte) nicht nur im Bereich der Außenpolitik, sondern auch beim Vergleich der Herrschaftsmethoden Erkenntnisse gewonnen, die es erlaubten, über die schon früher konstatierten lockeren Ähnlichkeiten hinaus, klare Kontinuitätsketten von Bismarck zu Hitler nachzuweisen [263].

Fritz Fischer hat seine Sicht der Kontinuität zuletzt in dem Buch

[257] Fischer (II, 216), S. 350.
[258] Lüdtke (II, 212), S. 109.
[259] Vgl. Fischer, Juli 1914 (II, 56).
[260] Vgl. Wehler (II, 60), S. 24f. und S. 309, Anm. 26.
[261] Ausführlich Wippermann (II, 60), S. 19 und S. 37, Anm. 74.
[262] Kehr (II, 206).
[263] Belege bei Wippermann (II, 60), S. 36f., Anm. 71–76.

'Bündnis der Eliten' erneut konzentriert dargestellt[264]: Für ihn wurde das Dritte Reich durch das Bündnis zwischen Hitler und den „traditionellen agrarischen und industriellen Machteliten, die zugleich in der Wehrmacht und in der Diplomatie dominierten" ermöglicht. Als Repräsentanten der Kontinuität nationalstaatlicher Tradition, vertraut mit allen „Varianten der ökonomisch und militärisch begründeten deutschen Großmachtpolitik" vor dem Ersten Weltkrieg, spielten diese dann im Rahmen der Kriegsvorbereitungen Hitlers eine entscheidende Rolle. Die Effizienz der deutschen Rüstung wäre ohne sie nicht gegeben gewesen. Dabei ging es ihnen im wesentlichen um die „Wiederaufrichtung der deutschen Großmacht über die bloße Revision von Versailles hinaus, vor allem mit 'Blick auf Osteuropa, auf ein Ostimperium, das die wehrwirtschaftliche Autarkie sicherte'". In dieser militärisch zu verwirklichenden Zielsetzung erkennt Fritz Fischer eine ungebrochene Kontinuitätslinie, die vom Kaiserreich über den Frieden von Brest-Litowsk, die Weimarer Republik, in der solche Vorstellungen im Denken der Machteliten konserviert waren, zum Staat Hitlers und hin zum Zweiten Weltkrieg führt. Den Dreh- und Angelpunkt der Verbindungen zwischen dem Kaiserreich und dem Dritten Reich bildet für ihn die Ablehnung der Ergebnisse des Ersten Weltkrieges durch die traditionellen Machteliten. Diese seien zum zweiten Mal dem Irrtum verfallen, ihre privilegierte gesellschaftliche Position im Staate – notfalls durch militärische Expansion nach außen – gegen den „Wandel der Gesellschaft im Industriezeitalter" behaupten zu können. Und erneut hätten sie übersehen, daß weder die europäischen Großmächte noch die Vereinigten Staaten eine „deutsche Hegemonie auf der Basis kriegerischer Expansion" hinnehmen würden.

Freilich – so Fischer –, Kontinuität heiße „nicht Identität, schon gar nicht ungebrochene Identität". Unübersehbar sei, daß es „zahlreiche Unterschiede im Ausmaß der Ziele, in Methoden und Mentalität zwischen dem kaiserlichen und dem nationalsozialistischen Deutschland" gebe. Insbesondere bewahrte sich das Kaiserreich

[264] Fritz Fischer, Bündnis der Eliten. Zur Kontinuität der Machtstrukturen in Deutschland 1871–1945. Düsseldorf 1979, S. 93 ff.

stets den Charakter des Rechtsstaats, während im Dritten Reich Rechtlosigkeit, Terror, Vertreibung und Völkermord praktiziert wurden. Die „verbrecherisch-unmenschlichen Züge der Hitler-Diktatur" seien als einzigartig einzustufen. Aber die geschichtliche Wirklichkeit werde in unzulässiger Weise verkürzt, sehe man das Dritte Reich „allein von diesem Geschehen aus" [265]. Vielmehr sei es erforderlich, die „durchgehenden Strukturen und Ziele des 1866/71 entstandenen und 1945 untergegangenen Preußisch-Deutschen Reiches zu analysieren, sich das Kontinuum im Wandel und seine Wirkungen im internationalen System zu vergegenwärtigen".

Mit der Veröffentlichung der Thesen Fischers [266] setzte eine lebhafte Erörterung des Kontinuitätsproblems ein. Im wesentlichen kristallisierten sich – soweit die Hitler-Interpretation angesprochen ist – zwei Richtungen heraus. Die eine knüpfte an die Arbeitsergebnisse von Dehio und Fischer im machtpolitischen Bezugsfeld an, dabei von außenpolitischen und ideologischen Fragestellungen ausgehend. Die andere konzentrierte sich auf die innere Entwicklung, bettete die Expansionspolitik Hitlers – im Rahmen des sozialimperialistischen Interpretationsmodells – ein in die Kontinuität herkömmlicher innenpolitischer Krisenstrategien der preußisch-deutschen Herrschaftseliten. Repräsentativ für einen derartigen Zugang sind u. a. die Untersuchungen von H.-U. Wehler. Darauf wurde in der Auseinandersetzung mit der Sonderweg-Theorie bereits hingewiesen, der methodische Ansatz ist also nicht erneut zu diskutieren [267].

Anzumerken ist jedoch, daß unter 'Sozialimperialismus', ein Deutungsmodell, das K. D. Bracher – angeregt durch die Arbeiten von Historikern wie Hans W. Gatzke oder Fritz Fischer – Anfang der sechziger Jahre in seiner Untersuchung über Hitlers „Macht-

[265] Vgl. direkt dazu die kritischen Anmerkungen von Gregor Schöllgen, Wer machte im Kaiserreich Politik? Zwischen 'persönlichem Regiment' und 'polykratischem Chaos', in: NPL 25 (1980), S. 79–97, hier S. 91.

[266] Hinzuweisen ist hierbei auf Fritz Fischer, Krieg der Illusionen. Die deutsche Politik von 1911 bis 1914. Düsseldorf 1969, wichtig vor allem auch für Fischers methodischen Zugriff.

[267] Wehler (II, 205).

ergreifung“[268] zur Beschreibung der nationalsozialistischen Herrschaftspolitik heranzog, jener „politisch und ökonomisch zugleich begründete [...] Manipulationsvorgang“ verstanden wird, „durch den mit Hilfe einer intensiven psychologischen Propaganda die sozialen Emanzipations- und Bewegungskräfte *innerhalb* des Staates auf die Expansion der *äußeren* Grenzen und die Steigerung des nationalen Prestigegefühls abgelenkt, scheinbar kompensiert und letztlich sogar in ein Instrument imperialistischer Machtpolitik verkehrt werden“. Hier gibt es, sofern dieser Interpretation zugestimmt werden kann, deutliche Verbindungslinien zwischen dem Dritten Reich und dem Kaiserreich, in dem derartige „Ablenkungs- und Manipulationstendenzen“ ebenfalls zum Tragen kamen.

Daß ein solches Strategem – Erhaltung des Sozialgefüges durch Ablenken von Schwierigkeiten im Innern mittels außenpolitischer Aktivitäten – im Kalkül der Machteliten, die Hitler 1933 zur Kanzlerschaft verhalfen, eine Rolle spielte, akzeptieren auch die Kritiker des sozialimperialistischen Ansatzes[269]. Abgelehnt wird dagegen die Anwendung des Modells auf Hitlers eigene Politik. Denn dieser habe sich kaum außenpolitischer Hilfsmaßnahmen bedienen müssen, um einer Politik der „sekundären Integration“ zum Erfolg zu verhelfen. Schließlich habe es im Dritten Reich sozialpolitische Instrumentarien gegeben, und darüber hinaus vermochte das Regime jederzeit terroristische Mittel einzusetzen, um sein Ziel zu erreichen. Eine Notwendigkeit, auf außenpolitisches „Terrain“ auszuweichen, scheint vor diesem Hintergrund nicht gegeben gewesen zu sein. Und so wurde schließlich festgestellt, daß der Versuch, den „Verlauf der preußisch-deutschen Geschichte auf ihrem Weg von Bismarck zu Hitler mit Hilfe eines ‘Bonapartismus-Faschismus-Modells’ zu erklären“, im Hinblick auf die Interpretation der außenpolitischen Entwicklung zum Scheitern verurteilt sei. Mögli-

[268] Vgl. Bracher, Schulz, Sauer (I, 103), hier Bd. 1: Karl Dietrich Bracher, Stufen der Machtergreifung. Frankfurt a. M., Berlin, Wien 1974, S. 311f.

[269] Dazu Klaus Hildebrand, Innenpolitische Antriebskräfte der nationalsozialistischen Außenpolitik, in: Nationalsozialistische Außenpolitik (I, 102), S. 175–197, hier S. 184.

cherweise lasse sich eine Problemkontinuität verifizieren, doch die von Hitlers Regime beschrittenen Lösungswege seien neu gewesen. Außerdem habe man von einer fundamental unterschiedlichen Grundhaltung vor 1914 und nach 1933 auszugehen. Im Kaiserreich ging es in erster Linie um die Bewahrung gesellschaftlicher Strukturen, im Staate Hitlers wurde hingegen die „Zerstörung“ des traditionellen Gesellschaftsgefüges und seine „Transformation in eine biologisch geprägte Herrschaftsordnung“ angestrebt. Eine Option für die eine oder die andere Position impliziert zugleich die Entscheidung in der für diesen Forschungsbericht ebenfalls zentralen Frage, ob Hitler als der letztlich allein ausschlaggebende Entscheidungsträger anerkannt wird, oder ob man einem polykratischen Herrschaftsmodell den Vorzug gibt, in dem miteinander rivalisierende Machtgruppen ihre Vorstellungen gegen Hitler durchsetzen konnten[270].

Im Hinblick auf die nationalsozialistische Außenpolitik vertraten insbesondere Andreas Hillgruber und zahlreiche seiner Schüler die Kontinuitätsthese. Dabei machte Hillgruber – einem unerläßlichen Erfordernis entsprechend – sehr nachdrücklich auch auf die wesentlichen Unterschiede aufmerksam. Diese resultierten nicht aus abweichenden territorialen Zielsetzungen oder einer quantitativ unterschiedlichen Dimension der Expansions- und Eroberungsabsichten. Hier läßt sich – selbst in den Details – eher Kontinuität als Diskontinuität verzeichnen. Doch habe die von Hitler anvisierte Weltmachtstellung des Deutschen Reiches als Folge der „Überlagerung dieser weitgespannten machtpolitischen Komponente mit radikalen rassenideologischen Zielvorstellungen eines universalen Antisemitismus“ eine andere Qualität angenommen als alles, was jemals zuvor von deutschen Machtpolitikern angestrebt worden sei[271].

[270] Ebd., S. 184f.

[271] Hillgruber (II, 216), S. 23; vgl. auch ders., Deutschlands Rolle in der Vorgeschichte der beiden Weltkriege. 2., erg. Aufl. Göttingen 1979, S. 73ff.; ders., Die gescheiterte Großmacht. Eine Skizze des Deutschen Reiches 1871–1945. Düsseldorf 1980, S. 76f.; und ders., Die 'Endlösung' und das deutsche Ostimperium als Kernstück des rassenideologischen Programms des Nationalsozialismus, in: Hitler, Deutschland und die Mächte (II, 91), S. 94–114.

In seiner 'Geschichte des weltpolitischen Denkens' bestätigte Heinz Gollwitzer diese Sicht im Kontext seiner Auseinandersetzung mit den inhaltlichen und ideologischen Interdependenzen zwischen imperialistischer Weltpolitik und faschistischer Machtpolitik[272]. Und Klaus Hildebrand hat in seinem beeindruckenden Versuch, Hitlers Ort in der Geschichte des preußisch-deutschen Nationalstaates zu bilanzieren, das Problem der außenpolitischen Kontinuität oder Diskontinuität, das sich aufgrund der Paradoxie der weitgehenden formalen Zielidentität einerseits und der qualitativen Verschiedenheit im Fundamentalen andererseits stellt, nicht nur präzise beschrieben, sondern auch – im Verständnis Hillgrubers – die entscheidende Differenzierung zeitlich fixiert, indem er feststellte: „Dem Diktum [...] über den zwar verschlungenen, aber unleugbar vorhandenen Weg deutscher Geschichte, der von Bismarck zu Hitler geführt habe, ist beizupflichten, wenn man an die Bedingungen der 'Ermöglichung' Hitlers denkt, nicht jedoch, wenn man den Blick auf die seit den zwanziger Jahren festliegenden Endziele seiner Herrschaft richtet, die ab 1936/37 ihr Eigengewicht entwickelten und verwirklicht wurden[273]."

Kontinuität existierte insgesamt im Umfeld großmachtpolitischer Vorstellungen, obwohl in dieser Hinsicht zumindest für die Zeit der Weimarer Republik genau gesagt werden muß, von welcher der recht unterschiedlichen politischen Richtungen gerade die Rede ist[274]. Schwieriger ist es im sozialpsychologischen Bereich, aber grundsätzlich scheint es doch fragwürdig zu sein, „Hitler in der Rolle des Mannes" auftreten zu lassen, von dem das „deutsche Volk weitgehend unbewußt dahin geführt wurde, wohin es in einem dunklen Drang strebte, ohne selbst von sich aus wirklich diesen Weg gehen zu wollen"[275]. Eine neuere Arbeit über die „öffentliche Mei-

[272] Heinz Gollwitzer, Geschichte des weltpolitischen Denkens. Bd. II: Zeitalter des Imperialismus und der Weltkriege. Göttingen 1982, S. 543.

[273] Hildebrand (II, 60), S. 628f.

[274] Hillgruber (II, 40), S. 26f.

[275] Raymond Poidevin und Jacques Bariéty, Frankreich und Deutschland. Die Geschichte ihrer Beziehungen 1815–1975. München 1982, S. 372.

nung zwischen Kriegsächtung und Kriegsverherrlichung" am Ausgang der Weimarer Republik gelangt zum Beispiel zu dem Ergebnis, daß Hitler an einen vor seiner Machtübernahme begonnenen „Prozeß der Remilitarisierung" des öffentlichen Bewußtseins anzuknüpfen vermochte[276].

Zu simplifizierend wäre es wiederum, die Geschichte der offiziellen Außenpolitik der Weimarer Zeit grobschlächtig unter dem Vorzeichen revisionistischer Zielsetzungen zu schreiben, um deren Vertreter dann pauschal zu Wegbereitern Hitlers zu erklären[277]. Diese gab es unter jenen selbstredend. Aber mit überzeugenden Argumenten wurde längst darauf aufmerksam gemacht, daß der Machtantritt Hitlers in erster Linie einen „Triumph der radikalsten Verfechter" der „militanten 'Rechts'-Opposition zur offiziellen deutschen Außenpolitik der Wilhelminischen Ära und der Weimarer Republik" markiert habe[278].

Freilich, man hat die These von der Kontinuität innerhalb der deutschen Außenpolitik auch grundsätzlich – also nicht nur für die Phase der Republik – mit einem Fragezeichen versehen. So meinte H.-A. Jacobsen[279], damit selbst einer so differenzierten Sicht wie

276 Wolfram Wette, Von Kellogg bis Hitler (1928–1933). Die öffentliche Meinung zwischen Kriegsächtung und Kriegsverherrlichung, in: Der gerechte Krieg: Christentum, Islam, Marxismus. Friedensanalysen 12, hrsg. von der Hessischen Stiftung Friedens- und Konfliktforschung. Frankfurt a. M. 1980, S. 233–268, Zit. S. 259.

277 Deutlich bei Charles Bloch, Hitler und die europäischen Mächte 1933/1934. Kontinuität oder Bruch? Frankfurt a. M. 1966, widersprechend dazu Hillgruber (II, 40), S. 26. Zurückhaltender argumentiert Bloch in: Die Wechselwirkung der nationalsozialistischen Innen- und Außenpolitik (1933–1939), in: Hitler, Deutschland und die Mächte (II, 91), S. 205–222, hier S. 206.

278 Hillgruber, Gescheiterte Großmacht (II, 271), S. 76.

279 Hans-Adolf Jacobsen, Zur Kontinuität und Diskontinuität in der deutschen Außenpolitik im 20. Jahrhundert, in: ders., Von der Strategie der Gewalt zur Politik der Friedenssicherung. Beiträge zur deutschen Geschichte im 20. Jahrhundert. Düsseldorf 1977, S. 9–32, Zit. S. 10; entsprechend in: ders., Nationalsozialistische Außenpolitik, 1933–1938. Frankfurt a. M. 1968, S. 618f.

derjenigen Hillgrubers – wonach im außenpolitischen Bereich eine der „vielen 'Brücken' zu Hitler" existierte[280] – in gewisser Weise widersprechend, daß die nationalsozialistische Außenpolitik nicht so sehr im „Lichte der Kontinuität" gesehen werden sollte, sondern „vielmehr unter dem Aspekt eines revolutionären Umbruchs". Er begründet diese Forderung sowohl mit den spezifischen Zielsetzungen, die eben inhaltlich unvergleichbar seien, als auch mit den Methoden ihrer Durchsetzung, für die es keinerlei selbstauferlegte Schranken gab. Alles war erlaubt.

In der Tat hat Hitler die klassischen Inhalte deutscher Großmachtpolitik im Rahmen der Realisierung seines rassenbiologisch begründeten, zutiefst inhumanen Absichten dienenden Programms revolutioniert. Darüber gibt es an sich kaum Meinungsverschiedenheiten. Problematischer ist es jedoch, zu bestimmen, wann im Zuge der praktischen Durchsetzung der nationalsozialistischen Außenpolitik traditionelle, von Hitler lediglich übernommene und genuin nationalsozialistische außenpolitische Zielsetzungen derart in Widerspruch zueinander gerieten, daß Diskontinuität manifest wurde.

Kontinuität existierte darüber hinaus – und nicht zuletzt – in bezug auf die Machteliten. Sie war – zumindest im subjektiven Empfinden – in einigen kulturell relevanten Bereichen und insbesondere auf dem Felde der politischen Kultur gegeben[281]. Erinnert sei in derartigem Kontext nur an einige Stichworte, z. B. autoritäre Disposition, radikaler Nationalismus, Sehnsucht nach dem charismatischen Führer, obrigkeitsstaatliches Denken, Interventions-

280 Hillgruber, Kontinuität (II, 216), S. 20.

281 Als Auswahl vgl.: Krockow (II, 44); Gert Kalow, Hitler – das deutsche Trauma. Überarb. und erg. Neuauflage. München 1974; Stern, Hitler (Vw. 15); Hubert Kiesewetter, Von Hegel zu Hitler. Eine Analyse der Hegelschen Machtstaatsideologie und der politischen Wirkungsgeschichte des Rechtshegelianismus. Vorw. von Ernst Topitsch. Hamburg 1974, S. 233–340; vgl. direkt dazu: Ernst Topitsch, Die Chronique scandaleuse der Dialektik. Von Hegel zu Hitler. Über eine geistige Wunderwaffe, in: FAZ, 12. 1. 1974. Nicht unproblematisch ist die vergleichende Untersuchung von Ernst R. Sandvoß, Hitler und Nietzsche. Göttingen 1969.

staatsmentalität, Militarismus, Antibolschewismus, Antisemitismus, Sonderbewußtsein, antidemokratisches Denken oder Volksgemeinschaftsideologie.

Hitler war, darauf deutet das Vorhandensein derartiger Kontinuitäten erneut hin, kein 'Zufall', kein 'Betriebsunfall', und das Dritte Reich nahm sich von seinen Anfängen her gesehen keineswegs als 'Fremdkörper' innerhalb der Geschichte des deutschen Nationalstaates aus. Erst in der Rückschau nimmt es 'irgendwann' den Ausdruck des Fremden an. So eindeutig also einerseits gewisse Kontinuitäten zwischen dem Reiche Bismarcks und demjenigen Hitlers den Weg zum 30. Januar 1933 und manche Entwicklung danach zu erklären vermögen, so unbestreitbar ist es andererseits, daß Hitler diese Kontinuitäten zwar als Vehikel benutzte, sie aber letztendlich 'zerbrach'[282]. Damit wäre erneut die qualitative Diskontinuität thematisiert. Die überzeugendste Lösung – jedenfalls für den Bereich der Außenpolitik – dürfte in diesem Zusammenhang die Interpretation von Hillgruber und Hildebrand bieten.

3. *Hitler – ein Revolutionär?*

Als nach dem 5. März 1933 der Terminus 'nationale Revolution' offiziöser Sprachgebrauch wurde, meldeten zeitgenössische Beobachter, denen es um mehr als die Registrierung emotionaler Vibrationen gegangen zu sein scheint, sofort Bedenken gegen eine solche Etikettierung an. Die Art und Weise, in der sich die Etablierung des sogenannten Kabinetts der nationalen Konzentration vollziehe, sei zwar von revolutionären Merkmalen gekennzeichnet, aber späteren Erörterungen müsse es vorbehalten bleiben zu entscheiden, ob das Ergebnis der März-Wahlen als 'Revolution' oder besser als 'Evolution' bewertet werden solle[283].

Aus einer eher formalen Perspektive wurde damit das zentrale Problem jeder Auseinandersetzung mit der 'nationalsozialistischen

282 Vgl. Nipperdey (II, 194), S. 94–100, Zit. S. 99.
283 'Hitlers Machtergreifung' (I, 153), Dok. 107, S. 146f.

Revolution' angesprochen: die qualitative Zuordnung eines Vorganges zu einem Begriff, der hinsichtlich seiner historischen Interpretation zunächst einmal mit bestimmten Inhalten besetzt ist. Bei streng philologischer Anwendung wäre er zwar eventuell wertfrei einzusetzen, würde dadurch aber wiederum so formal, daß es sich fragt, ob seine Verwendung überhaupt noch Aussagewert hätte. Ein in diesem Sinn verstandener Revolutionsbegriff würde sich auf jeden Fall dem Verdacht aussetzen, ahistorisch zu sein.

Keine Frage ist es jedoch, daß der Terminus 'Revolution' 1933 sowohl von den Anhängern als auch von den Gegnern des nationalsozialistischen Regimes benutzt wurde, um den Machtantritt und seine Folgen zu charakterisieren. Zweifellos geschah das in den meisten Fällen plakativ, ohne Reflexion einer präzisen Revolutionsidee, die sich als Definitionshilfe heranziehen ließe. Kommentare orientierten sich mehr an der äußeren als an der inneren Veränderung des Staates. Ein Versuch, die verschiedenen Aussagen zur sogenannten 'NS-Revolution' – soweit sie aus der Hitler-Zeit überliefert sind – zusammenzustellen, ergäbe nach aller Wahrscheinlichkeit ein vermutlich nicht zu strukturierendes Konglomerat subjektiv geprägter und insgesamt widersprüchlicher Vorstellungen, die diesbezüglichen Einlassungen von hohen und höchsten Repräsentanten des Nationalsozialismus eingeschlossen[284].

Bei aller Vagheit, die solcherlei Einschätzungen inhaltlich eigen war, ist allerdings – zumindest verbal – eine Orientierung an Wertvorstellungen gegeben gewesen, die vorwiegend der Ideenwelt der zweiten Hälfte des 19. und den ersten drei Jahrzehnten des 20. Jahrhunderts entstammen. Diese lassen sich letztlich unter dem – ebenfalls eher romantisch-politische Sehnsüchte als genaue Begriffsinhalte transportierenden – Schlagwort von der 'abendländischen Revolution' subsumieren. Paradoxerweise provozierten hier ideologische und politische Elemente eines Staats- und Daseinsverständnisses, die von grundsätzlich völlig verschiedenen geistigen Strömungen getragen worden sind, bei unterschiedlichen Adressaten – ge-

[284] Vgl. z. B. ebd., Dok. 69, 92, 117, 132, 168, 177, 193, 214, 228, 230, 239, 240, 253, 265, 282, 285, 287, 288, 293, 303, 325, 333.

meinsam – einen gesellschaftlichen Protest, d. h. das Verlangen nach einer neuen Existenzgestaltung[285].

Die tiefe Wirkung der hinter dem Terminus 'abendländische Revolution' verborgenen Vorstellungen im Nationalsozialismus hat Otto Straßer, der im übrigen den „revolutionären Charakter, den anti-bürgerlichen, den anti-kapitalistischen, den anti-religiösen" Wesenszug des „Faschismus" eindringlich betonte[286], besonders hervorgehoben. Es versteht sich von selbst, daß er von selektierten Vorstellungen ausging. In Straßers Verständnis war der Machtantritt Hitlers eine Konsequenz der Tatsache, daß die Revolution 1918, als sie eigentlich hätte stattfinden müssen, steckenblieb. Denn die „Unzufriedenheit der Menschen mit dem 'bürgerlichen Zeitalter'" sei damals ungelöst geblieben. Man habe die alten Verhältnisse hinter neuen Fassaden bewahrt, was dann ein zweites Mal zu einer revolutionären Situation geführt habe, die den Aufstieg des „Tatmenschen" Hitler ermöglichte[287]. Auf die inhaltlichen Implikationen des nationalsozialistischen Revolutionsbegriffs geht Straßer zwar nicht im Detail ein, aber er unterstreicht die revolutionäre Intention. Ihm selbst wird ein solches Wollen zuzugestehen sein. Doch gerade Straßer hat vor 1945 der nationalsozialistischen Machtübernahme den revolutionären Charakter abgesprochen. Hitler war für ihn ein Verräter der Revolution, kein Revolutionär.

Hitler dazu auf der Basis einer Exegese seiner eigenen Äußerungen und derjenigen von Zeitgenossen – gleich in welchem Lager diese standen – machen zu wollen, birgt enorme Risiken in sich, weil man sich zwangsläufig, zumindest weitgehend, im Bereich des Spekulativen bewegen muß. Gezielt realisiert wurden ja lediglich Hitlers außenpolitische und vernichtungsstrategische Vorstellungen, und auch dies nur in einem gewissen (freilich dennoch schon fürchterlichen) Ausmaß. Dieser Vorbehalt berührt nicht das Faktum, daß es in der nationalsozialistischen Politik und Ideologie Elemente gab, die – im philologischen Verständnis – revolutionär genannt werden

[285] Eingehend dazu Straßer (I, 71), S. 26–43.

[286] Ebd., S. 52.

[287] Ebd., S. 49, aber auch S. 44–52.

dürfen. Bezeichnenderweise sprach selbst Robert Koehl, der – von der Feudalismustheorie ausgehend – in nachhaltiger Weise den atavistischen Charakter des zu erwartenden nationalsozialistischen Herrschaftssystems im Rahmen seiner strukturgeschichtlich angelegten Untersuchung herausarbeitete, von den „Nazis“ und den anderen Revolutionären in der Geschichte[288]. Es ist nicht anzunehmen, daß Koehl diesen Vergleich definitorisch-typisierend verstand.

Insgesamt gesehen könnte mit gutem Grund empfohlen werden, generell den Gebrauch des Revolutionsbegriffs wegen der Definitionsschwierigkeiten im wissenschaftlichen Bereich aufzugeben[289]. Man hätte sich dann anderer Kategorien zur Beschreibung historischer Umwälzungen zu bedienen. Aber diese radikale Konsequenz scheint die Forschung noch nicht ziehen zu wollen[290].

Wird der Terminus also beibehalten, so geht es im Hinblick auf das Thema nur noch um seine Anwendbarkeit auf den Nationalsozialismus, und somit wird das spezielle Revolutionsverständnis des einzelnen Wissenschaftlers zum entscheidenden Kriterium.

Hans Mommsen fragte ganz gezielt, ob es „sinnvoll“ sei, dem „Nationalsozialismus das Epitheton ‘revolutionär’ zu verleihen und sich damit der Sprache des deutschen Neokonservativismus anzuschließen, der die traditionelle politische Begriffswelt durch eine

[288] Robert Koehl, Feudal Aspects of National Socialism, in: APSR 54 (1960), S. 921–933, hier S. 932.

[289] Vgl. Eugen Weber, Revolution? Counterrevolution? What Revolution? In: Walter Laqueur, Fascism. A Reader's Guide. Analysis, Interpretations, Bibliography. Berkeley, Los Angeles 1978, S. 435–467.

[290] Hier ist auf die vorzügliche Staatsexamensarbeit von Rainer Zitelmann, Soziale Zielsetzungen und revolutionäre Motive in Hitlers Weltanschauung als Forschungsdesiderat. Darmstadt 1983 (masch.schr.), hinzuweisen. Zitelmann kritisiert sowohl die These, daß die „Wirkungen der sozialen Revolution“ von Hitler nicht beabsichtigt, als auch jene, daß dessen Zielsetzungen rückwärtsgewandt gewesen seien. Er beabsichtigt, seine Argumentation in der Dissertation – ‘Soziale Zielsetzungen und revolutionäre Motive in Hitlers Weltanschauung (Hitlers Selbstverständnis als Revolutionär)’ – umfassend zu belegen. Für die freundliche Überlassung des Manuskripts seiner Staatsexamensarbeit danke ich Herrn Zitelmann sehr.

neuartige Auffüllung für sich politisch zu mobilisieren versucht" habe. Gehe man davon aus, daß „Faschismen ihre eigentliche Kraft aus der Mobilisierung gesellschaftlicher Ressentiments der antimodernistischen Sektoren ziehen, ohne daß sie darum gehindert sind, in bestimmten Sektoren modernisierend zu wirken oder sich moderner technokratischer Methoden zu bedienen", so sollte vermieden werden, „ihnen eine mehr als abgeleitete politische Substanz zuzusprechen". Der Nationalsozialismus – und dies hatten auch zeitgenössische Interpreten bereits hervorgehoben – sei lediglich eine jener 'Antibewegungen', die, da sie zu „eigener politischer Gestaltung" nicht fähig seien, bestehende Strukturen parasitär ausnutzten. Aus allen diesen Gründen erscheine es nicht angemessen, auf ihn Kriterien anzuwenden, die ihren historischen Sinn innerhalb der europäischen Sozialgeschichte seit der Französischen Revolution bekommen hätten[291].

H. Mommsen äußert auch Zweifel daran, daß es der vom Dritten Reich de facto ausgelöste 'Modernisierungsschub' rechtfertige, von einer „sozialen Revolution" zu sprechen. Dabei ergäben sich Unsicherheiten zum Beispiel aufgrund des Umstandes, daß nicht feststehe, ob Hitler eine derartige „Modernisierung" überhaupt beabsichtigt habe, ob sie ihm nicht bloß aufgezwungen worden sei. Und J. P. Stern meinte zu dieser Frage, daß unter der „Führung der immobilsten Machtelite, die Deutschland in diesem Jahrhundert" gehabt habe, ein „revolutionärer Prozeß in Gang gesetzt" worden sei, der weder deren Intentionen entsprach, noch von ihr „unabhängig" gewesen ist[292].

Auf R. Dahrendorfs These[293], daß der Nationalsozialismus für

[291] Mommsen, in: 'Offene Fragen' (Vw. 15), S. 168.

[292] Mommsen, Nachwort, in: Schoenbaum (II, 80), S. 352–368, hier S. 359; und Stern (Vw. 13), S. 163.

[293] Ralf Dahrendorf, Gesellschaft und Demokratie in Deutschland. München 1971, S. 416f.; zu ähnlichen Ergebnissen gelangt Schoenbaum (II, 80); ablehnend gegenüber einer uneingeschränkten Gleichsetzung des NS-Regimes mit Modernisierung Bracher (Vw. 4), S. 92f. Vgl. auch die Rezension von Heinrich August Winkler, 'Vom Mythos der Volksgemeinschaft', zu Timothy W. Mason, Arbeiterklasse und Volksgemeinschaft. Dokumente

Deutschland die in den „Verwerfungen" des Kaiserreichs „verlorengegangene, durch die Wirrnisse der Republik aufgehaltene soziale Revolution" durchgesetzt habe, deren Inhalt die Modernität gewesen sei, soll an dieser Stelle nicht weiter eingegangen werden. Wichtig erscheint hier jedoch Dahrendorfs ergänzende Anmerkung, daß diese soziale Revolution vom Nationalsozialismus nicht beabsichtigt war, auch wenn sie in der logischen Konsequenz seiner Herrschaft gelegen habe. Im Grunde wollte Hitler eher das Gegenteil der Revolution, aber das nationalsozialistische Regime mußte, um sich an der „Macht zu halten", eben diese Revolution in Gang setzen.

Bei seiner Ausgangsposition ist es ganz selbstverständlich, daß es H. Mommsen ablehnt, Hitler in die „Gruppe der weltgeschichtlichen Revolutionäre" einzuordnen[294]. Für ihn spricht außerdem die „semantische Verwirrung" gegen eine Anwendung des Revolutionsbegriffes auf die nationalsozialistische Politik[295]. Andere Historiker sehen das anders, wozu Mommsen bemerkt, daß es letzten Endes lediglich die „innere Voraussetzungslosigkeit der Natio-

und Materialien zur deutschen Arbeiterpolitik 1936–1939. Opladen 1975, in: AfS 17 (1977), S. 484–490, hier S. 490. Winkler anerkennt Teilmodernisierungen, lehnt jedoch die Anwendung des Begriffs 'soziale Revolution' ab. Entschieden für seinen Gebrauch spricht sich Zitelmann aus (II, 290), S. 79–93a. Für die marxistisch-leninistische Geschichtsschreibung vgl. u. a. Joachim Petzold, War Hitler ein Revolutionär? Zum Thema Modernismus und Antimodernismus in der Faschismus-Diskussion, in: BdiP 23 (1978), S. 186–205, der sich – in direkter Auseinandersetzung mit Bracher und Fest – gegen die Einordnung Hitlers in die Reihe der Revolutionäre verwahrt. Derartige Versuche, so P., dienten auch dem Ziel, „wirklich revolutionäre Bewegungen zu diskreditieren" (S. 186). Der Beitrag von P. zeigt beispielhaft, wie stark die Debatte über dieses Thema – nicht nur im Hinblick auf die Positionen der 'marxistisch-leninistischen' und 'bürgerlichen' Historiker – durch politische Kategorien geprägt ist. Und Gerhard Lozek, Faschismus, in: Kritik (II, 57), S. 334–347, hier S. 341, zum „subjektivistisch verzerrte[n] Revolutionsbegriff" bundesdeutscher Historiker.

294 Mommsen, Nachwort, in: Schoenbaum (II, 80), S. 361 ff.

295 Ebd., S. 365.

nalsozialisten“ sei, die Hitler, vom Standpunkt bürgerlicher Traditionen aus betrachtet, „nicht einfach als ungewöhnlich ‘kräftigen bloßen Ruinierer’, sondern als verhinderten Weltrevolutionär erscheinen“ lasse[296].

Mommsens Sicht repräsentiert eine der wesentlichen – von mehreren – Interpretationen. Ihre Ausgangsposition ist eindeutig dargelegt, und ihr Ergebnis, das im Kontext der gesamten Argumentation dahingehend zu resümieren ist, daß Hitler und den Nationalsozialisten allenfalls eine simulierte Revolution zugestanden werden kann, ist – so wie dieses vorgetragen wird – überzeugend. Es handelt sich um eine wohlfundierte Deutungsmöglichkeit, für die man sich mit guten Gründen entscheiden mag.

Gleiches ist allerdings – angesichts des Forschungsstandes – für andere Interpretations- und Einordnungsversuche zu sagen. Denn es gilt eben, daß die Antwort auf die Frage, ob Hitler als Revolutionär bezeichnet werden soll oder darf, in erster Linie von der Entscheidung über die Definition des Revolutionsbegriffs abhängt. In dieser Hinsicht ist die wissenschaftliche Debatte vorerst unentschieden. Es lassen sich gute Argumente für die eine und nicht weniger gute für die andere Seite anführen. Festzustellen ist lediglich, daß es auf absehbare Zeit in dieser Sache kein Übereinkommen geben dürfte. Vorschläge, neue – primär politische – Kategorien einzuführen, um zu einer akzeptablen und flexiblen Handhabung des Revolutionsbegriffs zu gelangen, haben sich jedenfalls so wenig durchzusetzen vermocht wie die Empfehlung einer wertfreien Anwendung.

In der praktischen Historiographie orientierten sich Autoren, die den Revolutionsbegriff auf den Nationalsozialismus anwandten, bis etwa Anfang der sechziger Jahre im wesentlichen an H. Rauschning, der sich dazu ja schon vor 1945 ausführlich äußerte[297]. Für diesen verkörperte der Nationalsozialismus einen absolut neuen Typ der Revolution, der – diszipliniert, arrangiert und kontrolliert – gänzlich verschieden war von demjenigen der „klassischen französischen

[296] Ebd., S. 367.
[297] Vgl. Zitelmann (II, 290), S. 55–61.

Revolution"[298]. Rauschnings inhaltliche Vorstellungen fanden Anklang, wozu anzumerken ist, daß er sich bei seiner Beschreibung oft geradezu wörtlich auf Äußerungen von Goebbels zur Revolution beziehen konnte und anscheinend auch bezog. Wie ja auch die Fixierung der Historiker auf die Jahre 1933/34 als 'revolutionäre Phase' des Nationalsozialismus wie ein – bewußter oder unbewußter – Reflex auf die vom Regime selbst vorgegebene zeitliche Abgrenzung wirkt. Jedenfalls beschränkte man sich bei der Debatte um den revolutionären Charakter des Nationalsozialismus meist auf die Erörterung der 'Machtergreifung' und der 'Gleichschaltung'. Das entspricht ganz der zeitgenössischen – nationalsozialistischen – Sicht[299]: „Nachdem die politische Reinigung vollzogen ist, hat die nationalsozialistische Revolution die Aufgabe, die revolutionären Kräfte auf die anderen Gebiete des öffentlichen Lebens überzuleiten. Das ist auch der Sinn der Gleichschaltung. Die Gleichschaltung, um dies viel mißbrauchte Wort zu benutzen, ist die revolutionäre Umgestaltung des Staates, der Republik, der Partei, der Interessenverbände." Was von Goebbels hier als eigentliches Ziel vorgegeben wurde, das war der Marsch in den *totalen Staat.*

Aus der Perspektive des von Rauschning eingeführten Revolutionsverständnisses und unter dem Gesichtspunkt des staatlichen Totalitätsanspruches beschrieb A. Bullock die Zeit zwischen dem Januar 1933 und dem August 1934, als die Reichswehr auf Hitler vereidigt wurde, in seiner Biographie Hitlers ausführlich als die „Revolution nach der Machtergreifung", um für die Lage im August 1934 zu resümieren[300]: „Die nationalsozialistische Revolution war vollendet: Hitler war Diktator von Deutschland geworden." In der Tat verkündete dieser dann im September: „In den nächsten tausend Jahren findet in Deutschland keine Revolution mehr statt."

Ähnlich wie A. Bullock grenzten W. Görlitz und H. A. Quint die sogenannte Revolution zeitlich ein[301]. H. Mau arbeitete in seinem

298 Rauschning, Revolution (I, 13), S. 57.

299 Zit. 'Hitlers Machtergreifung' (I, 153), Dok. 293, 12. 6. 1933, S. 340f.

300 Bullock (II, 175), S. 235–292, Zit. S. 291f.

301 Walter Görlitz und Herbert A. Quint (d. i. Richard Frhr. v. Franken-

bereits erwähnten Aufsatz über den 30. Juni 1934 – mit den Worten von M. Broszat das definitive Ende der „Revolution von unten“ [302] – paradigmatisch die Unterschiede des Revolutionsverständnisses bei Hitler und Röhm heraus, der nach Mau dem klassischen Typ des Revolutionärs zuzuordnen ist [303]. Die dabei erkannten Faktoren hätte Hitler selbst vermutlich – ins Prozessuale umgesetzt – unter dem Begriff der Evolution gefaßt, als deren Befürworter er recht bald auftrat [304]. Es seien nämlich – so Hitler – „mehr Revolutionen im ersten Ansturm gelungen, als gelungene aufgefangen und zum Stehen gebracht worden“. Daraus spricht ein gewisses Unbehagen, das – wie im ersten Teil gezeigt – Zeitgenossen für Hitlers Verhältnis zu den revolutionären Erscheinungen ebenfalls konstatierten. Für diesen war Revolution jedenfalls „kein permanenter Zustand“, vielmehr kam es ihm darauf an, den „freigewordenen Strom der Revolution in das sichere Bett der Evolution“ zu leiten. Und Reichsminister Frick präzisierte [305]: Unter der Evolution, in welche die laut Hitlers – als eindeutig bezeichneter – Feststellung abgeschlossene deutsche Revolution übergegangen sei, habe man „normale gesetzmäßige Aufbauarbeit“ zu verstehen. Um diese nicht zu gefährden, sei das Gerede von der „Fortsetzung der Revolution oder von einer zweiten Revolution“ einzustellen. Wer dies nicht tue, lehne sich gegen Hitler auf und werde „dementsprechend behandelt“. Allerdings schließt das referierte Selbstverständnis einiger Vertreter des Regimes nicht aus, das nationalsozialistische Veränderungsstreben als eine Art ‘stille Revolution’ einzustufen [306]. Doch

berg), Adolf Hitler. Eine Biographie. Stuttgart 1952, S. 381; direkt dazu und zu Bullock vgl. Bracher, ‘Phänomen’ (Vw. 15); Erich Kuby, Wer war Hitler? Bemerkungen zu Versuchen, eines Gespenstes habhaft zu werden, in: FrH 9 (1954), S. 171–176; und Herbert Lüthy, Der Führer persönlich. Gedanken beim Lesen zweier Biographien, in: Der Monat 6 (1953), H. 62, S. 149–161.

302 Broszat (II, 8), S. 258–273.

303 Mau (I, 216), speziell S. 216.

304 Zit. ‘Hitlers Machtergreifung’ (I, 153), Dok. 325, 6. 7. 1933, S. 368.

305 Ebd., Dok. 333, 11. 7. 1933, S. 375.

306 Erwin Faul, Hitlers Über-Machiavellismus, in: VfZG 2 (1954), S. 344–372.

drängt sich dann die Frage auf, wie denn eine Veränderung beschaffen sein müßte, um nicht revolutionär genannt zu werden.

Um es zu wiederholen, das Dilemma der begrifflichen Unverbindlichkeit wird – mit allen seinen Konsequenzen – in der fachwissenschaftlichen Diskussion gesehen. Man ist auch bemüht, die jeweilige Argumentation der Gegenseite ernst zu nehmen, wobei freilich festzustellen ist, daß sich diese Aussage nicht vorbehaltlos verallgemeinern läßt[307].

Nach diesen eher generellen Überlegungen ist nun nochmals – im Anschluß an die Darlegungen zu der von H. Mommsen exemplarisch vertretenen Forschungsposition – detaillierter auf den Revolutionsbegriff innerhalb der Hitler-Interpretation einzugehen. Als wichtiger Repräsentant jener Historiker, deren Deutung von der Sicht H. Mommsens wesentlich abweicht, soll dabei K. D. Bracher zu Wort kommen, der zwei Möglichkeiten erkennt, mit dem Begriff der Revolution sinnvoll zu arbeiten[308].

Erstens könne man ganz allgemein – und somit auch in der Hitler-Forschung – am herkömmlichen Verständnis festhalten, also den traditionellen Revolutionsbegriff auf „sämtliche tiefergreifenden politischen Umwälzungen" anwenden, ganz gleichgültig, im Zeichen welcher Ideologie diese erfolgen, und unabhängig vom Grad ihrer Rückwirkungen auf die Sozialstruktur.

Zweitens lasse sich der Terminus inhaltlich erweitern, so daß ganz generell „große, langfristige Änderungsprozesse einschneidender Art als Revolutionen (industrielle, soziale, Entwicklungs- oder Modernisierungs-Revolutionen) zu bezeichnen" wären, wie dies ja bereits weithin geschehe.

Sowohl bei Zugrundelegung des einen als auch des anderen Mo-

[307] Karl Dietrich Bracher, Tradition und Revolution im Nationalsozialismus, in: ders., Zeitgeschichtliche Kontroversen (Vw. 4), S. 62–78, hier S. 67f. Im wesentlichen wiederveröffentlicht in ders., Die Krise (II, 25), S. 34–38 und S. 131–138; kritisch zu den revolutionstheoretischen Überlegungen Karlludwig Rintelen, Kritisches zu Karl Dietrich Bracher: Die Krise Europas 1917–1975, in: GWU 30 (1979), S. 89–110, hier S. 97–100. Allgemein auch Hofer (I, 134), S. 16–19.

[308] Bracher, Tradition (II, 307), S. 69f.

dells könne man dem „Nationalsozialismus revolutionäre 'Qualitäten' nicht bestreiten". Schließlich hätten die Nationalsozialisten nicht nur in sehr effizienter Weise ihre „Machtergreifung", sondern auch ihre „Gewaltordnung" durchgesetzt. Als eine „Machtergreifung neuen Typs" besitze diejenige Hitlers „geradezu typologische[n]" Zuschnitt. Darüber hinaus dürfe aufgrund der epochalen Wirkungen und Nachwirkungen, die der Nationalsozialismus provozierte, von dessen revolutionärer Substanz gesprochen werden.

Ausgeklammert – dies ist zu berücksichtigen – bleibt dabei zunächst das Problem der Intention. Es ist ja keine Frage, daß sich die Folgen des von Hitler begonnenen Krieges revolutionär ausnehmen. Aber bei Berücksichtigung des intentionalen Aspekts dürfte Hitler in solchem Kontext – im Verständnis Dahrendorfs – wohl lediglich als ein 'unfreiwilliger Revolutionär' zu bezeichnen sein.

Bracher geht davon aus, daß sich der Nationalsozialismus unter formalen Gesichtspunkten als „revolutionär" einordnen lasse, und stellt daraufhin die „zweite große Frage", die nach seinem „revolutionären Gehalt". Dabei gelte es zu untersuchen, welche „Elemente der Ideologie, Programmatik, Zielstruktur des Nationalsozialismus [...] neben der Herrschaftstechnik und in ihrer Umsetzung in Herrschaftspolitik als revolutionär" zu charakterisieren seien.

Vorausgesetzt wird die Überzeugung[309], daß Erörterungen über das revolutionäre Wesen des Nationalsozialismus die Interdependenz von „Innen- und Außenpolitik" sowie von „Ideologie und Praxis" einzubeziehen haben, denn diese Wechselbeziehung sei für die Wirkung des Nationalsozialismus bezeichnend. Bracher nennt vor diesem gedanklichen Hintergrund einige „Zusammenhänge", in denen die „charakteristische Verflechtung und Verschränkung traditioneller und revolutionärer Elemente auftritt". Im Ergebnis wird dann die ambivalente Struktur des Nationalsozialismus betont. Bei jeder Auseinandersetzung mit diesem werde man auf jenen[310] „Grundzug stoßen, der es unmöglich macht, mit einer simplen

[309] Ebd., S. 71.
[310] Ebd., S. 74.

Formel das Problem der Einordnung zu lösen und eine einfache Antwort auf die Frage: traditionell oder revolutionär, konterrevolutionär oder modernistisch, improvisiert oder planvoll, zu geben". Im Gegensatz zu H. Mommsen meint K. D. Bracher jedoch, daß Hitler durchaus die „entscheidenden Attribute" besessen habe, um in die Reihe der Revolutionäre gestellt zu werden[311]: „die Fixierung auf radikal verändernde Ideen, die Entschlossenheit, diese zu realisieren, koste es, was es wolle, und die Fähigkeit, dafür die Mittel und Massen zu mobilisieren".

Mit den bisher referierten kontroversen Auffassungen von Bracher und Mommsen wurde versucht, die beiden interpretatorischen Fluchtpunkte zu markieren, in denen sich die verschiedenen – jeweils dem Deutungsmodell des einen bzw. des anderen folgenden – Interpretationslinien treffen. Damit soll allerdings nicht gesagt sein, daß andere Autoren keine abweichenden Schwerpunkte bilden würden, keine alternativen Deutungen im Detail anböten, und daß nicht manches oben Festgestellte schon früher anderswo formuliert worden ist.

Das Thema läßt sich hier nicht vertiefen, einige als besonders charakteristisch angesehene Beispiele müssen genügen. J. C. Fest nennt Hitler in seiner, in diesem Rahmen nicht widerspruchsfreien und gedanklich an Dahrendorf und Schoenbaum orientierten Biographie – mit dessen eigenen Worten – einen „Revolutionär gegen die Revolution" und – historisch einordnend – die „deutsche Erscheinung der Revolution"[312]. Sein Platz sei „weit näher bei den großen Revolutionären als bei den aufhaltenden, konservativen Gewaltha-

[311] Ebd., S. 76.

[312] Fest, Hitler (Vw. 7), S. 1035–1040, Zit. S. 1035. Ausführlich zum Revolutionsbegriff bei Fest: Hildebrand, Mythos (Anh. 1), S. 34f.; und Hermann Graml, Probleme einer Hitler-Biographie. Kritische Bemerkungen zu Joachim C. Fest, in: VfZG 22 (1974), S. 76–92, hier S. 86; Karl Dietrich Bracher, Hitler – die deutsche Revolution. Zu Joachim Fests Interpretation eines Phänomens, in: Die Zeit, Nr. 42, 12. 10. 1973; affirmativ Peter Graf Kielmannsegg, Hitler und die deutsche Revolution, in: Merkur 28 (1974), S. 922–936. Rein deskriptiv zur 'braunen Revolution' Toland (I, 4), S. 355–515.

bern". In seiner Untersuchung über sozialpsychologische Aspekte des Dritten Reiches kam L. Kettenacker zu folgendem Ergebnis[313]: „In der Hitler-Bewegung erlebte Deutschland seine einzige genuine Revolution", obwohl diese „nicht ganz dem theoretischen Modell" entsprochen habe. Auch für ihn drückt der Nationalsozialismus eine „grundsätzlich neue Variante des Revolutionsbegriffs" aus, den er mit dem Bild des verspäteten Aufstandes der „kleinbürgerlichen Massen gegen die Moderne" beschreibt. Eine Antinomie zwischen der Sehnsucht nach der Volksgemeinschaft und den Lebensbedingungen der abgelehnten Industriegesellschaft dient weiterer Erklärung. Gerade im Umfeld solcher Fragen gewann jedoch H. A. Turner Jr. den Eindruck, daß dem Nationalsozialismus das Attribut 'revolutionär' nicht zukomme, wobei Turner vor allem die antimodernistischen Momente herausstellte[314]. M. Broszat wiederum, der in der Partei Hitlers „weniger eine revolutionäre als eine parasitäre Kraft" erkennt[315], meinte insgesamt, daß das „zugleich revolutionäre und restaurative Verhältnis zur überkommenen Gesellschaft und Wertetradition" den meisten der von Hitler strapazierten „ideologisch-propagandistischen Leitmotiven" eigen gewesen sei[316]. Ansonsten aber habe die 'soziale Revolution', um die es Broszat besonders geht, nicht im „Zeichen irgendeiner Neuordnung, sondern im Zeichen bloßer Kräfteentfesselung, bei gleichzeitiger universaler Auflösung von politischer Verantwortung und Mitwirkung" gestanden[317]. Diese Interpretation ist im Kontext von Broszats Bewegungsthese zu lesen, die für seine Sicht des Nationalsozialismus zentral ist.

Zu ergänzen wäre, daß die Wechselbeziehung zwischen revolutionären und reaktionären oder mitunter schlicht konservativen Bestandteilen in Hitlers Politik und Ideologie von Autoren wie

313 Kettenacker (II, 86), S. 130f.

314 Turner (II, 102), S. 162 und S. 164ff.

315 Broszat (II, 8), Zit. S. 14; vgl. ders., Zur Struktur der NS-Massenbewegung, in: VfZG 31 (1983), S. 52–76.

316 Broszat (I, 134), S. 97.

317 Ebd., S. 100.

A. Hillgruber[318], H. R. Trevor-Roper[319] oder K. Hildebrand[320] im Hinblick auf Hitlers außenpolitische – programmatische – Zielsetzungen ebenfalls nachgewiesen werden konnte. Die neue Qualität dieser Politik, das – wenn man so will – 'Revolutionäre' in ihr, ist in den rassenbiologischen Elementen der Hitlerschen Konzeption festgeschrieben. Hildebrand spricht ansonsten von einer „revolutionäre[n] Paradoxie", weil Hitler zwar das von ihm angestrebte Ziel einer „globalen Revolution" verfehlt, aber noch im Scheitern „revolutionäre Folgen" für die deutsche, europäische und internationale Politik hervorgerufen habe. In gedanklicher Nachbarschaft zu Bracher meint er, daß das Dritte Reich „in einer bis dahin in dieser Form nicht gekannten Verbindung von Tradition und Revolution" gelebt habe.

Noch auf ein weiteres Gebiet, auf dem gleichfalls versucht wurde und wird, dem Revolutionären im Nationalsozialismus nachzugehen, ist hinzuweisen – die geistige Kultur. Gert Kalow, der Hitler in einem makabren Künstlerbild bitter als das „deutsche Genie" ansprach, das keinen einzigen „zentralen Gedanken" besessen habe, der es verdiene, politisch genannt zu werden, und das abgetreten sei, ohne auch nur eine einzige „brauchbare politische Idee" zu hinterlassen, hat sich diesem Bereich frühzeitig zugewandt. Dabei fand er Hitler zwar nicht direkt revolutionär, wohl aber traumatisch. In diesem Kontext scheint es angemessen zu sein, einige Anmerkungen zu Kalows Sicht des Nationalsozialismus und Hitlers zu machen, da dieser Autor zu den – verständlicherweise nicht unumstrittenen – Klassikern der Vergangenheit und Gegenwart miteinander verrechnenden Hitler-Deutung gehört. Kalow ist überzeugt, daß man wesentliche Aspekte des Nationalsozialismus erst zu erkennen ver-

318 Hillgruber (II, 216), S. 24ff.; in dieser sehr überzeugenden Charakterisierung Hitlerscher Außenpolitik werden ausgewogen Altes und Neues, Intention und Akzidens, Realität und Eventualität gegeneinander gesetzt und interpretatorisch miteinander verwoben. Vgl. insgesamt auch ders., Endlösung (II, 271).

319 Trevor-Roper (I, 102), S. 37ff.

320 Hildebrand (I, 290), S. 108–111, Zit. S. 108f.

möge, wenn dieser von „einigen seiner zentralen ‘Gedanken’ und deren Geschichte“ her interpretiert werde. Bei solchem Ansatz ergebe sich u. a., daß Hitlers Massenwirksamkeit mit einer kollektiven Erlösungssehnsucht breiter Volksschichten zusammengehangen habe. Hinzugekommen sei die Wirkung des aus dem 18. und 19. Jahrhundert überlieferten ‘Geniekultes’. Gerade die Hitler – auch bei gebildeten Menschen – nicht zu bestreitende Faszinationskraft müsse im Rahmen dieser Tradition gesehen werden. Dabei verkörpere das Genie eine „weltlicher Kritik entzogene Autorität“. Nach Kalow steht zweifelsfrei fest, daß sich Hitler als Genie – und damit zugleich als Künstler – verstanden habe. Vor diesem Hintergrund sei begreifbar, daß sich Hitler nicht als politischer Mensch sah. Vielmehr sei für ihn die „rationale Verwaltung der Macht“ – also das eigentliche politische Geschäft – uninteressant geblieben. Dagegen diente ihm in der für ihn zentralen Rolle als Künstler die Nation als Mittel der Selbstdarstellung. Hitler war der Choreograph eines Massenballetts von unvorstellbaren Dimensionen, der Schöpfer eines gewaltigen Gesamtkunstwerkes, der Regisseur der „größten Wagneroper aller Zeiten“. Selbst der Zweite Weltkrieg, so Kalow, sei im Grunde lediglich eine „genialische Improvisation des größten Traumfeldherrn aller Zeiten“ gewesen. Und im angedeuteten Sinne ‘makaber’ ist die Vorstellung, daß sich aus Hitlers künstlerischem Selbstverständnis letztendlich gar die Vernichtung der europäischen Juden erklären lasse: Millionen von Menschen seien wie „Insekten getötet worden, nur weil der Künstler aus Braunau, diese Inkarnation einer geistigen Katastrophe aus Habsburg und Walhall, aus Inquisition und Romantik, sich vor ihnen – nein: vor dem fetischistischen Bild, das er sich von ihnen gemacht hatte – ekelte“ [321]. Nicht alle, aber die entscheidenden Komponenten in Kalows Hitler-Bild, sind mit diesen Aussagen skizziert.

Lenkt man den Blick zurück auf die sogenannte ‘nationalsozialistische Revolution’, so ist vor allem auch George L. Mosse zu erwähnen, der sich dieses Themas besonders intensiv – im kulturellen Bereich – annahm. Der Tenor der verschiedenen Untersuchungen

[321] Kalow (II, 281), S. 41ff.

von Mosse lautet in etwa, daß die „nationalsozialistische Revolution [...] ihr geschlossenes Weltbild" besessen habe, und die von Hitler als „Revolution der Gesinnung" umschriebene Neuordnung gesellschaftlicher Interaktionen eine „kulturelle Revolution" implizierte, die nicht auf „ökonomische Veränderungen" ausgerichtet gewesen sei[322]. Die sogenannte 'deutsche Revolution', mit ihrer u. a. durch gedankliche Elemente Eugen Diederichs', Carl Schmitts, Oswald Spenglers oder Moeller van den Brucks motivierten Erwartung gesellschaftlicher Veränderung, sei unter Hitler zu einer „antijüdischen Revolution" geworden[323].

Das ist der Hintergrund, vor dem Christian Graf v. Krockow[324] den Nationalsozialismus treffend als „Konterrevolution der Ungleichheit" mit der Französischen Revolution als derjenigen der „Freiheit und Gleichheit" kontrastiert. Krockows gesamtes Buch dient letztendlich der Untermauerung dieser These, die das Wesen des Nationalsozialismus und seiner Ideologie, vor allem aber das, was man die intendierte Veränderung nennen kann, im transnationalen Rahmen auf den Punkt bringt. Der Autor blickt weit zurück in die Geschichte, wenn es um die Klärung der Ursachen geht, er findet Bezüge zur Gegenwart, und er deutet den Nationalsozialismus insgesamt in einem weitgespannten philosophisch-anthropologischen Rahmen, in dem er *auch* gesehen werden sollte: in dem seiner Erscheinung übergeordneten Spannungsverhältnis von 'Geist' und 'Macht'.

Im Verlaufe der bisherigen Ausführungen wurde wiederholt auf die Willkürlichkeit aufmerksam gemacht, mit der man den Revolutionsbegriff anwendet, vielleicht anwenden muß. Aber es ist nicht so, als ob es keine Revolutionstheorie gäbe, an der sich die Interpretation des Nationalsozialismus orientieren könnte. Ohne auf dieses weite Feld eingehen zu wollen, sei zumindest auf drei Autoren verwiesen, die sowohl in das Thema einführen als auch Summen des

322 Mosse, Alltag (Anh. 8), S. 7.

323 Mosse (I, 227), S. 295–326, Zit. S. 309; und ders., The Mystical Origins of National Socialism, in: JHI 22 (1961), S. 81–96.

324 Krockow (II, 44), S. 14.

Forschungsstandes bilden und zahlreiche weiterführende Literatur an die Hand geben: Georg P. Meyer[325], Chalmers Johnson[326] und Kurt Lenk[327].

Wenn die Diskussion auf dem erwähnten internationalen Kongreß in Berlin zum 50. Jahrestag der 'Machtübernahme' repräsentativ für das Meinungsspektrum der Historiker war, dann ist eine Annäherung zwischen den Lagern der Befürworter und der Gegner einer Anwendung des Revolutionsbegriffs auf den Nationalsozialismus nicht in Sicht. Revolutionäre Elemente oder Wirkungen werden diesem zwar nicht abgesprochen, aber der Dreh- und Angelpunkt aller Erörterungen ist die Frage, ob ihm ein revolutionärer Charakter als solcher zuerkannt werden könne. Auch Anregungen, den Terminus primär politisch zu definieren, mit zwei Revolutionstypen zu arbeiten, dem der klassischen Revolution, der bürgerlichen, auf die Sicherung oder Sicherstellung der Freiheit ausgerichteten, und demjenigen der 'neuen' Revolution, die auf totalitäre Veränderung, auf permanenten Terror und auf Diktatur abziele, fanden keine allgemeine Zustimmung. Das definitorische Dilemma scheint unüberwindlich zu sein. Damit aber ist, unbeschadet der Qualität der vorgebrachten Argumente für oder gegen die Bezeichnung des Nationalsozialismus als Revolution oder Hitlers als Revolutionär, jeder Entscheidung in dieser Frage ein gewisser Voluntarismus zu unterstellen.

325 Georg P. Meyer, Revolutionstheorien heute. Ein kritischer Überblick in historischer Absicht, in: GG, Sonderheft 2, Göttingen 1976, S. 122–176.

326 Chalmers Johnson, Revolutionstheorie. Köln, Berlin 1971. Hinzuweisen ist auch auf den Aufsatz von Horst Möller, Die nationalsozialistische Machtergreifung – Konterrevolution oder Revolution? In: VfZG 31 (1983), S. 25–51. M. spricht sich zwar für die Verwendung des Begriffs 'Revolution' anstelle von 'Machtergreifung' aus (S. 51), geht jedoch nicht auf die revolutionstheoretischen Implikationen seiner Option ein.

327 Kurt Lenk, Theorien der Revolution. München 1973; siehe auch Ernst Nolte, Revolution im zwanzigsten Jahrhundert. Die nationalsozialistische Machtergreifung im historischen Vergleich, in: FAZ, 29. 1. 1983.

„Wahn und Wirklichkeit" seien, so Elias Canetti, bei Hitler kaum trennbar, gingen vielmehr „unaufhörlich ineinander" über. Doch nicht das sei ungewöhnlich, erst durch die „Kraft seines Wahns, der sich nicht wie bei den meisten anderen Menschen mit kleinen Genugtuungen begnügt" habe, unterscheide sich Hitler vom Gros der Menschheit[328]. In etwa ist damit einer der Ansätze beschrieben, mit dem man sich Hitler und seiner Herrschaft interpretatorisch nähern kann. Ein anderer steckt in der grundsätzlichen, nicht auf eine bestimmte historische Situation eingeschränkten Erkenntnis, daß Geschichte von der „Schuldfrage" über die „Ursachenfrage" zur „Strukturfrage" vordringen müsse[329]. Dies gilt ganz gewiß für die nationalsozialistische Zeit.

Zwischen den damit angedeuteten Begrenzungslinien einer personalisierend-psychologisierenden und einer strukturellen Deutung sind im Grunde alle ernst zu nehmenden Bemühungen angesiedelt, die den spezifischen Stellenwert der das nationalsozialistische Regiment gestaltenden Elemente einerseits und die vielfältigen Wechselbeziehungen zwischen ihnen andererseits im Rahmen von politischen und gesellschaftlichen Analysen herauszuarbeiten bestrebt sind.

Alles in allem lassen sich dabei vier – zum Teil rigoros gegeneinander argumentierende – Gruppierungen ausmachen[330]: eine deutend biographisch orientierte, eine psychohistorischen Fragestellungen nachgehende, eine sozialgeschichtlichen Fragestellungen den Vorzug gebende, die primär an den Binnenstrukturen des nationalsozialistischen Regimes interessiert ist und vereinfachend als 'revisioni-

[328] Elias Canetti, Hitler nach Speer, in: Albert Speer. Kontroversen um ein deutsches Phänomen, hrsg. von Adelbert Reif, München 1978, S. 292–315, Zit. S. 312.

[329] Hermann Heimpel, Geschichte und Geschichtswissenschaft, in: VfZG 5 (1957), S. 1–17, Zit. S. 8; H. diskutiert dort die Kriegsschuldfrage 1914.

[330] Hillgruber, Tendenzen (Vw. 12), S. 603.

stisch' bezeichnet wird, sowie eine die außenpolitischen Zielsetzungen Hitlers in den Vordergrund stellende, die von ihren Kritikern nicht weniger simplifizierend und unscharf als 'traditionell' etikettiert worden ist. Im Rahmen der einleitenden Bemerkungen zu den 'fünf Problemkreisen' der Hitler-Forschung wurde bereits darauf hingewiesen, daß die Übernahme dieser plakativen Bezeichnungen für diese Forschungsrichtungen nicht bedeuten kann, daß den damit einhergehenden Wertungen zugestimmt wird.

Im übrigen wäre der angedeutete Methodenpluralismus grundsätzlich zu begrüßen, könnte doch eine auf mit unterschiedlichen Zugängen erarbeiteten Ergebnissen beruhende Gesamtdarstellung zur aspektreichen Synthese des historiographisch längst hinreichend sezierten nationalsozialistischen Komplexes werden. Leider steht dem – und dafür ist u. a. die Scheidung der Hitler-Forschung in sogenannte Traditionalisten und Revisionisten symptomatisch – die Neigung entgegen, eher gegeneinander als in Ergänzung zueinander zu arbeiten. Der Schlagabtausch ist geradezu ritualisiert.

Schon deshalb ist es erfreulich, daß zum Beispiel H.-U. Wehler, der zeitweise zu den kämpferischsten Exponenten in dieser Auseinandersetzung zählte, an die „Chancen einer Synthese konkurrierender Ansätze" erinnerte[331]. Man wird abwarten müssen, ob die extreme Polarisierung – und das gilt in erster Linie für die Forschungslage in der Bundesrepublik – aufgelöst werden kann. Wenn dies nicht geschehen sollte, dann hätte sich die westdeutsche Forschungsdebatte in der Tat totgelaufen. Dabei wäre ein Eingehen auf Anregungen der Art, wie sie Wehler machte, ja nicht gleichbedeutend mit Harmonisierungsversuchen um jeden Preis. Es geht vielmehr um eine Gesamtinterpretation der nationalsozialistischen Zeit als Resultat konstruktiver – durchaus kontroverser – Diskussion, also auf dem Wege kritischer Kooperation. Die Minimalforderung bestände in diesem Rahmen zunächst einmal darin, die im Grunde

[331] Wehler (II, 174), S. 50; zu früheren Äußerungen vgl. ders., Geschichtswissenschaft heute (Anh. 1); direkt dazu Karl-Georg Faber, Geschichtswissenschaft als retrospektive Politik? Bemerkungen zu einem Aufsatz von Hans-Ulrich Wehler, in: GG 6 (1980), S. 574–585, hier S. 583.

metawissenschaftlichen Motiven entstammende Konfrontation aufzugeben.

Um nun die Herrschaft Hitlers in ihrer Aspektvielfalt wirklich ausloten zu können, müßte selbstverständlich auch auf dessen Sozialisation und die Besonderheiten eingegangen werden, die seine Entwicklung zum Politiker kennzeichneten. Der Problemkreis wurde bereits wiederholt angesprochen, für seine Vertiefung sei erneut auf die Untersuchungen von W. Horn und A. Tyrell hingewiesen. Im Hinblick auf den frühen Hitler bemüht sich außerdem die Psychohistorie, allerdings mit umstrittenem Erfolg, Erkenntnisse von allgemeiner Verbindlichkeit zu erarbeiten[332]. Die Schwierigkeiten, die diese Forschungsrichtung besitzt, resultieren – im Fall Hitler ist dies augenfällig – sowohl aus der Quellenlage als auch aus dem oftmals unhistorischen Umgang mit den Quellen[333]. Im übrigen sind die Lebensabschnitte Hitlers bis zu seinem Eintritt in die Politik natürlich Gegenstand der zahlreichen Biographien. Darüber hinaus soll lediglich auf zwei immer wieder genannte, wenn auch hinsichtlich ihrer Zuverlässigkeit mit Vorsicht zu handhabende Arbeiten[334] und einige Spezialstudien verwiesen werden, die sich dem frühen Hitler mit wissenschaftlichem Anspruch gewidmet haben[335].

[332] Vgl. insgesamt Michalka, Hitler im Spiegel (Anh. 1).

[333] Signifikant dafür: Walter C. Langer, Das Adolf-Hitler-Psychogramm. Eine Analyse seiner Person und seines Verhaltens, verfaßt 1943 für die psychologische Kriegführung der USA. Mit einem Vorw. von Friedrich Hacker. Wien, München, Zürich 1973. Zur englischsprachigen Ausgabe (New York 1972, London 1973) vgl. die kenntnisreiche Rezension von Hans W. Gatzke, Hitler and Psychohistory, in: AmHR 78 (1973), S. 394–401. Außerdem: Hartmann (Anh. 1), S. 527–530; Jäckel (Vw. 11), S. 698f.; und Michalka, Hitler im Spiegel (Anh. 1), S. 600f.

[334] August Kubizek, Adolf Hitler, mein Jugendfreund. Graz, Stuttgart ^{4}1975; sehr kritisch dazu Kuby (II, 301), S. 175. Wissenschaftlich bedeutungslos: Fritz Wiedemann, Der Mann der Feldherr werden wollte. Erlebnisse und Erfahrungen des Vorgesetzten Hitlers im 1. Weltkrieg und seines späteren Persönlichen Adjutanten. Velbert 1964.

[335] Sehr gut zur Jugendzeit: Franz Jetzinger, Hitlers Jugend. Phantasien, Lügen und die Wahrheit. Wien 1956; Bradley F. Smith, Adolf Hitler. His

Sich mit der Herrschaft Hitlers auseinanderzusetzen, erfordert, auf das einzugehen, was allgemein dessen 'Weltanschauung' genannt wird. Es ist unbestritten, daß die unter diesem Terminus zusammengefaßten politischen, rassischen, kulturellen, sozialen, wirtschaftlichen etc. Vorstellungen Hitlers dem Nationalsozialismus in der Retrospektive die Konturen eines Unikums verleihen. Es ist eine andere Frage, daß es sich dabei – so wie Hitler die Begriffe einsetzte – lediglich um eine abstruse Mischung verallgemeinerter, vergröberter oder popularisierter Elemente aus verschiedenen Theorien handelt, die ursprünglich – zumindest zum Teil – durchaus wissenschaftlichen Ansprüchen zu genügen versuchten. Alles in allem wird man ansonsten bei Hitler von einer primär machtpolitisch geprägten Weltanschauung sprechen dürfen.

Nur am Rande ist darauf aufmerksam zu machen, daß in der historischen Literatur über den Nationalsozialismus die Begriffe 'Ideologie' und 'Weltanschauung' weitgehend synonym eingesetzt werden. Man paßte sich damit einem insbesondere nach 1945 um sich greifenden Sprachgebrauch an, in dem Ideologie „häufig zu einer diffusen Bezeichnung für weltanschauungsähnliche Gebilde, mit fließenden Grenzen zu den Nachbarbegriffen" wurde[336].

Die Strukturelemente in Hitlers Ideologie oder Weltanschauung hat die Geschichtswissenschaft – zunächst vorwiegend mit einem ideengeschichtlichen Zugriff – seit langem erarbeitet, so daß der

Family, Childhood and Youth. Stanford/Calif. 1967; und für die Zeit nach 1918: Hellmuth Auerbach, Hitlers politische Lehrjahre und die Münchener Gesellschaft 1919–1923, in: VfZG 25 (1977), S. 1–45. Das Buch von William A. Jenks, Vienna and the young Hitler. New York 1960, sagt mehr über das Wien vor 1914 als über Hitler aus. Auf das Atmosphärische konzentriert sich auch Sydney Jon Jones, Hitlers Weg begann in Wien, 1907–1913. Wiesbaden, München 1980.

[336] K. Dierse, in: Historisches Wörterbuch der Philosophie, Bd. 4, hrsg. von Joachim Ritter und Karlfried Gründer. Darmstadt 1976, Sp. 173–185, Zit. Sp. 174. Schwerpunktmäßig geht der Ideologiefrage nach: Wolfgang Wippermann, 'Triumph des Willens' oder 'kapitalistische Manipulation'? Das Ideologieproblem im Faschismus, in: Nationalsozialistische Diktatur (II, 86), S. 735–759.

historische Hintergrund und die Herkunft der Hitlerschen Vorstellungswelt gesichert erscheint.

Neben einer großen Zahl allgemein gehaltener Studien[337] entstanden viele Untersuchungen, die sich auf spezielle Fragestellungen oder Gesichtspunkte konzentrierten. Das trifft zum Beispiel für den Antisemitismus[338], kulturgeschichtliche Belange[339], religiöse Implikationen[340], das Heldentum in Hitlers Weltanschauung[341] oder

[337] Ergänzend zu der schon genannten Literatur: Hajo Holborn, Ursprünge und politischer Charakter der NS-Ideologie, in: AuZ B 11/64, 11. 3. 1964, S. 16–22; Rupert Hacker, Hitlers Weltanschauung, in: SchwMo 40 (1960/61), S. 1065–71; Wolfgang Scheffler, Faktoren nationalsozialistischen Herrschaftsdenkens, in: Faktoren der politischen Entscheidung. Festgabe für Ernst Fraenkel zum 65. Geburtstag, hrsg. von Gerhard A. Ritter und Gilbert Ziebura. Berlin 1963, S. 56–72; Anton Pelinka, Die Wurzeln der nationalsozialistischen Ideologie. Ihr Weiterleben heute, in: AuZ B 22/79, 2. 6. 1979, S. 25–31. Einen aspektreichen Überblick bietet Georg Kotowski, Rasse statt Nation. Die Ideologie des Nationalsozialismus, in: Warum gerade . . . (II, 20), S. 68–113.

[338] Vgl. dazu als frühe Untersuchungen: Wilfried Daim, Der Mann, der Hitler die Ideen gab. Von den religiösen Verirrungen eines Sektierers zum Rassenwahn des Diktators. München 1958; Erich Goldhagen, Weltanschauung und Endlösung. Zum Antisemitismus der nationalsozialistischen Führungsschicht, in: VfZG 24 (1976), S. 379–405; Reginald H. Phelps, Hitlers 'grundlegende' Rede über den Antisemitismus, in: VfZG 16 (1968), S. 390–420, die Rede 'Warum sind wir Antisemiten?' wurde am 13. 8. 1920 gehalten. Vgl. außerdem: Erich Cramer, Hitlers Antisemitismus und die Frankfurter Schule. Kritische Faschismus-Theorie und geschichtliche Realität. Düsseldorf 1979, der die verschiedenen Erklärungsversuche der Faschismustheoretiker für den Antisemitismus von Wilhelm Reich bis zur Gegenwart erörtert, wobei er die Ergebnisse – letztlich – für nicht überzeugend hält. Der Genozid scheint sich den Deutungsmöglichkeiten der kritischen Theorie zu entziehen.

[339] P. Villard, Antiquité et Weltanschauung hitlérienne, in: RHDGM 22 (1972), No. 88, S. 1–18.

[340] Hans Müller, Der pseudoreligiöse Charakter der nationalsozialistischen Weltanschauung, in: GWU 12 (1961), S. 337–352; Friedrich Heer, Gottes erste Liebe. 2000 Jahre Judentum und Christentum. Genesis des österreichischen Katholiken Adolf Hitler. München, Esslingen 1967; und

das Problem des Krieges zu, das H.-A. Jacobsen[342] für den Nationalsozialismus in seiner Totalität – von dessen Inanspruchnahme als legitimes Recht des Stärkeren bis zur 'Strategie der Selbstzerstörung' – analysierte. Zwei Merkmale stellte er in diesem Zusammenhang besonders heraus: Der Krieg „wurde im wesentlichen von allen Schichten der Gesellschaft und im vorgegebenen 'Interesse' derselben, d. h. nicht auf eine Gruppe oder Klasse beschränkt, geführt. Seine neue Qualität manifestierte sich darin, daß es in ihm nicht allein um territoriale Ausdehnung, wirtschaftliche Objekte, strategische Bastionen und die Hegemonie über fremde Völker ging, wie dies für die Politik aller imperialistischer Großmächte charakteristisch gewesen ist, sondern im Endergebnis um die perfektionierte physische Vernichtung des 'Feindes', um die totale geistige Verführung eines Volkes und den Aufbau eines nach neuen rassischen Prinzipien gestalteten europäischen Kontinents mit qualitativ veränderten Wertbegriffen. Im letzteren liegt die fast als singulär zu bezeichnende Erscheinungsform gegenüber denen des Faschismus in zahlreichen Ländern Europas begründet."

H.-A. Jacobsen thematisierte damit die Inhalte der Hitlerschen Kriegspolitik, zeigte deren wertkategoriale Innovationen und totale Dimension auf. In unmittelbarem Zusammenhang damit ist auf das – in spezifischer Weise transformierte – darwinistische Gedankengut in Hitlers Ideologie hinzuweisen, das von H.-G. Zmarzlik im historischen Kontext beispielhaft untersucht worden ist[343]. Insgesamt

ders., Der Glaube des Adolf Hitler. Anatomie einer politischen Religiosität. München, Esslingen 1968.

[341] Vappu Tallgren, Hitler und die Helden. Heroismus und Weltanschauung. Helsinki 1981; vgl. die positive Würdigung bei Zitelmann (I, 2), S. 55f.

[342] Hans-Adolf Jacobsen, Krieg in Weltanschauung und Praxis des Nationalsozialismus (1919–1945), in: Hitlerwelle und historische Fakten (Vw. 11), S. 71–80, Zit. S. 79f.; vgl. außerdem den Überblick von Manfred Funke, Zum Verhältnis von Innen-, Außen- und Kriegspolitik im Machtstreben Hitlers, in: Nationalsozialistische Herrschaft (II, 30), S. 69–72.

[343] Hans-Günter Zmarzlik, Der Sozialdarwinismus in Deutschland als geschichtliches Problem, in: VfZG 11 (1963), S. 246–273, Zit. S. 246.

verrate Hitlers 'Mein Kampf', so Zmarzlik, „wie stark ein vulgärdarwinistisch gefärbter Monismus den geistigen Horizont der nationalsozialistischen Führung mitbestimmt" habe. Dieser gehöre zu den „wenigen ideologischen Elementen, die Hitler nicht nach machttaktischen Erwägungen beliebig manipulierte, sondern die ihn während seiner ganzen politischen Laufbahn beherrscht haben".

Und schließlich sollte noch erwähnt sein, daß man Hitlers Rechtsauffassung ebenfalls unter dem übergeordneten Gesichtspunkt der Weltanschauung zu deuten versuchte[344].

Bei derartigen Bemühungen handelte es sich in erster Linie um ideengeschichtliche Zugänge zur nationalsozialistischen Herrschaftsideologie und -form. In einem Aufsatz, der an sich dem Ideologieproblem im Kontext einer Auseinandersetzung mit dem Realitätsgehalt von Schlagwörtern der nationalsozialistischen Propaganda nachgeht, hat W. Wippermann einen solchen Zugang entschieden kritisiert[345].

In manchem ist Wippermann zuzustimmen, insbesondere hinsichtlich der Forderung nach einer komparativen Geschichtsbetrachtung, die ja auch im Rahmen der Sonderweg-Diskussion seit langem vorgebracht wird. Dennoch fällt sein Urteil über den ideengeschichtlichen Zugriff vielleicht doch zu negativ aus, müssen weder die Resultate dieser Forschungsrichtung noch ihre Möglichkeiten so pessimistisch bewertet werden. Das ändert allerdings nichts daran, daß das Unbehagen über sektorale Ansätze und über die Fixierung auf ausgewählte Problemfelder weit verbreitet ist. Sehr simplifizierend und verkürzt ausgedrückt, dabei auch die Intentionen der kritisierten Historiker ebenso verallgemeinernd wie ihre Ergebnisse unzulässig nivellierend, könnte gesagt werden, daß nicht mehr die Beschreibung des Hitlerschen Erfolgs an sich, sondern die Erhellung seiner Ursachen das Forschungsinteresse dominiert. Freilich, das darf nicht als quantifizierende Aussage verstanden werden. Deutlich

[344] Klaus Heisig, Die politischen Grundlagen in Hitlers Schriften, Reden und Gesprächen im Hinblick auf seine Auffassung von Staat und Recht. Jur. Diss. Köln 1965.

[345] Wippermann (II, 336), S. 755f. und S. 759.

ist auch, daß dem sich ändernden Stellenwert, den bestimmte Komponenten innerhalb der nationalsozialistischen Ideologie in bezug auf deren Effizienz besaßen, größere Aufmerksamkeit geschenkt wird. Welcher Faktor trug wann und unter welchen Bedingungen ursächlich zum Erfolg des Nationalsozialismus bei? Die Frage drängt sich auf, denn daß die nationalsozialistischen Propagandisten nicht stereotyp mit immer denselben Parolen arbeiteten, ist seit jeher bekannt.

Kurzum, nach Erklärungsmöglichkeiten für Hitlers Erfolg wird seit 1933 gefragt, und seit dieser Zeit werden Antworten gegeben. In diesen spielte Hitlers Weltanschauung stets eine bemerkenswerte Rolle[346]. Allein, Qualität und Verbindlichkeit der in ihr enthaltenen zahlreichen Erklärungsmomente scheinen neu oder anders als bislang eingeordnet zu werden. Dabei geht es sowohl um die Frage der Geschlossenheit der Hitlerschen Weltanschauung als auch um die Bewertung spezifischer Komponenten hinsichtlich ihrer historischen Relevanz.

So hat zum Beispiel Peter Krüger in einem sehr anregenden Aufsatz über die „nationalsozialistischen Wirtschaftserkenntnisse" Hitlers[347] – im Rahmen einer Auseinandersetzung mit dessen Äuße-

[346] Vgl. Zitelmann (I, 2), S. 52–56.

[347] Krüger (II, 91), S. 282, dort auch Anm. 45; und John D. Heyl, Hitler's Economic Thought: A Reappraisal, in: CEH 6 (1973), S. 83–96. Obwohl die Frage der Interessengleichheit und -verschiedenheit hier nicht zur Debatte steht, sei auf einige Arbeiten verwiesen, die die Beziehungen zwischen Industrie und Regime unter diesem Aspekt betrachten: Zweiter Weltkrieg und sozialer Wandel. Achsenmächte und besetzte Länder, hrsg. von Waclaw Dlugoborski. Göttingen 1981; Deutsche Besatzungspolitik in der UdSSR 1941–1944. Dokumente, hrsg. von Norbert Müller. Köln 1980; oder George W. F. Hallgarten, Hitler verwirklicht seinen Grund-Plan. Zur Psychologie und Soziologie der nationalsozialistischen Diktatur und Expansion, in: BdiP 10 (1965), S. 515–522 und S. 690–699; sowie George W. F. Hallgarten und Joachim Radkau, Deutsche Industrie und Politik von Bismarck bis heute. Frankfurt a. M., Köln 1974, vor allem Teil II. Dieses bemerkenswerte, wenn auch nicht unumstrittene Buch, das einen wichtigen Beitrag innerhalb der fachwissenschaftlichen Diskussion über die Interdependenzen

rungen und der Reaktion von Exponenten der Wirtschaft – darauf hingewiesen, daß „Hitlers wirtschaftlichen Auffassungen" zwar Grenzen gezogen waren, aber seine Ideen seien in sich „zusammenhängend und weder von Unverständnis noch von Verachtung der Wirtschaft geprägt" gewesen. Hitler habe vielmehr recht klar erkannt, daß die Wirtschaft die „große Macht im modernen Leben" darstelle. Es sei ihm darüber hinaus bewußt gewesen, welche Gefährdung für seine „politischen Vorstellungen und Ziele" entstehen konnte, sofern die allgemeine Entwicklung der 'wirtschaftlichen Logik' folgen würde. Er mußte der Wirtschaft also diktieren, „was sie zu tun hatte". Dabei durfte er, wie Krüger hervorhebt, „bis in die Nationalökonomie hinein mit Zustimmung rechnen". In diesem Sinne stellte T. W. Mason bereits 1966 fest[348]: „Ab 1936 wurde der Rahmen des wirtschaftlichen Handelns in Deutschland durch die politische Führung definiert."

Wofür ist dieses Beispiel symptomatisch? Dafür, daß es längst nicht mehr nur um die traditionell großen Themen der Hitlerschen Ideologie geht, die inhaltlich betrachtet nie in Frage standen. Es geht um eine Gesamtschau der nationalsozialistischen Weltanschauung, um die historisch adäquate Beurteilung und Zuordnung der „nationalistischen, antidemokratischen, antisemitischen sowie antisozialistischen und antikapitalistischen, modernistischen und antimodernistischen" Elemente[349], die diese ausmachten – und zwar in ihrer ganzen Vielschichtigkeit. Vermeintliche Nebenbereiche wie etwa die Wirtschaft oder das Soziale gewinnen an Interesse für die Interpretation Hitlers. Und nach wie vor problematisiert wird, wie relevant die Weltanschauung für Hitlers Politik tatsächlich gewesen ist,

von Politik und Industrie darstellt, erschien – im Kern unverändert – 1981 in Hamburg als Taschenbuch. Vgl. zum Thema auch die einschlägigen Kapitel bei Alan S. Milward, Die deutsche Kriegswirtschaft 1939–1945. Stuttgart 1966; und insbes. Herbst (II, 363).

348 T. W. Mason, Der Primat der Politik – Politik und Wirtschaft im Nationalsozialismus, in: Nationalsozialistische Außenpolitik (I, 102), S. 117–147, Zit. S. 141.

349 Wippermann (II, 336), S. 757.

als wie stringent sie im Sinne einer politischen Konzeption bewertet werden darf.

Dazu schrieb M. Broszat 1960[350], daß sich Hitler geradezu darüber amüsierte, wenn jemand versuchte, eine „detaillierte Exegetik" der sogenannten nationalsozialistischen Weltanschauung festzuschreiben. Aber Broszat merkte auch an: Eine „Ausnahme bildeten hierbei nur einige, ganz simple Grundvorstellungen, die als fixe, fanatisch vertretene Ideen, schon in den frühesten Äußerungen Hitlers zu finden sind und dann zweieinhalb Jahrzehnte lang stereotyp in seinen Reden und Schriften wiederkehren". Es handelte sich um Hitlers „biologisch-materialistische" Idee, daß das Starke das Schwache selektiere. Es ist bekannt, daß Hitler diese Vorstellung als Gesetzmäßigkeit auf das Zusammenleben der Völker übertrug. Auf politischer Ebene, so Broszat, kam die dogmatisch vertretene Konzeption der Eroberung von Lebensraum im Osten hinzu, die Hitler „mehr als aller vordergründige Antibolschewismus" motivierte und 1941 die UdSSR überfallen ließ. Noch vor diesen 'Glaubenssätzen' „rangierte, als universaler Bezugspunkt und Zentrum Hitlerscher Zwangsvorstellungen nur eines: der gleichsam zur Negativ-Religion gesteigerte, manische Antisemitismus". Dieser habe sich jeder „opportunistischen Manipulation" entzogen. In seiner Durchsetzung bewies Hitler die „Geradlinigkeit des Besessenen". Doch wenn man diese Fixpunkte einmal außer acht lasse, dann sei die Hitlersche Weltanschauung „weitgehend nur Phraseologie".

Wesentlich anders sah das 1963 Ernst Nolte. Gewiß, die Anleihen der nationalsozialistischen Ideologie in der „deutschen politischen Vulgärliteratur" ließen sich nicht übersehen. Aber Hitlers Thesen zur „Ganzheit zusammengefaßt" ergäben nichtsdestoweniger ein Gedankengebäude, dessen „Folgerichtigkeit und Konsistenz den Atem" verschlage[351]. Aus solcher Erkenntnis heraus stellte Nolte für die historische Ortsbestimmung des Nationalsozialismus die Analyse Hitlerscher Vorstellungen in den Mittelpunkt seiner epo-

[350] Martin Broszat, Der Nationalsozialismus. Weltanschauung, Programm und Wirklichkeit. Stuttgart 1960, S. 34ff.

[351] Nolte (I, 195), S. 55.

chemachenden Untersuchung. Dennoch lieferte er damit noch keine Gesamtschau der Weltanschauung Hitlers im Sinne einer Einbeziehung der innen-, außen-, wirtschafts-, sozial-, kulturpolitischen sowie rassenbiologischen, antibolschewistischen und antisemitischen Elemente derselben oder in Form von Antworten auf daran orientierte Fragestellungen.

Die Beschränkung auf Teilaspekte kennzeichnete die Einlassungen von Bodo Scheurig[352] zu „Hitlers Weltanschauung". Allerdings wollte Scheurig erklärtermaßen mehr gar nicht leisten. Dabei konnte er sich 1973 auf die 1969 erstmals veröffentlichte Untersuchung von E. Jäckel über dieses Thema stützen. In allen Einzelheiten setzt sich Jäckel in seiner Interpretation der Hitlerschen Weltanschauung mit den in ihr enthaltenen Komponenten auseinander, geht er dem „Verhältnis von Plan und Tat, von Entwurf und Wirklichkeit" im Hinblick auf die Herrschaftsphase nach[353].

Einleitend betont Jäckel, daß die Kenntnis von Hitlers Weltanschauung „nichts oder fast nichts zur Beantwortung der Frage" beizutragen vermöge, warum Hitler möglich werden und seine Absichten mit derartig brutaler Folgerichtigkeit – weitgehend – realisieren konnte[354]. Kritik an dieser profunden Untersuchung, die hier ansetzt, muß also ins Leere stoßen. Die Tatsache, daß die Frage nach den Ursachen für Hitlers Erfolg die wichtigste der Hitler-Forschung überhaupt ist, wird dadurch in keiner Weise angezweifelt. Im übrigen scheint jedoch in Jäckels Anmerkung zur Wechselbeziehung zwischen der Kenntnis von Hitlers Weltanschauung und der Möglichkeit, damit seinen Erfolg – zumindest unter gewissen Gesichtspunkten – zu erklären, ein gewisses Understatement zum Ausdruck zu gelangen. Nun lassen sich die Kenntnisse, die über Hitlers Wollen aufgrund der Lektüre seiner Schriften etc. existierten, selbstverständlich weder quantifizieren noch qualifizieren. Und nicht zuletzt

352 Bodo Scheurig, Hitlers Weltanschauung. Konzept, Taktiken, Folgen, in: ders., Spiegelbilder der Zeitgeschichte. Oldenburg, Hamburg 1978, S. 28–49 (Vortrag, gehalten im März 1973).

353 Jäckel (I, 98), S. 9.

354 Ebd., S. 8.

mit diesem Sachverhalt begründet Jäckel seine Zurückhaltung. Doch es scheint immerhin eine ganze Reihe von Indikatoren zu geben, das zeigten die Untersuchungen zur Hitler-Interpretation vor 1945, welche die – im Hinblick auf die Beantwortung dieser Frage meist zitierte – These vom 'ungelesenen Bestseller Mein Kampf' nicht besonders überzeugend aussehen lassen. Auch wird man wohl gegenüber den Methoden, mit denen sie erarbeitet wurde, Skepsis anmelden dürfen[355]. Ein ganz anderes Problem ist es, ob Hitlers Weltanschauung in ihrer Totalität, so wie sie Jäckel herausarbeitet, den Zeitgenossen vertraut gewesen ist – mit aller Wahrscheinlichkeit nicht. Für die Bestimmung des Beitrages, den Hitlers Ideologie an seinem Erfolg hatte, wäre auch nicht dies die entscheidende Frage, sondern jene, die darauf zielte, zu klären, welche Teile der Weltanschauung perzipiert waren und in welcher Form auf sie reagiert wurde.

Inhaltlich bestätigt Jäckel, daß die Bestandteile der Weltanschauung Hitlers keine eigenständigen gedanklichen Schöpfungen ausdrückten. Es beeindrucke jedoch, wie Hitler diese „aufgelesenen Stücke in einem langen Prozeß in einen Zusammenhang brachte", dessen Ergebnis das Hitlersche Weltbild darstelle. Dies sei ein „Vorgang, der einen ungewöhnlichen Geist" verrate. In Schritten sei Hitler vorgegangen. Erst habe er sich die „gewöhnlichen", die überall anzutreffenden Ideen angeeignet. Diese „versah" er dann durch die Radikalisierung des Antisemitismus mit „weniger gewöhnlichen Zügen" – parallel dazu sei der Gedanke der Ostexpansion entwickelt worden. Ungewöhnlich – wenn man es einmal so formulieren darf – war freilich nur die Intention, die „Juden zu ermorden", denn die Überlegungen zur Außen- und Bündnispolitik nahmen lediglich Vorgegebenes auf. Schließlich sei es zur Integration aller Vorstellungen in einem in sich „geschlossenen Geschichtsbild" gekommen[356].

[355] Dazu I. Teil insgesamt; das Kriterium für den Grad der Bekanntheit von Hitlers Weltanschauung kann im übrigen nicht ausschließlich die Lektüre von 'Mein Kampf' sein. Die „Erziehung", so Stachura (I, 162), sei im Dritten Reich geradezu ein „Pseudonym für die wirksame Verbreitung von Hitlers Weltanschauung" gewesen (S. 243).

[356] Jäckel (I, 98), S. 133f.

Und zu den konkreten Zielsetzungen stellt Jäckel insgesamt fest[357]: „Hitler hatte nur zwei wirkliche Ziele, ein außenpolitisches und ein rassenpolitisches. Deutschland mußte unter seiner Führung neuen Lebensraum im Osten erobern, und es mußte die Juden entfernen. Der Staat und seine Verfassung, die Innen-, Wirtschafts- und Sozialpolitik, die Partei, ihr Programm und ihre Ideologie – alles war nur Mittel zu diesem doppelten Zweck. Hitler war also in der Tat auf weite Strecken hin ein Opportunist, und das mag auch zu der lange verbreiteten Auffassung geführt haben, er sei vollständig opportunistisch gewesen, an nichts interessiert als an Erwerb und Bewahrung von Macht um ihrer selbst willen. Gerade das aber war er nicht."

Diese dezidierten Aussagen zu den politischen und ideologischen Inhalten[358] fanden viel Zustimmung, riefen aber auch Widerspruch hervor. So hieß es, ein „gravierender Mangel" der Untersuchung resultiere aus dem Umstand, daß Jäckel die für Hitlers Weltanschauung typische „Ambivalenz" nicht berücksichtige. Außerdem habe er sich durch die Konzentration auf die Bedeutung der rassen- und außenpolitischen Bestandteile den Blick für die Erkenntnis verstellt, daß in der Weltanschauung selbst durchaus Erklärungsmöglichkeiten für Hitlers Erfolg steckten. So etwa in der Entsprechung, die zwischen dem *paradoxen* Charakter der Weltanschauung und den „in sich widersprüchlichen Bedürfnissen der Massen" existierten[359]. Auch methodische Einwände wurden vorgebracht[360]. Doch in der Hauptsache wandten sich Vorbehalte und Kritik gegen die Art, in der Jäckel den Politiker Hitler und seine Ziele einordnete. Er stützte nämlich mit seinen Forschungsergebnissen zum einen die These, daß Hitler ein im wesentlichen seit den zwanziger Jahren fixiertes außenpolitisches Programm mit aller Konsequenz zu verwirklichen versuchte; und er vertrat zum anderen die Auffassung, daß sich Hitler auf die Eroberung von 'Lebensraum' im Osten und die nach rassenideologischen Prämissen sowie Prinzipien vorzu-

[357] Ebd., S. 93.

[358] Ebd., S. 97–119, zu den Inhalten von Hitlers Geschichtsbild.

[359] Zitelmann (I, 2), S. 53.

[360] Thies (II, 15), S. 18; Wippermann (II, 336), S. 756, Anm. 96.

nehmende Neuordnung seines Herrschaftsbereichs beschränken wollte. Auf diese Weise setzte er sich sowohl in Widerspruch zu den sogenannten 'Opportunisten' als auch zu den 'Globalisten' unter den Interpreten Hitlerscher Politik.

Dieses Thema ist noch zu behandeln. Zunächst sprechen Jäckels Resultate jedoch den – im weitesten Sinne verstanden – außenpolitischen Themenkomplex der Herrschaft Hitlers insgesamt an. Kaum ein anderer wurde so intensiv untersucht. Es ist daher ausgeschlossen, die existente Literatur einigermaßen vollständig vorzustellen oder auf die Einzelheiten der verschiedenen Thesen und ihre Begründung einzugehen. Lediglich die grundsätzlichen Positionen können angedeutet werden.

In der marxistisch-leninistischen Geschichtsschreibung wird – wie für die Erklärung der Machtübernahme[361] – für die Außen- und Kriegspolitik Hitlers ebenfalls jene These in Anwendung gebracht[362], die das Regime als weitgehend durch die das kapitalisti-

[361] Außer den bereits genannten Arbeiten von Pätzold/Weißbecker oder Hörster-Philipps ist hinzuweisen auf: Emil Carlebach, Hitler war kein Betriebsunfall. Hinter den Kulissen der Weimarer Republik. Die vorprogrammierte Diktatur. Frankfurt a. M. 1978; oder Josef Hindels, Hitler war kein Zufall. Ein Beitrag zur Soziologie der Nazibarbarei. Wien, Frankfurt a. M., Zürich 1962; und Joachim Petzold, Die Demagogie des Hitlerfaschismus. Die politische Funktion der Naziideologie auf dem Wege zur faschistischen Diktatur. Frankfurt a. M. 1983, der in seinem in vielen Partien sehr anregendem Werk letztlich doch die bekannte These erneut zu belegen versucht, daß Hitler nur Sachwalter des Monopolkapitals gewesen sei. Dieses soll die nationalsozialistische Ideologie schon vor und dann im Ersten Weltkrieg entworfen haben. Kenntnisreich, doch hinsichtlich der historischen Deutung zu einseitig argumentierend, ist die Untersuchung: Joachim Petzold, Wegbereiter des deutschen Faschismus. Die Jungkonservativen in der Weimarer Republik. Köln 1978, in der sich P. mit den zeitgenössischen Schriften der von ihm berücksichtigten Autoren auseinandersetzt und auch die jungkonservativen Kritiker des Nationalsozialismus – Hans Zehrer, Ernst Jünger, Oswald Spengler, Edgar Julius Jung – zu Wort kommen läßt, S. 295–319.

[362] Dietrich Eichholtz und Kurt Gossweiler, Noch einmal: Politik und Wirtschaft 1933–1945, in: ARG 10 (1968), S. 210–227; Gerhart Hass, Kriegsziele und militärische Entschlußfassung im faschistischen Deutsch-

sche Wirtschaftssystem beherrschenden Machteliten gesteuert darstellt. Die Fragwürdigkeit dieser Interpretation ist – im Kontext der Herrschaftsstruktur im Dritten Reich – wiederholt und überzeugend aufgezeigt worden[363]. Anzumerken ist allerdings, daß in diesem Zusammenhang eine Schwarzweißmalerei weder für die eine noch für die andere Seite statthaft ist. Denn mit ernsthaften Argumenten wurde – von bonapartismustheoretischen Überlegungen ausgehend – darauf hingewiesen, daß eine „statische Subordination der Politik unter die Wirtschaft" so wenig angebracht erscheint wie die „bloß subsumierende Unterordnung der Ökonomie unter einen Primat der Politik"[364]. Neuere Untersuchungen, selbst wenn sie dem Primat der Politik verpflichtet bleiben, stellen dementsprechend das Verhältnis von Politik und Wirtschaft zunehmend im Verständnis einer komplexen Abhängigkeit voneinander dar[365].

land, in: RIHM 43 (1979), S. 89–102; und: Weltherrschaft im Visier. Dokumente zu den Europa- und Weltherrschaftsplänen des deutschen Imperialismus von der Jahrhundertwende bis Mai 1945, hrsg. und eingel. von Wolfgang Schumann u. a., Berlin 1975.

363 Direkt zur Zurückweisung einer derartigen Interpretation: Hildebrand (II, 269), S. 225–228. Vgl. darüber hinaus zu den Deutungen der Beziehungen zwischen „Wirtschaft und Politik im faschistischen Herrschaftssystem" Saage (Vw. 19), S. 53–84; speziell für die Kriegsjahre Ludolf Herbst, Der Totale Krieg und die Ordnung der Wirtschaft. Die Kriegswirtschaft im Spannungsfeld von Politik, Ideologie und Propaganda 1939–1945. Stuttgart 1982; und insgesamt zur Wirtschaft am Übergang zum und im Dritten Reich: Willi A. Boelcke, Die deutsche Wirtschaft 1930–1945. Interna des Reichswirtschaftsministeriums. Düsseldorf 1983; sowie unmittelbar zur Primatfrage: Timothy W. Mason, Der Primat der Politik – Politik und Wirtschaft im Nationalsozialismus, in: ARG 8 (1966), S. 473–494; sowie Czichon (II, 103); und erneut Tim Mason, Primat der Industrie? – Eine Erwiderung, in: ARG 10 (1968), S. 193–209.

364 Saage (Vw. 19), S. 149–152, hier S. 151.

365 Jost Dülffer, Zum 'decision-making process' in der deutschen Außenpolitik 1933–1939, in: Hitler, Deutschland und die Mächte (II, 91), S. 186–204; und ders., Grundbedingungen der nationalsozialistischen Außenpolitik, in: Strukturelemente des Nationalsozialismus. Rassenideologie, Unterdrückungsmaschinerie, hrsg. von Leo Haupts und Georg Mölich.

Was die Charakterisierung der nationalsozialistischen Außenpolitik in der sogenannten bürgerlichen Geschichtsschreibung betrifft, so ist hier auf kenntnisreiche Zusammenfassungen zu verweisen, in denen auch die einzelnen Forschungspositionen behandelt sind[366].

Ausgegangen werden darf inzwischen von einer weitgehenden Übereinstimmung der Forschung darüber, daß es den – früher vermuteten – qualitativen Sprung zwischen einer revisionistischen und expansionistischen Phase Hitlerscher Außenpolitik nicht gab, diese vielmehr a priori eine Einheit bildete. Die zur Durchsetzung seiner Absichten angewandten Methoden änderten sich, nicht aber die Zielsetzungen an sich, die zumindest nach Meinung zahlreicher Historiker durchgehend an Hitlers 'Endzielen' ausgerichtet blieben.

An diesem letztgenannten Punkt gehen freilich die Meinungen nach wie vor auseinander. Einige Historiker, die auf H. Rauschning und für die Zeit nach 1945 auf den – mittlerweile leicht, doch keinesfalls durchgehend modifizierten – Untersuchungen von A. Bullock[367] aufbauen, sehen Hitler als einen lediglich machiavellistisch

Außenpolitik. Köln 1981, S. 61–88; gerade dieser Beitrag ist, nach Abwägung aller möglich erscheinenden Ansätze und ohne die Rahmenbedingungen für Hitlers Handeln zu vernachlässigen, betont hitlerzentrisch abgefaßt.

[366] Vgl. neben den in Vw. 12 genannten relevanten Arbeiten: Andreas Hillgruber, England in Hitlers außenpolitischer Konzeption, in: HZ 218 (1974), S. 65–84; ders., Grundzüge der nationalsozialistischen Außenpolitik 1933–1945, in: Saeculum 24 (1973), S. 328–345; Hildebrand (II, 269); insgesamt auch: Kriegsbeginn 1939. Entfesselung oder Ausbruch des Zweiten Weltkriegs? Hrsg. von Gottfried Niedhart. Darmstadt 1976; und: Nationalsozialistische Außenpolitik (I, 102); sowie Thies (II, 15), S. 10–20; Hildebrand (I, 290), S. 168–180; Günter Schubert, Anfänge nationalsozialistischer Außenpolitik. Köln 1963, dabei handelt es sich ebenso um eine eigenständige Untersuchung zum Zeitraum der zwanziger Jahre wie bei Fritz Dickmann, Machtwille und Ideologie in Hitlers außenpolitischen Zielsetzungen vor 1933, in: Spiegel der Geschichte. Festgabe für Max Braubach zum 10. April 1964, hrsg. von Konrad Repgen und Stephan Skalweit. Münster 1964, S. 915–941. Außerdem: Bracher (I, 261); und Jens Petersen, Hitler – Mussolini. Die Entstehung der Achse Berlin–Rom 1933–1936. Tübingen 1973, S. XVII–XXV.

[367] Bullock (II, 175); und ders., Hitler und die Ursprünge des Zweiten

handelnden 'Opportunisten', der den Krieg als Selbstzweck begriff und sich nahm, was günstige Gelegenheiten boten[368]. Andere erkennen deutliche Zielgerichtetheit. Hitlers Politik habe sich in Übereinstimmung mit seinem 'Programm' entfaltet, d.h., sie zielte von Anfang an und stets auf die Gewinnung von Lebensraum im Osten, und dies im Rahmen der rassenbiologischen Vorstellungen. Territorial ging es – im wesentlichen – um die Eroberung des europäischen Rußland. Daran anschließend sollte dann die rassische Neugestaltung Europas unter deutscher Hegemonie erfolgen.

Innerhalb dieser Gruppe der 'Programmatiker' stehen sich wiederum die sogenannten 'Kontinentalisten'[369] und die 'Globalisten'[370] gegenüber. Letztere stimmen der These vom Kontinentalimperium als Ziel Hitlers zu, sehen aber darüber hinaus in dessen Wollen Ziele eingeschlossen, die auf eine Weltherrschaft Deutschlands hinweisen. Mit den Worten von A. Hillgruber[371]: „Knapp zusammengefaßt lautete [Hitlers] Ziel, nach Erringen der Macht im

Weltkrieges, in: Kriegsbeginn 1939 (II, 366), S. 124–162, wo B. die programmatische und opportunistische Interpretation zu kombinieren versucht (S. 129), was ihn zu dem Ergebnis bringt (S. 160), daß Hitler ein besonders zielstrebiger Opportunist gewesen sei.

[368] Dazu darf man u. a. zählen: Broszat (I, 134); Faul (II, 306); Walther Hofer, Die Entfesselung des Zweiten Weltkrieges. Eine Studie über die internationalen Beziehungen im Sommer 1939. Mit Dokumenten. 3., neubearb. Aufl. Frankfurt a. M. 1964; allerdings hat Hofer (I, 134), S. 27, Anm. 26, geltend gemacht, daß seine Zuordnung zur Opportunismus-Theorie auf einem Mißverständnis beruhe. Er sehe Hitler nur auf der taktischen Ebene schwanken, habe jedoch an der Zielstrebigkeit, mit der dieser den Krieg 1939 herbeiführte, nie Zweifel aufkommen lassen. Tatsächlich ist das mit dieser Klarheit dem Buch nicht ohne weiteres zu entnehmen. Außerdem: Hans Mommsen, Nationalsozialismus, in: Sowjetsystem und demokratische Gesellschaft. Eine vergleichende Enzyklopädie. Bd. IV, hrsg. von Claus D. Kernig. Freiburg, Basel, Wien 1971, Sp. 695–713; und Esmonde M. Robertson, Hitler's Pre-War Policy and Military Plans, 1933–1939. London 1963.

[369] Zur Literatur vgl. Anh. 10.

[370] Zur Literatur vgl. Anh. 11.

[371] Hillgruber, Deutschlands Rolle (II, 271), S. 68f.

Innern und der Konsolidierung seiner Herrschaft in Zentraleuropa das Deutsche Reich in zwei großen Etappen zur 'Weltmacht'-Stellung zu führen: zunächst ein ganz Europa beherrschendes Kontinentalimperium mit einem festen machtpolitischen und 'wehrwirtschaftlichen' Rückhalt im weiten europäischen 'Ostraum' zu schaffen und danach durch die Gewinnung eines kolonialen Ergänzungsraumes in Afrika und durch die Schaffung einer starken Flotte mit Stützpunkten im Atlantik Deutschland zu einer der vier – nach dem angestrebten Ausfall Frankreichs und Rußlands – verbleibenden 'Weltmächte', neben dem britischen Empire, neben dem Großraum Japans in Ostasien und (von Hitlers Sicht entscheidend) neben den USA, zu machen. Für die folgende Generation – also die Zeit nach seinem Tod – erwartete er einen Entscheidungskampf zwischen den beiden bedeutendsten 'Weltmächten', der 'Weltmacht' Deutschland und der 'Weltmacht' Amerika, gewissermaßen um die 'Weltherrschaft'. Für diese gewaltige Auseinandersetzung in der Zukunft, einen Kampf der Kontinente, wollte er in seiner Zeit dem zu errichtenden 'Germanischen Reich deutscher Nation' die notwendige 'großräumige' Basis schaffen, ohne die Deutschland – wie Hitler mit seiner Alternativformel meinte – unvermeidlich zur machtpolitischen Bedeutungslosigkeit verurteilt sei."

Im außen- und machtpolitischen Teil enthielt dieses 'Programm' alle jene Forderungen, die von „Regierungsseite und aus Kreisen der 'nationalen Opposition' seit der Bismarck-Zeit" vorgetragen worden waren, aber auch ein Mehr! Die Motoren der Hitlerschen programmatischen Dynamik hießen: Antibolschewismus, Antisemitismus und Lebensraum im Osten[372]. Die eigentlich neue Komponente in der Konzeption Hitlers bestand in der unlösbaren Verflechtung eines radikalen und universalen Antisemitismus mit der Lebensraum-Idee[373].

Ein Forschungsergebnis ist in bezug auf die Entwicklung der programmorientierten Außenpolitik Hitlers hervorzuheben. In einer glänzenden Analyse der militärischen und politischen Lage im Jahr

[372] Hildebrand (II, 60), S. 618–621, Zit. S. 618.

[373] Hillgruber, Die 'Endlösung' (II, 271), S. 96.

1941 kam A. Hillgruber zu dem Resultat, daß im Juli 1941 für *wenige Wochen* eine Ausnahmesituation gegeben gewesen sei, in der Hitler die Realisierung seiner außereuropäischen Intentionen in unmittelbare Nähe gerückt wähnte. Die bis dahin lediglich unscharf anivisierte letzte Etappe des Programms, der weltweite Krieg gegen die Vereinigten Staaten, schien eine „direkt vor ihm liegende Aufgabe" zu sein. Mitte Juli versuchte Hitler von der bisher gewahrten Defensive zur Offensive gegen die USA überzugehen, wozu er Tokio ein Bündnis zu deren „Vernichtung" offerierte. Die *Ursachen* für diesen Wandel lagen – unbeschadet der aus der aktuellen Situation abzuleitenden Anlässe – in der „prinzipiell seit langem feststehenden Überzeugung Hitlers", daß Washington auf lange Sicht der „Hauptfeind" Berlins sei und der „Kampf zwischen den Kontinenten" nicht zu vermeiden sein werde[374].

Hitlers Entschlossenheit, sein „Programm" zu verwirklichen, lieferte die entscheidenden Antriebskräfte der „nationalsozialistischen Außenpolitik"[375]. Aber es wäre völlig abwegig, anzunehmen, daß er diese Politik, die ja immer von derjenigen der übrigen Mächte abhängig war, wie auf einer Einbahnstraße entwickelt habe. Sie entfaltete sich jedoch – wie A. Hillgruber nachgewiesen hat – in einer Art „Stufenplan"[376], der sich mit drei Zielkomplexen beschreiben läßt: Gewinnung einer erweiterten Machtstellung in Mitteleuropa (1939 abgeschlossen); Schaffung eines Kontinentalimperiums (seit 1939 auf militärischem Wege angestrebt, 1941 in die entscheidende Phase eintretend); und Ausgreifen nach Übersee (seit 1940 in der konkreten militärischen Planung)[377].

Diese Hitler im Rahmen des Außenpolitischen somit zuerkannte

[374] Hillgruber, Zenit (Anh. 11), insbes. S. 6ff. und S. 16f.

[375] Auf den „revolutionären Umbruch" hinweisend, der 1933 für die deutsche Außenpolitik einsetzte, hat Jacobsen, Zur Struktur (II, 369), S. 122, vorgeschlagen, diese Bezeichnung anzuwenden.

[376] Zu den Vorbehalten gegenüber diesem Begriff vgl. K. Hildebrand (I, 290), S. 172.

[377] Ausführlich dazu: Gerhard Schreiber, Bernd Stegemann und Detlef Vogel, Das Deutsche Reich und der Zweite Weltkrieg, Bd. 3: Der Mittelmeerraum und Südosteuropa. Von der 'non belligeranza' Italiens bis zum

Rolle einer Zentralfigur des nationalsozialistischen Herrschaftssystems wurde – zusammen mit der Totalitarismustheorie[378] – von der 'revisionistischen' Forschungsrichtung grundsätzlich in Frage gestellt.

Im Verlauf der nunmehr schon Jahre währenden Kontroverse

Kriegseintritt der Vereinigten Staaten. Stuttgart 1984, S. 572–587 (G. Schreiber).

[378] Wie einleitend festgestellt, ist weder die Totalitarismustheorie noch die Faschismusforschung eigentlicher Gegenstand in dieser Arbeit. Deshalb soll – außer den in Vw. 12 und 19 erwähnten Titeln – ergänzend zu anderen darüber hinaus zitierten Untersuchungen in Auswahl lediglich noch auf folgende Arbeiten hingewiesen werden: Karl Dietrich Bracher, Der umstrittene Totalitarismus: Erfahrung und Aktualität, in: ders., Zeitgeschichtliche Kontroversen (Vw. 4), S. 33–61; ebd., S. 13–32: ders., Kritische Betrachtungen zum Faschismusbegriff; ders., Die Diktatur denken: Faschismus, Nationalsozialismus, Kommunismus im Vergleich, in: ders., Zeit der Ideologien. Eine Geschichte politischen Denkens im 20. Jahrhundert. Stuttgart 1982, S. 150–169; Karl Dietrich Erdmann, Nationalsozialismus – Faschismus – Totalitarismus, in: GWU 27 (1976), S. 457–469; Renzo De Felice, Le interpretazioni del fascismo. 3., erweit. Aufl. Bari 1972 (dt. Göttingen u. a. 1980); Joachim C. Fest, Zur Typologie einer totalitären Führungsschicht, in: AuZ B 37–38/63, 18. 9. 1963, S. 18–32; Ossip K. Flechtheim, Totalitarismus = Faschismus + Kommunismus? Haben Hitlerdeutschland und Stalinrußland ideologisch etwas miteinander zu tun? In: Hitlerwelle (Vw. 11), S. 60–70; Martin Greiffenhagen, Reinhard Kühnl und Johann Baptist Müller, Totalitarismus. Zur Problematik eines politischen Begriffs. München 1972; Eike Hennig, Bürgerliche Gesellschaft und Faschismus in Deutschland. Ein Forschungsbericht. Frankfurt a. M. ²1982; Reinhard Kühnl, Nationalsozialismus = Faschismus? In: 1933 (II, 76), S. 140–152; H. Mommsen (II, 86), S. 14–18: Nationalsozialismus und vergleichende Faschismusforschung; Jens Petersen, Zum Stand der Faschismusdiskussion in Italien. Nachw. in: Renzo De Felice, Der Faschismus. Ein Interview von Michael A. Ledeen. Stuttgart 1977, S. 114–144; Totalitarismus und Faschismus. Eine wissenschaftliche und politische Begriffskontroverse. Kolloquium im Institut für Zeitgeschichte am 24. November 1978. München, Wien 1980; Rudolf Vierhaus, Faschistisches Führertum. Ein Beitrag zur Phänomenologie des europäischen Faschismus, in: HZ 198 (1964), S. 614–639; Wehler (II, 174); und Wippermann (II, 60); sowie ders. (II, 336).

über die Vorzüge und Nachteile einer 'Sozialgeschichte' oder 'politischen Geschichte' hat man den 'Traditionalisten' – ironisierend auch 'Programmologen' genannt[379] – vorgehalten, daß unterdessen aus den Arbeiten der 'Revisionisten', die „gegenüber dem hinlänglich bekannten Insistieren auf Hitlers Zielen, Stufenplänen, Langzeitprogrammen, auf dem Gewicht innerer Faktoren, auf den pragmatischen Aspekten vieler Entscheidungsprozesse, auf den von innen wie außen vorgegebenen Bedingungen bestehen", wohl mehr zu lernen sei als aus ihren eigenen. Und durch die Ergebnisse der allgemeinen Faschismusforschung[380], hieß es, seien die 'traditionalistischen' Historiker zusätzlich unter „Legitimationsdruck" geraten[381].

Um was geht es? Im Grunde um eine andere, jedoch nicht absolut neue Deutung des nationalsozialistischen Herrschaftssystems, nachdem mehrere – durchweg speziellen Forschungsproblemen gewidmete – Untersuchungen den Eindruck vermittelten, daß das Dritte Reich eine 'polykratisch' zu nennende Herrschaftsstruktur besessen habe[382]. Die wesentlichen, in diesem Zusammenhang auch

[379] Der ironisch gebrauchte Begriff stammt von Wolfgang Schieder, Spanischer Bürgerkrieg und Vierjahresplan. Zur Struktur nationalsozialistischer Außenpolitik, in: Der Spanische Bürgerkrieg in der internationalen Politik (1936–1939). 13 Aufsätze, hrsg. von Wolfgang Schieder und Christof Dipper. München 1976, S. 162–190, hier S. 163.

[380] Dazu u. a. Hildebrand, Geschichte der deutschen Außenpolitik (Anh. 1), S. 189ff.

[381] Vgl. Hildebrand, Geschichte oder 'Gesellschaftsgeschichte' (Anh. 1); und Wehler, Kritik und kritische Antikritik (Anh. 1), hier S. 379–383, Zit. S. 381f. Eine Übersicht über die verschiedenen kontroversen Auffassungen bietet Klaus-Jörg Ruhl, Radikale Fragen an gesicherte Erkenntnisse, in: BAZ, 26. 1. 1983, S. 10; und ders., Der Dämon schrumpft zum schwachen Diktator, in: BAZ, 27. 1. 1983, S. 14.

[382] Eine vorzügliche Beschreibung des Polykratieproblems liegt vor von Peter Hüttenberger, Nationalsozialistische Polykratie, in: GG 2 (1976), S. 417–442; vgl. außerdem die Forschungs- und Literaturberichte von Fox (Vw. 12), S. 261ff.; Funke, Führer-Prinzip (Anh. 1); Grimm (Anh. 1); Hildebrand, Hitlers Ort (II, 60), S. 597–600; ders., Das Dritte Reich (I, 290), S. 172ff.; ders., Innenpolitische Antriebskräfte (II, 269), S. 190–194; ders., Geschichte der deutschen Außenpolitik (Anh. 1), S. 189–195; Hillgruber,

meistens zitierten Autoren sind: Reinhard Bollmus[383], Martin Broszat[384], Peter Diehl-Thiele[385], Heinz Höhne[386], Peter Hüttenberger[387], Hans-Adolf Jacobsen[388], Timothy W. Mason[389], Wolfgang Michalka[390], Hans Mommsen[391], Edward Norman Peter-

Tendenzen (Vw. 12), S. 612–617; Hofer, 50 Jahre (I, 134), S. 1–13; Kuhn, Herrschaftsstruktur (Vw. 12), S. 402–405; Michalka, Wege (Vw. 6), S. 133–139; ders., Geplante Utopie (Anh. 1), S. 219–224. Zur Begriffsgenesis vgl. Gunnar Stollberg, Der vierköpfige Behemoth. Franz Neumann und die moderne Auffassung vom pluralistischen Herrschaftssystem des Faschismus, in: Gesellschaft. Beiträge zur Marxschen Theorie 6, hrsg. von H. G. Backhaus [u. a.]. Frankfurt a. M. 1976, S. 92–117. Im Rahmen der Strukturfrage ist auf einen Sammelband – Das Dritte Reich. Herrschaftsstruktur und Geschichte. Vorträge aus dem Institut für Zeitgeschichte, hrsg. von Martin Broszat und Horst Möller. München 1983 – hinzuweisen, in dem das Revolutionsproblem, die gesellschaftliche Verfassung, das Verhältnis von Partei und Staat, Rechtsfragen, außenpolitische Aspekte, Weltanschauungsfragen, das Militär, Antisemitismus und Judenpolitik, Emigration und Widerstand thematisiert sind.

383 Reinhard Bollmus, Das Amt Rosenberg und seine Gegner. Studien zum Machtkampf im nationalsozialistischen Herrschaftssystem. Stuttgart 1970.

384 Broszat (I, 134); ders. (II, 8).

385 Diehl-Thiele, Partei und Staat (II, 71).

386 Heinz Höhne, Der Orden unter dem Totenkopf. Die Geschichte der SS. Gütersloh 1967.

387 Hüttenberger (II, 382); und ders., Die Gauleiter. Studie zum Wandel des Machtgefüges in der NSDAP. Stuttgart 1969.

388 Jacobsen, Nationalsozialistische Außenpolitik (II, 279).

389 Timothy W. Mason, Intention and Explanation: A Current Controversy about the Interpretation of National Socialism, in: Der 'Führerstaat' (Vw. 17), S. 23–42; und ders. (I, 85).

390 Wolfgang Michalka, Die Nationalsozialistische Außenpolitik im Zeichen eines 'Konzeptionen-Pluralismus' – Fragestellungen und Forschungsaufgaben, in: Hitler, Deutschland und die Mächte (II, 91), S. 46–62; und ders. (II, 12).

391 Mommsen, Nationalsozialismus (II, 368); ders., Ausnahmezustand als Herrschaftstechnik des NS-Regimes, in: Hitler, Deutschland und die Mächte (II, 91), S. 30–45; ders., Hitlers Stellung im nationalsozialistischen

son[392] oder Wolfgang Schieder[393]. Zu betonen ist freilich, daß diese Zuordnung nicht für alle genannten Historiker eindeutig ist. Tatsächlich gibt es hinsichtlich der von ihnen eingenommenen Positionen erhebliche Unterschiede, was erneut andeutet, wie unbefriedigend es letztlich ist, sie in einer sogenannten 'revisionistischen Schule' zusammenzufassen. Auch ist nicht zu übersehen, daß die verschiedenen 'Revisionisten' sowohl unterschiedliche Perspektiven als auch uneinheitliche Kategorien besitzen bzw. anwenden. Das muß nicht unbedingt ein Nachteil sein. Und ganz generell ist festzustellen, daß jedenfalls ein alternatives, die Diskussion anregendes Interpretationsmodell erarbeitet worden ist. Es erscheint in diesem Kontext wenig sinnvoll, den 'Revisionisten' vorzuhalten, daß sie noch kein in sich schlüssiges Panorama der Hitlerschen Herrschaft erstellt hätten, denn gerade dieses ist ja das große Desiderat der Hitler-Forschung. Es gibt noch nicht einmal für den Zweiten Weltkrieg, der einen wesentlichen Teil der Geschichte des Dritten Reiches ausmacht, eine 'Panoramadarstellung'. Diese müßte konsequenterweise alle Probleme, also neben den traditionell betrachteten politischen, wirtschaftlichen und militärischen u. a. auch die gesellschaftspolitischen, berücksichtigen und ausgewogen interpretieren.

Den Gedanken der nationalsozialistischen Polykratie[394] zu vertreten, impliziert zunächst einmal, daß man die These, Hitler habe in einem in ihm symbolisierten 'Führerstaat' sämtliche Herrschaftsebenen und -bereiche effizient kontrolliert, ebenso ablehnt wie jene, die den Nationalsozialismus als die aggressivste Form des Finanzkapitals hinstellt, da das ihr entsprechende Staatsbild notwendigerweise „monokratische Prämissen" einschließt. Der polykratische

Herrschaftssystem, in: Der 'Führerstaat' (Vw. 17), S. 43–72; ders. (II, 155); und ders. (Vw. 17).

392 Edward Norman Peterson, The Limits of Hitler's Power. Princeton, N. J. 1969.

393 Schieder (II, 379).

394 Die Ausführungen folgen im wesentlichen Hüttenberger (II, 382), der die NS-Polykratie als Begriff – bisher – wohl am überzeugendsten zu systematisieren versuchte.

Forschungsansatz vermeidet alle Primat-Modelle[395]. Er versucht – dabei simple Über- und Unterordnungsmuster ausschließend – „sowohl die Probleme gleichgeordneter Beziehungen als auch die der mit der Zeit veränderlichen" zu berücksichtigen. Polykratie meint letztlich eine „Vielzahl von weitgehend autonomen, miteinander konkurrierenden Herrschaftsträgern"[396].

Diese 'Herrschaftsträger' müssen unter zwei Gesichtspunkten bestimmt werden: erstens dem der Entwicklung der Herrschaftsbeziehungen vom Machtantritt Hitlers bis zum Ende des Dritten Reiches; und zweitens demjenigen des gesellschaftlichen Kontrollbereiches. Es ist zu fragen, welcher Herrschaftsträger welche Gruppen oder Sektoren kontrollierte.

Zwar fehlen für definitive Antworten noch die entsprechenden Spezialstudien, aber Peter Hüttenberger, der diese Problemstellungen in kompetenter Weise untersuchte, hielt für Hitler – und nur um ihn geht es hier – fest[397]: Auf der Grundlage seiner Stellung als Reichskanzler und Reichspräsident stabilisierte Hitler zunächst seine Machtposition. Dabei vermochte er „bestimmte Ausschnitte des politischen Entscheidungsprozesses im Reich, in erster Linie die Außenpolitik, stufenweise unter seine Kontrolle zu bringen und hier auch Großwirtschaft und Reichswehr in manchen Belangen zu überspielen. Allerdings konzentrierte er auch seine Aktivitäten im wesentlichen auf dieses Gebiet und kümmerte sich um die Innenpolitik verhältnismäßig wenig. So war seine tatsächliche Herrschaft in der Wirtschafts-, Sozial- und Kulturpolitik begrenzt, wenn nicht gar oft inexistent." Hüttenberger fragt denn auch sehr pointiert, ob Hitler

[395] Hingewiesen sei in solchem Rahmen auf Bernd Martin, Friedens-Planungen der multinationalen Großindustrie (1932 bis 1940) als politische Krisenstrategie, in: GG 2 (1976), S. 66–88, der konstatiert (S. 88): „Der Primat der nationalsozialistischen Politik blieb vor, im und auch nach dem Zweiten Weltkrieg unangefochten. Eine Fixierung auf den Primat der Wirtschaft wird sich für die Historiographie und Politikwissenschaft als ebenso unfruchtbar erweisen, ja verhängnisvoll auswirken wie der über ein Jahrhundert kaum angefochtene Primat der Außenpolitik."

[396] Hüttenberger (II, 382), S. 422.

[397] Ebd., S. 431 f.

nicht oftmals lediglich noch als „Notar" bereits „vorformulierte Entscheidungen" nur noch „legalisierte".

Die 'Notar-These' birgt einige sehr interessante Aspekte in sich, und sie wirft grundsätzliche Probleme auf. Wer sich auf sie zurückzieht, kann nämlich jene Argumentation in Verlegenheit bringen, die darauf aufgebaut ist, daß alle wirklich wichtigen Entscheidungen im Dritten Reich von Hitler gefällt worden sind. Hitler war wortwörtlich der entscheidende Mann. Dies wird von Hüttenberger formal nicht angezweifelt. Man müßte also im Grunde Hitlers inhaltlichen Anteil an den Entscheidungen verifizieren, was – zumindest recht häufig – auf Schwierigkeiten stoßen dürfte. Freilich, dasselbe gilt hinsichtlich der Legalisierungsfunktion Hitlers. In bezug auf sie ist es im Einzelfall ebenfalls kaum möglich, einen entsprechenden Nachweis anzutreten.

Doch davon abgesehen kommt Hüttenberger in bezug auf die Herrschaftsstrukturen im nationalsozialistischen Deutschland zu folgendem Befund, der, da er grundsätzlicher Art und wohl auch beispielhaft ist, insgesamt referiert werden soll[398]:

„1. Der polykratische Charakter des Dritten Reiches entwickelte sich aus der Gesamtkonstellation des Regimes bei der Machtergreifung.

2. Das polykratische Regime bestand aus mehreren, in Ideologie, Interessen, prozessuellem Aufbau, Arbeitsstil unterschiedlichen Oligarchien, von denen die Großwirtschaft, je nach Situation, in der Regel gemäß dem Konkurrenz- oder Kollegialprinzip, die Reichswehr bürokratisch-hierarchisch, und der Nationalsozialismus[399] nach dem Cliquen- und Führerprinzip organisiert waren.

3. Das dynamischste Element der Polykratie bildete der Nationalsozialismus, und zwar aus seiner Sicht mit Notwendigkeit, da seine Position in der Phase der Machtergreifung prekär war. Die Voraussetzung für die Möglichkeit seiner Expansion lag in der Furcht der übrigen beiden Herrschaftsträger, sich in der Wirt-

[398] Ebd., S. 442.

[399] Das ist der Herrschaftsträgerkomplex: NSDAP/PO, SS/SD/Gestapo und Hitler selbst.

schaftskrise gegenüber den revolutionären Kräften in Deutschland nicht behaupten zu können.

4. Der Zuständigkeitswirrwarr im Dritten Reich läßt sich nicht allein aus einer hypermachiavellistischen Politik Hitlers erklären, sondern aus den permanenten Penetrationsversuchen, Differenzierungen und Kompromissen der einzelnen Herrschaftsträger. Dieser Tatbestand kann auch nicht auf ein idealtypisches Begriffspaar wie Improvisation–politische Planung reduziert werden, denn Hitler und die Nationalsozialisten verfolgten zielstrebig – wenn auch oft im Taktischen improvisierend – und jeden Freibereich nutzend das Ziel, ihre politische Position zu sichern, wobei sie allerdings häufig auf Widerstand und damit auf ihre Grenzen stießen.

5. Das Dritte Reich fand zu keiner ihm eigentümlichen, stabilen Verfassung, innerhalb derer die Politik [...] nach konstanten, allseits akzeptierten, transpersonalen Spielregeln abgelaufen wäre. Man sollte daher den Pluralismusbegriff mit der ihm zugrunde liegenden theoretischen Konzeption vermeiden, aber auch den Begriff 'Anarchie'[400], da der Nationalsozialismus ja keine Neigung zur Aufhebung von Herrschaft besaß.

6. Die einzelnen Mitglieder der Polykratie waren aufeinander angewiesen, weshalb sie sich intern arrangierten und weshalb nach außen hin der Eindruck aufkommen konnte, es handele sich um eine monolithische Herrschaft."

Hüttenberger lehnt damit die Interpretation des nationalsozialistischen Staates im Verständnis eines einheitlichen Machtblocks nachdrücklich ab. Außerdem erscheint ihm die Bündnistheorie – das Zusammengehen von Nationalsozialismus und extrem konservativen oder reaktionären Kräften zu einem Herrschaftskartell – als unzulänglich, zumindest für die Zeit nach 1934. Zu klären wäre hier speziell die Frage der Beendigung oder der Transformation der Allianz. Darüber hinaus verwirft er jenen Zugriff, der die Entscheidung in der Herrschaftsfrage auf die Alternative Industrie oder Poli-

[400] Meist zitiert in diesem Kontext: Walter Petwaidic, Die autoritäre Anarchie. Streiflichter des deutschen Zusammenbruchs. Hamburg 1946.

tik limitiert. Nur peripher werden bei ihm jedoch außenpolitische Aspekte berücksichtigt.

Im übergeordneten Zusammenhang hat man ebenso darauf hingewiesen wie im speziellen Fall des Nationalsozialismus, daß die Geschichtsschreibung nicht an der „Scheidung in Außen- und Innenpolitik“ festhalten könne, wolle sie zum Wesen der historischen Entwicklungen gelangen[401]. Und konsequenterweise haben die 'Traditionalisten' die inneren Probleme des Dritten Reiches keineswegs ausgeklammert, wurden von ihnen dort, wo es nicht um die Durchsetzung spezifisch Hitlerscher Absichten ging, Widersprüchlichkeiten, Rivalitäten oder Kompetenzschwierigkeiten im Herrschaftssystem registriert[402]. Umgekehrt entgingen den 'Revisionisten' nicht die außenpolitischen Implikationen ihres Polykratiemodells. Dabei wurden sie, während die 'Traditionalisten' den Bereich des Inneren – ohne ihn zu unterschätzen – im Grunde komplementär-nachgeordnet behandelten[403], auch im Hinblick auf außenpolitische Fragestellungen argumentativ offensiv, d. h. sie nahmen und nehmen von ihrem speziellen Zugriff her Neubewertungen vor.

Zu jenen Thesen, die in diesem Rahmen – zum Teil heftigen[404] – Widerspruch provozierten, gehörte auch M. Broszats Feststellung, die Gewinnung von Lebensraum im Osten habe bis „1939/40 weitgehend die Funktion einer ideologischen Metapher“ besessen. Sie sei im Grunde ein Symbol gewesen, um wieder und wieder neue außenpolitische Aktivitäten zu rechtfertigen. Eine entsprechende „symbolische Begründung“ sei der „Judenfrage“ im Hinblick auf den „unablässigen Kampf im Innern“ zugekommen. Die beiden zentra-

401 Dazu Bracher, Krise (II, 25), S. 11.

402 Die u. a. von Kettenacker (II, 86), S. 129, hervorgehobene Tatsache (die allerdings, wie in Teil I gezeigt, auch schon von der Hitler-Interpretation vor 1945 gesehen wurde), daß die Rivalitäten auf den nachgeordneten Ebenen Hitlers Autorität und Macht stärkten, gehört z. B. zu den seit langer Zeit von den sogenannten Traditionalisten akzeptierten Grunderkenntnissen der Herrschaftsstruktur des Dritten Reiches.

403 Hillgruber, Tendenzen (Vw. 12), S. 612, Anm. 35.

404 Hofer (I, 134), S. 2.

len Zielsetzungen Hitlers werden aus derartiger Sicht Sinnbilder für die Forderung nach unablässiger Bewegung, und als solche „symbolische Endvorstellung für eine in Wahrheit auf unendlichen Progressus gerichtete Bewegung und Machtakkumulation war diese Idee [des Lebensraumes] für Hitler eine psychologisch notwendige fanatische Glaubenswahrheit, bedurfte aber bis 1939/40 keiner rationalen politischen Planung".

Von dem Zeitpunkt an, als Hitler – um die „Bewegung" befriedigen zu können – zunehmend gezwungen wurde, seine Phrasen mit der Wirklichkeit zu identifizieren, als das, was „objektiv nur als Weltanschauungs-Instrument zur Mobilisierung von Kampfbereitschaft und Zukunftsgläubigkeit einen Sinn" hatte, realisiert werden mußte, da setzte sich, so Broszat, die „Bewegung buchstäblich selbst ein Ende". Denn die Umsetzung der Judenvernichtung in die Tat implizierte den Verlust des „Antisemitismus als propagandistisches Instrumentarium". Der Vorgang manifestierte in diesem Verständnis die „wahnhafte Vertauschung von Kampfsymbol und Endziel". Und es ist bei einer derartigen Argumentation zwar konsequent, aber schlicht falsch, zu behaupten, Hitler habe den Krieg gegen die Sowjetunion aus militärischen Gründen begonnen, um erst danach die „weltanschauliche Motivation" einzubringen[405].

Gegen Broszat betonte K. Hildebrand, daß die Ziele der Außenpolitik Hitlers keineswegs „metaphorisch, sondern eigentlich, also auf Verwirklichung angelegt" gewesen seien[406]. H. Mommsen wiederum, ohnehin anzweifelnd, daß „Hitler ein bestimmtes außenpolitisches System" besessen habe[407], wobei er diesen für einen Entscheidungen scheuenden und in „mancher Hinsicht schwachen Diktator" hält[408], erkannte in der Deutung Hildebrands – und damit

[405] Broszat (I, 134), S. 115f.; zur Motivation für den Angriff auf die UdSSR vgl. u. a. Andreas Hillgruber, Noch einmal: Hitlers Wendung gegen die Sowjetunion 1940, in: GWU 33 (1982), S. 214–226; und Gerhard Schreiber, Der Mittelmeerraum in Hitlers Strategie 1940. 'Programm' und militärische Planung, in: MGM 28 (1980), S. 69–99, hier S. 69–77.

[406] Hildebrand (II, 269), S. 194.

[407] Nach Michalka, Wege (Vw. 6), S. 138.

[408] Mommsen, Nationalsozialismus (II, 368), Sp. 702.

derjenigen der 'Traditionalisten' ganz allgemein – eine „Überrationalisierung der von Hitler verfolgten Politik". Gewiß gebe es eine Anzahl Hitler maßgeblich und durchgängig bestimmender „ideologischer Festlegungen", doch handele es sich dabei um „fixe Ideen", nicht um ein politisches Kalkül. Und obwohl in der Außen- und Kriegspolitik offensichtlich mehr Rationalität existiere als im gesellschafts- und innenpolitischen Bereich ganz allgemein, so sei doch auch dort der „Anteil irrationaler Faktoren innerhalb des Entscheidungsprozesses" unverkennbar[409]. W. Schieder, interpretatorisch ebenfalls von den Binnenstrukturen des Dritten Reiches ausgehend, schränkte zwar ein, die Außenpolitik Hitlers lasse sich „weder ausschließlich als Umsetzung von Langzeitprogrammen" noch als „Produkt eines objektlosen Nihilismus" erklären, auch teilte er nicht die „funktionalistische Interpretation" der NS-Außenpolitik im Sinne von Broszat, weil dabei deren „besondere Eigendynamik" nicht angemessen berücksichtigt werde[410], aber schließlich meinte er doch, daß sich die „polykratischen Machtstrukturen des sogenannten Führerstaats auch auf die Außenpolitik auswirkten"[411].

Erneut sind damit die inneren Verhältnisse thematisiert. Zwei Standpunkte, die im wesentlichen für die in der Forschung bezogenen Positionen repräsentativ sind, können Argumente und Gegenargumente in der Auseinandersetzung über die Relevanz der unterschiedlichen Ansätze zur Interpretation des Nationalsozialismus veranschaulichen.

Nicht angezweifelt wird im Grunde Hitlers Position als Alleinherrscher, dem keine „stabile Gegenkraft" Widerstand leistete[412].

409 Mommsen (Vw. 17), S. 65f.

410 Schieder (II, 379), S. 163 und S. 165.

411 Ebd., S. 166; ausführlich zu Schieders Thesen: Hillgruber, Tendenzen (Vw. 12), S. 614ff. Dieser hält die Ergebnisse im Einzelfall durchaus für diskussionswürdig, ihre Verallgemeinerung im Hinblick auf den Charakter der NS-Außenpolitik jedoch für fragwürdig. Hans-Hennig Abendroth, Die deutsche Intervention im spanischen Bürgerkrieg, in: VfZG 30 (1982), S. 117–129, lehnt Schieders These, daß der Fall Spanien ein Beispiel für polykratische Außenpolitik sei, als unzutreffend ab.

412 Mommsen, Hitlers Stellung (II, 391), S. 44f.

In Frage steht hingegen sein Herrschaftsstil. Man betont einerseits die Auflösung des Staatsapparates in zahlreiche miteinander konkurrierende Institutionen, wobei angenommen wird, daß Hitler diesen Vorgang billigte, ja förderte[413]. Die Art, in der Hitler regierte, lasse sich als „System der Verzögerung oder der Vermeidung politischer Grundsatzentscheidungen" beschreiben[414]. Allmählich habe sich eine Art organisierte Desorganisation herausgebildet, deren politische Auswirkungen in einer zunehmenden Zersetzung des Staatswesens Ausdruck fanden. D. h., die innere „Geschlossenheit des nur propagandistisch integrierten politischen Systems" löste sich „zugunsten partikularer Machthaber" auf[415]. In einer derartigen Ordnung gab es eine rationale oder kalkulierte Planung einzig auf der Ebene der unter sich nicht koordinierten einzelnen Apparate. Hitler hingegen handelte sozusagen „umgekehrt". Dabei griff er in der Regel allein dann in die Querelen der rivalisierenden Machtträger ein, wenn ihm „wichtig erscheinende politische Prioritäten" gefährdet wurden, oder in Fällen, in denen die „propagandistische Geschlossenheit des Regimes" auf dem Spiel stand[416]. Im Verlauf des Krieges habe sich die „Realitätsblindheit" Hitlers dann nach und nach mit „Realitätsverweigerung" verbunden. Als Konsequenz dieser Entwicklungen sei der von Deutschland beherrschte „gewaltigste Großstaat, den Europa je gekannt" habe, nicht eigentlich regiert, sondern schlicht „in Gang gehalten" worden, wobei „Hitlers Suprematie" rein äußerlich unberührt geblieben sei[417].

Sieht man die Dinge so, dann entsteht das Bild eines Fassadenstaates mit einem amorphen Herrschaftssystem, mit einem Diktator, der zwar Motor auf dem Weg zur „Selbstvernichtung", aber letztlich eben doch nur „extremer Exponent einer durch den Wegfall aller institutionellen, rechtlichen und moralischen Barrieren freigesetzten antihumanitären Impulskette" gewesen sei. Hitler präsentiert sich als

[413] Ebd., S. 51.
[414] Ebd., S. 53.
[415] Ebd., S. 54.
[416] Ebd., S. 57.
[417] Ebd., S. 60f.

eine „Mischung von partieller Begabung und extremem Dilettantismus“, die Vorstellung vom nüchternen Machttechniker gerät zum „Klischee“[418].

Andererseits hat man hervorgehoben[419], daß die Ergebnisse der Forschung zwar dazu gezwungen haben, allzu schlüssige Aussagen über die Führerpersönlichkeit Hitlers zu modifizieren, aber diesen als Integrationsfigur und Entscheidungsträger des Systems bestätigten. Bei irgendwelchen Urteilsfindungen in dieser Frage gelte es, die grundsätzliche Ambivalenz in der Erscheinungsform des nationalsozialistischen Staates zu bedenken, die sich in den Herrschaftsstrukturen ebenfalls Audruck verschafft habe. Tatsächlich ist das Spektrum der Deutungsvarianten ungemein vielfältig. Wenn man aber die intentionalen und funktionalen[420] Komplexfaktoren in ihrer Eigenständigkeit zunächst anerkennt, um sie gegeneinander abzuwägen, wird viel für folgende Bewertung sprechen[421]: „Im Nebeneinander von monokratischen und polykratischen Elementen im nationalsozialistischen Staat offene Gegensätzlichkeiten und nahezu Unvereinbares zu entdecken und zu beschreiben, kann nicht darüber hinwegtäuschen, daß die Existenz eines Kompetenzenchaos im nationalsozialistischen Regime nichts besagt ‘gegen den definitiven und letztlich auch konsequenten Willen Hitlers und seiner Politik’ im Banne ihrer ‘Endziele’.“

Ein weiteres von der revisionistischen Forschung erneut in die Diskussion eingebrachtes Problem ist das der Rassenpolitik, speziell die Frage der Judenvernichtung. In dieser Hinsicht hatten die – mitt-

[418] Ebd., S. 66ff.

[419] Klaus Hildebrand, Monokratie oder Polykratie? Hitlers Herrschaft und das Dritte Reich, in: Der ‘Führerstaat’ (Vw. 17), S. 79–96.

[420] Zu den ‘Intentionalisten’ (= Traditionalisten) und den ‘Funktionalisten’, die in liberale (= Revisionisten) und marxistische eingeteilt werden, vgl. Mason, Intention (II, 389).

[421] Hildebrand (II, 419), S. 77. Affirmativ zu dieser Interpretation die Sicht von Hans Buchheim, Die SS – das Herrschaftsinstrument. Befehl und Gehorsam, in: Hans Buchheim, Martin Broszat, Hans-Adolf Jacobsen und Helmut Krausnick, Anatomie des SS-Staates. Bd. 1. München [2]1979, hier S. 15–29.

lerweile überzeugend zurückgewiesenen[422] – Thesen von D. Irving 1977 zeitweilig einige Turbulenzen bewirkt. Nicht Hitler, so Irving, sondern höchste Autoritäten der SS – Himmler und Heydrich – hätten die Vernichtung der Juden in die Wege geleitet. Von dieser Annahme gelangt er zu der für ihn entscheidenden Schlußfolgerung, daß Hitler eher ein schwacher als ein omnipotenter Führer gewesen sei, dessen kontrollierende Kraft mit fortschreitendem Kriege außerdem laufend abgenommen habe[423]. Mit dieser Sicht der Dinge nähert sich Irving sowohl vom interpretatorischen Ansatz her als auch in der Aussage einigen der revisionistischen Historiker an.

Ansonsten deutet die Tatsache, daß 30 Jahre nach dem Erscheinen der Untersuchung von G. R. Reitlinger[424] über die 'Endlösung' noch immer geradezu groteske Thesen vertreten werden, zum einen auf eine ganz bestimmte politisch-psychologische Situation der allgemeinen Öffentlichkeit hin, zum anderen und mehr noch verweist sie jedoch auf ein Forschungsdesiderat. Es fehlt eine umfassende und integrale Darstellung sowohl der ideologischen als auch der techno-

422 Dazu insbes.: Eberhard Jäckel, Hitler und der Mord an den europäischen Juden. Die Widerlegung einer absurden These, in: FAZ, 25. 8. 1977; ders., Der Zettel mit dem schlimmen Wort, in: FAZ, 22. 6. 1978; siehe auch die Rezension von Karlheinz Bohrer, Hitler, der Held der siebziger Jahre? In: FAZ, 29. 6. 1977, der Irvings 'krude Idee' ebenfalls zurückweist; und Karl-Heinz Janßen, Hitler als solcher, in: Die Zeit, Nr. 41, 30. 9. 1977. Literaturhinweise zur Auseinandersetzung über die Thesen in England bei Hillgruber, Tendenzen (Vw. 12), S. 604f., Anm. 11, dort Widerlegung der Irvingschen Behauptungen. Ablehnend auch Uwe Dietrich Adam, Judenvernichtung als 'Endlösung'. Tatsachen kontra Legenden, in: DP, Nr. 4–5, 29. 1./5. 2. 1983, S. 12; und insgesamt zur Position Irvings: Jost Dülffer, David Irving, der Widerstand und die Historiker, in: GWU 30 (1979), S. 686–690, vor allem S. 688f.

423 David Irving, Hitler's War. London, Sydney, Auckland, Toronto 1977 (unvollständig ist die deutsche Übersetzung: Hitler und seine Feldherren. Frankfurt a. M., Berlin, Wien 1975; vollständig übersetzt als: Hitlers Krieg. Die Siege 1939–1942. München, Berlin 1983).

424 Gerald R. Reitlinger, Die Endlösung. Hitlers Versuch der Ausrottung der Juden Europas 1939–1945. Mit einem Vorw. von Rudolf Hagelstange. 4., durchges. und verb. Aufl. Berlin 1961 (engl. 1953).

kratischen Dimension des Genozids, die gleichzeitig die Beziehung zur Innen- und Außenpolitik Hitlers herstellt und sich insbesondere mit deren dogmatischem Charakter auseinandersetzt. Selbstverständlich existiert eine große Zahl ausgezeichneter Studien zu diesem Problem[425], aber die Gesamtschau, die wirklich alle Gesichts-

[425] Dazu u. a. die Literaturberichte von Helga Grebing, Auf den Spuren des Verhängnisses, in: PolStd 11 (1960), S. 686–694; K. Hildebrand, Hitler. Rassen- contra Weltpolitik (Anh. 1); und insbes. Konrad Kwiet, Zur historiographischen Behandlung der Judenverfolgung im Dritten Reich, in: MGM 27 (1980), S. 149–192. Unter den zahlreichen Aufsätzen und Monographien zur Massentötung und rassischen Verfolgung im NS-Staat vgl. als knappe Auswahl: Ino Arndt und Wolfgang Scheffler, Organisierter Massenmord an Juden in nationalsozialistischen Vernichtungslagern. Ein Beitrag zur Richtigstellung apologetischer Literatur. Mit einer Vorb. von Martin Broszat, in: Nationalsozialistische Diktatur (II, 86), S. 539–571; Andreas Biss, Der Stopp der Endlösung. Kampf gegen Himmler und Eichmann in Budapest. Stuttgart 1966; Christopher R. Browning, The Final Solution and the German Foreign Office. A Study of Referat D III of Abteilung Deutschland 1940–43. New York 1978; Eberhard Busch, Juden und Christen im Schatten des Dritten Reiches. Ansätze zu einer Kritik des Antisemitismus in der Zeit der Bekennenden Kirche. München 1979; Dawidowicz (II, 7); Karl Dietrich Erdmann, Judenvernichtung und 'Ausmerzung lebensunwerten Lebens', in: Nationalsozialistische Diktatur (II, 86), S. 529–538; Gerald Fleming, Hitler und die Endlösung. 'Es ist des Führers Wünsch ...'. Vorw. von Wolfgang Scheffler. Wiesbaden 1982; Martin Gilbert, Endlösung. Die Vertreibung und Vernichtung der Juden. Ein Atlas. Hamburg 1982; Gideon Hausner, Die Vernichtung der Juden, das größte Verbrechen der Geschichte. München 1979; Hilberg (I, 204); Andreas Hillgruber, Die ideologisch-dogmatische Grundlage der nationalsozialistischen Politik der Ausrottung der Juden in den besetzten Gebieten der Sowjetunion und ihre Durchführung 1941–1944, in: GSR 2 (1979), S. 263–296; Ernst Klee, 'Euthanasie' im NS-Staat. Die 'Vernichtung lebensunwerten Lebens'. Frankfurt a. M. 1983, dabei handelt es sich um die auf breiter Quellenbasis erarbeitete und die maßgebliche Literatur berücksichtigende, z. Z. wohl grundlegende Untersuchung dieses Verbrechens; Eugen Kogon, Der SS-Staat. Das System der deutschen Konzentrationslager. Sonderaufl. München 1974; Helmut Krausnick und Hans-Heinrich Wilhelm, Die Truppe des Weltanschauungskrieges. Die Einsatzgruppen der Sicherheitspolizei und des SD 1938–1942. Stuttgart

punkte angemessen berücksichtigt und auf dem letzten Stand der Einzelforschungen ist, sie steht noch aus.

Einen ausgewogen argumentierenden Überblick zur Einordnung der nationalsozialistischen Judenpolitik innerhalb der Erörterungen über den autonomen oder funktionalen Charakter Hitlerscher Außenpolitik gibt K. Hildebrand[426]. Die zentrale Frage lautet, ob der Holocaust improvisiert oder geplant verwirklicht wurde. Da das Gros der Historiker davon ausgeht, daß Hitler gerade hinsichtlich

1981; Walter Laqueur, Was niemand wissen wollte. Die Unterdrückung der Nachrichten über Hitlers 'Endlösung'. Frankfurt a. M., Berlin, Wien 1982 (Laqueur thematisiert in diesem Buch die Frage der 'Durchlässigkeit der Mauer des Schweigens', welche das Verbrechen umgab, dazu u. a.: ders., Der geheimnisvolle Bote und die 'Endlösung', in: Der Monat 277, 1980, H. 2, S. 104–123; Martin Gilbert, Auschwitz und die Alliierten. München 1982; Markus Imhoof, 'Das Boot ist voll'. Ein Filmbuch. Vorw. von Friedrich Dürrenmatt. Zürich 1982; Ralph Weingarten, Die Hilfeleistung der westlichen Welt bei der Endlösung der deutschen Judenfrage. Das 'Intergovernmental Committee on Political Refugees' (IGC) 1938–1939. Bern, Frankfurt a. M., New York ²1983; Bernd Martin, Judenverfolgung und -vernichtung unter der nationalsozialistischen Diktatur, in: Die Juden als Minderheit (II, 158), S. 290–315, der die 'Judenfrage' als spezifisch abendländisches Phänomen einstuft, während deren 'Lösung' aus dem deutschen Sonderweg abzuleiten sei; Nationalsozialistische Massentötung durch Giftgas. Eine Dokumentation, hrsg. von Eugen Kogon, Hermann Langbein, Adalbert Rückerl (sowie 21 weiteren Autoren). Frankfurt a. M. 1983; Kurt Meier, Kirche und Judentum. Die Haltung der evangelischen Kirche zur Judenpolitik des Dritten Reiches. Göttingen 1968; Ludwig Rosenthal, 'Endlösung der Judenfrage': Massenmord oder 'Gaskammerlüge'? Eine Auswertung der Beweisaufnahme im Prozeß gegen die Hauptkriegsverbrecher vor dem Internationalen Militärgerichtshof Nürnberg vom 14. November 1945 – 1. Oktober 1946. Darmstadt 1979; Karl A. Schleunes, The Twisted Road to Auschwitz. Nazi Policy Towards German Jews 1933–1939. Chicago 1970; und Hans-Heinrich Wilhelm, Wie geheim war die 'Endlösung'?, in: Miscellanea (I, 208), S. 131–148. Dieser Aufsatz bestätigt erneut, daß das Wissen um die Ausrottung der Juden – vorsichtig formuliert – wesentlich weiter verbreitet war, als dies lange Zeit und von einigen immer noch behauptet wurde bzw. wird.

426 Hildebrand (I, 290), S. 174–179.

der Durchführung seiner Rassenpolitik Eigenständigkeit und zielgerichtetes Handeln zuerkannt werden müsse, wäre es an sich unerheblich, ob er den Befehl für die Realisierung im Sommer 1940 oder erst im Sommer 1941 erteilte[427], hätte man ihn nicht im Sinne einer funktionalen Improvisation als Folge der inneren und äußeren Entwicklung in den Herbst 1941 datiert. Damit gewann der Faktor Zeit qualitative interpretatorische Bedeutung. Zwar habe Hitler noch persönlich entschieden, aber als Konsequenz des Steckenbleibens der deutschen Offensive im November 1941, angesichts der zunehmend zum Chaos werdenden Planlosigkeit und der fundamentalen Unfähigkeit, die allgemeine Entwicklung organisatorisch zu kontrollieren, sei Hitler unter Zugzwang geraten[428]. Der Befehl zur 'Endlösung' wäre so gesehen alles in allem ein Reflex auf Verhältnisse – insbesondere im Innern – gewesen, die Hitler stärker bestimmten als er sie. Diese Deutung gesteht der Angelegenheit selbst zwar mehr als Symbolcharakter zu, spricht ihrer Lösung jedoch das Wesen eines konsequenten Ergebnisses zielgerichteter Politik ab.

H. Mommsen – der mit Broszat erklärtermaßen den „metaphorisch-propagandistischen Charakter der einschlägigen Hitlerschen Äußerungen, der einer Konkretisierung der Ausrottungs-Metapher entgegensteht", vertritt – überträgt seine Bedenken hinsichtlich der Relevanz ideologischer Prämissen im Rahmen der Erklärung von Hitlers Handeln auch auf die Interpretation der Rassenpolitik. Er weist ebenfalls darauf hin, daß der Befehl für die 'Endlösung' noch nicht gefunden sei, wobei es ihm dann konkret um den Nachweis geht, daß die Vernichtung der Juden aus der komplexen Struktur der Entscheidungsfindung im Staate Hitlers erklärt werden müsse[429]: „Der Holocaust" habe nicht auf einem „langfristig entwickelten Programm" beruht. Vielmehr sei er als eine „perfekte Improvisation, die jeweils aus früheren Planungsstufen hervorging und diese

[427] Ebd., S. 175, dort auch zu den erörterten Daten.

[428] Uwe Dietrich Adam, Judenpolitik im Dritten Reich. Königstein i. Ts., Düsseldorf 1979 ([1]1972).

[429] Hans Mommsen, Die Realisierung des Utopischen: Die 'Endlösung der Judenfrage' im 'Dritten Reich', in: GG 9 (1983), S. 381–420, Zit. S. 386 und S. 416–420.

eskalierte", zu deuten. Und: „Die verbreitete Annahme, die systematische Genocid-Politik gegen das europäische Judentum habe auf einer klaren Anweisung des Diktators beruht, geht an der Wirklichkeit der Entscheidungsfindung im Führerhauptquartier vorbei." Nachgewiesen sei, daß auf der mittleren Ebene der NS-Führung von einem solchen Befehl die Rede gewesen ist. Doch scheinen „Hitlers ausdrückliche Billigung der verbrecherischen Befehle und seine Intensivierung der 'Bandenbekämpfung' [...] die einzigen realen Grundlagen dieser Meinungsäußerungen" gewesen zu sein. Hingegen müsse grundsätzlich ausgeschlossen werden, daß „Hitler die Genocid-Politik in Form einer direkten 'Führerweisung' in Gang gesetzt" habe. Hitler habe einen derartigen Befehl schon deshalb nicht aussprechen können, weil er ihn zu der – konsequent vermiedenen – „Option zwischen Menschenvernichtung und kriegswirtschaftlich notwendigem Arbeitseinsatz" gezwungen hätte. Man hatte den Tatbestand der Vernichtung geschaffen, ihn jedoch nicht durch einen Vernichtungsbefehl reglementiert. In diesem Sinne stellt Mommsen fest: „Nur in dem Zwielicht unklarer Befehlsgebung und ideologischer Fanatisierung konnte die utopische Zielsetzung der Ausrottung des Judentums zu einem real in Angriff genommenen Gegenwartsprogramm werden, das allen entgegenstehenden Interessen zum Trotz eine eigene Dynamik entfaltete." Und dies bedeute nun eben, daß die „unmittelbare Verantwortung für dieses Geschehen nicht allein bei Hitler, Himmler, Heydrich und Bormann sowie bei dem damit befaßten SS-Apparat und den Aktivisten des Auswärtigen Amtes aufgesucht werden darf". Auch sei die Ermöglichung des Holocaust nicht mit „ideologischen Faktoren – der Einwirkung der antisemitischen Propaganda wie der autoritären Färbung der tradierten deutschen politischen Kultur –" zu erklären, zumindest nicht ausreichend. Sondern die „letztlich atavistische Struktur des NS-Herrschaftssystems, gekoppelt mit der Wirkungsmacht sekundärer bürokratischer Apparaturen", habe sich als „maßgebender Faktor sowohl hinsichtlich der Selektion der negativen 'Weltanschauungselemente' als auch hinsichtlich eines über alle Grenzen hinaus wachsenden Realitätsverlustes, der in der Mentalität Hitlers kulminierte", erwiesen.

Betont funktionalistisch argumentierte M. Broszat im Rahmen seines Widerspruchs zu den Thesen Irvings. Trotz aller Einschränkungen und der Hinweise auf die Aspektvielfalt der in Rede stehenden Entscheidung stellt er letztendlich fest, daß mehr Momente für eine improvisierte als für eine kalkulierte Entschlußfassung sprechen[430]. Broszat unterscheidet also zwischen der Disposition für den Holocaust, die beim Regime und Hitler vorgelegen habe, und der konkreten Situation, in der die Realisierung in die Wege geleitet worden ist.

In der Auseinandersetzung über dieses Problem betonte K. Hildebrand wiederum, daß zwar bestimmte „historische Situationen möglicherweise verstärkend auf das ursprünglich Gewollte und planmäßig (wenn freilich auch pathologisch) in Gang Gesetzte eingewirkt" hätten, aber für die Judenpolitik des Dritten Reiches müsse man Hitlers „programmatische Ideen über Judenvernichtung und Rassenherrschaft" als verursachend, zielbestimmend und motivierend ansehen[431].

Resümierend ist festzuhalten, daß in allen diesen Fragen eine Annäherung der Standpunkte nicht zu erkennen ist. Die Diskussion muß – ohne Rücksicht auf die subjektiv als gut begründet betrachteten Positionen – insgesamt als offen bezeichnet werden. Es ist auch gewiß noch nicht als Brückenschlag zu werten, wenn die 'Traditionalisten' der 'revisionistischen' Historiographie inzwischen eine wichtige Kontrollfunktion bei der Interpretation des nationalsozialistischen Deutschlands zugestehen. Vermöge diese doch innere Faktoren und äußere Rahmenbedingungen sichtbar zu machen, die bei der Analyse Hitlerscher Außenpolitik zu berücksichtigen seien. Allerdings – und hier zeigen sich die Grenzen der Akzeptation des anderen – handele es sich dabei um eine „begrenzte 'Funktion' im Rahmen der Hitler-Forschung". Die grundsätzliche Problematik des 'revisionistischen' Ansatzes wird von den 'Traditionalisten' in der diesem immanenten Neigung gesehen, das „Marginale zum We-

[430] Martin Broszat, Hitler und die Genesis der 'Endlösung'. Aus Anlaß der Thesen von David Irving, in: VfZG 25 (1977), S. 739–775.

[431] Hildebrand (I, 290), S. 178.

sentlichen“ zu machen. Bei solchem Vorgehen werde Hitler verharmlost, trete er schließlich als ein von „anonymen Kräften oder miteinander konkurrierenden Cliquen“ Getriebener auf, als gestaltungsschwacher oder -unwilliger und nicht gerade durchsetzungsfähiger Diktator[432]. Soweit zu den Einwänden der ‘Traditionalisten’, wobei es genügt, darauf hinzuweisen, daß die Vorbehalte der ‘Revisionisten’ gegenüber der ‘traditionalistischen’ Interpretation nicht weniger deutlich formuliert werden. Dabei ist es beim gegenwärtigen Forschungsstand zwar möglich, Stellung zu beziehen, aber nicht, objektiv eine Entscheidung pro oder contra die eine oder die andere Richtung zu fällen. Beide haben Ergebnisse erarbeitet, die es ausschließen, als wissenschaftliche Verirrungen abgetan zu werden.

5. Methodologische Fragen – Biographie, Psychohistorie und Strukturgeschichte

Die Forschungssituation ist – stark vereinfacht – dahingehend zu beschreiben, daß sich im wesentlichen zwei Interpretationsansätze etabliert haben, die allerdings in sich selbst wieder zu differenzieren sind. Der eine kann als biographisch-politikgeschichtlich, aber nicht biographisch-positivistisch charakterisiert werden, während der andere strukturgeschichtlich orientiert ist. Innerhalb des auf dem ersten Zugriff beruhenden Modells wäre der – auch bei jenen Historikern, die Hitler durchaus in den Mittelpunkt ihrer Deutungen stellen, nicht unumstrittene – psychohistorische Zugang hervorzuheben, der im übrigen eine interdisziplinäre Herausforderung darstellt, der bislang noch nicht angemessen entsprochen werden konnte.

Ansonsten wird im folgenden darauf verzichtet, jene Thesen zu vertiefen, die von den miteinander rivalisierenden Anhängern der Personen- bzw. Strukturgeschichte immer wieder vorgetragen werden. Die simple Wahrheit scheint ja doch die zu sein, daß Indivi-

432 Hillgruber, Tendenzen (Vw. 12), S. 616f.; Michalka, Wege (Vw. 6), S. 138f.; und Hildebrand (I, 290), S. 173f.

duum und Gesellschaft – im Kontext ihrer Handlungsspielräume und -bedingungen – erst die Ganzheit des geschichtlichen Prozesses ausmachen[433]. Es soll also um die Präsentation der Möglichkeiten und Interessenlagen der jeweiligen Forschungsrichtungen gehen, nicht um das Aufzeigen ihrer Streitpunkte.

Wie immer der einzelne zur biographischen Geschichtsschreibung unter methodischen Gesichtspunkten stehen mag, nicht allein für die Hitler-Interpretation ist anzuerkennen, daß die Biographie augenscheinlich die einzige Form der Darstellung ist, in der sich historisches Wissen einigermaßen breitenwirksam vermitteln läßt[434]. Auch wenn das natürlich kein Argument für oder gegen die Methode sein kann, so ist das Faktum doch allemal bedenkenswert. Außerdem spricht die Tatsache für sich, daß international mit großer Regelmäßigkeit Bücher über Hitler publiziert werden, die sich offensichtlich hervorragend verkaufen[435].

433 Vgl. auch Imanuel Geiss, Die Rolle der Persönlichkeit in der Geschichte: zwischen Überbewerten und Verdrängen, in: Persönlichkeit und Struktur (Vw. 17), S. 10–24; und ebd., S. 152–169: Jürgen Kocka, Struktur und Persönlichkeit als methodologisches Problem der Geschichtswissenschaft.

434 Dieter Riesenberger, Biographie als historiographisches Problem, in: Persönlichkeit und Struktur (Vw. 17), S. 25–39, hier S. 25. Aufschlußreich sind im Zusammenhang damit die Ergebnisse von Altermatt/Utz (Anh. 1), die zu Reflexionen anregen, inwieweit die Disposition für eine Rezeption von Geschichtswissen in Form biographischer Darstellung bereits in der Schule angelegt wird. Vgl. dazu die entschiedene Warnung vor einem personengeschichtlichen Zugang zur Geschichte des Dritten Reiches durch Hans Mommsen, Zur Behandlung des Nationalsozialismus im historischen Zusammenhang, in: Der Nationalsozialismus als didaktisches Problem. Beiträge zur Behandlung des NS-Systems und des deutschen Widerstands im Unterricht. Bonn 1980, S. 65–76.

435 Die biographischen Arbeiten mit psychohistorischem Ansatz ausklammernd und ungeachtet der bereits genannten oder noch zu erörternden Biographien wären hier als Auswahl zu erwähnen: Peter Borowsky, Adolf Hitler. Hamburg [3]1980; Hans Buchheim, Edith Eucken-Erdsiek, Gert Buchheit und Hans Günter Adler, Der Führer ins Nichts. Eine Diagnose Adolf Hitlers. Rastatt 1960; Colin Cross, Adolf Hitler. London 1974; Hans

Grundsätzlich – und ohne Rücksicht auf den kommerziellen Aspekt – ist freilich anzumerken, daß, wenn schon biographisch vorgegangen wird, eine wissenschaftlich angemessene Biographie sich bemühen muß, die „Problematik des Verhältnisses von Individuellem und Allgemeinem am konkreten Beispiel" sichtbar zu machen[436], also weit mehr zu leisten hat als eine Deskription des Privaten im Vordergründigen.

Der Stand der Diskussion über die Problematik der Hitler-Biographie läßt sich in etwa wie folgt beschreiben[437]. Einmütigkeit herrscht wohl darüber, daß eine Biographie Hitlers stets eine politische Biographie sein muß. Die Darstellung hat somit dem Anspruch zu genügen, neben der Geschichte der Person gleichzeitig die der Epoche zu schreiben. Untersuchungen, die Hitler auf dem Wege der sogenannten konventionellen Biographie reprivatisieren, vermögen zur historiographischen Aufarbeitung der nationalsozialistischen Zeit – und diese ist bei jeder Auseinandersetzung mit der Person Hitler der eigentliche Gegenstand – im besten Falle wenig, meistens

Bernd Gisevius, Adolf Hitler. Versuch einer Deutung. München 1963; Walter Görlitz, Adolf Hitler. Göttingen, Berlin, Frankfurt a. M. 1960; Helmut Heiber, Adolf Hitler. Eine Biographie. Berlin ²1960; Norman Stone, Hitler. With an Introduction by J. H. Plumb. London, Sydney, Auckland, Toronto 1980; John Strawson, Hitler as Military Commander. London 1971; Jean Thilliez, Hitler. Chef de parti, chef d'Etat, chef de guerre. Paris 1970; oder Alan Wykes, Hitler. New York 1971. Als biographischer Versuch ist auch die Artikelserie von Percy Ernst Schramm einzustufen: Adolf Hitler. Anatomie eines Diktators, in: Der Spiegel 18 (1964), Nr. 5, 29. 1. 1964, S. 40–61; Nr. 6, 5. 2. 1964, S. 37–51; Nr. 7, 12. 2. 1964, S. 42–56; Nr. 8, 19. 2. 1964, S. 55–67; Nr. 9, 26. 2. 1964, S. 39–49; und Nr. 10, 4. 3. 1964, S. 48–60.

[436] Riesenberger (II, 434), S. 37f.

[437] Weitere Literaturhinweise bei: Broszat (Vw. 7); Graml (II, 312); Hartmann (Anh. 1); Hildebrand (I, 290), S. 141–146; Hillgruber, Tendenzen (Vw. 12); Hofer (I, 134); Horn, Geschichte und Struktur (Anh. 1); Michalka (Vw. 6); und Gregor Schöllgen, Das Problem einer Hitler-Biographie. Überlegungen anhand neuerer Darstellungen des Falles Hitler, in: NPL 23 (1978), S. 421–434.

nichts beizutragen. Sie führen lediglich zur Ausbreitung atmosphärischer Details oder zur unzulässigen Überhöhung der Bedeutung von Einzelheiten im Rahmen der Epochengeschichte. Auf mehr oder weniger verschlungene Weise gelangen die Autoren solcher Bücher dann auch regelmäßig zu einer mikrokosmisch ausgerichteten Hitler-Zentrik.

Bei allen diesen Fragen geht es jedoch nicht um Schwarzweißmalerei. Kein ernstzunehmender Historiker dürfte dogmatisch die Personalisierung oder Entpersonalisierung der deutschen Geschichte in der Zeit des Nationalsozialismus fordern. Als Alternativen stehen sich auch gar nicht ein orthodoxer Strukturalismus oder eine rigorose Hitler-Zentrik gegenüber. Entschieden ist außerdem die – zu verneinende – Frage einer Austauschbarkeit Hitlers. Sicherlich strebt darüber hinaus kein seriöser Wissenschaftler danach, Hitler zu dämonisieren oder zu redämonisieren. Zur Unterschätzung oder Überschätzung der äußeren oder inneren Faktoren tendierte tatsächlich wohl stets nur eine Minderheit, auch wenn man sich hierbei natürlich über den Maßstab verständigen müßte.

Und dennoch existiert in den verschiedenen Forschungsrichtungen unübersehbar die Sorge, die jeweils nicht bevorzugte Betrachtungsweise könnte am Ende Dominanz erlangen. Aus Furcht vor einer Situation, die von immer weniger Historikern angestrebt oder auch nur gewünscht wird, auf keinen Fall von jenen, denen es um die Sache geht, erklärt sich mancher harte Schlagabtausch in der Vergangenheit.

In der Sache ist die geschichtsgestaltende Potenz auszudiskutieren, die Hitler zugestanden werden muß. Dabei gilt es, die Wirksamkeit personenbezogener oder struktureller Faktoren innerhalb der historischen Entwicklung zwischen 1933 und 1945 zu überprüfen. Das ist keine Frage der ausgewogenen Berücksichtigung methodischer Ansätze, sondern ein Problem der Gewichtung aller zum Tragen gekommenen persönlichen, sozialen, wirtschaftlichen, politischen, ideologischen etc. Faktoren. Notwendigerweise würde ein solches Vorgehen die Bereitschaft einschließen, auf die besonderen darstellerischen Charakteristika des biographischen Ansatzes zu verzichten, falls die Analyse des Einflusses, den bestimmte Momente oder Bedingungen auf den historischen Prozeß ausübten, dies geraten erscheinen ließe.

Betrachtet man die bisher veröffentlichten einschlägigen Arbeiten, so scheint hier eine der Hauptschwierigkeiten der Biographie zu liegen. Jedenfalls drängt sich der Eindruck auf, daß die Biographen – in unterschiedlichem Ausmaß – Gefangene ihres Ansatzes sind. Die Erklärung könnte einfach in der Überforderung liegen, was angesichts des Forschungsgegenstandes nicht zu verwundern brauchte, oder in der Neigung, sich auf gewisse Problemstellungen zu konzentrieren, während andere, weil sie aus irgendwelchen Gründen unangenehm sind, ausgeklammert werden. Die Versuchung hierzu ist beim biographischen Ansatz evident. Historiographisch durchdrungen wird nämlich im Regelfall nur der 'Held', also Hitler. Dagegen bleibt die Darstellung der Epoche, d. h. die Herausarbeitung der sie konstituierenden Komponenten, eine – oftmals vermiedene – Pflichtübung. Überspitzt ausgedrückt: das Allgemeine entwickelt sich zum Mikro-, das Einzelne zum Makrokosmos.

Das führt dann dazu, daß die Prämissen für den Aufstieg Hitlers aus dem Blick geraten. Die sozialpsychologischen Voraussetzungen etwa, die vorhandenen objektiven Krisenbedürfnisse bleiben wirkungsgeschichtlich im dunkeln. Jene Ambivalenz von Aktionsfreiheit und Gebundenheit Hitlers verliert an Prägnanz. Eine Biographie darf eben nicht nur oder fast ausschließlich die bewegende Kraft Hitler betrachten, sondern muß vor allem jene Kräfte aufzeigen, die diesen bewegten. Gerade die biographische Methode wird in diesem Rahmen stärker als bisher die Anregungen reflektieren müssen, welche aus der Faschismusforschung für die Interpretation der nationalsozialistischen Zeit kamen. Dabei geht es zunächst um allgemeine Fragestellungen, aber speziell sodann um die marxistische Deutung, um die phänomenologische Methode, um die Thesen jener Historiker, die einem strukturell-funktionalen Deutungsmuster anhängen, und um die Modernisierungsdebatte[438]. Fairerweise ist freilich anzumerken, daß auch keinem der anderen methodischen Zugriffe auf

[438] Wippermann, Faschismustheorien (Vw. 19), dort zur Problemstellung und zu weiterführender Literatur; und Hildebrand (I, 290), S. 134–141.

die nationalsozialistische Zeit die interpretatorische Zusammenschau aller Aspekte – bislang – gelungen ist.

Von alldem abgesehen tritt bei einer biographischen Darstellung auch das Problem der Stoffbewältigung in den Vordergrund. Um die Forderung zu erfüllen, nicht bloß eine einzelne Person, sondern ein kompliziert organisiertes Regime in einer ereignisreichen und schwierigen Zeit zu deuten, also alle Phänomene, nicht nur einige ausgewählte historisch einzuordnen, muß sich der Biograph – rückblickend – als Integrator der Epoche versuchen. Das bedeutet, daß er ungemein viele und in ihrer Aussage keineswegs einheitliche Forschungsergebnisse – darunter die der Teildisziplinen und Nachbarwissenschaften – zu gewichten, zu beurteilen und zuzuordnen hat. Jenseits aller methodischen Implikationen des Ansatzes stellt sich vor diesem Hintergrund die Frage, ob das von einem einzigen Autor noch zu leisten ist. Dabei sind die Länge des zu behandelnden Zeitraums und die Vielschichtigkeit der historischen Entwicklung zu berücksichtigen.

Ohne die Möglichkeit der Epochendarstellung über den biographischen Zugang grundsätzlich zu bestreiten, ist festzustellen, daß eine epochenintegrale Untersuchung über Hitler – im oben skizzierten Verständnis – noch zu den Desideraten der Forschung zählt. Es ist eine ganz andere Frage, ob Biographien Hitlers – in der vorliegenden Form – im Rahmen der historischen Bewältigung der nationalsozialistischen Zeit für hilfreich angesehen werden. Darüber gehen die Meinungen auseinander. Von einigen wird überhaupt bestritten, daß eine erkenntnisrelevante Durchdringung der nationalsozialistischen Zeit – was noch keine *epochenintegrale* Darstellung sein muß – über den biographischen Ansatz zu erreichen ist, weil, so z. B. die marxistisch-leninistische Geschichtsschreibung, Hitler lediglich ein Faktor im historischen Prozeß gewesen sei, dem keine ursächlich erklärende Qualität zukomme. Anderen dient die Biographie Hitlers in der Tat dazu, das geschichtliche Geschehen zwischen 1933 und 1945 mit seiner Persönlichkeit zu erklären – mit allen Konsequenzen, bis hin zur schon angesprochenen 'Exkulpationstheorie'. Weder die eine noch die andere Sehweise ist berechtigt, wobei hinzukommt, daß derartig extremen Argumentationen metawissenschaftliche Denkkategorien zugrunde liegen, die zu einer Politisierung der Wissenschaft tendieren.

Ernsthaft läßt sich jedenfalls nicht bestreiten, daß die wissenschaftlichen Biographien, deren Autoren sich in der Regel auch der Beschränkungen ihres methodischen Ansatzes bewußt sind, einen bemerkenswerten Anteil an der Gesamtinterpretation Hitlers haben. Exemplarisch sei für ein adäquates Verständnis dieses historiographischen Genres J. C. Fest zitiert, der die Berechtigung der Hitler-Biographie und deren historischen Stellenwert folgendermaßen begründet[439]: Die Person Hitler sei zwar „über die Jahre hin merkwürdig blaß und ausdruckslos" geblieben, aber im „Kontakt mit der Epoche" gewinne sie „Spannung und Faszination". In Hitler sei nämlich viel von dem zum Ausdruck gelangt, was Walter Benjamin den 'Sozialcharakter' genannt habe: „eine nahezu exemplarische Verbindung aller Ängste, Protestgefühle und Hoffnungen der Zeit; dies alles zwar gewaltig übersteigert, verzerrt und mit manchen abseitigen Zügen versetzt, aber doch nie beziehungslos oder inkongruent zum geschichtlichen Hintergrund." Im Grunde lohne Hitlers Leben die „Beschreibung und Interpretation kaum, wenn nicht überpersönliche Tendenzen oder Verhältnisse darin zum Vorschein kämen, und seine Biographie nicht stets auch ein Stück Biographie der Epoche wäre. Daß sie es ist, setzt ihre Darstellung gegen alle Einwände ins Recht." Fest sieht sich Hitler vor dem Hintergrund eines dichten Musters „objektiver Faktoren" entfalten, die ihn „prägten, förderten, vorantrieben und mitunter auch aufhielten". Glänzend arbeitet er die Psyche Hitlers heraus, beneidenswert seine Schilderung der Atmosphäre, in der sich Hitlers Leben entfaltete. Dabei dominieren freilich politische, kulturgeschichtliche oder ideengeschichtliche Fragestellungen und Deutungsbezüge. Das sozialgeschichtliche Element wird hingegen – weitgehend – vernachlässigt. Es sei erneut hervorgehoben, Fest hat eine bisher nicht übertroffene Biographie Hitlers geschrieben: Er schildert dessen Lebenslauf von der Geburt bis zum Tod, er interpretiert dieses Leben als solches, und er versucht das Individuum Hitler und die Epoche als

439 Fest, Hitler (Vw. 7), S. 21, S. 1033 und S. 1036.

Ganzes zu fassen. In diesem Bereich, in dem die Geschichte Hitlers und diejenige der Zeit auf einen Nenner zu bringen sind, hat die Kritik vor allem eingesetzt, wurden begriffliche Unschärfen verzeichnet, hat man die eigentlichen Schwächen des Buches erkannt.

Der Autor gibt eine Vielzahl von Momenten an die Hand, um Hitler einzuordnen, und dennoch nimmt er keine definitive Zuordnung vor. Für ihn erscheint Hitlers Standort in seiner Zeit merkwürdig widersprüchlich. Den Führer der NSDAP habe ein „Doppelwesen" charakterisiert. Nicht nur als „Figur der deutschen Sozialrevolution" verkörpert dieser bei Fest eine von Ambivalenz beherrschte historische Erscheinung. Dieser Verzicht auf eine Festlegung kann im übrigen kein Vorwurf sein, denn in ihm kommen lediglich die Grenzen – auch – des biographischen Ansatzes zum Ausdruck: nicht mehr und nicht weniger.

Es ist gewiß ausgeschlossen, die 1042 Seiten Text, auf denen Fest Hitler beschreibt und interpretiert, in wenigen Zeilen angemessen zu resümieren. Trotzdem soll zumindest versucht werden, im Anschluß an die obigen Anmerkungen zur Biographie als methodisches Problem die Hitler-Interpretationen einiger jener Autoren zu skizzieren, die diesen ins Zentrum ihrer Studien rücken, darunter auch Fest. Auf diese Weise kann vielleicht – insbesondere in der Zusammenschau mit der Psychohistorie – ein Eindruck sowohl von der Entwicklung als auch vom Stand der Forschung zur 'Person Hitler' vermittelt werden.

Das Hitler-Bild Fests ist durchgehend von der sogenannten Korrespondenzthese geprägt, also der Entsprechung von Person und Zeit. In dieser Sicht wird Hitler als ein Mann vorgestellt, der Geschichte gestaltete, der jedoch gleichzeitig von der Geschichte gemacht wurde. Seine Biographie zu schreiben, das bedeutet nach Fest zunächst einmal, einen „unablässigen, intensiven" Austauschprozeß darzustellen, wobei Hitler bereits Vorgegebenes aufgenommen und mit ungeheurer „Dynamik" versehen habe[440].

Eine andere Grundfigur der Festschen Biographie ist Hitler als

[440] Ebd., S. 22ff.

Personifizierung des „faschistischen Typus“ schlechthin, der den verbreiteten Unmut, sei er ziviler, sei er militärischer Provenienz, zusammengefaßt und diesem „Führung und Stoßkraft verschafft“ habe. Kein anderer sei so wie der Führer der NSDAP in der Lage gewesen, die „psychologischen, gesellschaftlichen und ideologischen Grundantriebe der Bewegung“ auszudrücken; niemals sei Hitler lediglich deren „Führer, sondern stets auch ihr Exponent“ gewesen[441].

Im Hinblick auf dieses Interpretationsmodell ist außerdem festzuhalten, daß Fest Hitlers „gesamtes Denk- und Emotionssystem“ von einem fundamentalen Angsterlebnis dominiert sieht. Dies habe sich im persönlich-privaten Bereich ebenso manifestiert wie in dem Phänomen der rassischen Übervölkerungsangst, in der Aversion gegen die amerikanische technische Entwicklung, die Industrialisierung, die modernen Organisationsformen der Wirtschaft, die städtische Zivilisation oder die moderne Kunst. Hitler, ein Kulturpessimist, habe eine in Verfallserscheinungen steckende Welt entdeckt, und er sei entschlossen gewesen, sich diesem „Prozeß entgegenzustemmen“. In dieser Absicht hätten sich seine Interessen mit denen führender ausländischer Faschisten verbunden. Unterschieden aber habe ihn von diesen die „manische Ausschließlichkeit, mit der er alle Elemente jemals empfundener Angst auf einen einzigen Urheber zurückführte“: den Juden. In seiner „Überwältigungspsychose“ habe er in Deutschland das „Objekt einer Weltverschwörung“ erkannt, das Bolschewisten, Freimaurer, Kapitalisten und Jesuiten unter Führung des „blut- und geldgierigen jüdischen Völkertyrannen“ zu vernichten versuchten. Vor diesem Hintergrund müsse die Bedeutung Hitlers auch darin gesehen werden, daß es ihm gelungen sei, jene „Energien“ zu vereinen, die in Krisensituationen die Chance erhalten, große politische Wirkung zu erzielen: „Denn die faschistischen Bewegungen haben sich in ihrer sozialen Substanz durchweg auf drei Elemente gestützt: das kleinbürgerliche mit seinen moralischen, wirtschaftlichen und gegenrevolutionären Indignationen, das militärisch-rationalistische sowie das charismatische des einzigarti-

441 Ebd., S. 143.

gen Führers.“ Es war dann vor allem der Mythos des Führergedankens, den Hitler zu einer Säule seines Erfolgs machte. Eine andere bestand in der Sicherheit, mit der Hitler die Ängste der Menschen zu erfassen und durch seine Reaktion zu betäuben vermochte, wobei Fest durchgehend eine „defensive Grundhaltung“ des Nationalsozialismus konstatiert, was zunächst einmal überrascht, aber im Kontext der These von der Angstneurose plausibel werden kann[442].

Als historische Erscheinung sei Hitler weder ein „Unfall“ in der deutschen Geschichte noch deren „Konsequenz“ gewesen. Doch reichten vom Nationalsozialismus „Verbindungswege“ bis tief in die deutsche Vergangenheit. Dies manifestiere sich vor allem im Wirklichkeitsverlust, der sich in der Unbedingtheit artikuliere, mit der Hitler auf seiner schicksalhaften Mission beharrt habe. In diesem Rigorismus habe sich „nicht nur das traditionelle deutsche Unverhältnis zur Politik, sondern weit darüber hinaus das eigentümlich gestörte Verhältnis der Nation zur Realität überhaupt“ gespiegelt. Der Nationalsozialismus sei ansonsten die „radikalste, unbedingteste Erscheinungsform des Faschismus“ gewesen, wobei das „eigentlich unverwechselbare, charakteristisch deutsche Element“ in ihm der zitierte Wirklichkeitsverlust ausgedrückt habe. Hitler ist in solchem Zusammenhang vor dem Hintergrund eines ideologisch deformierten Politikverständnisses gesehen, inmitten einer gesellschaftlichen Abwehrreaktion gegen die rationale Politik, und in seinem Charisma gespeist von Mythen. Nicht von ungefähr finden sich in den meisten seiner Reden die „bekannten rhetorischen Figuren des antipolitischen Affekts“: Haß gegen das bestehende politische System, Kompromißlosigkeit im Anspruch und die Berufung auf die ‘Vorsehung’. So gesehen stehe Hitler, dessen Radikalität in intensiver Weise das zur deutschen „intellektuellen Tradition“ gehörende „apolitische, wirklichkeitsfeindliche Weltverhalten“ ausdrücke, nicht „mit seinen rassenkämpferischen oder expansiven Zielsetzungen [...] im Fluchtpunkt der deutschen Geschichte, sondern als einer jener Intellektuellen, die, erfüllt von theoretischen Gewißheiten,

[442] Ebd., S. 143–151, Zit. S. 143ff. und S. 148.

die Realität aus großer Höhe ihren kategorischen Prinzipien unterwarfen“ [443].

Dennoch – so Fest – war der Zweite Weltkrieg Hitlers Krieg, stellte der Krieg den Fixpunkt jedweder Hitlerscher Politik dar, wäre Hitler ohne den Krieg „nicht der, der er war“. Die militärische Auseinandersetzung drückte eine der fundamentalen Maximen seines Weltbildes aus, der Kampf war für ihn Lebensprinzip, ja Leben an sich. In dieser Kriegsmanie habe sich erneut gezeigt, „in welchem Maße Hitler und der Nationalsozialismus aus dem Kriegserlebnis herstammten“. Mit dem Krieg – zu dem Hitler, der als Politiker bei Entscheidungen eher zögernd als zupackend agierte, ungeduldig drängte – habe dieser nicht nur die ungeliebte Politik endgültig zu den Akten gelegt, sondern sich zudem wieder „auf die prinzipiellen ideologischen Positionen“ seiner Anfangsjahre zurückgezogen, von denen er dann nicht mehr abrückte. Darin kann man, sofern Fest gefolgt wird, das Grundmuster seines Verhaltens in einem verwirrenden Kaleidoskop durchaus widersprüchlicher Äußerungen und Aktionen erkennen.

Und zur Frage der Kontinuität? Wenn Hitler an den Revisionismus der Nachkriegszeit angeknüpft habe, so sei dies einem Einschleichen in die deutsche geschichtliche Kontinuität gleichgekommen, die er in Wirklichkeit nicht weiterzuführen beabsichtigt habe. Hitlers Verhalten sei taktisch motiviert gewesen, zur Täuschung derer, die er als Verbündete benötigte. Tatsächlich habe er jedoch die in ‘Mein Kampf’ festgeschriebenen Ziele verfolgt, die es ausschließen, ihn historisch als einen ‘Wilhelm III.’ einzuordnen [444].

Fests große Arbeit ist nicht in erster Linie auf eigenen Quellenstudien aufgebaut, aber sie muß – im Rahmen der vom Autor in seiner Darstellung vertieften Aspekte – als uneingeschränkt gelungene Summe des zu diesen Gesichtspunkten zu verzeichnenden Forschungsstandes gelten. Da Fest zahlreiche ‘Aspekte’ vertieft, ist das sehr viel. Und als biographischer Versuch einer Synthese ist seine Untersuchung ohnehin jedem anderen – vergleichbaren – Werk

443 Ebd., S. 513–529, Zit. S. 517, S. 519, S. 525 und S. 528.

444 Ebd., S. 831–849, Zit. S. 831, S. 832 und S. 837.

überlegen. Dies gilt unbeschadet der Vorbehalte, die gegenüber der Epochendeutung Fests unter politikgeschichtlichen und strukturgeschichtlichen Vorzeichen berechtigt zu sein scheinen.

Es war im übrigen nicht zuletzt dieser Eindruck, den man auch in anderen Biographien gewinnt, dafür verantwortlich, daß grundsätzlich davon abgesehen wurde, die Biographien über Hitler – nicht einmal die wahrhaftig deutenden, zu denen die von Fest vor allem gehört – inhaltlich in systematisierenden Zusammenhängen zu referieren. Denn es wären weder Fragestellungen, die über diejenigen in den bisher gemachten Ausführungen hinausgreifen würden, noch Ergebnisse, welche die bislang vorgestellten Resultate korrigieren könnten, zu erwarten gewesen.

Zu den deutenden Biographen Hitlers zählt anerkanntermaßen auch A. Bullock. Seine frühe Interpretation des nationalsozialistischen Führers bildet – was paradox klingen mag – das in zahlreichen Aussagen nicht mehr zu akzeptierende, aber in der politischen Geschichtsschreibung über die Hitler-Zeit seinen Platz behaltende qualitative Pendant zum großen Werk von J. C. Fest.

Rigoros dem klassischen biographischen Ansatz folgend, geht Bullock in seiner Biographie davon aus, daß der Schlüssel zum Verständnis des Dritten Reiches, seiner Entstehung und der in diesem praktizierten Politik in der Hitlerschen Persönlichkeit zu suchen und zu finden sei. Dies gelte unbeschadet der Tatsache, daß der Nationalsozialismus ein multikausales Phänomen darstellte, in dem sowohl soziale, wirtschaftliche und psychologische als auch historische Kräfte ihren Ausdruck gewonnen hätten. Die NSDAP, die nationalsozialistische Propaganda und die Taktiken, die den Machtantritt erst ermöglichten, all das sei Hitlers Werk gewesen, der nach 1934 historisch als uneingeschränkter Alleinherrscher anerkannt werden müsse. Das Volk und die politischen, wirtschaftlichen, bürokratischen oder militärischen Eliten seien Geführte Hitlers gewesen, der als unentbehrlich einzustufen sei, denn allein er verfügte über das „Fingerspitzengefühl für günstige Gelegenheiten und die Kühnheit“, diese auszunutzen.

Dabei erkennt Bullock bei Hitler außerordentliche Fähigkeiten, die zusammengenommen ein „politisches Genie“ ergeben hätten, obwohl ihre „Früchte“ vom Übelsten gewesen seien. Zu Hitlers Talenten zählten dessen Virtuosität beim Nutzen des Irrationalen in der Politik, seine Gabe, gegnerische Schwächen sicher zu erkennen, das Geschick, komplizierte Sachverhalte zu vereinfachen, die Befähigung, den richtigen Zeitpunkt zum Handeln zu erkennen, und der Mut zum Risiko. Die damit – indirekt – angesprochene geschichtliche Beurteilung der sogenannten Leistungen Hitlers gehört zu den heikelsten Themen der Hitler-Interpretation. Auch in dieser Hinsicht sind die gegensätzlichen Standpunkte unvereinbar.

Die These, mit der sich Bullock gleichermaßen Zustimmung wie Ablehnung zuzog, dürfte jedoch in der – bereits wiederholt erörterten – Charakterisierung Hitlers als politisch Handelnder zu sehen sein: „Als ein völlig prinzipienloser Opportunist“ habe Hitler eine „erhebliche Konsequenz und eine erstaunliche Willenskraft in der Verfolgung seiner Ziele“ bewiesen. Seine schauspielerischen Talente mit zynischer Berechnung einsetzend, habe er für die „Aufrechterhaltung des unerschütterlichen Glaubens an seine historische Sendung und an seine Person als eines Werkzeuges der Vorsehung“ gesorgt.

Historische Größe? Nun, nach Bullock steht dem Anspruch auf diese nicht Hitlers letztendlich selbstverschuldetes Scheitern entgegen, sondern – und darin gibt es in der seriösen Forschung weitgehend Übereinstimmung – dessen schrankenloser Egoismus, sein moralischer und geistiger 'Kretinismus' sowie die niedrigen Leidenschaften, die ihn in erster Linie dominierten: „Haß, Rachsucht, Herrschsucht und, wo er nicht herrschen konnte, Zerstörungslust.“ Hitlers Ziel sei es gewesen, das menschliche Dasein zu erniedrigen, seine Herrschaft habe nur eine einzige Idee besessen, die eigene Machterweiterung, wobei sein Machtbegriff sich in militärischer Gewalt, polizeistaatlicher Unterdrückung und rassischer Vernichtungspolitik erschöpfte. Nichts Positives sei diesem Regime eigen gewesen. Sein Führer habe sich darin gefallen, den Menschen zu beweisen, daß sie von primitiven Instinkten geleitet würden. Und das „einzige Thema der Nazi-Revolution“ sei das als „Rassenlehre verkleidete von der Herrschaft“ gewesen, und als diese fehlgeschlagen war, eine „rachsüchtige Zerstörungswut“. Mit dieser Sicht lehnt sich Bullock direkt an H. Rauschning an.

Gab es eine Wechselbeziehung zwischen Hitler, den Deutschen und der deutschen politischen Kultur? Auch dies ist ein Thema, das die Hitler-Interpretation – wie schon gezeigt – beherrscht. Nach Bullock lassen sich – ganz abgesehen von den Folgen der Niederlage im Ersten Weltkrieg und der wirtschaftlichen Depression – in der historischen Entwicklung Deutschlands Faktoren erkennen, die für den Aufstieg des Nationalsozialismus vorteilhaft waren. Gewiß hätten die Deutschen nicht in der „Erbsünde" gelebt, aber Hitler und seine Bewegung seien eben auch nicht als „schreckliches Unglück" vom Himmel gefallen. Die Wurzeln dafür steckten vielmehr tief in der deutschen Geschichte. Aus solcher Sicht gerät dann die Laufbahn Hitlers zu einer „*reductio ad absurdum* der mächtigsten politischen Tradition in Deutschland seit der Reichseinheit". Dahin führe es, wenn man aus „Nationalismus, Militarismus, Totalitarismus, Anbetung von Erfolg und Gewalt, Vergötterung des Staates und 'Realpolitik' die logischen Schlußfolgerungen" ziehe.

Schließlich interpretiert Bullock Hitler noch unter dem Aspekt, ob dieser ein deutsches oder ein europäisches Phänomen gewesen sei. Auch diese Frage wurde im Rahmen dieses Forschungsberichts bereits mehrfach berührt. Für Bullock war Hitler beides, denn die „Umstände und die Mentalität, die er ausbeutete, die *malaise*, deren Symptom" er gewesen sei, hätten sich nicht auf Deutschland beschränkt. Dort waren sie lediglich deutlicher ausgeprägt. Hitler habe zwar deutsch gesprochen, aber die Emotionen und Vorstellungen, die er zum Ausdruck brachte, ließen sich nicht auf die Deutschen reduzieren, sie seien „universeller" gewesen. Er selbst habe die Interdependenzen zwischen Deutschland und Europa durchaus erkannt, weshalb Hitler nicht nur gegen das 'System' – also die liberalen und bürgerlichen Strukturen – im eigenen Land, sondern in ganz Europa revoltierte[445].

Mit den Untersuchungen von J. C. Fest und A. Bullock sind zwei Eckdaten der biographischen Geschichtsschreibung aufgezeigt. Zwischen ihnen gibt es gewiß zahlreiche nennenswerte Arbeiten,

[445] Bullock (II, 175), S. 793–797, Zit. S. 794 ff.

etwa die bestechende Summenbildung, die S. Haffner in seinen 'Anmerkungen zu Hitler' vornimmt. In ausgeprägt essayistischer Form werden in den Komplexen 'Leben', 'Leistungen', 'Erfolge', 'Irrtümer', 'Fehler', 'Verbrechen' und 'Verrat' neue oder auch eigenwillige Akzente gesetzt, doch all das sind eher Denkanstöße, keine alternativen Deutungen[446]. Man hat methodische Mischformen in der biographischen Darstellung versucht. Dies gilt z. B. für W. Carr, der die chronologische Deskription, die politikgeschichtlich untersuchte historische Rollenfunktion, den ideengeschichtlichen und psychohistorischen Ansatz berücksichtigt. Eine Beschreibung, die nicht nur Teile des Ganzen, sondern dieses als Summe von vielfältigen Einflüssen persönlicher und außerpersönlicher Art vorstellt, scheint bei solchem Vorgehen freilich so gut wie ausgeschlossen zu sein. Was herauskam, sind kenntnisreiche Einzelbeiträge zu einem Hitlerbild[447]. Dem Detail verhaftet bleibt auch die – in erster Linie auf der Krankheitsgeschichte Hitlers insistierende – Studie von W. Maser[448]. Und der frühe Versuch von E. Deuerlein, eine 'politische Biographie' zu schreiben, wobei der Autor diesen Anspruch nur ansatzweise einlösen konnte, schloß mit dem schon Ende der sechziger Jahre nicht mehr neuen Hinweis, daß die geschichtliche Erscheinung Hitlers nicht nur ein Problem seiner „Person, sondern

[446] Haffner (I, 127).

[447] William Carr, Hitler. A Study in Personality and Politics. London 1978 (dt. 1980); eine Mischform der Biographie versuchte auch Hans-Jürgen Eitner, Der Führer. Hitlers Persönlichkeit und Charakter. München, Wien 1981, der mit dem „Instrumentarium von einundzwanzig Disziplinen" jene „Kategorien" entwickelt zu haben glaubt, die es endlich erlauben, das „Rätsel" Hitler auf den Begriff zu bringen. Und Eitner ist überzeugt, daß Hitler als Ergebnis seiner Untersuchung „für Zeitgenossen, Nachgeborene, Ausländer erstmals weitaus einsichtiger, verständlicher, begreiflicher als bisher" werde (S. 9f.). Die Überzeugung Eitners vermag der Verfasser dieses Forschungsberichtes leider nicht zu teilen.

[448] Werner Maser, Adolf Hitler. Legende – Mythos – Wirklichkeit. München, Esslingen 1975 ([1]1971). Vgl. außerdem ders., Adolf Hitler – Das Ende der Führer-Legende. München, Rastatt 1982, die zentrale These dieses Buches ist die vom entscheidungsschwachen Führer.

in weit höherem Maße seiner Umwelt" sei, der deutschen ebenso wie der europäischen[449].

Resümierend ist festzuhalten, daß das, was über die Standardwerke von K. Heiden[450], A. Bullock und J. C. Fest hinaus an 'biographischen Versuchen' über Hitler vorliegt, zwar die Ergebnisse dieser Autoren in einzelnen Fragen – wenigstens zum Teil ist dies der Fall – ergänzt, aber das Hitler-Bild wird dadurch weder wirklich schärfer noch grundsätzlich verändert. Die Aussage will gewiß nicht als pauschale Abwertung verstanden werden, aber sie impliziert den – subjektiven – Eindruck, daß die erkenntnismäßigen Möglichkeiten der biographischen Methode im Rahmen der Hitler-Interpretation erschöpft sind.

Von den Psychohistorikern – methodisch in mancher Hinsicht dem biographischen Genre nahestehend[451] – wurden in der Zeit nach dem Zweiten Weltkrieg verschiedene Untersuchungen publiziert[452], deren Ergebnisse innerhalb der Hitler-Forschung sehr unterschiedlich eingestuft werden.

449 Ernst Deuerlein, Hitler. Eine politische Biographie. München 1969. R. Binion (Vw. 11), S. 527f., nannte diese Arbeit ein 'Juwel' und fügt dem hinzu: Deuerleins "loss looms the larger with each new Hitler Biography published since his sudden death". Ein hartes Urteil über jene Biographen, die nach Deuerlein publizierten, doch bei allem Respekt vor der Leistung dieses Historikers zweifellos ungerecht.

450 K. Heiden (I, 6).

451 Vgl. im Sinne einer Auswahl: Alain Besançon, Psychoanalytische Geschichtsschreibung, in: Geschichte und Psychoanalyse, hrsg. von Hans-Ulrich Wehler. Frankfurt a. M., Berlin, Wien 1974, S. 91–140; ebd., S. 70–90: Alexander L. George und Juliette L. George, Psychoanalyse und historische Biographie; ebd., S. 27–46: H. Stuart Hughes, Geschichte und Psychoanalyse; Harald Leupold-Löwenthal, Psychoanalyse und Geschichtswissenschaft, in: ZG 2 (1974/75), S. 83–91 (Literaturbericht); Peter Loewenberg, Psychohistorical Perspectives on Modern German History, in: JMH 47 (1975), S. 229–279; Nicolaus Sombart, Wir sind mit Hitler noch lange nicht fertig. Die künftige Aufgabe der 'Psychohistorie', in: FAZ, 19. 11. 1977; und: Fred Weinstein and Gerald M. Platt, The Coming Crisis in Psychohistory, in: JMH 47 (1975), S. 202–228.

Mittlerweile liegen zahlreiche Kommentare zur psychohistorischen Methode vor. W. Michalka hat in einem ebenso kenntnisreichen wie kritischen Überblick versucht, Problemstellung, Leistungsmöglichkeiten und wichtige Resultate der wesentlichen Arbeiten der psychohistorischen Hitler-Deutung – aus der Sicht des Fachhistorikers – vorzustellen und zu bewerten[453].

Nach Michalka ist die Psychoanalyse, mit deren Instrumentarium die Psychohistoriker arbeiten, durchaus als historische Wissenschaft einzuordnen, setze sie sich doch, um Heilungschancen zu erkennen, mit der Lebensgeschichte ihrer Patienten auseinander. Unter dem Verstehensbegriff könne sie also ins Umfeld der historischen Methode integriert werden. Nun ist freilich dieser Terminus – hinsichtlich seiner inhaltlichen Implikationen – in der Geschichtswissenschaft nach dem Historismus nicht unumstritten. Aber bereits die Grundlagen der Psychoanalyse selbst gelten keineswegs als wissenschaftlich problemlos. Die Überbetonung des Individualprinzips bringt es außerdem mit sich, daß sozialgeschichtliche Faktoren aus dem Blick geraten, sie werden geradezu ausgeklammert. Insgesamt, so Michalka, scheine die psychoanalytische Methode dem Histori-

[452] Rudolph Binion, Hitler's Concept of 'Lebensraum: The Psychological Basis', in: History of Childhood Quarterly 1 (1973), S. 187–215 und S. 249–258; und ders., Hitler Looks East, in: History of Childhood Quarterly 3 (1975), S. 85–102; Jacques Brosse, Hitler avant Hitler. Essai d'interprétation psychoanalytique. Postface d'Albert Speer. Paris 1972; Friedrich W. Doucet, Im Banne des Mythos. Die Psychologie des Dritten Reiches. Esslingen 1979; Richard A. Koenigsberg, Hitler's Ideology: A Study in Psychoanalytic Sociology. New York 1975; Gertrud M. Kurth, The Jew and Adolf Hitler, in: Psychoanalytical Quarterly 16 (1947), S. 11–32; und dies., Hitler's Two Germanies. A Sidelight on Nationalism, in: Psychoanalysis and Social Sciences. Vol. 2. New York 1950, S. 293–312; Arno Plack, Wie oft wird Hitler noch besiegt? Düsseldorf 1982 (eine Untersuchung, die den Triebüberschuß als motivationale Erklärungsgrundlage menschlichen Handelns wohl überstrapaziert, ansonsten aber stärker auf die Psyche und Moral der Deutschen als auf Hitler konzentriert geschrieben worden zu sein scheint).

[453] W. Michalka, Hitler im Spiegel (Anh. 1).

ker – im Rahmen der Hitlerinterpretation – in erster Linie „monokausale, ja deterministische Erklärungsmodelle anzubieten, die in ihrer Einspurigkeit eher den Blick verengen, als diesen zu erweitern“[454].

Im einzelnen bedient sich der Psychohistoriker bei seinen Deutungsversuchen entweder rein psychoanalytischer Kriterien, oder er kombiniert diese mit Kategorien ideengeschichtlicher und politikgeschichtlicher Provenienz[455]. Dabei werden im Hinblick auf die Anwendung der psychoanalytischen Methode in historischen Untersuchungen inbesondere zwei Fehlerquellen zu berücksichtigen sein[456]. Die eine ist im methodologischen Bereich angesiedelt. Psychoanalytische Verfahren seien nämlich an einen „bestimmten Interaktionsmodus in der analytischen Situation gebunden“, was es ausschließe, diese „unreflektiert auf die spezifische Subjekt-Objekt-Relation von Historiker und Quellenmaterial“ zu übertragen. Die andere Fehlerquelle ist im inhaltlichen Bereich gegeben. Indem die Psychoanalyse die „Kategorien der Außenwelt, also Gesellschaft, Wirtschaft und Politik“ voraussetze, diese Außenwelt jedoch nicht problematisiere, ergebe sich die „Gefahr einer Übergewichtung psychologischer Momente“.

Doch von den methodischen Schwierigkeiten der psychoanalytisch arbeitenden Hitler-Forschung einmal abgesehen, ist festzuhalten, daß diese Forschungsrichtung jene Charakterzüge Hitlers in den Mittelpunkt einer analytischen Personenbeschreibung stellt, die in den nicht nur deskriptiv angelegten ‘traditionellen Biographien’ ebenfalls als dominierend angesehen werden: ausgeprägter Machtanspruch, Willensstärke, Tatkraft, ein zur Rechthaberei führendes starkes Ichgefühl, der Glaube, ein vom Schicksal Auserwählter zu sein; und Aggressivität, Judenhaß, Lebensraumhunger, ein gewisser Hang zur Selbstzerstörung, aber auch die Fähigkeit, Gefolgsleute zu faszinieren, sie an sich zu binden.

Über das Vorhandensein derartiger Wesenszüge – obwohl nicht

[454] Ebd., S. 610f.

[455] A. Hillgruber, Tendenzen (Vw. 12), S. 607–611.

[456] Riesenberger (II, 434), S. 32.

jeder Historiker alle im selben Ausmaß als gegeben oder ausgeformt ansieht – herrscht weitgehende Übereinstimmung. Offen, d. h. mit unterschiedlichen oder kontroversen Ergebnissen, werden hingegen nach wie vor die eigentlichen Determinanten erörtert, die Hitlers Persönlichkeit und sein Handeln bestimmt hätten.

Das sozusagen klassische Modell, mit dem sich Psychohistoriker Hitler zunächst annäherten, entsprach der Freudschen Formel vom 'ödipalen Konflikt'. Als Standarduntersuchungen können in diesem Kontext u. a. die Arbeiten von W. C. Langer[457] oder R. G. L. Waite[458] genannt werden[459].

Folgt man der Argumentation solcher Autoren, so scheint bei Hitler tatsächlich eine ödipale Konfliktsituation vorgelegen zu haben. Es hätte dann also sowohl die Bezugsfigur der überdurchschnittlich sorgenden Mutter als auch jene des brutalen – 'kastrierenden' – Vaters existiert. Doch sollen an dieser Stelle, da es um die Deutung Hitlers im Verständnis einer historisch handelnden Person geht, nicht so sehr die Entwicklungsgeschichte und der Nachweis neurotischer Anlagen aufgrund der angedeuteten Familienkonstellation interessieren, sondern die Erklärungsmöglichkeiten, die sich aus derartigen – neurotisch zu nennenden – Charakterzügen für das Verhalten des Politikers Hitler herleiten lassen. Es geht um die Ursachen der Aggressivität, Destruktivität und des Radikalismus, wobei nach den oben gemachten Ausführungen zum Methodenproblem darauf verzichtet wird, immer wieder Vorbehalte anzumelden oder Einschränkungen vorzunehmen.

Die Aggressivität Hitlers wird bevorzugt mit der gestörten Vaterbeziehung erklärt. Indem Hitler Vergeltung suchte, habe er seine Wut auf andere Objekte gelenkt, vor allem die Juden, doch nicht nur auf diese. Letztendlich artikulierte sich in dem aggressiven Verhalten

457 W. C. Langer (II, 333).

458 Robert G. L. Waite, The Psychopathic God Adolf Hitler. New York 1977; ders. (Hrsg.), Hitler and Nazi Germany. New York 1966.

459 Vgl. dazu den Überblick bei Helm Stierlin, Adolf Hitler. Familienperspektiven. Mit einem Vorw. von Alexander Mitscherlich. Frankfurt a. M. 1975, S. 31–36.

durchgehend das Bemühen, psychische Defekte – insbesondere im sexuellen Bereich verzeichnet – und Momente innerer Labilität zu kompensieren.

Die beschränkten Einordnungsmöglichkeiten, die mit der Perspektive des Ödipuskomplexes gegeben sind, versucht man dadurch auszuweiten, daß Hitlers starke Mutterbindung – über das Verständnis eines intensivierten ödipalen Konfliktes hinaus – interpretierend ausgewertet wird. Die dabei gewonnenen Faktoren haben zwar „alle zum ödipalen Konflikt Beziehung", sind aber auch „unabhängig davon bedeutsam"[460].

Ein zentrales interpretatorisches Moment ist in diesem Zusammenhang die 'orale Verwöhnung' Hitlers durch seine Mutter. Mit dieser versucht man nicht nur Hitlers stets enormen Konsum an Süßigkeiten zu begründen, sondern darüber hinaus seine Lebensraummanie oder die Starrheit, mit der er einmal In-Besitz-Genommenes behalten wollte. Von hier könne sogar auf die Ursprünge der Durchhaltestrategie im Zweiten Weltkrieg geschlossen werden. Dabei sei die orale Unersättlichkeit lediglich eine der Folgen von Hitlers besonderer Mutterbeziehung gewesen. Ichdefekte, Aggressionen sowie Hitlers „Projektionen und selbstzerstörerisches Verhalten" seien ebenfalls aus diesem Verhältnis – zumindest von einigen Psychohistorikern wird das so gesehen – erklärbar.

Schließlich wurde diesen Hypothesen noch eine weitere hinzugefügt, welche die Beziehungen zwischen Hitler und seinen Anhängern deutet. Davon ausgehend, daß die Nähe Hitlers zu seiner Mutter die Voraussetzungen einer 'Mutter-Kind-Symbiose' erfüllte, die bei ihm das Gefühl des Auserwählten und Omnipotenten provoziert habe, wurde festgestellt, daß er als Erwachsener versucht habe, eine solche Symbiose – die Wohlbehagen, Stärke und Bestätigung gewähre – durch eine besondere Beziehung zur Anhängerschaft erneut herzustellen. Hitlers Erfolge als Massenagitator müßten in direktem Zusammenhang mit der gelungenen Schaffung dieser 'Symbiose' verstanden werden. Als Redner habe Hitler sozusagen einen 'orgastischen Fütterungsprozeß' zelebriert, indem er seine „Zuhörer mit

[460] Ebd., S. 34.

berauschenden Schlagworten" gefüttert habe, während diesen gleichzeitig gestattet worden sei, „ihn zu füttern – d. h. *ihm* die zur Ausführung seines Auftrags nötige Kraft und Legitimation zu geben" [461].

Erich Fromm untersucht in seiner 'psychobiographischen Studie' über den Fall Hitler ebenfalls die Frage, warum Hitler wurde wie er war, weshalb er handelte wie er handelte, welche Triebkräfte und Leidenschaften ihn bestimmten. Wie alle psychoanalytisch vorgehenden Wissenschaftler konzentriert er sich dabei auf die Kindheitsgeschichte, was auch ihn mit dem Problem der Zuverlässigkeit der überkommenen biographischen Quellen konfrontiert. Doch das soll hier nicht vertieft werden. Im Kontext seiner These, daß Hitler ein Beispiel für Nekrophilie gewesen sei, zieht Fromm dann – zur Verifizierung – Hitlers Handlungen und Äußerungen nach 1933 in großem Umfang heran [462]. Dabei wird Nekrophilie im charakterologischen Verständnis von ihm definiert als das „leidenschaftliche Angezogenwerden von allem, was tot, vermodert, verwest und krank ist; sie ist die Leidenschaft, das, was lebendig ist, in etwas Unlebendiges umzuwandeln; zu zerstören um der Zerstörung willen; das ausschließliche Interesse an allem, was rein mechanisch ist. Es ist die Leidenschaft, lebendige Zusammenhänge zu zerstückeln." [463]

Die Ursache für Hitlers nekrophile Veranlagung glaubt Fromm mit einer „bösartigen inzestuösen Bindung" an die Mutter erklären zu können [464]. Hitlers Eintritt in die Politik habe den Wendepunkt markiert, an dem diese destruktive Leidenschaft nicht mehr im Bereich der Phantasie, sondern durch praktische Taten befriedigt worden sei. Fromm führt dann eine Vielzahl von Beispielen an, mit denen er die Destruktivität als Hitlers beherrschendes Wesensmerkmal und Handlungsmotiv – bis hin zum Ende in der Reichskanzlei 1945 –

[461] Ebd., S. 35f.

[462] Erich Fromm, Anatomie der menschlichen Destruktivität. Hamburg 1979 (Stuttgart [1]1974; New York u. a. 1973), S. 415–486: 'Bösartige Aggression: Adolf Hitler, ein klinischer Fall von Nekrophilie'.

[463] Ebd., S. 373.

[464] Ebd., S. 432.

nachzuweisen versucht. In diesem Zusammenhang entgehen ihm selbstverständlich jene Charakterzüge nicht, die das nekrophile Schema sprengen, d. h. nicht in dieses einzuordnen sind. Doch habe es sich bei ihnen, so Fromm, um die Artikulation einer 'Verdrängung der Destruktivität' oder um Defensivreaktionen gegen das „Bewußtwerden der eigenen Destruktivität" gehandelt[465].

Eine umfassende psychohistorische Deutung der zentralen Anliegen Hitlers, der Ausrottung der europäischen Juden und der Eroberung von Lebensraum im Osten, legte Rudolph Binion vor, wobei für das Verständnis seiner Argumentation die These von der traumatischen Determination wichtig ist.

Binion stellt dazu fest, daß traumatische Erlebnisse zu schmerzhaft seien, um verarbeitet werden zu können. Eine Möglichkeit, sie zu bewältigen, liege jedoch im „Wiedererleben oder Nachvollziehen" des Traumas[466]: „Man schafft sich an seiner Stelle ein neues Erlebnis und hält es unbewußt für das alte, während die Verbindungen zwischen ihnen bewußt nicht wahrgenommen werden. Jede emotional geladene Komponente des alten Erlebnisses tritt stellvertretend in das neue ein – in der Regel stark überzogen und mit umgekehrten Bezugselementen wie Ost und West oder vorher und nachher. Wenn man ein traumatisches Erlebnis nachvollzieht, scheint man darauf auszugehen, es zu beeinflussen, zu kontrollieren und zu meistern, nachdem man das erste Mal von ihm überwältigt wurde." Auf diese Weise soll es 'vorübergehen'. Binions These ist es, daß dieser „traumatische Mechanismus nicht nur bei Hitler individuell, sondern auch kollektiv bei den Deutschen gewirkt" habe.

Der Prozeß des traumatischen Nachvollzugs besitzt im Interpretationsmodell Binions für die Hitlersche Motivation eine Schlüsselfunktion. Insgesamt werden dabei historische und psychoanalytische Methoden integriert angewandt, wird versucht, historische Erkenntnis hinsichtlich der Ursachen aus den Wirkungen zu gewinnen, und auch bei Binion steht die Beziehung Hitlers zu seiner Mut-

465 Ebd., S. 455.

466 Rudolph Binion, '... daß ihr mich gefunden habt'. Hitler und die Deutschen: eine Psychohistorie. Stuttgart 1978 (New York [1]1976), S. 12f.

ter – freilich konstatiert er in diesem Zusammenhang einen anderen Sachverhalt als z. B. Fromm – im Zentrum des deutenden Zugriffs.

Die Eroberung von Lebensraum im Osten komme einer Wiederholung gleich, nämlich der Wiederaufnahme der deutschen Zielsetzungen im Ersten Weltkrieg, wobei Hitler in seiner späteren Argumentation diesen Präzedenzfall ignoriert habe[467]. Entsprechend verhalte es sich mit dem Antisemitismus, der eigentlich die Politik Hitlers als solche ausmachte, mit dem er jedoch – auch dies ein Ergebnis psychohistorischer 'Einsicht' – auf das individuelle Trauma im Kontext des Todes seiner Mutter reagiert habe[468]. Im Hinblick auf die psychohistorische Erklärung der Motivation Hitlers kann man Binion – freilich sehr abstrakt und unter weitgehender Vernachlässigung der psychoanalytischen Beweisstruktur seiner Interpretation – etwa folgendermaßen zusammenfassen, wobei lediglich auf Hitlers Hauptanliegen eingegangen wird. Hitlers – in bezug auf das individuelle Trauma lange Zeit unterdrückte – Reaktion wurde als Folge einer Gasvergiftung während des schon erwähnten Aufenthalts im Militärlazarett in Pasewalk freigesetzt[469]: „Seine politische Berufung wurzelte in einem persönlichen Zusammenbruch, der mit dem nationalen Zusammenbruch parallel lief – in einem Gastrauma innerhalb des nationalen Schocks über die Niederlage." Die beiden zentralen „politischen Botschaften" Hitlers seien ein Echo auf diesen Schock gewesen.

Am Anfang der verschiedenen erklärenden Schritte steht der von Hitler intensiv durchlittene Tod der geliebten Mutter, und in dieser Sicht unterscheidet sich Binion von Fromm. Die Mutter war am 21. Dezember 1907 – hoffnungslos an Krebs leidend – nach einer ebenso aussichtslosen wie unzulänglich praktizierten Jodoformkur gestorben. Festzuhalten ist in diesem Rahmen, daß Hitler – unberechtigte Hoffnungen hegend – den zögernden behandelnden Arzt, Dr. Eduard Bloch, offensichtlich zur Anwendung von Jodoform gedrängt hatte. Zumindest die Qualen der Mutter dürften dadurch

[467] Ebd., S. 11.
[468] Ebd., S. 56f.
[469] Ebd., S. 75.

letztendlich vermehrt worden sein. Und nach Binion ragt dieses Erlebnis „wie ein Schatten auf hinter seinen [Hitlers; d. Verf.] späteren Schmähreden gegen den jüdischen Krebs, das jüdische Gift, den jüdischen Schieber". Es baute sich das auf, was ein 'Bloch-Komplex' Hitlers genannt werden kann. Der jüdische Arzt – von Hitler im übrigen stets verehrt, noch 1940 ließ er ihn aus Deutschland ausreisen – wurde unbewußt zum Symbol jüdischer 'Gewinnsucht', die über die (von Hitler personifizierte) 'Selbstaufopferung' im 'Lebenskampf' Deutschlands (gleichgesetzt mit der Mutter Klara) triumphiert habe[470]. Die Überlegung, daß die Mutter an die Stelle Deutschlands tritt (oder umgekehrt) und der Jude zum Vergifter der Nation schlechthin wird, konstituiert ganz wesentlich das Binionsche Deutungsmodell.

Hitler habe dann in seiner Judenpolitik die „Tragödie von 1907" noch einmal erlebt. Beide entsprächen sich vollkommen[471]: „Das Vergiften des Vergifters war eine Umkehrung; das Ableben von Mutter Deutschland rückgängig zu machen, war Hitlers scheinbares Ziel; beide Schuldigen von 1907 nahmen beim zweiten Mal ein schlimmes Ende." In solchem interpretarorischen Umfeld formuliert Binion eine weitere – von ihm mit dem psychohistorischen Instrumentarium ausführlich begründete – These, die allerdings nicht neu ist: Hitlers „vorgefaßte[r] Plan hinter all seinem größenwahnsinnigen Planen" sei es gewesen – zu scheitern[472]. Im Gegensatz zur Judenpolitik gebe es in Hitlers Machtpolitik keine Entsprechungen mit der persönlichen Geschichte. Unübersehbar seien jedoch die Bezüge zu „Deutschlands früherem Griff nach der Weltmacht, der in der Katastrophe von 1918 gipfelte. Der machtpolitische Schlag, den Hitler befürwortete und auch ausführte, verhielt sich tatsächlich so zum globalen Fehlschlag der wilhelminischen Epoche, als sei er unbewußt darauf hin kalkuliert worden, *Deutschland* – wie seine Judenpolitik *ihm selbst* – den Nachvollzug eines unbewältigten Debakels zu ermöglichen."[473] Bei einem derartigen Zugang stellt sich

[470] Ebd., S. 32–37, Zit. S. 36f.
[471] Ebd., S. 57.
[472] Ebd., S. 68 und S. 71.
[473] Ebd., S. 69.

natürlich die Frage, ob das für Hitler festgehaltene Bedürfnis – Wiederholung des Weltkrieges – auch außerhalb seiner 'Psyche' vorlag. Binion schreibt dazu zweierlei. Erstens habe die „unheimliche persönliche Macht" Hitlers über die Deutschen darauf beruht, daß „er seine private traumatische Wut mit dem nationalen traumatischen Bedürfnis in Einklang brachte". Und zweitens, um das zu erreichen, bedurfte es – außer eines 'teuflischen psychologischen Genies' – dreier geschichtlicher Zufälle[474]: „Hitler wurde aus einem Präzedenzfall des traumatischen Bedürfnisses der Deutschen heraus geboren, sein Zusammenbruch fiel zeitlich mit dem Deutschlands zusammen, und sein traumatisches Vorhaben ergänzte dasjenige Deutschlands." Wäre die Konstellation anders gewesen, so hätte Hitlers 'Imperativ' des Nachvollziehens niemanden erfaßt.

Einen über Binion hinausgehenden Versuch, Hitler psychohistorisch einzuordnen, unternimmt Helm Stierlin mit dem Interpretationsmodell der „Familienperspektive", unter der er vier Themenkreise subsumiert[475]: 1. den „zwischen Eltern und Adoleszenten zum Zuge kommenden Ablösungsprozeß", 2. die „Verquickung selbstbefreiender und selbstzerstörerischer Tendenzen im kreativen Geschehen"; 3. die „Dynamik von Scham, Schuld und Loyalität in Familienbeziehungen" und 4. die „Wirkung von Gruppenphantasien und Familienmythen". Auf dieser Ausgangsposition beruht Stierlins originelle Hitler-Interpretation, die zum einen dessen Einzigartigkeit betont, während der Autor zum anderen Hitler als Glied in einer Kette begreift, als historische Figur, die „Henker und Opfer" zugleich gewesen sei[476]. Im Ergebnis tritt Hitler als Delegierter „vieler Deutscher" auf, der die Aufträge eines Kollektivs erfüllt.

Im einzelnen unterscheidet Stierlin vier Aufträge Hitlers als Delegierter der Deutschen. Von der bereits angesprochenen 'Mutter-Kind-Symbiose' ausgehend, sieht Stierlin Hitlers ersten Auftrag in dessen Mission als 'Superernährer und Stärkelieferant' des deutschen

[474] Ebd., S. 167f.
[475] H. Stierlin (II, 459), S. 13.
[476] Ebd., S. 17.

Volkes. Dabei wird ebenfalls eine 'Deutschland-Mutter-Entsprechung' vorausgesetzt. Hitler stellt nicht nur „Arbeit, Einkommen und Lebensraum, sondern auch Sinn, Ordnung, Struktur" in Aussicht. Damit habe er die „Erfüllung ebenso primitiver wie totaler Abhängigkeitsbedürfnisse" versprochen. Und Hitlers Anspruch auf Unfehlbarkeit sei hier auf die Bereitschaft der Deutschen gestoßen, ihm „blindlings zu glauben und zu gehorchen". In solcher „Bereitwilligkeit" – ungezählte Male in dem stereotypen 'Führer befiehl, wir folgen' artikuliert – habe sich ein „Mythos der Harmonie" widergespiegelt.

Hitlers zweiter Auftrag ist vor dem Hintergrund des traumatischen Erlebnisses seiner Mutter im Zusammenhang mit dem nahezu gleichzeitigen Tod ihrer ersten drei Kinder zu lesen. Dabei sei es bei Klara zu Gefühlen der Scham und der Schuld gekommen, die Hitler, um der Mutter „Selbstwert und Seelenfrieden" zu geben, abbauen mußte. In seine Rolle als Delegierter der Deutschen gewendet, stimmte er sich nun auf ein „analoges Trauma ein, das der ganzen deutschen Nation widerfahren war: die plötzliche und scheinbar unerklärliche Niederlage im Ersten Weltkrieg und mit ihr der Verlust von Deutschlands 'Kindern' – sprich seinen Provinzen und Kolonien – zu einer Zeit, als sich die Deutschen noch als Sieger und rechtmäßige Herren eroberter Landstriche, besonders im Osten, fühlten".

Im dritten Auftrag sei es um die Aufwertung des Lebens der Mutter oder deren Prestige gegangen. Auf die nationale Delegiertenrolle bezogen heiße das, daß Hitler alle „Scham und Schuld" von den Deutschen zu nehmen hatte. Dies sei ihm – indem er sich geschickt auf sein Auditorium einstellte – virtuos gelungen.

In der vierten Mission kommt der ödipale Konflikt zum Tragen, wobei Hitler als „Verbündeter und Rächer seiner Mutter" fungiert. Es geht um die Provokation und Zerstörung des Vaters, der beneidet, gefürchtet und gleichzeitig verachtet wird. Wiederum ins Nationale projiziert, findet sich eine Entsprechung in der Deutung, die viele Deutsche den Vorgängen gegen Ende des Ersten Weltkrieges gaben. Der amerikanische Präsident Woodrow Wilson ließ aus dieser Perspektive – entgegen seinen Versprechungen – „Deutschland schmachvoll sterben", der Wilson-Friede in seiner deutschen Dimension, auch darauf wurde bereits ausführlich eingegangen, blieb ja Illusion. Bei Hitler entsprach diesem Bild seine unterbewußte Sicht der Rolle von Dr. Bloch beim Tod der Mutter. Das konkrete Ergebnis war, daß Hitler sich und die Nation auf ein „kollektives Gefühl erlittenen Unrechts" einstimmte, das er in „kollektive Vergeltungswut umzuwandeln trachtete – eine Wut, die er in der Folge auf eine zugleich greifbare und wehrlose Ersatzperson, den korrupten, internationalen, parasitären, völkervergiftenden Juden verschob". In einer derartigen Mission konnte man Mythen aller Art umsetzen, aber darüber hinaus ließen sich in ihr sowohl „niederste Instinkte" als auch „edelste Gefühle" befriedigen[477].

Die Erweiterung, die Stierlin im Rahmen der psychohistorischen Hitler-Interpretation gelang, ist wohl in diesen Thesen zu erkennen, mit denen er Antworten auf die Frage zu geben versucht[478], auf welche Weise sich der „Wille Hitlers und der kollektive Wille des deutschen Volkes aneinander zu entzünden" vermocht hätten. Es ist nicht zuletzt die Untersuchung gruppendynamischer Prozesse, die ihm neue Akzentsetzungen gestattet.

Es soll nicht versucht werden, einen Kommentar zum Stellenwert der Psychohistorie in der Hitler-Forschung abzugeben. Dazu scheint der Zeitpunkt noch zu früh zu sein, sind die bislang veröffentlichten Resultate wohl auch noch nicht umfassend genug diskutiert. Auf lange Sicht dürfte die Psychohistorie als methodische Bereicherung – im Kontext interdisziplinärer Forschung – jedoch ihren Platz innerhalb der Geschichtsschreibung behaupten. Denn letzten Endes kommt es dieser doch darauf an, die psychischen Wirkungskräfte neben den sozialen u. a. zu markieren, d. h., die motivationale Basis im Rahmen der historischen Interpretation zu präzisieren.

Da historische Prozesse komplex angelegt sind, kann das Instrumentarium für ihre Analyse gar nicht vielfältig genug sein. Ausgren-

[477] Ebd., S. 154ff.
[478] Ebd., S. 48.

zungen von Fragestellungen scheinen sich schon allein deshalb zu verbieten. Es überrascht daher nicht, wenn Vertreter der strukturgeschichtlichen Betrachtungsweise ebenfalls hervorheben, daß der „Gegensatz zwischen Betonung der Persönlichkeit und Betonung der Strukturen in der Geschichte" nicht absolut sei. Beide Dimensionen hätte die Historiographie zu berücksichtigen[479]. Dabei sollen mit Strukturen, auch wenn das keineswegs alle Strukturhistoriker so sehen dürften, im Verständnis von J. Kocka „Zusammenhänge oder Vorgegebenheiten (vorgegeben dem Ereignis, der Entscheidung, der Handlung, der Person)" gemeint sein, die „'im Hinblick auf ihre Zeitlichkeit nicht in der strikten Abfolge von erfahrbaren Ereignissen aufgehen' und über den zeitlichen Erfahrungsraum mitlebender Zeitgenossen hinausweisen; die deshalb auch nicht 'erzählt' werden können, wenn konstitutiv für 'erzählen' die Einbindung in einen kategorialen Rahmen des Vorher und Nachher ist; die überindividuell sind und sich nicht auf einzelne Personen, selten auf exakt bestimmbare Gruppen reduzieren lassen; die den Ereignissen 'in anderer Weise vorausliegen als in einem chronologischen Sinne das Zuvor'; die in die Ereignisse eingehen (wenn auch nicht ganz) und deshalb auch zum Teil in Ereignissen als ihren Artikulationen faßbar sind. Personen wären als Träger von Haltungen, Motivationen, Entscheidungen und Handlungen bestimmt." Ein so definierter Strukturbegriff schließt es aus, die Struktur als Gegensatz zum Prozeß zu verstehen. Er vermag zu verdeutlichen, daß Strukturen in allen „Wirklichkeitsbereichen" existieren, und er weist darauf hin, daß nicht nur im wirtschafts- und sozialgeschichtlichen Bereich, sondern auch auf allen übrigen geschichtswissenschaftlichen Untersuchungsfeldern Forschung unter „Betonung struktureller Aspekte betrieben" werden kann[480], wenn auch, so wäre hinzuzufügen, nicht betrieben werden muß.

Kocka spielt jedenfalls nicht Strukturen gegen Personen aus, sondern entscheidet sich in der Frage des historiographischen Ansatzes für einen strukturgeschichtlichen Zugriff, da er das damit verbun-

[479] J. Kocka (II, 433), S. 153.
[480] Ebd., S. 160ff.

dene Vorgehen für erklärungseffizienter und überzeugender hält als andere Verfahren. Es wird durchaus zugestanden, daß sich nicht alle historischen Phänomene total aus den Strukturen interpretieren lassen. So könne der Historiker gezwungen sein, „vom 'Banaldämonischen' in Hitler, von seiner Unvorhersehbarkeit, eben seiner Individualität" zu reden. Doch das sei der strukturgeschichtlich nicht unter Kontrolle zu bringende Rest des Phänomens, mit dem die Deutung so wenig zu beginnen, wie sie sich auf diesen zu konzentrieren habe. Das „Abheben auf das schier Individuelle" drücke einen resignativen Akt aus, der erst erfolgen solle, wenn die streng strukturgeschichtlichen Erklärungsmöglichkeiten nicht mehr ausreichten. Ehe es jedoch dazu komme, müsse jener „Spielraum von Möglichkeiten, den die verschiedenartigen Strukturen in ihrem Zusammenspiel" gestatten könnten, so weit wie nur möglich eingeschränkt werden, indem man die zu erklärenden Ereignisse, Handlungen oder Personen „so intensiv wie möglich auf ihre strukturellen Determinanten hin" befrage. Lediglich das, was danach noch offenbleibe, solle „beschrieben, als Eigenart der jeweiligen Person oder des jeweiligen Ereignisses 'verstanden' oder in seiner Faktizität einfach festgestellt werden"[481].

Bei unvoreingenommener Sehweise scheint es absolut überflüssig zu sein, im Hinblick auf eine derartige Position in Polemisierungen zu erstarren. Man wird sehen, inwieweit es gelingt, mit diesem Zugang nicht nur partielle Bereiche oder Einzelvorgänge, sondern das Dritte Reich als solches überzeugend zu deuten, was die Person Hitler eo ipso ebenso einschließen muß wie dessen 'Programm' in seiner vielfältigen Einflußnahme auf die historische Entwicklung im Zeichen des Nationalsozialismus. Letzteres ist als Faktum eben nicht wegzudiskutieren.

Es ist ganz selbstverständlich, wenn verschiedene Historiker die unterschiedlichen Methoden im Rahmen der Hitler-Interpretation abweichend voneinander bewerten. Doch scheint davon unabhängig festzustehen, daß allein eine Interaktion aller Ansätze wirklich neue

[481] Ebd., S. 167f.

Möglichkeiten zu eröffnen vermag. Aus solcher Sicht ist etwa K. Hildebrand beizupflichten, der die sogenannten 'Hitler-Zentristen' und 'Strukturalisten' aufforderte, bereit zu sein, in Zukunft „mehr als bisher aufeinander einzugehen"[482]. Und in der Tat ist es wohl nicht im Sinn der Sache, wenn sich die Historiker weiterhin in extreme Positionen hineintheoretisieren.

Vergleichbare Überlegungen dürften den Hintergrund für die Anregung von H.-U. Wehler bilden, die Konkurrenz der unterschiedlichen methodischen Ansätze endlich auch aus der Perspektive der in ihnen – bei aller Gegensätzlichkeit – enthaltenen Kooperationsmöglichkeiten zu sehen[483].

Die Notwendigkeit, ein systematisches 'Erklärungsangebot' zu erstellen, in dem die rivalisierenden Deutungen der Totalitarismustheorie, des Hitlerismus und des Revisionismus miteinander verrechnet werden müßten, das aber selbstredend mit den „Ergebnissen der historischen Filigranarbeit kompatibel" zu sein hätte, treten inzwischen immer klarer zutage.

Mit dem Hinweis auf die Tatsache, daß die NSDAP stets gleichzeitig 'Hitler-Bewegung', das Dritte Reich der 'Staat Hitlers' und die Außenpolitik eben die 'Domäne Hitlers' gewesen sei, schlägt Wehler vor, zunächst einmal den „Aufbau des Charismas, das Hitler nicht frühzeitig umgab, sondern das er erst allmählich entwickelte und maximal optimierte, bis er als unbestrittener 'Führer' an der Spitze von Bewegung und Staat stand, historisch-systematisch zu analysieren". Ein Interpretationsmodell, das sowohl die *Entstehung* als auch die *Ausübung* der charismatischen Herrschaft Hitlers zu erklären versuche, könne für jene, die von der zentralen Rolle Hitlers ausgehen, ebenso akzeptabel sein wie für diejenigen, die der Vorstellung von einer nationalsozialistischen Polykratie das Wort reden.

Egal wie man den Vorschlag als solchen beurteilt, unbestreitbar ist jedenfalls, daß die von Wehler verlangte „Synthese anstelle der zahllosen, in ihrem Wert an sich unbestrittenen Spezialistenergebnisse"

[482] K. Hildebrand (I, 290), S. 145.
[483] H.-U. Wehler (II, 174), S. 50.

längst überfällig ist. Dabei enthält der Hinweis auf die Dringlichkeit einer Synthese der methodischen Ansätze gleichzeitig eine ebenso treffende wie kritische Aussage über den Zustand der Hitler-Forschung.

SCHLUSSBEMERKUNGEN

An Hitler – Symbolfigur des Nationalsozialismus, aber keineswegs nur das – sind im Verlaufe von über sechzig Jahren wohl alle vorstellbaren Fragen gerichtet worden. In ungezählten wissenschaftlichen Untersuchungen finden sich Interpretationen, mit denen man versucht, das 'Phänomen Hitler' auf den Begriff zu bringen. Dennoch gelang es der Forschung noch nicht, dieses Ziel wirklich zu erreichen.

Festzustellen ist außerdem, daß das einzige, was in der Hitler-Forschung von keiner Seite bestritten wird, die Tatsache ist, daß keines ihrer Themen unumstritten ist. Unter derartigen Voraussetzungen ist kaum daran zu denken, daß es in absehbarer Zeit zu der verschiedentlich angemahnten, dringend notwendigen Synthese der Einzelforschungen kommen wird. Die historische Ortsbestimmung der nationalsozialistischen Zeit bleibt – unbeschadet der vor und nach 1945 geleisteten Vorarbeiten – vorerst ein Desiderat der Forschung.

Um die Voraussetzungen für eine Änderung dieser Situation zu schaffen, wäre es zunächst erforderlich, allgemein akzeptable Kategorien für die Deutung der Epoche abzuklären. Vor allem hätte man darauf zu verzichten, unter 'Faschismus' oder 'Totalitarismus', unter 'politischer Geschichte' oder 'Strukturgeschichte' trennende Kampfbegriffe zu verstehen. Vielmehr sollte das Perspektivenangebot genutzt werden, das in diesen Termini letztendlich doch enthalten ist. Zu erreichen wäre eine den Methodenpluralismus der Forschung nutzende integrale Darstellung der Hitlerschen Herrschaft. Statt dessen sind die Fronten – dies ist durchaus ein adäquater Begriff, um die Forschungslage zu veranschaulichen – erstarrt. In den Lagern der sich gegenüberstehenden Historiker gibt es keine konkreten Anzeichen dafür, daß es zu einer Bewegung – weg von der Konfrontation, hin zur Kooperation – kommen könnte.

Doch abgesehen von dem grundsätzlichen Desiderat der Hitler-

Interpretation, d. h. der Gesamtschau des nationalsozialistischen Systems, sind verschiedene Forschungslücken zu verzeichnen, die zwar nicht nur vom fehlenden Konsens unter den Historikern, aber auch in Abhängigkeit von diesem zu sehen sind.

Das trifft zu für den Problemkreis Animalisierung des Lebens als Folge der Rassenideologie des Regimes – vor allem im Kriege. Angesprochen ist damit das Problem der Euthanasie, die Bedeutung von Elitenbildern, die stark biologisch geprägt waren, die Funktion der – in einer sehr weiten, nicht allein materiellen Dimension verstandenen – Vernichtungspolitik und die Neuordnungsvorstellungen im Destruktionssystem Nationalsozialismus.

Offene Fragen gibt es darüber hinaus – unbeschadet der sehr klaren Stellungnahmen in dieser Angelegenheit – bei der Beurteilung des dogmatischen Charakters, der den politischen und militärischen Aktionen und Planungen Hitlers zugesprochen bzw. bestritten wird. Tatsächlich scheint der Einfluß der internationalen Mächtekonstellation und der sich ändernden Handlungsbedingungen auf die Verwirklichung nationalsozialistischer Politik in Einzelfällen noch präziser bestimmbar zu sein. Und nach wie vor zielt die Frage nach den politischen Alternativen anderer Herrschaftsträger im System auf ein zentrales Problem der Hitler-Interpretation. Dabei interessieren in erster Linie gar nicht die Konzeptionen, deren Existenz ist unbestritten, sondern die Möglichkeiten, dieselben in der praktizierten Politik auch gegen den Willen Hitlers zu realisieren. Künftige Arbeiten werden sicherlich intensiver als bisher geschehen – wobei es auch hier Ausnahmen gibt – den kulturellen, wirtschaftlichen, sozialen und innenpolitischen Bereich ganz allgemein als Gesamtkomplex im Vergleich mit außenpolitischen Fragestellungen untersuchen müssen.

Um Mißverständnissen im Rahmen dieser Beurteilung der Forschungslage vorzubeugen, seien zwei Feststellungen gemacht: Erstens, es ist nicht davon auszugehen, daß Untersuchungen, die sich den angesprochenen Desideraten in der Einzelforschung widmen, absolut neue Ergebnisse erbringen oder zu völlig neuen Fragen führen werden. Denkbar ist jedoch, daß sie bislang vorliegende Resultate nuancieren, was gerade für die noch zu erarbeitende Gesamtschau des Hitlerschen Regimes von Bedeutung sein könnte. Zweitens, wenn an dieser Stelle immer wieder sehr nachdrücklich die Offenheit der fachwissenschaftlichen Diskussion betont wurde, dann nicht zuletzt deshalb, weil ein Forschungsbericht verpflichtet, der Vielfalt der Meinungen in ihrer Widersprüchlichkeit – und dieser Zustand ist für die Hitler-Interpretation geradezu charakteristisch – Ausdruck zu geben. Das sollte, soweit dies möglich ist, unabhängig von persönlichen Präferenzen geschehen. Man mag hingegen manche Debatte, die in diesem Forschungsbericht als offen eingestuft worden ist, aus persönlicher Sicht für abgeschlossen halten. Es wollte also weder gesagt noch angedeutet werden, daß sich bestimmte Positionen nicht als gesichert und überzeugend vertreten, andere als ungesichert und nicht überzeugend ablehnen lassen. Subjektiv gesehen geschieht sowohl das eine als auch das andere in aller Regel mit guten Argumenten, wird jedoch als wissenschaftliche Entscheidung im Rahmen der Hitler-Interpretation selten widerspruchslos hingenommen.

Zu erinnern ist schließlich noch an die Bezüge der deutschen politischen Kultur in der Gegenwart zum Nationalsozialismus. Dabei ist freilich nicht an jene Art von Vergangenheitsbewältigung gedacht, die mit aberwitzigen, Hitler verharmlosenden Behauptungen argumentiert[1]. Solche Bestrebungen unterstreichen nur erneut die Notwendigkeit, zu einer überzeugenden integralen Darstellung der nationalsozialistischen Epoche zu kommen.

Worum es vielmehr in diesem Kontext geht, das sind die gesamtgesellschaftlichen Signale, die Hinweise und die Lernmöglichkeiten im Rahmen der Hitler-Interpretationen, wie sie z. B. Kogon[2] oder Greiffenhagen[3] aufzeigten. Auch um Vorbeugung geht es, um die

[1] Hans-Dietrich Sander, Vom kommenden Ende der Vergangenheitsbewältigung, in: Criticón 67, September/Oktober 1981, S. 240f.

[2] Eugen Kogon, Was geht uns das Jahr 1933 und seine Vorgeschichte an? – Reflexionen über den Aufstieg des Nationalsozialismus in Deutschland und die Aufarbeitung dieses Vorgangs, in: 1933 (II, 76), S. 187–200.

[3] Martin Greiffenhagen, Traditionsbestände des Nationalsozialismus in der deutschen politischen Kultur der Gegenwart, in: 1933 (II, 76), S. 201–216.

„Gewinnung von Kriterien für die Beurteilung von Gegenwart und Zukunft". Denn die nationalsozialistische Zeit, die für das Gros der deutschen Bevölkerung mit wachsendem zeitlichen Abstand zur Normalgeschichte wird, bleibt in mancherlei Hinsicht – nicht nur unter dem Gesichtspunkt des 'Totalitarismus' und dem der 'Verführbarkeit' – stets aktuell[4]. Es sei z. B. an die den sogenannten revisionistischen Ansatz prägende Frage nach den strukturellen Ursachen Hitlers erinnert. Oder mit den Worten von D. Schoenbaum[5]: „Wenn wir die Geschichte der deutschen Gesellschaft zwischen 1918 und 1939 neu betrachten, so gibt sie uns Grund zu dem Verdacht, daß in jeder sich industrialisierenden Gesellschaft ein Drittes Reich stecken kann." Es scheint jedenfalls Gründe zuhauf zu geben, die Geschichte nicht ganz zu vergessen. Und da außerdem das politische Verhalten der Deutschen vor und nach 1933 häufig in einen direkten Bezug zu politischen Gegenwartsproblemen gestellt wird, was mitunter in sehr anfechtbarer Weise geschieht[6], ist selbst aus solcher – nicht streng wissenschaftlicher – Sicht festzuhalten, daß wir, was eingangs aus rein historiographischer Perspektive gesagt worden ist, 'mit Hitler noch lange nicht fertig sind'.

[4] So Manfred Hättich, Zwölf Jahre als Exempel. Das Aktuelle an der Geschichte des Nationalsozialismus, in: SZ Nr. 65, 19./20. 3. 1983. Diese Aktualität des 'Phänomens Hitler' beweist sich u. a. auch in der Tatsache, daß – nicht nur im Jahr der 50. Wiederkehr seines Machtantritts – Hitler und dem Nationalsozialismus in Magazinen, Tages- und Wochenzeitungen über die Jahre hinweg immer wieder Beiträge gewidmet wurden und gewiß auch in Zukunft gewidmet werden. Nicht zuletzt deshalb schien es angemessen zu sein, diesen Sektor der gegenwärtigen Hitler-Interpretation in diesem Forschungsbericht verhältnismäßig häufig zu Wort kommen zu lassen, denn in der Presse manifestiert sich – breitenwirksam reflektiert – das anhaltende Interesse an Hitler am unmittelbarsten.

[5] Zit. Schoenbaum (II, 80), S. 26.

[6] Vgl. dazu den satirischen Artikel von Ossip K. Flechtheim, Warum ich Führer werden mußte. Die fiktive Erscheinung des Adolf Hitler – fünfzig Jahre nach der Machtergreifung, in: Die Zeit, Nr. 5, 28. 1. 1983, S. 54; oder Günter Grass, Vom Recht auf Widerstand, in: Die Zeit, Nr. 6, 4. 2. 1983, S. 39.

ANHANG: BIBLIOGRAPHISCHE HILFSMITTEL AUSWAHLLITERATUR UND PROBLEMSTELLUNGEN

1. Literatur- und Forschungsberichte (vgl. Vw. 12)

Das anhaltende Interesse an Hitler findet nicht zuletzt in den zahlreichen Literatur- und Forschungsberichten seinen Ausdruck, die sich direkt oder indirekt mit seiner Interpretation befassen. Für die vorliegende Untersuchung stellten sie hilfreiche Vorarbeiten dar. Dies gilt – abgesehen von den an anderer Stelle bereits zitierten Titeln – für alle nachfolgenden Beiträge. Dabei wird bewußt darauf verzichtet, qualifizierende Kommentare vorzunehmen, denn es versteht sich von selbst, daß als Folge des wachsenden zeitlichen Abstandes und der immer intensiveren Durchdringung des Themas auch die Berichte über den Forschungsstand – in aller Regel – differenzierter, aussagestärker und zwangsläufig anspruchsvoller wurden.

Vgl. in diesem Sinne – als Querschnitt hinsichtlich der chronologischen Entwicklung und als Hinweis auf die quantitative Dimension – die folgenden Arbeiten.

Altermatt, Urs, und Hans Utz, Hitler-Bild und Personalisierungs-Problem. Vergleichende Analyse von Schulgeschichtsbüchern der Schweiz, in: ZG 4 (1976/77), S. 25–38. – Aretin, Karl Otmar, Frhr. v., Die deutschen Generale und Hitlers Kriegspolitik, in: PolStd 10 (1959), S. 569–583. – Ders., Das Dritte Reich in angelsächsischer Sicht. Zu den Büchern von W. L. Shirer und A. J. P. Taylor, in: Merkur 16 (1962), S. 770–781. – Besson, Waldemar, Neuere Literatur zur Geschichte des Nationalsozialismus, in: VfZG 9 (1961), S. 314–330. – Bodensieck, Heinrich, Nationalsozialismus in revisionistischer Sicht, in: AuZ B 13/61, 29. 3. 1961, S. 175–180. – Boeninger, Hildegard, Hitler and the German Generals 1934–1938, in: JCEA 14 (1954/55), S. 19–37. – Boesch, Joseph, Neuere Literatur zur Geschichte des Nationalsozialismus, in: SchwZG 5 (1955), S. 206–214. – Borries, Achim v., William L. Shirer und seine Kritiker, in: BdiP 7 (1962), S. 769–779. – Bracher, Karl Dietrich, Das 'Phänomen' Adolf Hitler, in: PL 1 (1952), S. 207–212. – Braubach, Max, Memoiren zur neuesten Geschichte, in: HJB 70 (1951), S. 388–401. – Ders., Forschungen und Darstellungen zur neuesten Geschichte, in: HJB 72 (1953), S. 614–632. – Ders., Beiträge zur Zeitgeschichte, in: HJB 73 (1954), S. 152–183. – Ders., Neue Veröffentlichungen zur Zeitgeschichte, in: HJB 75 (1956), S. 221–261. – Ders., Zeitgeschichte [Besprechung von Büchern, die seit 1954 erschienen sind], in: HJB 76 (1957), S. 192–274; 77 (1958), S. 522–575; 79 (1960), S. 233–312; und 85 (1965), S. 119–157. – Ders., Vom Ersten bis zum Ende des Zweiten Weltkrieges: Bericht über Veröffentlichungen der Jahre 1971–1974, in: HJB 94 (1974), S. 247–332. – Buchheim, Hans, Zur Geschichte des 'Dritten Reiches' II: Führer und Organisationen, in: NPL 2 (1957), Sp. 181–198. – Carsten, Francis L., The German Generals and Hitler, in: HTo 8 (1958), S. 556–564. – Conway, John S., 'Machtergreifung' or 'Due Process of History': the Historiography of Hitler's Rise to Power, in: HJ 7 (1965), S. 399–413. – Döring, Herbert, Deutsche Professoren zwischen Kaiserreich und Drittem Reich, in: NPL 19 (1974), S. 340–352. – Dorpalen, Andreas, Hitler – Twelve Years After, in: RP 19 (1957), S. 486–506. – Dülffer, Jost, Politik zum Kriege: Das Deutsche Reich und die Mächte auf dem Weg in den Zweiten Weltkrieg, in: NPL 26 (1981), S. 42–58. – Engel, Josef, Zeitgeschichte – Faschismus, in: GWU 20 (1969), S. 239–252. – Epstein, Klaus, Der Nationalsozialismus in amerikanischer und englischer Sicht, in: AuZ B 5/63, 30. 1. 1963, S. 32–40. – Erdmann, Karl Dietrich, Zeitgeschichte: Außenpolitik, in: GWU 5 (1954), S. 373–383. – Förster, Gerhard, Bruno Löwel und Wolfgang Schumann, Forschungen zur deutschen Geschichte 1933–1945, in: ZfG 18 (1970), Sonderband, S. 552–589. – Funke, Manfred, Führer-Prinzip und Kompetenz-Anarchie im nationalsozialistischen Herrschaftssystem, in: NPL 20 (1975), S. 60–67. – Gablentz, Otto Heinrich v. d., Zur Geschichte des Nationalsozialismus. Über einige von vielen Büchern – und das eine, das fehlt, in: Merkur 7 (1953), S. 873–886. – Geyer, Michael, Die Wehrmacht der Deutschen Republik ist die Reichswehr. Bemerkungen zur neueren Literatur, in: MGM 14 (1973), S. 152–199. – Ders., Die Geschichte des deutschen Militärs von 1860 bis 1945. Ein Bericht über die Forschungslage (1945–1975), in: Die moderne deutsche Geschichte in der internationalen Forschung 1945–1975, hrsg. von Hans-Ulrich Wehler. Göttingen 1978, S. 256–286. – Gillingham, John, Die Rolle der Privatwirtschaft im Dritten Reich, in: ZG 2 (1974/75), S. 20–27. – Grimm, Gerhard, Führung, Struktur und Außenpolitik des 'Dritten Reiches'. Ein Literaturbericht, in: PolStd 22 (1971), S. 423–434. – Haferkorn, Katja, Die bürgerliche westdeutsche Historiographie über das Ende der Weimarer Republik, in: ZfG 18 (1970), S. 1003–1022. – Hartmann, Wolf-Rüdiger, Adolf Hitler: Möglichkeiten seiner Deutung, in: AfS 15 (1975), S. 521–535, und ebd.,

16 (1976), S. 586–602. – Herbst, Ludolf, Die Krise des nationalsozialistischen Regimes am Vorabend des Zweiten Weltkrieges und die forcierte Aufrüstung. Eine Kritik, in: VfZG 26 (1978), S. 347–392. – Herzfeld, Hans, Germany: After the Catastrophe, in: JCH 2 (1967), No. 1, S. 79–91. – Hildebrand, Klaus, Hitlers 'Mein Kampf': Propaganda oder Programm? Zur Frühgeschichte der nationalsozialistischen Bewegung, in: NPL 14 (1969), S. 72–82. – Ders., Zwischen Mythos und Moderne: Hitler in seiner Zeit, in: HPB 22 (1974), S. 33–37. – Ders., Geschichte oder 'Gesellschaftsgeschichte'? Die Notwendigkeit einer politischen Geschichtsschreibung von den internationalen Beziehungen, in: HZ 223 (1976), S. 328–357. – Ders., Hitler. Rassen- contra Weltpolitik. Ergebnisse und Desiderate der Forschung, in: MGM 19 (1976), S. 207–224. – Ders., Die Geschichte der deutschen Außenpolitik (1933–1945) im Urteil der neueren Forschung: Ergebnisse, Kontroversen, Perspektiven, in: ders., Deutsche Außenpolitik 1933–1945. Kalkül oder Dogma? 4. erg. Aufl. Stuttgart, Köln, Berlin, Mainz 1980, S. 183–206. – Hillgruber, Andreas, Literaturbericht, Innen- und Außenpolitik Deutschlands 1933–1945, in: GWU 25 (1974), S. 239–256; 26 (1975), S. 578–594; 27 (1976), S. 509–520; 29 (1978), S. 197–212; 30 (1979), S. 187–200; 31 (1980), S. 254–270 und S. 772–784; 33 (1982), S. 320–332; und 34 (1983), S. 66–78. – Ders., Zur Entstehung des Zweiten Weltkrieges. Forschungsstand und Literatur. Mit einer Chronik der Ereignisse September–Dezember 1939. Düsseldorf 1980. – Ders., Endlich genug über Nationalsozialismus und Zweiten Weltkrieg? Forschungsstand und Literatur. Düsseldorf 1982. – Horn, Wolfgang, Hitler und die NSDAP. Neuere Untersuchungen zur Geschichte des Nationalsozialismus, in: NPL 13 (1968), S. 466–484. – Ders., Zur Geschichte und Struktur des Nationalsozialismus und der NSDAP, in: NPL 18 (1973), S. 194–209. – Hubatsch, Walther, Deutsche Memoiren 1945–1953. Eine kritische Übersicht. Laupheim 1953. – Karl, Heinz, und Wolfgang Ruge, Forschungen zur Geschichte der Weimarer Republik, in: ZfG 18 (1970), Sonderband, S. 515–551. – Kollmann, Eric C., Reinterpreting Modern German History: The Weimar Republic, in: JCEA 21 (1961/62), S. 434–451. – Kuhn, Axel, Herrschaftsstruktur und Ideologie des Nationalsozialismus, in: NPL 16 (1971), S. 395–406. – Kühnl, Reinhard, Der deutsche Faschismus. Nationalsozialismus und 'Drittes Reich' in Einzeluntersuchungen und Gesamtdarstellungen, in: NPL 15 (1970), S. 13–43. – Leuschner, Joachim, Der Nationalsozialismus, Hitler und das 'Dritte Reich'. Forschungen und Darstellungen aus den sechziger Jahren, in: NPL 11 (1966), S. 241–258. – Leuschner, Joachim, Der Nationalsozialismus. I (Biographien und Dokumente), in:

NPL 6 (1961), Sp. 849–870; und ebd., Sp. 945–974: Erwin Viefhaus, Der Nationalsozialismus. II (Quellen und Darstellungen). – Link, Werner, Das nationalsozialistische Deutschland und die USA 1933–1941, in: NPL 18 (1973), S. 225–233. – Maier, Charles S., Some Recent Studies of Fascism, in: JMH 48 (1976), S. 506–521. – Matthias, Erich, Zur Geschichte der Weimarer Republik: ein Literaturbericht, in: NG 7 (1956), S. 312–320. – Michaelis, Meir, World Power Status or World Dominion? A Survey of Literature on Hitler's Plan of World Dominion (1937–1970), in: HJ 15 (1972), S. 331–360. – Michalka, Wolfgang, Geplante Utopie: Zur Ideolodie des Nationalsozialismus, in: NPL 18 (1973), S. 210–224. – Ders., Hitler im Spiegel der Psycho-History. Zu neueren interdisziplinären Deutungsversuchen der Hitler-Forschung, in: Francia 8 (1980), S. 595–611. – Mommsen, Hans, Betrachtungen zur Entwicklung der neuzeitlichen Historiographie in der Bundesrepublik, in: Probleme der Geschichtswissenschaft, hrsg. von Géza Alföldi, Ferdinand Seibt und Albrecht Timm. Düsseldorf 1973, S. 124–155. – Müller-Plantenberg, Urs, Neuere Literatur über den Faschismus, in: ARG 6 (1964), S. 144–155. – Multhoff, Robert, Das Bild der deutschen Geschichte im Spiegel amerikanischer Geschichtslehrbücher, in: AuZ B 48/58, 3. 12. 1958, S. 641–655, zur nationalsozialistischen Zeit nur S. 653 ff. – Murase, Okio, Nationalsozialismusforschung in Japan seit 1945, in: Deutschland in der Weltpolitik des 19. und 20. Jahrhunderts. Fritz Fischer zum 65. Geburtstag, hrsg. von Imanuel Geiss und Bernd Jürgen Wendt. Düsseldorf 1973, S. 529–543. – Muth, Heinrich, Zeitgeschichte. Die innere Entwicklung der Weimarer Republik, in: GWU 7 (1956), S. 592–597. – Ders., Zeitgeschichte. Innenpolitik 1918–1933, in: GWU 11 (1960), S. 498–511; 13 (1962), S. 311–328; 16 (1965), S. 582–596 und S. 640–650; 22 (1971), S. 562–576 und S. 623–640. – Ders., Zeitgeschichte. Innenpolitik 1933–1945, in: GWU 19 (1968), S. 125–136. – Perz, Bertrand, und Hans Safrian, Wege und Irrwege der Faschismusforschung, in: ZG 7 (1979/80), S. 437–459. – Petzina, Dietmar, Hitler und die deutsche Industrie. Ein kommentierter Literatur- und Forschungsbericht, in: GWU 17 (1966), S. 482–491. – Rauch, Georg v., Der deutsch-sowjetische Nichtangriffspakt vom August 1939 und die sowjetische Geschichtsforschung, in: GWU 17 (1966), S. 472–482. – Ruge, Wolfgang, Zur bürgerlichen Geschichtsschreibung der BRD über die Weimarer Republik, in: ZfG 22 (1974), S. 677–700. – Schieder, Theodor, Zum Problem der historischen Wurzeln des Nationalsozialismus, in: AuZ B 5/63, 30. 1. 1963, S. 19–27. – Stenzl, Otto, Das Dritte Reich. Ein Literaturbericht, in: PolM 7 (1962), H. 71, S. 79–90. – Trevor-Roper, Hugh Redwald, The Germans Reappraise the War, in: FA 31 (1953), S. 225–237. –

Vogelsang, Thilo, Zur Geschichte der Weimarer Republik, in: NPL 3 (1958), Sp. 421–430. – Ders., Deutschlands Außenpolitik 1919–1939. Ein Bericht über die Literatur seit 1945, in: SchwZG 10 (1960), S. 557–565. – Ders., Neuere Literatur zur Geschichte der Weimarer Republik, in: VfZG 9 (1961), S. 211–224. – Ders., Reichswehr und Hitler, in: ÖGL 5 (1961), S. 339–353. – Wehler, Hans-Ulrich, Kritik und kritische Antikritik, in: HZ 225 (1977), S. 347–384. – Ders., Geschichtswissenschaft heute, in: Stichworte zur 'Geistigen Situation der Zeit'. Bd. 2: Politik und Kultur, hrsg. von Jürgen Habermas. Frankfurt a. M. 1979, S. 709–753 (als erweiterter Beitrag veröffentlicht unter dem Titel 'Zur Lage der Geschichtswissenschaft in der Bundesrepublik 1949–1979', in: Ders., Historische Sozialwissenschaft und Geschichtsschreibung. Studien zu Aufgaben und Traditionen deutscher Geschichtswissenschaft. Göttingen 1980), S. 13–41 und S. 299–317 (Anm.). – Whiteside, Andrew G., The Nature and Origins of National Socialism, in: JCEA 17 (1957/58), S. 48–73.

2. *Bibliographien (vgl. Vw. 16)*

Im Verständnis einer sehr begrenzten Auswahl ist in erster Linie hinzuweisen auf:

The Nazi Era 1919–1945. A Select Bibliography of Published Works from the Early Routs to 1980. Compiled by Helen Kehr and Janet Langmaid. London 1982. – Rasmussen Phillips, Leona, Adolf Hilter and the Third Reich: An Annotated Bibliography. New York 1977. – Stachura, Peter D., The Weimar Era and Hitler 1918–1933. A Critical Bibliography. Oxford 1977.

Darüber hinaus sind als allgemeinere Bibliographien u. a. anzumerken:

Bayliss, Gwyn M., Bibliographic Guide to the Two World Wars. An Annotated Survey of English-Language Reference Materials. London, New York 1977. – Baynes, Norman H., A Short List of Books on National Socialism. London 1943. – Berthold, Werner, Exil-Literatur 1933–1945. Eine Aufstellung aus dem Bestand der Deutschen Bibliothek Frankfurt am Main. Frankfurt a. M. ³1967. – Bibliographie der deutschen Bibliographien, bearb. von der Deutschen Bücherei. Leipzig 1966 ff. – Bibliographie zur Politik in Theorie und Praxis, hrsg. von Karl Dietrich Bracher, Hans-Adolf Jacobsen und Albrecht Tyrell. Zusammengest. von Manfred Funke, Hans-Helmuth Knütter, Reinhard Meyers, Wolfgang Pfeiler, Albrecht Tyrell, unter Mitarb.

von Ralph Buchert und Gösta Thiemer. Bearb. von Albrecht Tyrell. Vollst. Neubearb. Königstein/Ts., Düsseldorf 1982. – Bibliographie zur Zeitgeschichte, Beilage der Vierteljahrshefte für Zeitgeschichte. Zus.-gest. von Thilo Vogelsang. Stuttgart 1953 ff. – Bibliographie zur Zeitgeschichte 1953–1980. Kumulation der Zeitschrift (VfZG) Jg. 1–28. Hrsg. Institut für Zeitgeschichte. Zus.-gest. von Thilo Vogelsang und Hellmuth Auerbach unter Mitarb. von Ursula van Laak. München, New York, London, Paris 1982/83 (Bd. 1: Allgemeines und Bibliographie, Biographien; Bd. 2: Geschichte des 20. Jahrhunderts bis 1945; Bd. 3: Geschichte nach 1945; und Bd. 4: Gesamtregister der Autoren und Sachtitel). – Bibliographie zur Zeitgeschichte und zum Zweiten Weltkrieg für die Jahre 1945–50. Im Auftrag des Instituts für Zeitgeschichte zus.-gest. von Franz Herre und Hellmuth Auerbach. München 1955. – Historiographie der Deutschen Demokratischen Republik über den deutschen antifaschistischen Widerstandskampf in den Jahren 1933 bis 1945 (Überblick über Veröffentlichungen aus den Jahren 1960 bis 1965), zusammengestellt, komm. und bearb. von Karl-Heinz Biernat [u. a.]. Berlin (Ost) 1965. – Bloomberg, Marty, and Hans H. Weber, World War II and Its Origins: A Select Annotated Bibliography of Books in English. Littleton 1975. – Büchel, Regine, Der Deutsche Widerstand im Spiegel von Fachliteratur und Publizistik seit 1945. München 1975. – Carroll, E. Malcolm, Recent German publications and German foreign policy, 1933–1945, in: APSR 46 (1952), S. 525–541. – Dahlmann-Waitz, Quellenkunde der deutschen Geschichte. Bibliographie der Quellen und der Literatur zur deutschen Geschichte, hrsg. im Max-Planck-Institut für Geschichte von Hermann Heimpel und Herbert Geuß. Stuttgart [10]1965 ff. (hier 3. Lieferung 1966). – Deutschland im zweiten Weltkrieg. Bibliographie der geschichtswissenschaftlichen Literatur der DDR. Zusammengestellt von Margarete Piesche (= Bulletin des Arbeitskreises 'Zweiter Weltkrieg', Nr. 1–4, 1982; diese 2297 bis zum Jahr 1982 in der DDR erschienene Titel erfassende Bibliographie ist für die Hitlerforschung im allgemeinen – Kriegsziele, Wirtschaft, Innen-, Außen- und Besatzungspolitik – sowie für den antifaschistischen Widerstand im besonderen, s. Anh. 7, bemerkenswert). – Diehn, Otto, Bibliographie zur Geschichte des Kirchenkampfes 1933–1945. Göttingen 1958. – Goguel, Rudi, Antifaschistischer Widerstand und Klassenkampf. Die faschistische Diktatur 1933 bis 1945 und ihre Gegner. Bibliographie deutschsprachiger Literatur aus den Jahren 1945 bis 1973. Berlin (Ost) 1976. – Hersch, Gisela (Ed.), A Bibliography of German Studies 1945–1971. Bloomington, London 1972, speziell für deutsche Besatzungspolitik. – Hochmuth, Ursel, Faschismus und Widerstand 1933 bis 1945. Ein Verzeichnis deutschsprachiger Literatur. Frankfurt a. M. 1973. – Hüttenberger, Peter, Bibliographie zum Nationalsozialismus. Göttingen 1980. – Jahresbibliographie Bibliothek für Zeitgeschichte. Weltkriegsbücherei Stuttgart. Neue Folge der 'Bücherschau der Weltkriegsbücherei'. Frankfurt a. M. 1930 ff. (seit 1974 München). – Lohse, Helmut, und Horst Halfmann, Die Sammlung der Exil-Literatur 1933–1945 der Deutschen Bücherei. Ein Beitrag aus Anlaß des 40. Jahrestages der faschistischen Bücherverbrennung am 10. 5. 1933. Leipzig 1973. – Deutsche Nationalbibliographie. Ergänzung I: Verzeichnis der Schriften, die 1933–1945 nicht angezeigt werden durften. Bearb. und hrsg. von der Deutschen Bücherei in Leipzig 1949 (Reprint 1980). – Persecution and Resistance under the Nazis. 2 Tle. Ed. by Ilse Wolff. London 1978. – Resistance in Germany 1933–1945. A Bibliography. Compiled by Richard Monning. Bonn 1964. – Robinson, Jacob, and Philip Friedman, Guide to Jewish History under Nazi Impact. With a Foreword by Benzion Dinur and Salo W. Baron. Jerusalem, New York 1960. – Zeitgeschichte. Ein Bücherverzeichnis zur politischen Geschichte von 1917 bis zur Gegenwart. Zusammengestellt und bearb. von Rudolf Schwier. Düsseldorf 1965. – Sternfeld, Wilhelm, und Eva Tiedemann, Deutsche Exil-Literatur 1933–1945. Eine Bio-Bibliographie. Mit einem Vorw. von Hanns W. Eppelsheimer. 2., verb. und stark erw. Aufl. Heidelberg, Darmstadt 1970. – Volkmann, Hans-Erich, Wirtschaft im Dritten Reich. Bd. 1: 1933–1939. Eine Bibliographie. München 1980. – Ders., Wirtschaft im Dritten Reich. Bd. 2: 1939–1945. Eine Bibliographie. Koblenz 1984. – Wiegel, Karl, Bibliographie zum Thema 'Reichstagsbrand, Reichstagsbrandprozeß'. Leipzig 1967. – The Wiener Library: Catalogue series – No. 2: From Weimar to Hitler-Germany, 1918–1933. 2nd rev. and enl. ed. London 1964; No. 4: After Hitler-Germany, 1945–1963. London 1963; No. 5: Prejudice-Racist, religious, nationalist. London 1971; und No. 7: Persecution and resistance under the Nazis. Part I and II. London 1978. – Ziegler, Janet, Bibliographies sur la seconde guerre mondiale, in: RHDGM 21 (1971), No. 81, S. 95–104.

3. *'Hitler-Putsch' 1923 (vgl. I, 49)*

Abgesehen von einigen zeitgenössischen Arbeiten werden im folgenden ausgewählte Untersuchungen und Dokumentationen vorgestellt, die als zentral angesehen werden, weil sich in ihnen Problemstellung und Forschungsstand in repräsentativer Weise manifestieren.

a) Zeitgenössische Stimmen:

Altmaier, Jakob, Zeigner und Hitler, in: WB 20 (1924), 1. Bd., S. 463–467. – France, Anatole, Kahr – Hitler – Ludendorff, in: WB 20 (1924), 1. Bd., S. 432ff. (eine satirische Persiflage). – Hoegner, Wilhelm, Hitler und Kahr. Die bayerischen Napoleongrößen von 1923. Ein im Untersuchungsausschuß des Bayerischen Landtags aufgedeckter Justizskandal. 2 Teile. München 1928. – Lania, Leo, Hitler-Prozeß, in: WB 20 (1924), 1. Bd., S. 298–301 (dort insbes. zu den Bemühungen des Gerichts, die ganze Angelegenheit zu verharmlosen). – Morus (d. i. Richard Lewinsohn), Peitsche und Zucker, in: WB 19 (1923), 2. Bd., S. 485–488 (insbes. S. 485f., zur Frage: 'Wer bezahlt den Putsch?').

b) Untersuchungen und Dokumentationen:

Bennecke, Heinrich, Die Bedeutung des Hitlerputsches für Hitler, in: PolStd 13 (1962), S. 685–692. – Bonnin, Georges, Le Putsch de Hitler à Munich en 1923. Les Sables-d'Olonne 1966 (eine fundierte Arbeit). – Deuerlein, Ernst, Der Freistaat Bayern zwischen Räteherrschaft und Hitler-Putsch, in: AuZ B 44/64, 28. 10. 1964, S. 3–24. – Ders. (Hrsg.), Der Hitler-Putsch: Bayerische Dokumente zum 8./9. November 1923. Stuttgart 1962 (ein für diesen Problemkreis zentrales Standardwerk, das allerdings beim Leser Einzelkenntnisse voraussetzt). – Ders. (Hrsg.), Der Aufstieg der NSDAP in Augenzeugenberichten. München 1974 (zahlreiche Dokumente zum 'Putsch', S. 184–228). – Favez, Jean-Claude, Hitler et la Reichswehr en 1923, in: RHMC 17 (1970), S. 22–49 (eine Spezialuntersuchung über die Bedeutung des Hitler-Putsches im Rahmen der Militärpolitik). – Gordon jr., Harold J., Hitlerputsch 1923. Machtkampf in Bayern 1923–1924. München ²1978 (die wohl detaillierteste Analyse des Putsches, wobei jedoch einige Thesen des Autors umstritten sind, z. B. jene, daß Hitler Kahr zum Mitmachen gezwungen habe; auch überzeugen die Belege für die Annahme nicht, daß die 'Linken' für das Zusammenspiel der 'rechten' Eliten verantwortlich gewesen seien). – Hallgarten, George W. F., Stinnes, Seeckt und Hitler. Material zur Geschichte von Ruhrkampf und Hitlerputsch, in: Geist und Tat 9 (1954), S. 259–304 (thematisch-inhaltlich übergreifender Beitrag). – Hartmann, Peter Claus, Der Hitlerputsch (1923) im Urteil der französischen Gesandtschafts- und Botschaftsberichte, in: Francia 5 (1977), S. 453–472. – Der Hitler-Prozeß vor dem Volksgericht in München. Glashütten/Ts. 1973 (Nachdruck des Prozeßberichtes, der – als Teilquelle – erstmals 1924 bei Knorr & Hirth in München erschien: Der Hitler-Prozeß vor dem Volksgericht in München. 1. und 2. Teil. 1. Die Anklage. – Die Vernehmung des Angeklagten. – Die Beweisaufnahme. 2. Die Ausführungen der Staatsanwälte und der Verteidiger. – Das Schlußwort des Angeklagten. – Das Urteil). – Hitler-Putsch im Spiegel der Presse. Berichte bayerischer, norddeutscher und ausländischer Zeitungen über die Vorgänge im November 1923 in Originalreproduktionen, hrsg. von Hellmut Schöner. München 1974 (dabei ist natürlich zu berücksichtigen, daß diese Berichte lediglich die subjektive Sicht des Journalisten wiedergeben, die nicht unbedingt mit den tatsächlichen Verhältnissen übereinstimmen muß, die aber im Hinblick auf die Ausformung der öffentlichen Meinung über die Vorgänge in München und deren Hintergrund bedeutsam werden konnte). – Hofmann, Hanns Hubert, Der Hitlerputsch. Krisenjahre deutscher Geschichte 1920–1924. München 1961 (mit gewissen Ungenauigkeiten behaftet). – Steger, Bernd, Der Hitlerprozeß und Bayerns Verhältnis zum Reich 1923/24, in: VfZG 25 (1977), S. 441–466. – Thoß, Bruno, Der Ludendorff-Kreis 1919–1923, München als Zentrum der mitteleuropäischen Gegenrevolution zwischen Revolution und Hitler-Putsch. München 1978 (eine kenntnisreiche Untersuchung, die vor allem auch die Rolle Ludendorffs beim Hitler-Putsch herausarbeitet, S. 249–261 und S. 307–349).

c) Zum Finanzierungsproblem der NSDAP, das u. a. Morus (s. o.) ansprach und das in anderem Zusammenhang (vgl. auch Anh. 4) wiederholt diskutiert wurde, folgende Hinweise:

Bracher, Karl Dietrich, Die deutsche Diktatur. Entstehung, Struktur, Folgen des Nationalsozialismus. Köln, Berlin [3]1970, S. 117f. – Görlitz, Walter, Geldgeber der Macht. Wie Hitler, Lenin, Mao Tse-tung, Mussolini, Stalin und Tito finanziert wurden. Frankfurt a. M. 1978, S. 19–62. – Maser, Werner, Die Frühgeschichte der NSDAP. Hitlers Weg bis 1924. Frankfurt a. M., Bonn 1965, S. 396–412 (als erg. Neuausgabe unter dem Titel: Der Sturm auf die Republik. Frühgeschichte der NSDAP. Stuttgart 1973).

4. Zum Verhältnis von NSDAP und Industrie unter dem Aspekt des Finanzierungsproblems (vgl. I, 54)

Für die Frühzeit der NSDAP vgl. auch die im Anh. 3 zitierten relevanten Untersuchungen. Die nachfolgend genannten Titel stellen – in Ergänzung der im Text ausführlich berücksichtigten Arbeiten – nur eine knappe Aus-

wahl unter den zahlreichen Studien zu diesem außerordentlich kontrovers erörterten Problemkreis dar. Vgl. im einzelnen:
Bernecker, Walther L., Kapitalismus und Nationalsozialismus. Zum Problem der Unterstützung Hitlers durch die Wirtschaft, in: 1933 – Fünfzig Jahre danach. Die nationalsozialistische Machtergreifung in historischer Perspektive, hrsg. von Josef Becker. München 1983, S. 49–87. – Drobisch, Klaus, Der Freundeskreis Himmler: Ein Beispiel für die Unterordnung der Nazipartei und des faschistischen Staatsapparates durch die Finanzoligarchie, in: ZfG 8 (1960), S. 304–328 (die Arbeiten von Drobisch vertreten in rigoroser Weise den Standpunkt der marxistisch-leninistischen Geschichtsschreibung). – Ders., Flick und die Nazis, in: ZfG 14 (1966), S. 378–397 (konzentriert auf die Kooperation im zeitlichen Umfeld der 'Machtergreifung' bei besonderer Berücksichtigung der finanziellen Unterstützung vor dem 30. 1. 1933). – Hallgarten, George W. F., Adolf Hitler and German Heavy Industry, 1931–1933, in: JEH 12 (1952), S. 222–246. – Ders., Hitler, Reichswehr und Industrie: Zur Geschichte der Jahre 1918–1933. Frankfurt a. M. 1955 (zu Hallgarten siehe Hans Schleier, Die bürgerliche deutsche Geschichtsschreibung der Weimarer Republik. Berlin [Ost] 1975, S. 452–481). – Hitler und die Industrie. Eine Dokumentation aus Anlaß des 30. Jahrestages der 'Machtergreifung', hrsg. vom Bundesvorstand des Deutschen Gewerkschaftsbundes. Düsseldorf 1963 (mit einigen bemerkenswerten Dokumenten). – Die Legende von Hitler und der Industrie, hrsg. vom Bundesverband der Deutschen Industrie. Köln 1962 (im wesentlichen der verbandspolitisch motivierte Versuch, eine nennenswerte Unterstützung Hitlers durch die Industrie – vor 1933 – zu widerlegen). – Nolte, Ernst, Hitlers Aufstieg und die Großindustrie, in: ders., Nationalsozialismus. Frankfurt a. M., Berlin, Wien 1973, S. 188–196 (es handelt sich um eine Erwiderung auf Henry A. Turner, Jr., Big Business and the Rise of Hitler, in: AmHR 75 [1969], S. 56–70). – Pool, James, und Suzanne Pool, Hitlers Wegbereiter zur Macht. Die geheimen deutschen und internationalen Geldquellen, die Hitlers Aufstieg zur Macht ermöglichten. München 1979 (der Arbeit werden gewisse wissenschaftliche Defizite angelastet, direkt dazu die Rezension von Reinhard Starck, in: MGM 28 (1980), S. 179ff.). – Saage, Richard, Zum Verhältnis von Nationalsozialismus und Industrie, in: AuZ B 9/75, 1. 3. 1975, S. 17–39 (guter Überblick über die Ansätze für eine Deutung der Beziehungen zwischen dem nationalsozialistischen Regime und der Industrie, d. h. des empirischen, des marxistisch-leninistischen und desjenigen vom Primat der Politik). – Stegmann, Dirk, Zum Verhältnis von Großindustrie und Nationalsozialismus 1930–1933. Ein Beitrag zur Geschichte

der sog. Machtergreifung, in: AS 13 (1973), S. 399–482. – Treue, Wilhelm, Die Einstellung einiger Großindustrieller zu Hitlers Außenpolitik, in: GWU 17 (1966), S. 491–507 (beispielhaft für den empirischen Zugriff). – Turner, Jr., Henry A., Großunternehmertum und Nationalsozialismus 1930–1933. Kritisches und Ergänzendes zu zwei neuen Forschungsbeiträgen, in: HZ 221 (1975), S. 18–68 (der sich hier mit der Position Stegmanns auseinandersetzt, und direkt dazu D. Stegmann, Antiquierte Personalisierung oder sozialökonomische Faschismus-Analyse? Eine Antwort auf H. A. Turners Kritik an meinen Thesen zum Verhältnis von Nationalsozialismus und Großindustrie vor 1933, in: AS 17 (1977), S. 275–296, womit die Kontroverse, in deren Zentrum nicht zuletzt die Frage nach den Grenzen der Generalisierung von Quellenaussagen steht, wenn man die Angelegenheit vom Sachlichen einmal ins Methodische wendet, nicht abgeschlossen sein dürfte). – Wengst, Udo, Der Reichsverband der deutschen Industrie in den ersten Monaten des Dritten Reiches. Ein Beitrag zum Verhältnis von Großindustrie und Nationalsozialismus, in: VfZG 28 (1980), S. 94–110 (eine kenntnisreiche Erörterung der zu diesem Problemkreis in der Literatur vertretenen Thesen).

5. *Exil (vgl. I, 90)*

Die deutsche Exilliteratur – das zeigt nicht zuletzt die Tatsache, daß sich die regimetreuen Schriftsteller im März 1934 veranlaßt sahen, das Ausland vor den angeblichen Verzerrungen der Emigrantenliteratur zu warnen – beeinflußte das Hitler-Bild außerhalb Deutschlands, sie wurde offensichtlich beachtet. Trotzdem ist die Arbeit der im Exil lebenden Autoren und die Wirkungsgeschichte ihrer Werke wohl noch lange nicht ausreichend untersucht, auch wenn sich die Forschungslage seit Mitte der sechziger Jahre deutlich verbesserte. Die folgende Auswahl vermag im Grunde nur wenige Hinweise auf weiterführende Literatur zu geben. Doch bemüht sie sich dabei, nicht nur das Exil der Schriftsteller oder Dichter, sondern der bildenden Künstler schlechthin zu erschließen. Vgl. in diesem Sinne:

Albrecht, Richard, Exil-Forschung. Eine Zwischenbilanz (I), in: NPL 28 (1983), S. 174–201 (kenntnisreiche Vorstellung wichtiger Arbeiten). – Berglund, Gisela, Deutsche Opposition gegen Hitler in Presse und Roman des Exils. Eine Darstellung und ein Vergleich mit der historischen Wirklichkeit. Stockholm 1972 (gelungene Analyse mit zahlreichen Literaturhinweisen). – Exil. Literarische und politische Texte aus dem deutschen Exil 1933–1945, hrsg. von Ernst Loewy unter Mitarb. von Brigitte Grimm, Helga Nagel und

Felix Schneider. Bd. 1: Mit dem Gesicht nach Deutschland; Bd. 2: Erbärmlichkeit und Größe des Exils; Bd. 3: Perspektiven. Frankfurt a. M. 1981/82 (dieses erstmals 1979 in Stuttgart erschienene Werk enthält im 3. Band eine sehr gute Bibliographie zur Exilforschung). – Großmann, Kurt Richard, Emigration. Geschichte der Hitler-Flüchtlinge 1933–1945. Frankfurt a. M. 1969 (ein nicht gruppenspezifisch angelegtes Werk zur Emigration an sich). – Sie flohen vor dem Hakenkreuz, Selbstzeugnisse der Emigranten. Ein Lesebuch für Deutsche, hrsg. von Walter Zadek unter Mitarb. von Christine Brinck. Hamburg 1981 (dort S. 10–22 ein Überblick zur Emigration nach 1933). – Biographisches Handbuch der deutschsprachigen Emigration nach 1933, hrsg. vom Institut für Zeitgeschichte München und von der Research Foundation for Jewish Immigration, Inc., New York unter der Gesamtleitung von Werner Röder und Herbert A. Strauss. Bd. I: Politik, Wirtschaft, Öffentliches Leben. Leitung und Bearb. Werner Röder und Herbert A. Strauss unter Mitwirkung von Dieter Marc Schneider und Louise Forsyth. München, New York, London, Paris 1980; Bd. II, Teil 1: A–K; Teil 2: L–Z. The Arts, Sciences, and Literature. General Editors Herbert A. Strauss and Werner Röder [u. a.]. München, New York, London, Paris 1983; Bd. III: Gesamtregister. Unter Leitung von Werner Röder zusammengestellt von Sybille Claus [u. a.]. München, New York, London, Paris 1983 (das Handbuch enthält rund 9000 Lebensbeschreibungen, wobei die deutschsprachige Emigration circa 500000 Vertriebene zählte, darunter schätzungsweise 278500 jüdische Mitbürger, vgl. Bd. I, S. XIX). – Hinz, Berthold, Appell zur Abwehr des Unverstandenen. Der 'Kampf um die Kunst' im NS-Staat, in: DP, Nr. 4–5, 29. 1./5. 2. 1983, S. 5 (eine ebenso knappe wie präzise Problemformulierung zur Lage der bildenden Künste). – Kantorowicz, Alfred, Politik und Literatur im Exil. Deutschsprachige Schriftsteller im Kampf gegen den Nationalsozialismus. München 1983 ([1]1978). – Knütter, Hans-Helmuth, Opfer und Reagierende. Deutsche Emigranten und ihr Bild vom Nationalsozialismus, in: DP, Nr. 4–5, 29. 1./5. 2. 1983, S. 12 (verhältnismäßig kritische Sicht der Emigration). – Krämer, Wolfgang, und Gerhard Müller (Bearb.), Der Gegen-Angriff (Prag/Paris 1933–36). Autoren-, Personen- und Sachregister. Mit Beiträgen von Bruno Frei. Worms 1982.– Lacina, Evelyn, Emigration 1933–1945. Sozialhistorische Darstellung der deutschsprachigen Emigration und einiger ihrer Asylländer aufgrund ausgewählter zeitgenössischer Selbstzeugnisse. Stuttgart 1982 (eine Arbeit, die eine Fülle wichtiger Informationen über Einzelschicksale und die Bedingungen der Emigration an die Hand gibt, wobei freilich anzumerken ist, daß der Versuch der Autorin, Verhaltensmodelle zu erstellen, nach denen sich die

Emigranten einordnen lassen, offenbar auf große Schwierigkeiten gestoßen zu sein scheint). – Leben im Exil. Probleme der Integration deutscher Flüchtlinge im Ausland 1933–1945, hrsg. von Wolfgang Frühwald und Wolfgang Schieder. Hamburg 1981 (thematisch übergreifende Arbeit mit präziser Problemstellung). – Lehmann, Hans Georg, Bespitzelt und ausgebürgert. Deutscher Widerstand im politischen Exil, in: DP, Nr. 4–5, 29. 1./5. 2. 1983, S. 11 (konzise Problemerhellung). – Nicolaus, Frank, Verfolgt, verfemt, entartet. Künstler unterm Hakenkreuz, in: art Nr. 3, 1982, S. 84–104; Nr. 4, 1982, S. 78–86; Nr. 5, 1982, S. 58–68; Nr. 6, 1982, S. 70–79; Nr. 7, 1982, S. 54–62; Nr. 8, 1982, S. 76–85; und Nr. 9, 1982, S. 66–73 (ein umfassender – vorzüglich ausgestatteter Bericht.) – Walter, Hans-Albert, Deutsche Exilliteratur 1933–1950. Bd. 4: Exilpresse. Stuttgart 1978 (außerordentlich kenntnisreiche Arbeit, die ohne Konkurrenz ist). – Weimarer Republik. Manifeste und Dokumente zur deutschen Literatur 1918–1933, hrsg. von Anton Kaes. Stuttgart 1983. (Eine Arbeit, in der zum einen die Spaltung unter den Literaten erhellt, zu der es in der Endphase der Republik von Weimar kam, in der aber zum anderen gerade im Rahmen dieser Thematik nicht nur der Gesamtzustand der deutschen Literatur charakterisiert wird, sondern auch Hinweise enthalten sind, die zeigen, daß sowohl der Weg ins Dritte Reich als auch ins Exil in dieser Spaltung angelegt zu sein schienen. Auf die Folgen, welche die Teilung der deutschen Schriftsteller in regimetreue und regimefeindliche Autoren – bis in die Nachkriegszeit – für das Selbstverständnis der deutschen Schriftsteller bewirkte, machte die Ausstellung der Deutschen Bibliothek, Frankfurt a. M., über den deutschen PEN-Club im Exil 1933 bis 1948 aufmerksam, die im Januar/Februar 1983 im Wissenschaftszentrum Bonn-Bad Godesberg stattfand.)

6. Veröffentlichungen im angelsächsischen Sprachraum bis einschließlich 1933 (vgl. I, 150)

Sowohl für die Zeitschriften als auch für die Buchproduktion ist zu sagen, daß Hitler vor 1930 im angelsächsischen Sprachraum lediglich geringe Aufmerksamkeit erregte, wobei allerdings die Tageszeitungen nicht berücksichtigt sind. Die Bibliographie von Leona Rasmussen Phillips, Adolf Hitler and the Third Reich. An Annotated Bibliography. New York 1977, nennt z. B. für die Zeit 1923/24 nur sieben – in amerikanischen Zeitschriften veröffentlichte – Artikel. Offensichtlich änderte sich die Situation nach dem September 1930. Wertet man die Bibliographie von Phillips aus, so ergeben sich für die Lage in den USA folgende Zahlen: 1930–1932 = 31; 1933 = 62; und im Sinne eines Ausblicks (vgl. für die Buchproduktion Anh. 9): 1934 = 36; 1935 = 21; 1936 = 28; 1937 = 28; 1938 = 49; 1939 = 94 (unter diesen befanden sich 30, die vor Ende August 1939 erschienen waren); 1940 = 65; 1941 = 55; 1942 = 56; 1943 = 35; 1944 = 38; sowie 1945 = 83 (davon wurden 19 vor der deutschen Kapitulation publiziert). Entsprechende Relationen ergeben sich bei einem Vergleich der veröffentlichten Literatur über Hitler und sein Regime vor und nach 1933. Im Verständnis einer Auswahl ist für die Zeit bis Ende 1933 hinzuweisen auf:

Armstrong, Hamilton Fish, Hitler's Reich. The First Phase. New York 1933 (vgl. außerdem ders., From Wilson to Hitler. Memoirs of Hamilton Fish Armstrong. New York 1971). – Bartlett, Vernon, Nazi Germany explained. London 1933. – Böök, Fredrik, An Eyewitness in Germany. London 1933. – Brown Book of the Hitler Terror and the Burning of the Reichstag. Prepared by the World Committee for the Victims of German Fascism. London 1933 (direkt dazu als Ergänzung: Brown Book II. The Reichstag Fire Trial. The material collected by the World Committee for the Relief of the Victims of German Fascism. Introd. Chapter: Georgi Dimitrov. Foreword: D. N. Pritt, K. C. Appendix: 'Murder in Hitler Germany', introd. by Lion Feuchtwanger. London 1934). – Golding, Louis, A letter to Adolf Hitler. London 1932. – Hoover, Calvin B., Germany Enters the Third Reich. New York, London 1933. – Kemp, Jr., Thomas D., Adolf Hitler and the Nazis. New York 1933. – King, Joseph, The German Revolution. Its Meaning and Menace. Preface Viscount Snowden. London 1933. – Lengyel, Emil, Hitler. New York 1932. – Lewis, Wyndham, Hitler. London 1931 (zur Kritik an diesem siehe: Cecil Frank Melville, The Truth about the New Party, and much else besides, concerning Sir Oswald Mosley's political aims, the Nazi movement of Herr Hitler, and the adventure in political philosophy of Mr. Wyndham Lewis. London 1931). – Lones, Ernest J., Hitler, the Jews, and the Communists. Sydney 1933. – Lumely, Frederick E., The propaganda menace. New York, London 1933. – Reynolds, Bernard Talbot, Prelude to Hitler. London 1933. – Wallach, Sidney, Hitler. Menace to Mankind. New York 1933.

Unter den Aufsätzen in Zeitschriften – auch pronationalsozialistische Darstellungen einbeziehend – vgl. als knappe Auswahl:

Binse, H. L., Hitler. German Hypnotist, in: Outlook 256 (1931), S. 156. – Clinchy, Everett, I saw Hitler too, in: ChC 49 (1932), S. 1131 ff. – Faireweather, W. N., A Man of Destiny, in: AMo 149 (1932), S. 380–387. – Goetz, F., How Hitler Failed, in: LiA 230 (1924), S. 595–599. – Henri, Ernst, The Man

Behind Hitler, in: LiA 345 (1933), S. 117. – High, Stanley, Hitler and the New Germany, in: LiD, 7. 10. 1933. – Ders., The Man who Leads Germany, in: LiD, 21. 10. 1933. – Honrighausen, E. G., Hitler and German Religion, in: ChC 50 (1933), S. 418ff. – Horle, W. H., Ten Years of Hitler – One Hundred of Goethe, in: Nation 134 (1932), S. 307. – Hutchinson, Paul, Portent of Hitler, in ChC 50 (1933), S. 1299ff. – Jaszi, O., Hitler Myth – A Forecast, in: Nation 136 (1933), S. 553f. – Josephson, Matthew, Making a Demagogue, in: SaRL 10 (1933), S. 213f. – Miltenberg, Weigand v., Handsome Adolf, in: LiA 304 (1931), S. 14f. – Scheffer, P., Hitler – Phenomenon and Portent, in: FA 10 (1932), S. 382–390. – Viereck, George Sylvester, Hitler – The German Explosive, in: AmM 15 (1923), S. 235–238 (unmittelbar zu diesem Apologeten vgl. Elmer Gertz, Odyssey of a barbarian. The biography of George Sylvester Viereck. Buffalo, N. Y. 1979; und Niel M. Johnson, George Sylvester Viereck: German-American Propagandist. Urbana, Ill. 1972).

7. Literatur- und Forschungsberichte zum Widerstand (vgl. I, 178)

Der Widerstand gegen das Regime Hitler wurde, da seine Analyse keine wirklich neuen inhaltlichen Aussagen im Rahmen des Themas 'Hitler-Interpretationen' erbracht hätte, nicht speziell untersucht. Die Beziehungen zwischen dem Nationalsozialismus und den späteren Widerstandsgruppen – ausgenommen die dem linken politischen Spektrum zuzuordnenden – sind den Problemkreisen Identität, Teilidentität oder Kontinuität zugehörig. Vgl. insbes. dazu auch die Referierung der Forschungsergebnisse von Christof Dipper im Kapitel 'Antisemitismus und Rassismus', S. 123f.

Im folgenden sollen lediglich einige Forschungs- und Literaturberichte aufgeführt werden, die – gemeinsam mit den in Anh. 2 genannten Bibliographien zum Thema – den Zugang zu diesem Teilbereich der Hitler-Forschung erleichtern können:

Adler-Bresse, Marcelle, Aspects de l'historiographie de la résistance allemande, in: RHDGM 9 (1959), Nr. 33, S. 49–57. – Aretin, Karl Otmar Frhr. v., Katholische Kirche und Nationalsozialismus. Eine Bilanz der Diskussionen, in: Merkur 19 (1965), S. 1188–1193. – Ders., Widerstand, in: GWU 18 (1967), S. 441–448. – Ders., Bericht über den deutschen Widerstand, in: GWU 25 (1974), S. 507–512; und S. 565–576. – Bahne, Siegfried, Kommunismus im Wandel, in: NPL 18 (1973), S. 88–95. – Barraclough, Geoffrey, Wer leistete Hitler Widerstand? In: NR 80 (1969), S. 509–526. –

Bartel, Walter, Probleme des antifaschistischen Widerstandskampfes in Deutschland, in: ZfG 6 (1958), S. 999–1016. – Ders., Neue Forschungsergebnisse über den gemeinsamen Kampf deutscher und ausländischer Antifaschisten in Deutschland gegen den faschistischen Raubkrieg, in: Bu2WK 1965, H. 4, S. 1–18. – Baum, Walter, Marine, Nationalsozialismus und Widerstand, in: AuZ B 29/63, 17. 7. 1963, S. 17–38. – Brandis, Udo, Zur Bewertung des Widerstandes in der BRD und in der DDR. Ein Vergleich von Darstellungen in Geschichtsbüchern, in: DAr 4 (1971), S. 689–700. – Braubach, Max, Der Weg zum 20. Juli 1944. Ein Forschungsbericht. Köln, Opladen 1953. – Ders., Von Hitler und seinen Gegnern. Ein Bericht über neue Veröffentlichungen zur Zeitgeschichte, in: HJB 88 (1968), S. 102–157. – Ders., Weimar, Hitler, Widerstand. Ein Bericht über Neuerscheinungen zur Geschichte der Jahre 1918 bis 1945, in: HJB 90 (1970), S. 81–159. – Brüdigam, Heinz, Wahrheit und Fälschung, Das Dritte Reich und seine Gegner in der Literatur seit 1945. Versuch eines kritischen Überblicks. Frankfurt a. M. 1959. – Ders., Widerstand gegen das Naziregime – in der Forschung und Literatur heute, in: BdiP 15 (1970), S. 88–95. – Bußmann, Walter, Betrachtungen zum militärischen Widerstand, in: AuZ B 29/64, 15. 7. 1964, S. 7–14. – Conway, John Seymour, Der deutsche Kirchenkampf. Tendenzen und Probleme seiner Erforschung an Hand neuerer Literatur, in: VfZG 17 (1969), S. 423–449. – Conze, Werner, Die deutsche Opposition gegen Hitler, in: PL 2 (1953), S. 210–215. – Dress, Hans, Die Verschörung vom 20. Juli 1944 in der neuesten westdeutschen Literatur, in: ZfG 12 (1964), S. 1074–1079. – Drobisch, Klaus, Betrachtungen über einige westdeutsche Neuerscheinungen zur Geschichte der faschistischen Judenverfolgung, in: ZfG 9 (1961), S. 1680–1686. – Ders., Westdeutsche Veröffentlichungen zur Haltung der Kirchen 1933–1945, in: ZfG 14 (1966), S. 668–674. – Fleischhack, Ernst, Die Widerstandsbewegung 'Weiße Rose'. Literaturbericht und Bibliographie, in: Jahresbibliographie der Bibliothek für Zeitgeschichte 42 (1970), S. 459–507. – Friese, W., Dänische Widerstandsliteratur, in: Wissenschaftliche Zeitschrift der Ernst-Moritz-Arndt-Universität Greifswald 6 (1956/57), S. 325–338. – Grimm, Gerhard, Hitlers Gegner an der inneren Front, in: PolStd 17 (1966), S. 355–361. – Hildebrand, Klaus, Die ostpolitischen Vorstellungen im deutschen Widerstand, in: GWU 29 (1978), S. 213–241. – Kluke, Paul, Der deutsche Widerstand. Eine kritische Literaturübersicht, in: HZ 169 (1949), S. 136–161. – Krause, Ilse, Die Zusammenarbeit deutscher und ausländischer Antifaschisten während des zweiten Weltkrieges in Deutschland und ihre Darstellung in der Geschichtsliteratur, in: Probleme der Geschichte des zweiten Weltkrieges. Referate und Diskussionen zum Thema: Die wichtigsten Richtungen der reaktionären Geschichtsschreibung über den zweiten Weltkrieg. Redaktion Leo Stern. Berlin (Ost) 1958, S. 355–366. – Laschitza, Horst, Faschismus und Widerstand – Fälschung und Wirklichkeit – Auseinandersetzung mit Auffassungen der westdeutschen Historiker Hans Rothfels und Walther Hofer, in: ZfG 9 (1961), S. 1847–1860. – Mann, Reinhard, Widerstand gegen den Nationalsozialismus, in: NPL 22 (1977), S. 425–442. – Mason, Tim, Der antifaschistische Widerstand der Arbeiterbewegung im Spiegel der SED-Historiographie, in: ARG 9 (1967), S. 144–153. – Mommsen, Hans, Begriff und Problematik des deutschen Widerstands gegen Hitler in der zeitgeschichtlichen Forschung, in: IJGG 18 (1977/78), S. 280–287. – Müller, Hans, Zur Behandlung des Kirchenkampfes in der Nachkriegsliteratur, in: PolStd 12 (1961), S. 474–481. – Plum, Günter, Widerstand und Antifaschismus in der marxistisch-leninistischen Geschichtsauffassung, in: VfZG 9 (1961), S. 50–65. – Roßmann, Gerhard, Die Verfälschung des antifaschistischen Widerstandskampfes in der westdeutschen Geschichtsschreibung, in: ZfG 18 (1970), S. 5–22. – Scheurig, Bodo, Deutscher Widerstand in sowjetischer Sicht, in: Ders., Spiegelbilder der Zeitgeschichte. Oldenburg, Hamburg 1978, S. 145–152. – Schmidt, Heinrich, Der Kirchenkampf im 'Dritten Reich', in: NPL 8 (1963), Sp. 835–844. – Schmitthenner, Walter, Die deutsche Widerstandsbewegung. Überlegungen zu ihrer Behandlung im Geschichtsunterricht, in: GWU 3 (1952), S. 462–479. – Ders., Zeitgeschichte: Verfolgung und Widerstand 1933–1945, in: GWU 10 (1959), S. 317–321; 12 (1961), S. 516–529. – Ders., Neue Literatur zum deutschen Widerstand gegen Hitler, in: GWU 9 (1958), S. 189–192. – Schumann, Heinz, Die Behandlung des antifaschistischen Widerstandskampfes in der westdeutschen Geschichtsschreibung, in: Probleme der Geschichte des 2. Weltkrieges (s. o.). Berlin 1958, S. 341–354. – Ders., und Wilhelm Wehling, Literatur über Probleme der deutschen antifaschistischen Widerstandsbewegung, in: ZfG 8 (1960), Sonderheft, S. 381–402. – Siegmund-Schultze, Friedrich, Die deutsche Widerstandsbewegung im Spiegel der ausländischen Literatur. Stuttgart 1947. – Sywottek, Arnold, Bürgerlicher und antifaschistischer Widerstand (1933–1945), in: AfS 12 (1972), S. 563–579. – Vogelsang, Thilo, Die Widerstandsbewegung und ihre Problematik in der zeitgeschichtlichen Darstellung, in: AuZ B 28/65, 14. 7. 1965, S. 12–24. – Deutscher Widerstand 1933–1945. Aspekte der Forschung und der Darstellung im Schulbuch. Eine Berichterstattung, hrsg. von Edgar Weick. Heidelberg 1967. – Zipfel, Friedrich, Verschwörung und Verantwortung. Zum Widerstand im 'Dritten Reich', in: NPL 9 (1964), Sp. 595–604. – Ders., Die

Bedeutung der Widerstandsforschung für die allgemeine zeitgeschichtliche Forschung, in: AuZ B 28/65, 14. 7. 1965, S. 3–11.

8. Alltag im Dritten Reich (vgl. I, 208)

Die folgenden Titel – sowohl wissenschaftliche Untersuchungen als auch historisch-politische Sachbücher berücksichtigend – verstehen sich als kleine Auswahl unter der zahlreichen Literatur zu diesem Thema. Wissenschaftlich ist die Bedeutung derartiger Arbeiten darin zu erkennen, daß ihre Autoren – soweit sie fachwissenschaftlich vorgehen – in weit stärkerem Maße, als das bislang der Fall gewesen ist, den Nationalsozialismus von der Binnensicht her zu deuten versuchen. Es geht um eine Sozialgeschichte des Dritten Reiches 'von unten', aus der Alltagsperspektive geschrieben, d. h. um das persönlich Erfahrene, Erlebte und tatsächlich Wahrgenommene. Die Erscheinungsdaten der Untersuchungen zeigen, wie jung dieser Zweig der historischen Forschung ist.

Alltag im Nationalsozialismus 1933–1939. Jahrbuch zum Schülerwettbewerb Deutsche Geschichte um den Preis des Bundespräsidenten, hrsg. von Dieter Galinski und Ulla Lachauer. Braunschweig 1982. – Bayern in der NS-Zeit. Bd. I: Soziale Lage und politisches Verhalten der Bevölkerung im Spiegel vertraulicher Berichte, hrsg. von Martin Broszat, Elke Fröhlich und Falk Wiesemann. München, Wien 1977; Bd. II: Herrschaft und Gesellschaft im Konflikt. Teil A, hrsg. von M. Broszat und E. Fröhlich. München, Wien 1979; Bd. III: Herrschaft und Gesellschaft im Konflikt. Teil B, hrsg. von M. Broszat, E. Fröhlich und Anton Grossmann. München, Wien 1981; Bd. IV: Herrschaft und Gesellschaft im Konflikt. Teil C, hrsg. von dens. München, Wien 1981; Bd. V: Die Parteien KPD, SPD, BVP in Verfolgung und Widerstand, hrsg. von M. Broszat und Hartmut Mehringer. München, Wien 1983; Bd. VI: Die Herausforderung des Einzelnen. Geschichten über Widerstand und Verfolgung, hrsg. von M. Broszat und E. Fröhlich. München, Wien 1983 (zweifellos eine beispielhafte Arbeit im landesgeschichtlichen Rahmen). – Burger, Horst, Warum warst Du in der Hitler-Jugend? Vier Fragen an meinen Vater. Hamburg 1978 (ein ohne wirklichen wissenschaftlichen Anspruch geschriebenes Buch, das dennoch sehr informativ ist im Hinblick auf die Erklärung des Schweigens und Stillhaltens der deutschen Bevölkerung im Dritten Reich). – Deutschland-Berichte der Sozialdemokratischen Partei Deutschlands (Sopade) 1934–1940. 7 Bde. Frankfurt a. M. [2]1980 (außerordentlich plastische Dokumente, die allerdings inhaltlich sorgfältiger

Quellenkritik bedürfen). – Engelmann, Bernt, Im Gleichschritt marsch. Wie wir die Nazizeit erlebten 1933–1939. Köln, Berlin 1982. – Ders., Bis alles in Scherben fällt. Wie wir die Nazizeit erlebten 1939–1945. Köln, Berlin 1983. – Der alltägliche Faschismus. Frauen im Dritten Reich. Berlin, Bonn 1981. – Grube, Frank, und Gerhard Richter, Alltag im Dritten Reich. So lebten die Deutschen 1933–1945. Hamburg 1982. – Grunberger, Richard, A Social History of the Third Reich. Harmondsworth/Middlesex 1974. – Holmsten, Georg, Kriegsalltag 1939 bis 1945 in Deutschland. Düsseldorf 1982. – Die Jahre weiß man nicht, wo man die heute hinsetzen soll. Faschismuserfahrungen im Ruhrgebiet. Lebensgeschichte und Sozialkultur im Ruhrgebiet 1930–1960. Bd. I, hrsg. von Lutz Niethammer [u. a.]. Berlin, Bonn 1983 (ein gelungenes Beispiel für die Leistungsfähigkeit der 'Oral History', wobei diese Studie nicht etwa die Protokolle der zahlreichen Interviews enthält, sondern deren resümierende Interpretation; ganz allgemein ist in diesem Zusammenhang anzumerken, daß regionale Untersuchungen – sie beherrschen in Italien bereits seit Jahren die Auseinandersetzung mit der faschistischen Vergangenheit – offenbar zunehmend Interesse finden). – Frauen unterm Hakenkreuz, hrsg. von Elefanten Press. Berlin 1983 (ein Buch, das alle Aspekte des Alltags der Frau im NS-Staat vom propagandistischen Mutterbild bis zum Elend der weiblichen Häftlinge in den Konzentrationslagern aufzeigt). – Kuhn, Annette, und Valentine Rothe, Frauen im deutschen Faschismus. Eine Quellensammlung mit fachwissenschaftlichen und fachdidaktischen Kommentaren. Bd. 1: Frauenpolitik im NS-Staat; Bd. 2: Frauenarbeit und Frauenwiderstand im NS-Staat. Düsseldorf 1982. – Leben im Dritten Reich, hrsg. von der Bundeszentrale für politische Bildung. Bonn 1981 (gestraffter Überblick). – Maser, Werner, Das Regime. Alltag in Deutschland 1933–1945. München 1983 (um die Erfassung aller Lebensbereiche bemüht). – Mosse, George L., Der nationalsozialistische Alltag. So lebte man unter Hitler. 2. überarb. Aufl. Königstein/Ts. 1979 (eine kenntnisreich eingeleitete und kommentierte Dokumentation, die erstmals 1966 in New York herauskam). – Peukert, Detlev, Volksgenossen und Gemeinschaftsfremde. Anpassung, Ausmerze und Aufbegehren unter dem Nationalsozialismus. Köln 1982 (eine Untersuchung, die herkömmliche Forschungsmethoden mit dem speziellen alltagsgeschichtlichen Zugriff verknüpft). – Die Reihen fast geschlossen. Beiträge zur Geschichte des Alltags unterm Nationalsozialismus, hrsg. von Detlev Peukert und Jürgen Reulecke unter Mitarbeit von Adelheid Gräfin zu Castell Rüdenhausen. Wuppertal 1981. (Dieser Sammelband behandelt sehr unterschiedliche Themen, wobei der Alltag in seiner ganzen Komplexität wohl nicht erkennbar wird, dafür aber werden sehr präzise wesentliche Mosaiksteine dieses 'Alltags' herausgearbeitet, so daß insgesamt ein wichtiger Beitrag zur Erstellung des Gesamtbildes vorliegt.) – Ruhl, Klaus-Jörg, Brauner Alltag. 1933 bis 1939 in Deutschland. Düsseldorf 1981 (eine sehr gut ausgestattete und informative Arbeit). – Schäfer, Hans Dieter, Das gespaltene Bewußtsein – Über deutsche Kultur und Lebenswirklichkeit 1933–1945. München, Wien 1981 (sicherlich eine der bemerkenswertesten Untersuchungen zu diesem Problemkreis, die sowohl darstellerisch als auch interpretatorisch voll überzeugt). – Meine Schulzeit im Dritten Reich. Erinnerungen deutscher Schriftsteller, hrsg. von Marcel Reich-Ranicki. Köln 1982. (Die in diesem Sammelband zusammengefaßten – erstmals in der FAZ als Einzelaufsätze veröffentlichten – Beiträge dokumentieren in erster Linie die Schwierigkeit, sich rückblickend mit einem persönlichen Lebensabschnitt im nationalsozialistischen Deutschland audeinanderzusetzen. Vielleicht war die Schule für viele eine Art Refugium, eventuell lassen sich die überwiegend positiv gezeichneten Lehrerporträts verallgemeinern, aber ist damit der Tenor der meisten Aufsätze zu rechtfertigen, daß alles doch ganz anders gewesen sei, als es der historische Befund darstelle? Im Grunde bestätigt freilich gerade die Tendenz zur Verharmlosung des Alltags die zeitgenössische Literatur, in der von Indifferenz gegenüber den Ausschreitungen des Regimes, von Flucht vor der Wirklichkeit und von Anpassung die Rede war. Allerdings gibt es auch Ausnahmen, etwa Carola Stern, die bekennt, daß man mehr gewußt als zugegeben habe, oder Franz Fühmann, der nicht bei der einfühlsamen Porträtierung von Lehrern verharrt, sondern seine Schulzeit insgesamt als eine Erziehung zur Ermöglichung von Auschwitz interpretiert.) – Steinbach, Lothar, Ein Volk, ein Reich, ein Glaube? Ehemalige Nationalsozialisten und Zeitzeugen berichten über ihr Leben im Dritten Reich. Berlin, Bonn 1983. (Auch diese Veröffentlichung ist ein gelungenes Beispiel für die Möglichkeiten der 'Oral History', wobei man jedoch bei der einen oder anderen Äußerung von Zeitgenossen aus dem Mannheimer Raum, die der Autor wiedergibt, eine ausführlichere Kommentierung gewünscht hätte. Das Grundproblem der 'Oral History', das diese im übrigen mit Memoiren und Autobiographien teilt, liegt ja darin begründet, daß die Angaben der Zeitzeugen erst nach der Konfrontation mit den Aussagen anderer Quellen den Zugang zur 'historischen Realität' gestatten, d. h. vom Historiker eingeordnet werden müssen.) – Terror und Hoffnung in Deutschland 1933–1945. Leben im Faschismus, hrsg. von Johannes Beck, Heiner Boehncke, Werner Heinz und Gerhard Vinnai. Hamburg 1980.

Ergänzend seien in diesem Zusammenhang – über bereits genannte Titel hinaus – noch einige Hinweise auf Literatur zur Haltung der Kirchen und zur Frage der Judenverfolgung gegeben, denn beide Themen erfassen ja einen wesentlichen Teil des 'braunen Alltags':
Katholische Kirche und NS-Staat. Aus der Vergangenheit lernen? Mit einem Vorwort von Walter Dirks, hrsg. von Monika Kringels-Kemen und Ludwig Lemhöfer. Frankfurt a. M. 1981 (ein aus Hörfunkbeiträgen entstandener kritischer Beitrag zu dieser Frage). – Repgen, Konrad, Vom Fortleben nationalsozialistischer Propaganda in der Gegenwart. Der Münchener Nuntius und Hitler 1933, in: GWU 34 (1983), S. 29–49. – Ders., Harte Verfolgung bei partieller Kooperation. Die katholische Kirche im 'Dritten Reich', in: DP, Nr. 4–5, 29. 1./5. 2. 1983, S. 10 (wo Repgen seine These, daß die „Geschichte der katholischen Kirche im Dritten Reich [...] die Geschichte einer konfessionellen Minderheit" gewesen sei, die sich „unter den Bedingungen eines totalitären Systems trotz schwerer Verfolgungen relativ intakt zu behaupten gewußt" habe, erneut präzise formuliert). – Zimmermann-Buhr, Bernhard, Die katholische Kirche und der Nationalsozialismus in den Jahren 1930–1933. Frankfurt a. M., New York 1982 (ein für die Übergangszeit informatives Werk).

Die Tatsache, daß sich die evangelische Kirche erheblich schwerer tat als die katholische, als es darum ging, Distanz zum NS-Regime zu gewinnen, unterstreicht erneut der Beitrag von:
Norden, Günther van, Mutloses Schweigen und tapferes Bekennen. Die evangelische Kirche im Dritten Reich, in: DP, Nr. 4–5, 29. 1./5. 2. 1983, S. 10. – (Norden konstatiert, daß die „Machtergreifung der Inhumanität in Deutschland" nicht wahrgenommen worden sei. Diese Feststellung deckt sich mit den Erinnerungen einiger Autoren in dem Sammelband von M. Reich-Ranicki [s. o.] oder mit zeitgenössischen Beobachtungen wie z. B. denen von John B. Holt, Under the Swastika. Chapel Hill 1936, der meint [S. 193]: "For the mass of the German people physical persecution of the Jews did not exist." Andererseits gab es – wie schon nachgewiesen – eben weit mehr Stimmen, die das Wissen um die physische Verfolgung der jüdischen Mitbürger, die im übrigen auch auf Zustimmung gestoßen sei, betonten. Franz Fühmann und Carola Stern weisen darauf in dem Buch von M. Reich-Ranicki hin, das 'Braunbuch über Reichstagsbrand und Hitler-Terror', Basel 1933, S. 226f., hebt diese Tatsache nachdrücklich hervor. Gleichzeitig wird in ihm davor gewarnt, die Pogrome als Episode einzustufen, denn diese stellten ein systematisch eingesetztes politisches Instrumenta-

rium der nationalsozialistischen Herrschaft dar. Und was die Problematik 'Schule im Dritten Reich und Antisemitismus' anbelangt, so ist in solchem Kontext noch einmal auf G. L. Mosse [s. o.] hinzuweisen, der einen „Lehrplan zur Behandlung der 'Judenfrage' im Unterricht" abdruckt, S. 305f., aus dem deutlich wird, wie konsequent die antisemitische Indoktrination – in einem sehr umfassenden Verständnis – eingeplant war. Neben Hitlers 'Mein Kampf' wurde als Lesestoff vor allem empfohlen: Dietrich Eckart, Der Bolschewismus von Moses bis Lenin. Zwiegespräch zwischen Adolf Hitler und mir. München 1924). – Nyssen, Elke, Schule im Nationalsozialismus. Heidelberg 1979 (unter der neueren Literatur zu diesem Problemkreis ein wichtiges Werk, das als Korrektiv zu den zu eng an der persönlichen Perspektive ausgerichteten Arbeiten dienen kann und in dem u. a. auf den Einfluß der Rassenideologie auf das Erziehungssystem eingegangen wird, S. 8).

9. Veröffentlichungen 1933 bis 1945 (vgl. I, 240)

Die folgende Auswahl soll zum einen die thematische Vielfalt der zeitgenössischen Auseinandersetzung mit dem Nationalsozialismus aufzeigen und zum anderen andeuten, welches Informationsangebot existierte. Vgl. in diesem Sinne:

Abel, Theodore Fred, Why Hitler came into Power. An Answer Based on the Original Life Stories of Six Hundred of His Followers. New York 1938. – Allard, Paul, Quand Hitler espionne la France. Paris 1939 (A. stand später im Lager der 'collaborateurs', siehe ders., Der Krieg der Lüge. Wie man uns das Hirn vernebelte. Leipzig 1941). – Bainville, Jacques, Histoire de deux peuples, continué jusqu'à Hitler. Paris 1933 (mehrere Aufl., Reprint 1945). – Bayles, William D., Caesars in goose-step. New York 1940. – Baynes, Helton Godwin, Germany Possessed. With an introduction by Hermann Rauschning. London 1941. – Bedel, Maurice, Monsieur Hitler. Paris 1937. – Benoist-Méchin, Jacques Gabriel Paul Michel, Eclaircissement sur: Mein Kampf. La doctrine d'Adolf Hitler. Paris 1939. – Bernus, Pierre Francis, Le dossier de l'agression allemande. Les prédecesseurs de Hitler. Les étapes de la destruction du Traité de Versailles. De Munich à l'offensive contre la Pologne. Les negociations finales: Livre bleu anglais, livre blanc allemand, livre jaune français. Paris 1940. – Bertrand, Louis, Hitler. Paris 1936. – Billinger, Karl, Hitler is no Fool. New York 1939. – Blake, Leonardo, Hitler's Last Year of Power. London 1939. – Butler, Rohan D'O., The Roots of National Socialism 1783–1933. London 1941. – Caimpenta, Ugo, Germania da

Attila a Hitler. Milano 1935. – Collie, George Francis, Hitler divided France. A factual account of conditions in occupied and unoccupied France from the armistice of June 1940 up to the total occupation in November 1942. London 1943. – Descaves, Pierre, Hitler. Paris 1936. – Deutschland wohin? Der Nationalsozialismus, eine religiöse Erscheinung. Hrsg. vom 'Deutschen Weg'. Oldenzaal 1934. – Deuel, Wallace R., People Under Hitler. New York 1942. – Dutch, Oswald, Thus Died Austria. London 1938. – Dzelepy, Eleuthère Nicolas, Hitler contre la France? Paris 1933. – Ders., Le vrai 'combat' de Hitler. D'après les documents communiqués par le Baron G . . . S . . . du Herrenclub. Preface: Wladimir d'Ormesson. Paris 1936. – Elwyn, Jones F., Hitler's Drive to the East. London 1937. – Erckner, S., Die große Lüge. Hitlers Verschwörung gegen den Frieden. Paris 1936 (engl.: Hitler's Conspiracy against Peace. London 1937). – Fuchs, Martin, A Pact with Hitler. London 1939 (Un Pacte avec Hitler. Le drame autrichien 1936–1938. Paris 1938). – Groß. Felix, Hitler's Girls, Guns and Gangsters. London 1941. – Grzesinski, Albert C., Inside Germany. New York 1939. – Gudme, Sten, Denmark, Hitler's Model Protectorate. London 1942. – Gunther, John, Hitler, in: HM 172 (1936), S. 148–159. – Ders., High Cost of Hitler. London 1939. – Hanisch, Reinhold, I was Hitler's Buddy, in: NRep 98 (1939), S. 239–242; S. 270 ff. und S. 297–300. – Harsch, Joseph C., Pattern of Conquest. New York 1941 (London 1942). – Hauser, Heinrich, Hitler versus Germany. A survey of present-day Germany from inside. London 1940. – Heiden, Konrad, Geburt des Dritten Reiches. Die Geschichte des Nationalsozialismus bis zum Herbst 1933. Zürich ²1934. – Ders., Adolf at School, in: LiA 351 (1936), S. 227 ff. – Ders., Hitler, Das Leben eines Diktators. Zürich 1936. – Ders., Les vêpres Hitleriennes. Nuits sanglantes en Allemagne. Paris 1939. – Heinz, Heinz A., Germany's Hitler. London 1934. – Henderson, Nevile, Failure of a Mission Berlin 1937–1939. London 1940. – Henri Ernst (Pseudonym), Hitler over Europe. London 1934. – Ders., Hitler over Russia? The coming fight between the Fascist and Socialist armies. London 1936. – Heyst, Axel (d. i. Anthony Zbigniew Grabowski), After Hitler. London 1940. – Adolf Hitler, My New Order, ed. with a commentary by Count Raoul de Roussey de Sales. New York 1941 (Reden Hitlers 1922–39). – Hitler's Words. Two decades of national socialism, 1923–1943, ed. by Gordon W. Prange. Washington 1944. – Duncan-Jones, Arthur Stewart, The Struggle for Religious Freedom in Germany. London 1938. – Knickerbocker, Hubert Renfro, Is Tomorrow Hitler's? 200 Questions on the Battle of Mankind. New York 1941. – Koehler, Hansjürgen, Inside the Gestapo, Hitler's Shadow Over the World. London 1940. – Krüger, Kurt, Inside Hitler (auch publiziert unter dem Titel: I was Hitler's doctor). New York 1942. – Lambertson, F. W., Hitler, the Orator. A Study in Mob Psychology, in: QJSp 28 (1942), S. 123–131. – Lee, John Alexander, Hitler. Auckland 1940. – Lefêbvre, Henri, Hitler au pouvoir. Paris 1938. – Lewis, Wyndham, The Hitler Cult. London 1939. – Lichtenberger, Henri, The Third Reich. With a preface by Nicholas Murray Butler. New York 1937. – Loewenstein, Karl, Hitler's Germany. The Nazi Background to War. New ed. compl. rev. New York 1940 ([1]1936). – Marion, Paul, Leur combat: Lénine, Mussolini, Hitler, Franco. Paris 1939. – Mason, John Brown, Hitler's First Foes. A Study in Religion and Politics. Minneapolis 1936. – Micaud, Charles A., The French Right and Nazi Germany, 1933–1939. A study of public opinion. Durham N. C. 1943. – Micklem, Nathaniel, National Socialism and the Roman Catholic Church. Being an account of the conflict between National Socialist Government of Germany and the Roman Catholic Church, 1933–1938. Oxford 1939. – Miller, Douglas, You Can't Do Business with Hitler. New York 1942. – Morvilliers, Roger, Face à Hitler e à Mein Kampf. Sèvres 1939. – Mühlen, Norbert, Der Zauberer. Leben und Anleihen des Dr. Hjalmar Horace Greely Schacht. Vorw. von Konrad Heiden. Zürich 1938 (engl. London 1938). – Naziführer sehen dich an. 33 Biographien aus dem Dritten Reich. Paris 1934. – Nazis Against the World. The Counter-Boycott is the Only Defensive Weapon against Hitlerism's World Threat to Civilization. Selected Speeches from World Leaders of Public Opinion, issued by the Non-Sectarian Anti-Nazi League to Champion Human Rights. New York (1934). – Nicolas, Marius Paul, De Nietzsche à Hitler. Paris 1936. – Owen, Humphrey Frank, The Three Dictators: Mussolini, Stalin, Hitler. London 1940. – Perroux, François, Les mythes Hitleriens à l'Europe Allemande. Lausanne 1935 (Paris 1940). – Phillips, Henry Albert, Germany today and tomorrow. New York 1935. – Pol, Heinz, The Hidden Enemy: The German Threat to Post-War Peace. New York 1943. – Raleigh, John McCutcheon, Behind the Nazi Front. New York 1940. – Rauschning, Anna, No Retreat. Indianapolis, New York 1942. – Rauschning, Hermann, Hitler could not stop. New York 1939. – Ders., Hitler's Aims in War and Peace. London, Toronto 1940. – Ders., Hitler and the War. Washington 1940. – Ders., The Redemption of Democracy. The Coming Atlantic Empire (The Beast from the Abyss). New York (London, Toronto) 1941. – Ders., Makers of Destruction. Meetings and talks in revolutionary Germany (Men of Chaos). London (New York) 1942. – Reimann, Guenter, Germany – world empire or world revolution. London 1938. – Ders., The vampire economy. Doing business under Fascism. New York 1939. – Rieß, Curt, The Self-Betrayed. Glory and

Doom of the German Generals. New York 1942. – Ripka, Hubert, Munich: Before and After [. . .]. London 1939 (Analyse und Dokumentation der Entwicklung von Sept. 1938 bis März 1939 aus tschechoslowakischer Sicht). – Robert, Karl (Pseud.), Hitler's Counterfeit Reich. Behind the scenes of Nazi economy. Foreword by M. W. Fodor. Introduction by Douglas Miller. New York 1941. – Rode, Walter C., Deutschland ist Caliban. Deutsche Revolution. Zürich 1934. – Schacher, Gerhard, He Wanted to Sleep in the Kremlin. New York 1942. – Schuman, Frederick Lewis, Hitler and the Nazi Dictatorship. A study in social pathology and the politics of Fascism. London 1936 (The Nazi Dictatorship. New York 1935). – Schwarzschild, Leopold, World in Trance (1918–1940). New York 1942 (London 1945). – Schulze, Kurt, Adolf Hitler, der Führer des Deutschen Reiches. A short account of his life and work. London 1935. – Siemsen, Hans, Hitler, Youth. With a foreword by Rennie Smith. London 1940. – The Speeches of Adolf Hitler, April 1922–August 1939, ed. by Norman H. Baynes, 2 Bde. London 1942. – Starhemberg, Ernst Rüdiger Fürst v., Between Hitler and Mussolini. London 1942. – Steed, Wickham, The meaning of Hitlerism. London 1934. – Stein, Leo, I was in Hell with Niemoeller. New York 1942. – Stoddard, Thedore Lothrop, Into the Darkness. Nazi Germany Today. New York 1940. – Straßer, Otto, Free Germany against Hitler. Brooklyn 1941. – Ders., The Gangsters around Hitler. With a topical postscript: 'Nazi gangsters in South America'. London 1942. – Ders., and Michael Stern, Flight from Terror. New York 1943. – Ders., Hitlers Sturz durch die Frei-Deutschland-Bewegung. New York 1941. – Taylor, Edmond, The Strategy of Terror. Europe's inner front. Boston 1940 (2., durchges. Aufl. 1942). – Ders., Edgar Snow and Eliot Janeway, Smash Hitler's international. The strategy of a political offensive against the axis. New York 1941. – Teeling, William, Know Thy Enemy. London 1939. – Tolischus, Otto D., They Wanted War. New York 1940. – Ders., How Hitler prepared: I. On the propaganda front. II. On the military front. III. On the economic front. New York 1940 (es handelt sich um den Wiederabdruck von Artikeln, die im 'New York Times Magazine' am 16., 23. und 30. Juni 1940 veröffentlicht wurden). – Trotzkÿ, Leon, How Long Can Hitler Stay? In: AmMe 31 (1934), S. 1–17. – Vermeil, Edmond, Doctrinaires de la révolution allemande, 1918–1938. Paris 1938. – Ders., L'Allemagne. Essai d'explication. Paris 1940. – Wagner, Ludwig Anton, Hitler. Man of Strife. A Biography. New York 1942. – Wheeler-Bennett, John W., The pipe dream of peace. The story of the collapse of disarmament. New York 1935. – Whittlesey, Derwent Stainthorpe, German Strategy of World Conquest. New York,

Toronto 1942 (²1944). – Wiskemann, Elizabeth, Czechs and Germans. A study of the struggle in the historic provinces of Bohemia and Moravia. London 1938. – Dies., Undeclared War. London 1939. – Wolf, John, Some Impressions of Nazi Germany. London 1934. – Zara, Philippe de, Mussolini contre Hitler. Textes authentiques de Mussolini. Paris 1938. – Zernatto, Guido, Die Wahrheit über Österreich. New York [usw.] 1939. – Ziemer, Patricia Erika, Two thousand and ten days of Hitler. New York, London 1940.

10. Kriegsbeginn und kontinentale Kriegsziele (vgl. II, 369)

a) Zur Problemstellung:

Die entscheidenden Anstöße für eine Interpretation Hitlers als 'Programmatiker' gingen wohl von H. R. Trevor-Roper aus. Der britische Historiker, der damit an die Deutung Hitlerscher Politik und Absichten vor 1945 – bewußt oder unbewußt – anknüpfte, argumentierte zum einen sehr stark im machtpolitischen Sinn und sah zum anderen in der Eroberung von Lebensraum im Osten das eigentliche Ziel der NS-Herrschaftskonzeption.

Andere Historiker deuteten Hitlers Zielsetzungen auf erweiterter Quellenbasis ebenfalls im Rahmen der kontinentalen Dimension des angestrebten Herrschaftsbereichs. Zu nennen wären hier u. a.: D. Aigner, R. Cecil, E. Jäckel, H.-A. Jacobsen oder A. Kuhn.

Zum Kriegsbeginn provozierten insbesondere die Thesen von A. J. P. Taylor heftigen Widerspruch, gemäß denen Hitler ein deutscher Normalpolitiker gewesen sei, der schlicht sich bietende Gelegenheiten ausgenutzt habe, um die deutsche Großmacht zu restaurieren, der jedoch kein zielgerichtetes Programm verfolgte, was es dann verständlich macht, daß der Krieg bei Taylor als Resultat diplomatischer Ungeschicklichkeiten erscheint. A. Hillgruber hat dem überzeugend widersprochen. Und J. Dülffer oder G. L. Weinberg ließen ebenfalls keine Zweifel daran aufkommen, daß es ein gesichertes Ergebnis internationaler Forschung ist, daß Hitlers Außenpolitik ohne Wenn und Aber die konsequente Vorbereitung auf den Krieg, ja damit bereits indirekter Krieg gewesen sei. In der Tat müssen Thesen, wie jene von D. Hoggan, die die Verantwortung Hitlers für den Krieg in Abrede zu stellen versuchen, vor dem Hintergrund des gegenwärtigen Forschungsstandes als absolut unhaltbar eingestuft werden.

Ernster sind jene Interpretationen zu nehmen, die von einer Art Flucht nach vorn, d. h. in den Krieg ausgehen. Insbesondere T. W. Mason oder

W. Carr seien in diesem Kontext erwähnt. J. Dülffer (Beginn des Krieges) sieht ein Zusammentreffen innerer und äußerer Krisenfaktoren, die Hitler zur 'Flucht nach vorn' veranlaßt hätten. Rigoros abgelehnt wird jede derartige Theorie von G. L. Weinberg. Auch R. J. Overy gibt letztlich dem Kalkül den Vorzug vor der Flucht, nachdem er die existenten wirtschaftlichen und rüstungsindustriellen Verhältnisse sorgfältig analysierte.

b) Hinweise zur zitierten Literatur:

Aigner, Dietrich, Das Ringen um England. Das deutsch-britische Verhältnis. Die öffentliche Meinung 1933–1939. Tragödie zweier Völker. München, Esslingen 1969. – Ders., Hitler und die Weltherrschaft, in: Nationalsozialistische Außenpolitik, hrsg. von Wolfgang Michalka. Darmstadt 1978, S. 49–69. (In diesem Aufsatz argumentiert Aigner in enger Anlehnung an Taylor und weist jede zielstrebige Weltherrschaftspolitik Hitlers – als Forschungsergebnis – rigoros zurück. Dabei geht er auch auf einige Deutungen aus der Zeit vor 1945 ein und versucht, die Aussagen der von ihm berücksichtigten Autoren zu relativieren – um es zurückhaltend zu formulieren. Die Tatsache, daß sich diese frühen Deutungen als zutreffend erwiesen haben, zumindest im wesentlichen, und von einer – durch Aigner abgelehnten – Forschungsrichtung nach 1945 weitgehend bestätigt worden sind, kann er freilich nicht aus der Welt schaffen. Meir Michaelis – World Power Status or World Dominion? A Survey of Literature on Hitler's Plan of World Dominion (1937–1970), in: HJ 15 (1972), S. 331–360 – hat hingegen bei ausdrücklicher Bestätigung der Untersuchungen, die die Weltherrschaftsthese vertreten [vgl. Anh. 11] sowohl die 'Weltherrschaft' als auch die 'Weltmachtstellung' als Ziel Hitlerscher Politik nachgewiesen.) – Carr, William, Rüstung, Wirtschaft und Politik am Vorabend des Zweiten Weltkrieges, in: Nationalsozialistische Außenpolitik (s. o.), S. 437–454. – Cecil, Robert, Hitlers Griff nach Rußland. Graz, Wien, Köln 1977 (engl. 1975). – Dülffer, Jost, Der Beginn des Krieges 1939: Hitler, die innere Krise und das Mächtesystem, in: GG 2 (1976), S. 443–470. – Ders., Grundbedingungen der nationalsozialistischen Außenpolitik, in: Strukturelemente des Nationalsozialismus, Rassenideologie, Unterdrückungsmaschinerie, Außenpolitik, hrsg. von Leo Haupts und Georg Mölich. Köln 1981, S. 61–88. – Hillgruber, Andreas, Zur Entstehung des Zweiten Weltkrieges. Forschungsstand und Literatur. Mit einer Chronik der Ereignisse September–Dezember 1939. Düsseldorf 1980, speziell S. 9, Anm. 2. – Hoggan, David L., Der erzwungene Krieg. Die Ursachen und Urheber des 2. Weltkriegs. Tübingen 1961. – Jäckel, Eberhard,

Hitlers Weltanschauung. Entwurf einer Herrschaft. Erw. und überarb. Neuausg. Stuttgart 1981. – Jacobsen, Hans-Adolf, Zur Struktur der NS-Außenpolitik 1933–1945, in: ders., Von der Strategie der Gewalt zur Politik der Friedenssicherung. Beiträge zur deutschen Geschichte im 20. Jahrhundert. Düsseldorf 1977, S. 78–133, hier vor allem S. 121 ff. – Ders., 'Kampf um Lebensraum'. Karl Haushofers 'Geopolitik' und der Nationalsozialismus, in: AuZ B 34–35/79, 25. 8. 1979, S. 17–29 (wobei diese Studie – im thematischen Kontext insgesamt erhellend – den eigentlichen Charakter der nationalsozialistischen Außenpolitik eher peripher berücksichtigt). – Kuhn, Axel, Hitlers außenpolitisches Programm. Entstehung und Entwicklung 1919–1939. Stuttgart 1970. – Mason, Timothy W., Innere Krise und Angriffskrieg 1939/39, in: Wirtschaft und Rüstung am Vorabend des Zweiten Weltkrieges, hrsg. von Friedrich Forstmeier und Hans-Erich Volkmann. Düsseldorf 1975, S. 158–188. – Overy, Richard J., Hitler's War and the German Economy: A Reinterpretation, in: EHR 35 (1982), S. 272–291. – Taylor, Alan John Percivale, The Origins of the Second World War, London 1961. – Ders., 1939 Revisited. London 1982 (als 'Annual Lecture 1981' am Deutschen Historischen Institut London gehaltener Vortrag). – Weinberg, Gerhard L., Deutschlands Wille zum Krieg. Die internationalen Beziehungen 1937–1939, in: Nationalsozialistische Diktatur 1933–1945. Eine Bilanz, hrsg. von Karl Dietrich Bracher, Manfred Funke und Hans-Adolf Jacobsen. Bonn 1983, S. 407–426.

11. Weltherrschaft als Ziel Hitlerscher Politik (vgl. II, 370)

a) Zur Problemstellung:

Wie die in Anh. 10 angesprochene Thematik hat man auch diese Frage bereits in der zeitgenössischen Literatur ausführlich erörtert. Darauf ist insbesondere im Kapitel 'Was Hitler wollte – machtpolitische Zielsetzungen' eingegangen worden.

In der nach dem Zweiten Weltkrieg zu diesem Problemkreis entstandenen Diskussion wurden dann vor allem die Forschungsergebnisse von G. Moltmann bahnbrechend, der schon 1960 feststellte, die 'Endziele' Hitlerscher Außenpolitik hätten nicht im Osten gelegen, sondern eine globale Dimension besessen. In der Folgezeit waren es in erster Linie A. Hillgruber und K. Hildebrand – aus der Fülle ihrer Arbeiten sollen im folgenden nur bisher noch nicht zitierte Untersuchungen aufgeführt werden –, die sowohl das weltweite Ausmaß als auch den programmatischen Charakter der Machtpolitik Hitlers ins Zentrum ihrer Fragestellungen rückten. Der Verfasser dieses Forschungsberichtes vermag – unbeschadet der Tatsache, daß immer wieder versucht wurde und wird, die Deutungen Hillgrubers und Hildebrands in Frage zu stellen – eine auch nur einigermaßen überzeugende Alternative zu deren Interpretation des Außenpolitikers Hitler in der Forschung nicht zu erkennen. M. Hauner hat in einem souveränen Beitrag, in dem er alle Elemente der Politik Hitlers berücksichtigt, diese beiden Autoren im Hinblick auf die 'Programmatik' Hitlers und die 'Weltherrschaft' als Ziel seiner Aggressionspolitik bestätigt. Dies taten u. a. ebenfalls J. Dülffer, J. Henke, B. Martin oder W. Michalka. Und J. Thies erhärtete schließlich mit seinen Untersuchungen auf erweiterter Quellenbasis und im Rahmen einer stringenten Argumentation die 'Weltherrschaftsthese' und die Deutung Hitlers als programmorientiert handelnden Politikers. Dagegen arbeitet N. Rich in seiner gelungenen Studie über Hitlers Kriegsziele zwar sehr eindeutig dessen rassenideologische Motivation für die Eroberung von Lebensraum im Osten heraus, wobei Hitler als programmatisch vorgehender Politiker gekennzeichnet wird, aber hinsichtlich der überseeischen Dimension dieser Politik setzt Rich keine neuen Akzente.

b) Literaturhinweise zu den zitierten Autoren:

Dülffer, Jost, Weimar, Hitler und die Marine. Reichspolitik und Flottenbau 1920–1939. Mit einem Anh. von Jürgen Rohwer. Düsseldorf 1973, u. a. S. 548f., S. 551 und S. 561f. – Hauner, Milan, Did Hitler Want a World Dominion? In: JCH 13 (1978), S. 15–32. – Henke, Josef, England in Hitlers politischem Kalkül 1935–1939. Boppard a. Rh. 1973, S. 303f. – Hildebrand, Klaus, Weltmacht oder Untergang: Hitlers Deutschland 1941–1945, in: Weltpolitik II 1939–1945, 14 Vorträge, hrsg. von Oswald Hauser. Göttingen, Frankfurt, Zürich 1975, S. 286–322. – Ders., Deutsch-Mittelafrika – Ein Kriegsziel Hitlers in den Jahren 1940–1942? In: Hitler, Deutschland und die Mächte. Materialien zur Außenpolitik des Dritten Reiches, hrsg. von Manfred Funke. Düsseldorf 1976, S. 383–406. – Ders., Hitlers 'Programm' und seine Realisierung 1939–1942, in: Kriegsbeginn 1939. Entfesselung oder Ausbruch des Zweiten Weltkriegs? Hrsg. von Gottfried Niedhart. Darmstadt 1976, S. 178–224. – Ders., Hitler's War Aims, in: JMH 48 (1976), S. 522–530 (es handelt sich hierbei um eine umfassende – allgemeine Fragen der Hitlerforschung einbeziehende – Besprechung der Untersuchung von N. Rich, s. u.). – Ders., Die Frankreichpolitik Hitlers bis 1936, in: Francia 5

(1977), S. 591–625. – Ders., Deutschland, die Westmächte und das Kolonialproblem. Ein Beitrag über Hitlers Außenpolitik vom Ende der Münchener Konferenz bis zum 'Griff nach Prag', in: Nationalsozialistische Außenpolitik, hrsg. von Wolfgang Michalka. Darmstadt 1978, S. 377–413. – Ders., Der Hitler-Stalin-Pakt als ideologisches Problem. Zur Benutzbarkeit des Faschismus- und Totalitarismusbegriffs, in: Andreas Hillgruber und Klaus Hildebrand, Kalkül zwischen Macht und Ideologie. Der Hitler-Stalin-Pakt: Parallelen bis heute? Zürich 1980, S. 35–61. – Hillgruber, Andreas, Der Zenit des Zweiten Weltkrieges Juli 1941. Wiesbaden 1977. – Ders., Deutsche Großmacht- und Weltpolitik im 19. und 20. Jahrhundert. Düsseldorf 1977 (mit mehreren relevanten Aufsätzen). – Ders., Die 'Hitler-Koalition'. Eine Skizze zur Geschichte und Struktur des 'Weltpolitischen Dreiecks' Berlin–Rom–Tokio 1933–1945, in: Vom Staat des Ancien Regime zum modernen Parteienstaat. Festschrift für Theodor Schieder zu seinem 70. Geburtstag, hrsg. von Helmut Berding [u. a.]. München, Wien 1978, S. 467–483. – Ders., Der Faktor Amerika in Hitlers Strategie 1938–1941, in: Nationalsozialistische Außenpolitik (s. o.), S. 493–525. – Ders., Der Hitler-Stalin-Pakt und die Entfesselung des Zweiten Weltkrieges. Situationsanalyse und Machtkalkül der beiden Pakt-Partner, in: HZ 230 (1980), S. 339–361. – Ders., Imperialismus und Rassendoktrin als Kernstück der NS-Ideologie, in: Strukturelemente des Nationalsozialismus. Rassenideologie, Unterdrükkungsmaschinerie, Außenpolitik, hrsg. von Leo Haupts und Georg Mölich. Köln 1981, S. 11–36. – Martin, Bernd, Friedensinitiativen und Machtpolitik im Zweiten Weltkrieg 1939–1942. Düsseldorf 1974, u. a. S. 26, S. 335f. oder S. 505f. – Michalka, Wolfgang, Ribbentrop und die deutsche Weltpolitik 1933–1940. Außenpolitische Konzeptionen und Entscheidungsprozesse im Dritten Reich. München 1980, z. B. S. 296f. – Moltmann, Günter, Weltherrschaftsideen Hitlers, in: Europa und Übersee. Festschrift für Egmont Zechlin, hrsg. von Otto Brunner und Dietrich Gerhard. Hamburg 1961, S. 197–240, hier S. 234. – Rich, Norman, Hitler's War Aims. Bd. 1: Ideology, the Nazi State, and the Course of Expansion. New York 1973; Bd. 2: The Establishment of the New Order. London 1974. – Thies, Jochen, Hitlers 'Endziele': Zielloser Aktionismus, Kontinentalimperium oder Weltherrschaft? In: Nationalsozialistische Außenpolitik (s. o.), S. 70–91. – Ders., Peut-on qualifier Hitler de 'dictateur faible'? Essai d'analyse des thèses de la politique extérieure nationale-socialiste, in: RHDGM 30 (1980), No. 120, S. 33–48 (eine Auseinandersetzung mit den interpretatorischen Ergebnissen der sog. Revisionisten).

AUTORENREGISTER

(enthält auch die Herausgebernamen)

PERSONEN- UND SACHREGISTER

Gemäß dem im Vorwort gegebenen Hinweis soll das Personen- und Sachregister u. a. dazu dienen, die für eine bestimmte Thematik berücksichtigte Literatur schnell aufzufinden. Es bezieht sich daher auch auf die Titel von zitierten Arbeiten.

Aus technischen Gründen mußte darauf verzichtet werden, das Register extensiv anzulegen. Vielmehr wurden wiederholt für verschiedene terminologische Komplexe inhaltlich übergreifende oder zusammenfassende Schlüsselbegriffe gewählt, die jene jedoch sowohl unter fachwissenschaftlichen als auch unter sachlichen Gesichtspunkten insgesamt zu erschließen vermögen. Bei den Namen ist versucht worden, sich auf historisch handelnde Personen zu beschränken, um so Überschneidungen mit dem Autorenregister zu vermeiden.

Nicht aufgenommen wurden Orts- und Länderbezeichnungen (weitgehend erfaßt unter dem Sachwort 'Ausland') sowie extrem häufig auftretende Begriffe, z. B. Drittes Reich, Deutschland oder Nationalsozialismus. Hitler ist lediglich in Form bestimmter – für die Interpretation des 'Phänomens' wichtiger – Wortverbindungen berücksichtigt.

Aus dem weiteren Programm

6875-0 Möncke, Gisela (Hrsg.):
Quellen zur Wirtschafts- und Sozialgeschichte mittel- und oberdeutscher Städte im Spätmittelalter. (SteinQMA, Bd. 37.)

1982. VII, 433 S., Gzl.

Der Band behandelt unter wirtschafts- und sozialgeschichtlichen Aspekten die Geschichte der spätmittelalterlichen Stadt außerhalb des niederdeutsch-hansischen Raums. Aus den verschiedenen und weit verstreuten Quellen wird eine Auswahl geboten, die die vielfältigen wirtschaftlichen und gesellschaftlichen Zusammenhänge städtischen Lebens erkennen läßt und auch an neuere Fragestellungen der Stadtgeschichtsforschung zu diesem Problemkreis heranführt.

7328-2 Müller, Klaus (Bearb.):
Absolutismus und Zeitalter der Französischen Revolution (1715 bis 1815). (Quellenkunde, Bd. 3.)

1982. X, 208 S., kart.

Dieser Band behandelt Akten, Urkunden und persönliche Quellen zum Zeitalter des Absolutismus (ab 1715) und der Französischen Revolution (bis 1815). Obwohl der Schwerpunkt auf der deutschen Geschichte liegt, wird auch die außerdeutsche Geschichte berücksichtigt.

9365-8 Ranke, Leopold von:
Über die Epochen der neueren Geschichte. Vorträge dem Könige Maximilian II. von Bayern gehalten. (1954)

Reprogr. Nachdr. 1982. VIII, 167 S. Paperback.

In den berühmten Vorlesungen, die Ranke im Jahre 1854 vor dem bayerischen König hielt, hat er den Versuch gemacht, in kurzem Abriß die historische Entwicklung von der ausgehenden Antike bis zur Mitte des 19. Jahrhunderts aufzuzeigen, von den Grundlagen des römischen Weltreiches bis zur „konstitutionellen Zeit".

7247-2 Siemann, Wolfram (Bearb.):
Restauration, Liberalismus und nationale Bewegung (1815–1870). (Quellenkunde, Bd. 4.)

1982. X, 225 S., kart.

Dieser Band bringt im ersten Teil die großen Aktenwerke der europäischen Regierungen für die Zeit von der Gründung des Deutschen Bundes 1815 bis zum Deutsch-Französischen Krieg 1870/1871. Der zweite Teil vereint die gesammelten Werke und Memoiren bedeutender Persönlichkeiten der Zeit von 1815 bis 1870.

6095-4 Skalweit, Stephan:
Der Beginn der Neuzeit. Epochengrenze und Epochenbegriff. (EdF, Bd. 178.)

1982. IX, 169 S., kart.

Es handelt sich um eine Untersuchung über die Epochengrenze zwischen Mittelalter und Neuzeit und eine kritische Würdigung älterer und neuerer Anschauungen dieses Periodisierungsproblems.